Freedom, Being, and Apricot Cocktails

At the
Existentialist
Café

Sarah Bakewell

思想很有趣　但人更有趣

Jean-Paul Sartre
-
Simone de Beauvoir
-
Albert Camus
-
Martin Heidegger
-
Edmund Husserl
-
Karl Theodor Jaspers
-
Maurice Merleau-Ponty

存在主义咖啡馆
自由、存在和杏子鸡尾酒

[英] 莎拉·贝克韦尔———— 著　　沈敏一———— 译

北京联合出版公司

献给简和雷

目录

第一章　先生，太可怕了，存在主义！	7
第二章　回到事物本身	51
第三章　来自梅斯基尔希的魔法师	73
第四章　常人，呼唤	105
第五章　嚼碎开花的扁桃树	139
第六章　我不想吃了我的手稿	171
第七章　占领，解放	193
第八章　破坏	245
第九章　生平考述	289
第十章　跳舞的哲学家	317
第十一章　像这样交叉	337
第十二章　在处境最困难的人眼中	377
第十三章　一旦品尝了现象学	415
第十四章　无法估量的繁盛	443
出场人物表	459
致谢	465
注释	469
参考书目	531
索引	549

第一章
先生,太可怕了,存在主义!

在本章中,
三个人喝着杏子鸡尾酒,很多人彻夜长谈自由,
而更多的人改变了他们的人生。
我们还想弄明白存在主义到底是什么。

有人说，存在主义不太像哲学，倒是更像一种情绪，可以追溯到 19 世纪的伤痛小说家那儿，进而可以追溯到惧怕无限空间之寂静的布莱兹·帕斯卡，然后可以追溯到探索灵魂的圣奥古斯丁，追溯到《旧约》里乏味的《传道书》，以及那个胆敢质疑上帝同他玩的游戏，但最终在威逼之下只能就范的约伯。简言之，可以追溯到每一个曾对任何事感到过不满、叛逆和格格不入的人。

但是，我们也可以反其道而行，将现代存在主义的诞生时间精确到 1932 年与 1933 年之交的某一时刻，其时，三个年轻的哲学家正坐在蒙帕纳斯大道上的"煤气灯"酒吧里，一边谈天说地，一边喝着店里的招牌特饮杏子鸡尾酒。

后来详细讲述了整个故事的人是西蒙娜·德·波伏娃，那时二十五岁左右的她，喜欢透过优雅而内双的眼睛近距离地观察世界。她正和男朋友让-保罗·萨特在一起。萨特时年二十七岁，佝偻着背，嘴唇像石斑鱼一样下翻，面颊凹陷，耳朵突出，双眼望着不同的方向，因为他几乎失明的右眼严重散光，时常会向外游离。与他交谈时，你一不留神就会觉得不知所措，但如果你逼着自己注视他的左眼，就会发现一个温暖、智慧的眼神正在回望着你：这个男人对你告诉他的每一件事，都感兴趣。

萨特和波伏娃的兴趣这时上来了，因为同坐一桌的男人有消息要告诉他俩。这个人是萨特在校时的老朋友，巴黎高等师范学校（École normale supérieure）的研究生同学，温文尔雅的雷蒙·阿隆。和他们俩一样,阿隆正在巴黎度冬假。不过,萨特和波伏娃是在法国教书——萨特在勒阿弗尔,波伏娃在鲁昂——而阿隆却是在柏林做研究。他正要告诉两位朋友的是,他在德国发现了一门名字朗朗上口的哲学:"现象学"(phenomenology)——这个单词在英语和法语中皆是冗长而雅致,本身就是一行三步抑扬格诗句。

阿隆也许讲了些类似这样的话:传统的哲学家常常从抽象的公理或者理论出发,但是德国的现象学家,却直接研究起了他们时刻正在经历的生活。他们把自柏拉图起就维系哲学发展的那些东西,也就是诸如"事物是否真实"或者"我们如何确定地知道某事"一类的谜团,搁置在一边,然后指出,任何问出这些问题的哲学家,本身就已经被抛入了一个充满事物的世界——或者说,至少是一个充满事物外观,也就是"现象"(phenomena,出自希腊语,意为"出现的事物")的世界。所以,为什么不忽略其他,专注于和现象的相遇呢?那些古老的谜团不必永远被排除在外,但是在某种程度上,可以暂时先用括号括起来,好让哲学家去处理那些更为实际的问题。

现象学家中最重要的思想家埃德蒙德·胡塞尔,提出了一个振奋的口号:"回到事物本身(to the things themselves)!"意思是别在事物不断累加的诠释上浪费时间了,尤其是别浪费时间去琢磨事物是否真实了。你需要做的,就是观察把自己呈现在你面前的"这个东西",且不管"这个东西"可能是什么,然后尽可能精确地把它描述出来。另一个现象学家马丁·海德格尔，补充了一个不同的观点。他认为，纵观历史，所有哲学家都把时间浪费在了次要问题上，而忘记去问那个最重要的问题——存在（being）的问题。某物**存在**的意思是什么？你**是**你自己意味着什么？海德格尔坚称，要是你不问这些，你就什么也得不到。他一再推荐现象学方法：无须理会智识的杂乱，只要关注事物，让事物向你揭示自身即可。

阿隆对萨特说："你看，mon petit camarade"——"我的小同志"，这是自学生时代起阿隆对萨特的昵称——"如果你是一个现象学家，你可以谈论这杯鸡尾酒，然后从中研究出哲学来！"

波伏娃写道，萨特听到这话后，面色唰地白了。她的描述有些夸张，仿佛是在暗示他俩从未听说过现象学，但实际上，他们都已经试着读过一些海德格尔。1931年，海德格尔的演讲《形而上学是什么？》（*What is Metaphysics?*）的译文，就曾与萨特早期的一篇论文一起出现在某期《道岔》（*Bifur*）杂志里。但是，波伏娃写道："因为我们一个字都不理解，所以也看不出现象学有什么好。"但**现在**，他们注意到它的好了：这是一种把哲学与日常生活经验重新联结起来研究哲学的方式。

他们早已准备好迎接哲学的新开端了。在中学和大学，萨特、波伏娃和阿隆都受够了刻板的法国哲学课程，有关知识的问题以及没完没了地重新诠释康德著作支配了一切。知识论的问题互相交叠在一起，就像万花筒在一圈圈地旋转后，总是又回到原点：我想我知道某事，但我怎么**知道**我知道我知道的是什么？这种思考费劲而又无用，尽管这三位学生在考试中获得了高分，但都不满于此，尤以萨特为甚。毕业后，他透露说自己正在发展一种新的"破坏性的哲学"，但是对这种哲学会采取什么形式却又含糊其辞——理由很简单，因为他自己也不怎么清楚。他当时才刚发展出一种朦胧的反叛思想，但看起来，现在已经有人早他一步到达了目的地。如果说萨特听到了阿隆有关现象学的消息后面色发白，那么究其原因，可能一半来自恼怒，一半源于兴奋。

反正，萨特从没忘记那一刻，在四十年后的一次采访中，他评论道："我可以告诉你，我好像当头挨了一棒。"现在，终于出现了一种真正的哲学。按照波伏娃的说法，他冲到最近的书店，然后说："给我这里每一本论现象学的书，现在就要！"店家拿出了一本小书，胡塞尔的学生伊曼努尔·列维纳斯写的《胡塞尔现象学中的直觉理论》(*The Theory of Intuition in Husserl's Phenomenology*)。列维纳斯这本书还是未裁开的毛边本，但萨特等不及拿裁纸刀，直接用手撕开书页，边走边读。那一刻的他可能变成了济慈，那个初读查普曼翻译的荷马作品时的济慈：

> 那时我觉得仿佛某位观象家，
> 当一颗新行星游入他的视野；
> 或如坚毅的科尔特斯用鹰之眼
> 凝视着太平洋——而他的同伴
> 怀抱一份狂热的猜测彼此相望——
> 沉默，在达利安山巅。

4

萨特没有鹰的眼睛，也从不善于沉默，但无疑他心里满是猜测。看到了萨特的热情后，阿隆建议他在当年秋天时来柏林的法国研究所学习，就像他自己那样。萨特可以去学德语，读现象学家的原版论著，并就近吸收他们的哲学能量。

随着纳粹刚刚掌权，1933年并不是搬去德国的好年份。但对于想改变生活方向的萨特来讲，却正是好时候。他厌倦了教书，厌倦了在大学所学的一切，厌倦了尚未成为自己从小就期望的天才作家这一现状。如果要写他想写的东西——小说、散文，一切——他知道首先必须去冒险。他曾想象去君士坦丁堡跟码头工人一起劳动，去阿托斯山同僧侣一起冥想、修行，去印度随贱民一起躲藏，去纽芬兰岛的海岸和渔民一起抵抗风暴。不过，眼下不在勒阿弗尔教学生，也可以称得上是冒险了。

萨特做了一些安排，夏天过后，他抵达柏林，开始学习。年末返回法国的时候，他带回了一种融合之后的新哲学：德国现象学的方法，结合着更早之前丹麦哲学家索伦·克尔凯郭尔以及其他思想，又装点了一味独特的法国调料——他自己的文学感染力。他以一种现象学创立者未曾想见的但却更让人兴奋和个人化的方式，把现象学应用到人们的生活之中，创建了一种兼具国际影响和巴黎风味的新哲学：现代存在主义。

* * *

萨特哲学创造的绝妙之处在于，他的确把现象学转化为了一种杏子鸡尾酒（及其侍者）的哲学，但同时，也是期望、倦怠、忧虑、兴奋的哲学，是山间的漫步，是对深爱之人的激情，是来自不喜欢之人的厌恶，是巴黎的花园，是勒阿弗尔深秋时的大海，是坐在塞得过满的坐垫上的感受，是女人躺下时乳房往身体里陷的样子，是拳击比赛、电影、爵士乐或者瞥见两个陌生人在路灯下见面时的那种刺激。他在眩晕、窥视、羞耻、虐待、革命、音乐和做爱中——大量地做爱——创造出了一门哲学。

与此前用谨慎的主张和论点来写作的哲学家不同，萨特会像小说家一样写作——用不着惊讶，因为他自己就是小说家。在他的小说、短篇故事和剧本以及哲学论著里，他写下了关于世界的身体感受和人类生活的结构与情绪。不过，他写作中最重要的内容，是一个十分宏大的主题：获得自由意味着什么。

自由，在萨特看来，位于人类所有经验的中心，正是这一点，才把人类与其他事物区分开来。其他事物只能在某处待着，听凭摆布。萨特相信，就连人之外的动物，大多数时候也只是在听从塑造了它们那个物种的本能和习性行事。但作为一个人，我根本没有预先被决定的本性。我的本性，要通过我选择去做什么来创造。当然，我可能会被我的生物性影响，或者被我所处的文化和个人背景等方面影响，但这些并不能合成一张用来制造我的完整蓝图。我总是先我自己一步，边前行，边构筑自身。

萨特把这个原则变成了一句三个单词的口号——"存在先

于本质"（Existence precedes essence）。在他看来，这个信条便足以概括存在主义。不过，它虽有简明扼要之优，可也有不易理解之劣。大概来讲，它的意思就是，发现自己被抛入世界中后，我会持续创造我自己的定义（或本性，或本质），但其他客体或生命形式却不会这样。你可能认为你可以用一些标签定义我，但你错了，因为我始终会是一件正在加工的作品。我不断地通过行动创造自身，这一点根深蒂固地存在于我的人类境遇之中，以至于在萨特看来，它本身**就是**人类境遇，从有第一缕意识那一刻开始，直到死亡将其抹去为止。我是我自己的自由：不多，也不少。

这是一个令人沉醉的想法。萨特将其彻底完善后——在第二次世界大战的最后几年中——更是因此成了明星人物。他以大师的身份受到款待与奉承，接受采访与拍照，受委托撰写文章和序言，受邀进入各种委员会，发表广播讲话。虽然人们常常请他就他并不专精的各种话题发表意见，但他从来都能说得头头是道。同样，西蒙娜·德·波伏娃也写小说、新闻稿、日记、散文和哲学论文——虽然贯穿其中的哲学思想，通常很接近萨特自己的哲学，不过，她的哲学基本上都是她独立形成的，且侧重点也有所不同。他们两人一起参加巡回演讲与售书，有时候参加讨论会时，还会被安排在最中间，坐在像王座一样的椅子上——这才符合他们的身份：存在主义的国王与王后。

萨特头一回意识到自己已成为名人，是 1945 年 10 月 28 日在巴黎中央大厅的"现在俱乐部"发表公共演讲时。他和组织者都低估了过来听他演讲的人数。售票处遭到围攻，许多人因为他们没法靠近售票台，干脆免费进到了里面。在争抢中，椅子遭到了损坏，有几位听众还在反常的炎热天气里晕倒了。或者如一位《时代》杂志的作者给图片加的注解所说的："哲学家萨特。女人被迷晕。"

此次演讲获得了极大的成功。身高只有一米五二的萨特，站在人群中想必都不易被看到，但他振奋人心地阐释了自己的思想，后来又以此写了一本书，即《存在主义是一种人道主义》（*L'existentialisme est un humanisme*），英译本名为《存在主义与人道主义》（*Existentialism and Humanism*）。演讲和书中的最高潮处，是一件在刚刚经历过纳粹占领和解放的受众听来可能非常熟悉的逸事，而这个故事，也十分典型地概括了他这种哲学的冲击力与吸引力。

萨特讲道，纳粹占领期间的一天，他以前的一个学生来找他指点迷津。1940年，也就是法国仍然在抵抗纳粹时，这个年轻人的哥哥在战斗中遇难了；之后，他父亲叛国投敌，还抛弃了妻子。于是，这个年轻人成了他母亲唯一的陪伴与支撑。不过，他真正想做的，是偷偷越过边境线，经西班牙去往英格兰，加入流亡中的自由法国军队，反抗纳粹——他想去浴血奋战一场，有机会来为兄弟复仇，来反抗父亲，以及帮助解放他的祖国。可问题是，在获取食物都甚为艰难之时，这样做会把他母亲置于无依无靠的危险境地，也可能会让德国人找她的麻烦。那么，他应该做对他母亲来说正确的事，让她独享明显的益处，还是应该冒险去参加战斗，做对大多数人有益的事？

哲学家们在解答这类伦理难题时，仍然会争论不休。萨特的难题在一定程度上与一个著名的"电车难题"思维实验有共通之处：你看见一辆行驶中的火车或电车，正沿着铁轨冲向不远处被绑住的五个人——如果你什么都不做，这五个人就会死。你注意到，如果扳动一根操纵杆，就可以让火车变道至侧轨，但是如果你这么做了，就会杀死一个被绑在侧轨上的人；而你不这么做的话，那个人就是安全的。因此，你是愿意牺牲一人，还是什么都不做，听凭五个人死去？（在另一个版本，即所谓的"胖子难题"中，你只能从附近的桥上把一个大胖子扔到铁轨上，来使火车脱轨。这一次，你要亲手去碰你打算杀掉的人，因而就为你带来一个更直接也更难解的窘境。）萨特的学生要做的抉择，可以被视为类似"电车难题"的抉择，但这里的情况更为复杂，因为事实是，他既不确定自己的英国之行是否真的能帮到任何人，也不确定离开母亲是否会严重伤害她。

不过，萨特无意用哲学家——更别提那些所谓的"电车难题专家"了——那种传统的伦理学推演方式来进行论证。他领着他的听众，从更个人的角度思考了这个问题。面临这样一个选择时，感觉如何？一个困惑不解的年轻人，究竟该如何去着手处理这样一个有关如何行动的决定？谁能帮他，怎么帮？后面这部分，萨特从检视"谁**不能帮他**"的角度，进行了探讨。

来找萨特之前，这位学生曾想过向有声望的道德权威求教。他考虑去找神父——但神父有时候正是通敌者本人，而且他明白，基督教的道德思想，只会告诉他要爱邻人、要对他人行善事，但却没有说清楚"他人"是谁——母亲还是法国。接着，他想求助在学校里学过的那些哲学家，按理说，他们应该是智慧的源泉。但哲学家都太抽象了：他觉得他们对自己的处境无从置喙。然后，他又试着去聆听内心的声音：也许在内心深处，他会找到答案。然而并没有：在他的灵魂里，这个学生只听见一堆七嘴八舌的声音（比如，我必须留下，我必须要走，我必须做勇敢的事，我必须当个好儿子，我想行动，但我害怕，我不想死，我不得不离开。我会成为一个比爸爸更棒的人！我真的爱我的国家吗？难道我是装的？），被这些嘈杂之声包围，他甚至连自己都信不过了。走投无路的年轻人，最终想到了他以前的老师萨特，觉得自己至少不会从萨特那儿问得一个老生常谈的答案。

不出所料，萨特听了他的问题后，简单地说："你是自由的人，那就去选择吧——也就是说，去创造（invent）。"在这个世界上，没有天赐的奇迹，他说。没有哪个古老的权威能够解除你身负的自由重担。你尽可以小心翼翼地去权衡各种道德与实际的考虑，但说到底，你都得冒险一试，去做点儿什么，而这个什么是什么，由你决定。

萨特没有告诉我们这个学生是否觉得这有帮助，或是他最后决定怎么做。我们甚至不知道他是否真实存在，还是几个年轻朋友的综合体，抑或是完全的虚构。萨特希望读者明白的点是，即使他们的困境没有那个学生那么极端，他们每一个人也都跟他一样自由。他要告诉我们的是，也许你认为自己受着道德规范的指引，或者以特定的方式行事，乃是源于你的心理状态或过往经历，或是因为你周围发生的那些事。这些因素确实会有一定影响，但把它们全加在一起，也仅仅相当于你必须要做出行动的那个"境遇"。而就算这种境遇难以忍受——也许你正面临处决，或是被囚禁在盖世太保的监狱里，或是即将坠落悬崖——你也仍然可以自由地在心中和行动上决定如何去看待它。从你现在所处的地方开始，你进行选择。而在选择中，你便选择了你将会成为什么样的人。

如果这听起来很难很吓人，那是因为它本来就是如此。萨特并不否认不断做决定的需要会带来持续的焦虑。他反而通过指出你做什么真的至关重要而强化了这种焦虑。你应当做出选择，就仿佛代表全人类一样，担起人类如何行事的全部责任重担。如果你为了逃避责任，便自欺欺人地认为自己是环境或者什么糟糕建议的受害者，那你便没有达到人类生命的要求，而是选择了一种虚假的存在，脱离了你自己的"真实性"。

但伴随这可怕一面而来的，还有一个美好的前景：萨特的存在主义暗示的是，只要你一直努力，那就有可能获得真实与自由。这有多令人激动，也就有多令人惧怕，而且二者的原因还都一样。正如萨特在演讲结束后不久的一次采访中总结的那样：

> 没有任何划定的道路来引导人去救赎自己；他必须不断创

造自己的道路。但是，创造道路，他便拥有了自由与责任，失去了推脱的借口，而所有希望都存在于他本身之中。

这是一个令人振奋的思想，在早已确立的社会和政治制度遭到战争破坏的1945年，它更是一个诱人的想法。在法国和其他地方，许多人有充分的理由，去忘掉刚刚过去的日子，以及其中的道德妥协与恐怖，来专注于新的开始。但寻求新的开始，还有更深层次的理由。萨特的听众听到他传递的信息时，正值欧洲满目疮痍，纳粹死亡集中营的消息开始暴露出来，广岛和长崎被原子弹摧毁之际。战争使人们意识到了自己和自己的那些人类同胞，完全有能力偏离文明的规范，怪不得"存在着一种固定不变的人类本性"这一观念听起来是那么可疑。无论要在旧世界的废墟之上建立一个什么样的新世界，实现它所需要的可靠指导，都无法从政治家、宗教领袖甚至是哲学家——在遥远而又抽象世界里的那种旧式哲学家——这类权威来源那里获得了。但现在，一种新式哲学家来了，他们已经准备要大展身手，而且完全能胜任这项任务。

在20世纪40年代中期，萨特提出的大问题是：鉴于我们都是自由的，那么在这样一个充满挑战的时代，我们该如何用好我们的自由？在写于广岛刚刚被轰炸之后，并在1945年10月（演讲的当月）发表的文章《战争的终结》（*The End of the War*）中，他让读者来决定他们想要什么样的世界，然后使之变成现实。从现在开始，他写道，我们必须一直要铭记在心的一点是，我们可以随心所欲地毁灭自己以及我们的所有历史，甚或地球上的所有生命。只有我们的自由选择能够阻止我们。如果我们想要活下去，那么我们就必须**决定**活下去。就这样，他为人类这个刚刚把自己吓了个半死，现在终于准备好长大成人、负起责任的物种，提供了一门量身定做的哲学。

* * *

一些机构开始激烈地回应，因为萨特在著作和演讲里挑战了它们的权威。1948年，天主教会把萨特的著作，从他伟大的哲学巨著《存在与虚无》(*Being and Nothingness*)到他的小说、戏剧和散文，全部列入了《禁书目录》(*Index of Prohibited Books*)。他们很有理由担心，萨特关于自由的演讲，会让人们质疑自己的信仰。西蒙娜·德·波伏娃更具煽动性的女性主义著作《第二性》(*The Second Sex*)，也被加入了这张列表中。政治保守主义者不喜欢存在主义可能在意料之中，但令人惊讶的是，马克思主义者也讨厌它。现在，萨特常常被认为是一名共产主义的支持者，但在很长时间里，他其实一直不被他们所接受。说到底，如果人们坚持认为自己是自由的个体，那么怎么可能会有组织得当的革命？出于不同的意识形态出发点，存在主义的对手们几乎都一致认同——正如《新文学》(*Les nouvelles littéraires*)里的一篇文章形容的那样——存在主义"令人恶心地混合了哲学的狂妄、模糊的美梦、生理学上的吹毛求疵、病态的品味和踌躇的爱欲……面对这种偏好内省的胚胎，人必诛之而后快"。

然而，这类攻击反倒让存在主义更具吸引力，年轻人和叛逆者把它视为一种生活的方式和时髦的标签。从20世纪40年代中期开始，"存在主义者"便成了任何践行自由性爱和熬夜伴着爵士乐跳舞的人的简单代名词。就像演员兼夜总会爱好者安妮-玛丽·卡扎利斯在她的回忆录里谈到的那样，"如果你已经二十岁，那么在法国被占四年之后的1945年，自由还意味着在凌晨四五点才上床睡觉的自由"。它可以意味着违抗长辈和藐视事物的秩序，也可以意味着不同种族和阶级的人厮混。比如，哲学家加布里埃尔·马塞尔在坐火车时，就曾听到一位女士说："先生，太可怕了，存在主义！我有个朋友的儿子就是存在主义者，他竟然和一个黑鬼女人住在厨房里！"

20世纪40年代兴起的存在主义亚文化，在巴黎左岸的圣日耳曼德佩教堂周边找到了落脚点——这个地区至今还在从其与存在主义的渊源中渔利。很多年里，萨特和波伏娃都住在圣日耳曼区的廉价旅馆里，并成天在比没有暖气的旅馆房间暖和的咖啡馆写作。他们最中意的花神咖啡馆、双偶咖啡馆和拿破仑酒吧，全都集中在圣日耳曼大道和波拿巴大街之间的拐角。花神咖啡馆是最棒的，因为当聒噪的记者或过路客太烦扰时，老板有时候会让他们去楼上的私人房间里工作。不过，他们也喜欢楼下那些充满生气的桌子，至少早期的时候是这样：因为萨特喜欢在嘈杂和喧闹的公共场所工作。他和波伏娃会"上朝"，同很多朋友、同事、艺术家、作家、学生和恋人侃侃而谈,每个人都抽着香烟或烟斗,一边吞云吐雾,一边七嘴八舌地说话。

离开咖啡馆之后,还有地下爵士乐酒吧可去:在罗里昂黛酒吧,克劳德·陆德的乐队演奏布鲁斯、爵士乐和拉格泰姆调,而塔布俱乐部的明星,则是小号手、小说家鲍里斯·维昂。你可以随着爵士乐队高低起伏的音乐和吟唱摇摆,也可以在暗处的角落一边讨论真实性,一边听着卡扎利斯的朋友、同为缪斯的朱丽叶·葛瑞科那沙哑的歌声——1946年到巴黎后,葛瑞科成为著名的民谣歌手。她、卡扎利斯和米雪尔·维昂(鲍里斯之妻),会在罗里昂黛和塔布俱乐部观察新来的人,然后拒绝让那些看起来不适合的人进去——不过,据米雪尔·维昂所说,她们会让任何人进去,"前提是他们要有趣——也就是说,如果他们胳膊下夹着本书的话"。在常客中,有许多就是写了那些书的人,尤其是雷蒙·格诺(Raymond Queneau)和朋友莫里斯·梅洛-庞蒂,他们两人都是通过卡扎利斯和葛瑞科发现了夜总会的世界。

葛瑞科开创了一种风尚,那就是留着又长又直的存在主义者发型——或者说正如一位记者所写的那样,"溺水者"造型——以及穿着厚毛衣和卷起袖子的男士夹克,也能看起来很时髦。她说她一开始留长发是为了在战争期间保暖;波伏娃对于自己包头巾的习惯,也讲过同样的话。存在主义者穿着被人丢弃的衬衫和雨衣,一些人的穿戴像是原始朋克风格。根据一位记者的报道,一个年轻人"身上穿的是一件已破烂不堪的衬衫"。最终，他们选择了最具标志性的存在主义服饰：黑色羊毛高领套头衫。

13　　在这个反叛者的世界里，和早期时代巴黎那些放荡不羁的文化人以及达达主义者一样，一切危险和煽动性的事物都是好的，而所有美好的或中产阶级的事物都是坏的。波伏娃乐于讲一个有关她朋友的故事，一个潦倒、嗜酒的德国艺术家，人称沃尔斯（Wols，取自他的真名 Alfredo Otto Wolfgang Schulze），他在这个地区游荡，靠着救济品和残羹剩饭为生。有一天，他和波伏娃在酒吧的露台上一起喝酒，这时，一个看着很富有的绅士停下来和他说话。绅士离开之后，沃尔斯尴尬地转向波伏娃，说道："我很抱歉，那哥们儿是我的兄弟：一个银行家！"这让她觉得很好笑，他的道歉完全和银行家被看到与流浪汉交谈后会道的歉一样。经过数十年反文化的倒置，如此的上下颠倒在如今看来也许没么奇怪，但在那个时候，这种行为尚有能力惊着一些人——也能娱乐另外一些人。

靠报道存在主义背景下的下流故事而腾达的记者们，对于萨特和波伏娃的爱情生活特别感兴趣。大家都知道这对情侣是开放式关系，在他们的关系里，一方都是另一方的首要长期伴侣，但可以自由地拥有其他恋人。他们俩都兴致勃勃地行使着这一自由。波伏娃在生命的后期有过几段重要的关系，包括和美国作家纳尔逊·阿尔格伦，以及克劳德·朗兹曼——法国导演，后来制作了那部九个小时的纳粹大屠杀纪录片《浩劫》（*Shoah*）。作为一个女性，波伏娃因她的行为受到更多严苛的批评，但有出版社也嘲弄了萨特的一系列桃色事件。1945年的《周六晚上》(*Samedi-soir*)里的一个故事声称，他通过拿给她们一小块卡蒙贝尔奶酪，来引诱女人去他的卧室。(好吧，1945年时，好的奶酪确实很难买到。)

但事实是，萨特根本不需要用奶酪来诱惑女人上他的床。看着他的照片，人们或许会对此感到惊叹，但他的成功更多来自思想活力和信心所带来的风度，而非外表。他迷人地谈论着各种观念，但他也很有趣：他用动听的嗓音唱着《老人河》和其他爵士乐流行曲目，弹着钢琴，模仿着唐老鸭。雷蒙·阿隆描写学生时代的萨特时说，"一旦他开口说话，一旦他的学识抹去了他脸上的粉刺和浮肿，他丑陋的外表就消失了"。另一位老熟人，维奥莱特·勒迪克（Violette Leduc）也同意，他的脸从来就不丑，因为他的脸被他头脑的睿智、"火山爆发般的诚实"和"新开垦土地般的慷慨"点亮了。当雕塑家阿尔贝托·贾科梅蒂为萨特画素描时，他边工作边惊呼："多么厚重啊！多么有力量的线条啊！"萨特的脸是一张好探究的哲学脸：脸上的一切都把你带往别处，从一个不对称的五官旋向另一个。他可能让人们精疲力竭，但他从不令人厌倦，所以他的崇拜者的圈子也一再壮大。

对于萨特和波伏娃，他们的开放关系不只是私人协定，更是一种哲学选择。他们想要按照他们的自由理论生活。资产阶级的婚姻模式对他们毫无吸引力，这种婚姻模式里严格的性别角色，遮遮掩掩的出轨行为，以及对财富集聚和儿孙满堂的孜孜追求，也是如此。尽管他们把这段关系置于其他所有关系之上，并且几乎每天见面，并肩工作，但他们没有孩子，没有财产，甚至从未住在一起。

他们俩也在其他方面把他们的哲学转化为现实生活中的东西。两人都坚信自己要致力于政治活动，并把他们的时间、精力和名声用在了那些他们支持之人的事业上。一些年轻的朋友，为了开创自己的事业，会向他们寻求帮助和经济支持：波伏娃和萨特每个人都养着一批门徒。他们挥笔写出论辩性的论文，发表在他俩跟朋友们一起在1945年创办的期刊《摩登时代》(*Les Temps modernes*)上。1973年，萨特也与他人共同创办了主流左翼报纸《解放报》(*Libération*)。这份报纸自创刊以来历经数次转变，包括趋向持为温和的政见和濒临破产，但两份报刊在我写这本书的时候依旧在发行。

随着他俩地位的提高，所有一切都想诱使他们进入权威机构，但萨特和波伏娃却一直很决绝，坚持要做体制外的知识分子。两人都没有变成惯常意义上的学者，而是以教书和自由职业为生，他俩的朋友也从事着差不多的职业：编剧、出版人、记者、编辑或散文作家，只有极少数成为大学体制内的人。当萨特因1945年的抵抗活动被授予法国荣誉军团勋章，以及1964年被授予诺贝尔文学奖时，他都拒绝了，而理由便是，作家有必要独立于利益和影响力之外。1982年，波伏娃以同样的理由拒绝了法国荣誉军团勋章。1949年时，弗朗索瓦·莫里亚克（François Mauriac）还曾推举萨特竞选法兰西学院院士，但也被回绝了。

"我的人生与我的哲学是同一的"，他曾在日记里这么写道，并且他坚定地恪守这条原则。这种人生与哲学的融合，也让他对其他人的人生很感兴趣。他成为一个创新的传记作家，发表了约两百万字的传记作品，比如对波德莱尔、马拉美、热内和福楼拜的生平研究，以及他自己的童年回忆录。波伏娃也搜集了她自身的经历和朋友的一些琐事，写成了四大卷自传，辅以一部她母亲的传略和另一部有关她与萨特最后几年的回忆录。

萨特的经历和怪癖甚至进入了他最为严肃的哲学著作。考虑到他个人对人生的态度，涵盖了从严重的仙人球毒碱药物幻觉和一系列与恋人和朋友的尴尬状况，到对树、黏稠液体、章鱼和甲壳动物的着迷，所以这可能导致了奇怪的结果。但按照雷蒙·阿隆那一天在煤气灯酒吧里宣布的原则：你可以从这杯鸡尾酒里研究出哲学来，那么这一切便全都合情合理了。你经历了什么，那这个什么就是个哲学话题。

* * *

这种观念与生命的交融，有一个长长的谱系，不过，存在主义者却给了它一个新的变形。古典世界里的斯多葛派和伊壁鸠鲁主义的思想家，同样把哲学当作生活方式来实践，而不是为了寻求知识或智慧本身。通过以哲学的方式反思生命的无常，他们相信自己会变得更加坚韧，更能超然于环境，并能更充分地做好准备，去面对悲痛、害怕、发怒、失望和焦虑。在他们薪火相传的传统里，哲学既不是纯粹的智识追求，也不是廉价的自我帮助技巧的集合，而是一种训练，由此来让自己不断成长，过上完满之人那种负责任的生活。

许多个世纪之后，哲学日益变成了一种职业，在研究院或大学里干这行的学者们，有时还骄傲于自己学科的精致无用。然而，作为一种生活方式的哲学传统，仍旧暗中在学院哲学的边上延续着，而其实践者，则通常是那些从传统大学的缝隙里溜出来的特立独行者。在19世纪，有两个这样的不合时宜者，特别强烈地影响了后来的存在主义者：没有大学教职的克尔凯郭尔，和因健康问题不得不退休的希腊与罗马语文学教授尼采。两人都是个人主义者，两人天生就是持反对意见者，致力于把人们搞得不舒服。要是跟这两个人待在一起超过几个小时，肯定会受不了。不过，两位虽然都位于现代存在主义的主线故事之外，但是作为先驱，对后来的发展有着重大影响。

1813年生于哥本哈根的索伦·克尔凯郭尔，用"存在的"（existential）一词来表示与人类存在问题有关的思想，为其赋予了新的含义，也为后来的存在主义定下了基调。1846年时，他把这个词用在了一本著作的冗长书名里：《〈哲学片段〉结论性的非学术性附言：一份模仿、可怜、辩证的汇编：存在的贡献》——这个古怪的标题是他的典型风格，他喜欢用他的出版物玩游戏，并且对博取关注的表达方式独具慧眼：他的其他著作包括《一位健在者的论文》《或此或彼》《畏惧与颤栗》《恐惧的概念》和《致死的疾病》。

克尔凯郭尔很适合理解人类存在的尴尬与困难。因为他的一切都不合常规，比如他的步态——由于脊柱弯曲，他的敌人经常无情地以此嘲笑他。他备受宗教问题的折磨，并且感到自己和其他人格格不入，所以大部分时候，他都过着独居的生活。不过，他偶尔也会出去走走，到哥本哈根街头洗"人澡"，强拽着认识的人，边散步边讨论哲学。而他的同伴只能奋力紧跟，因为他会一边大步流星地向前走，一边挥舞着手杖慷慨陈词。有一位朋友，汉斯·布勒克纳（Hans Brøchner），曾回忆说，与克尔凯郭尔散步时，"总是被他挤到，不是向里被挤到房子上或者通往地下室的楼梯井上，就是向外被挤到排水沟里"，所以时不时地，得换到他的另一侧，才有地方活动。克尔凯郭尔认为，打乱人们原有的步调是个原则性问题。他写道，他很愿意让一个人坐在马背上，然后把马吓到飞速狂奔，或者给匆匆赶路的人一匹瘸脚马，甚或把他的车厢套在两匹速度不一样的马身上——想尽办法让那个人了解他所谓的存在的"激情"是什么意思。克尔凯郭尔生来就是鞭策者。他会与同时代人争论不休，会中断个人的情感关系，基本上能让任何事情变得困难重重。他写道："抽象物是客观公正的，但对于一个存在着的人来讲，他的生存是最高利益。"

他也把同样好辩的态度，用在了哲学史中的哲学家身上。例如，他不同意勒内·笛卡儿（René Descartes），后者通过阐明"我思故我在"（Cogito ergo sum）为现代哲学奠基。对于克尔凯郭尔来说，笛卡儿把事情颠倒过来了。在他自己看来，人的存在是在先的：是我们做每一件事的起点，而不是一个逻辑推演的结果。我的存在是主动的：我经历存在、选择存在，这先于我可以做的任何关于我自己的阐述。再者，我的存在是我的：是个人的。笛卡儿的"我"是通用的，可以被用于任何人，但克尔凯郭尔的"我"，却是一个好辩、痛苦的不合群者的"我"。

他也不同意黑格尔，后者的哲学通过"意识诸形式"的演进，展现了世界的辩证发展，每一个阶段替代之前的阶段，直到上升到最高的"绝对精神"。黑格尔的《精神现象学》，带领我们去了《圣经·启示录》一样宏伟的顶点，但结局并非所有人被分配到天堂或是地狱，而是我们都被归入了宇宙意识。克尔凯郭尔用几个相当尴尬的问题来反驳黑格尔：假如我不选择成为"绝对精神"的一部分呢？假如我拒绝被同化，并且坚持只做我自己呢？

萨特读了克尔凯郭尔后，被他的反抗精神和对过去宏大哲学体系的对抗深深吸引了。他借用了克尔凯郭尔对"存在"（existence）这个词的特定用法，来意指人的存在方式，我们通过在每一步上都做出"或此或彼"的选择，来塑造自身。萨特同意他的说法，这种不断选择带来了一种深深的忧虑，很像是从悬崖往下看时的眩晕。它不是对坠崖的恐惧，而是对你不确定自己不会把自己扔下去的恐惧。你头晕目眩，想要抓住点儿什么来固定自己——但你不能保证自己能如此轻易地对抗伴随着自由而来的危险。克尔凯郭尔写道："忧虑是自由的眩晕。"在他和萨特看来，我们整个人生都处在悬崖峭壁的边缘。

不过，克尔凯郭尔思想里的其他层面，萨特就永远不会接受了。比如，克尔凯郭尔认为，"悲痛"的答案，是完成信仰的一跃，进入上帝的怀抱，无论你是否确定他就在那里。但这就陷入了"荒谬"——到了无法被理智证实或证明的境地。萨特不关心这个。他在早年便丢掉了自己的信仰：据说他大约 11 岁时，有一天正站在公交车站，忽然间就想通了上帝并不存在。信仰再没有回来，因此，他在余生里一直都是坚定的无神论者。波伏娃也是如此，拒绝了成长过程中的传统宗教教育。其他思想家或许以各种方式追随着克尔凯郭尔的神学存在主义，但萨特和波伏娃却对此很反感。

在另一位伟大的 19 世纪存在主义先驱弗里德里希·尼采那里，他们找到了更合自身口味的哲学。尼采于 1844 年出生在普鲁士的洛肯（Röcken），以语文学开启了他辉煌的职业生涯，但随后转向撰写风格独特的哲学作品和格言集。他的这些作品，都是针对基督教的虔诚教条和传统哲学这类东西：对于他来说，两者都是罩在生命的严酷现实之上、目的是谋求私利的面纱。他认为，我们所需要的不是崇高的道德或神学理想，而是一种对文化历史的深度批判，或曰"谱系学"，以此揭示我们人类为什么是现在的样子，以及如何变成这样。对于尼采来说，所有哲学甚至都可以被重新定义为一种心理学或历史的样式。他相信，每一个伟大的哲学家，实际上都是在书写"一种不自觉和无意识的回忆录"，而不是在进行客观的知识研究。研究我们自己的道德谱系学，不能帮助我们摆脱或超越自身，但它能让我们更清晰地看到我们的幻觉，并过上一种更有活力、更坚定的生活。

在这幅图景里，上帝已经没有了，因为创造了上帝的人类，已经杀死了他。现在，我们只能靠自己了。正确的生存方式，不是我们去信仰什么，而是要全情地投入到我们自己的生命之中，把握好每一个时刻，它是什么样，我们就怎么活，不要希望任何东西有所不同，也不要藏匿对他人或对自身命运的愤怒与仇恨。

尼采未能将他的理念有效地运用在他自己的生活中，但这并非因为他缺乏勇气，而是因为他的身体背叛了他。在四十多岁时，他不幸患病，可能是梅毒或脑肿瘤，损害了他的身体机能。1889年1月，在一次发生在都灵街头的发狂事件之后——在这期间（据说如此），他哭泣着抱住了一匹受尽虐待的马的脖子——他陷入不可逆的痴呆状态，并在余生里成了一名生活不能自理的人。他在1900年去世时，绝对不会想到他对人类存在的洞见，会有一天影响到存在主义者和其他人。不过，他大概也不会感到惊讶：虽然他自己的时代无法理解他，但他总认为，他的成功之日一定会到来。

尼采和克尔凯郭尔是现代存在主义的先驱。他们开创了一种反抗和不满的情绪，创造了存在的一种新定义，那就是选择、行动和自我肯定，并对人生的痛苦和困难做了研究。而且他们还引入了一个坚定的信念：哲学不只是一份职业，而是生命本身——个人的生命。

*　　*　　*

吸收了这些前人的影响的现代存在主义者，继往开来，用他们的个人主义和离经叛道的观点，以相似的方式启发着同代和后代人。20世纪下半叶中，存在主义为人们提供了众多理由，去拒斥传统和改变生活。

最具变革性的存在主义著作，是西蒙娜·德·波伏娃出版于1949年的《第二性》，这份开拓性的女性主义研究，分析了女人的经历和人生选择，也分析了父权社会的全部历史，这本书鼓励女性提高自我意识，质疑既定的观念和惯例，并掌控她们自己的人生。许多读这本书的人，也许并没有意识到他们是在读一本存在主义著作（部分原因是英译本模糊了书里的很多哲学意义），但这本书确实就是——女性通过读它而改变了自己的人生，走的正是存在主义者的那条路，也就是追求自由，追求一种高度的个人主义和"真实性"。

在当时，这本书被认为十分骇人，很重要的一个原因是，书中包含了一章论述女同性恋的内容——不过，那会儿几乎还没有人知道波伏娃自己其实和男女两性都发生过性关系。萨特也支持同性恋权益，但他一直坚持认为性取向是选择问题，这与许多同性恋者的观点不太一致，在他们看来，自己的性取向是天生的。不过，无论如何，存在主义哲学还是给予了同性恋人群一种鼓励,要追随自己的内心去生活,而不是别人认为他们应当如何,就去迎合这些观念。

对于因种族或阶级而受压迫的人们,或者反抗殖民主义的人们而言,存在主义则提供了一种视角的转换——确实,就像萨特提出的,一切情况的评判,要根据它们在那些最受压迫或是苦难最深重的人眼里呈现的样子。马丁·路德·金曾是对此感兴趣的民权先锋之一。在研究他的非暴力抵抗哲学时,他便阅读了萨特、海德格尔和德裔美国存在主义神学家保罗·田立克(Paul Tillich)的作品。

没有人敢说存在主义对20世纪中期的每一场社会变革都负有责任。但是,带着对自由和真实的坚持,它确实给了激进分子和抗议人士一种推动力。当变革的浪潮开始升高,并冲入1968年的学生和工人起义中时,在巴黎和其他城市,许多墙上刷的标语,呼应的正是存在主义的主题:

——禁止"禁止"。
——既没有上帝,也没有救世主。
——别用"聪明"来形容一个人,要用自由或不自由。
——请现实点儿:坚决要求不可能之事。

正如萨特所言,1968年那些路障前的示威者一无所求,也要求所有——换句话说就是,他们要求的是自由。

到1968年时,20世纪40年代后期那些衣衫褴褛、眼圈黑黑的夜猫子，大部分都已经安定下来，有了平静的家庭生活和工作，但萨特和波伏娃不是。他们依旧在前线游行示威，参加巴黎反抗阵线，对着纠察线上的工人和学生发表演讲，虽然他们有时会对新一代人的做事方式感到困惑不解。1968年5月20日，萨特向大约七千名占领了索邦大学大礼堂的学生发表了讲话。在所有想要参与其中的热忱知识分子中，萨特是被选中拿着话筒，向混乱的群众讲话的那一个——一如往常，他瘦小的身躯，很难被注意到，但他担纲此角的资格却是毋庸置疑的。他先出现在一扇窗户前，就像教皇站在梵蒂冈阳台上一样，对着庭院里的学生发表演讲，随后才被领进了挤满人的礼堂。学生们把里面挤得水泄不通，甚至还爬到了雕塑上——"有学生坐在了笛卡儿的臂弯上，有人坐在黎塞留的肩膀上"，波伏娃写道。安在过道柱子上的喇叭把演讲传送到了外面。一台电视摄影机出现了，但是学生们叫喊着要求把它弄走。尽管有话筒，但为了让大家能听清楚，萨特不得不大吼着讲话，不过，人们慢慢安静了下来，开始聆听这位存在主义前辈的讲话。之后，他们又争先恐后地向他请教了有关社会主义和后殖民解放运动的问题，搞得波伏娃都有些担心他可能再也出不了那个大厅了。而当他最终走出来后，碰到的却是一群嫉妒的作家等在礼堂侧翼，他们不高兴的是，萨特是学生们唯一想听的"明星"（据说玛格丽特·杜拉斯如此抱怨道）。

当时的萨特马上就要63岁了，而他的听众年轻得足以当他的孙辈，而且都没有几个能记得第二次世界大战的结束，更别提萨特开始思考自由与存在的20世纪30年代初期了。因此，在他们眼里，萨特很可能更多是一件国宝，而非他们中的真正一员。但是，他们应该感激萨特的地方，实际上比他们意识到的要多得多，可不光是政治行动主义这一样。萨特在他们和他自己那一代人，也就是20世纪20年代那些心存不满、厌倦学习、渴求"破坏性"新思想的学生之间，搭起了一座桥。而再往前回溯的话，他还为他们引荐了一大批哲学上的反叛者：尼采、克尔凯郭尔等等。

萨特借鉴了很多哲学传统，并从现代和个人的角度对其重新进行了改造，可以说，他是通往所有这些传统的一座桥梁。然而，他却一辈子都坚持认为，真正重要的不是过去，而是未来。一个人必须不断前行，创造**还未发生的事**：走到世界中，行动起来，然后去影响它。他对未来的信念一直坚定不移，甚至在他进入古稀之年，身体渐衰，仅存的视力丧失殆尽，耳朵越来越背，脑子越来越糊涂，最终屈服于岁月的重压之时，也没有变过。

* * *

1980年4月19日，索邦大学被占事件十二年之后，数量空前的人群再次聚集到一起，参加了萨特的最后一场名人活动：他的葬礼。虽然不是国葬，因为萨特一直反对权势集团的那种排场，而他的愿望也得到了最后的尊重，但这绝对是一场规模盛大的公共仪式。

现在在网上，你依然可以找到电视报道的片段：医院的门打开后，一辆小卡车缓缓驶出，上面搁着的花束堆得像小山一样高，随着汽车缓慢从人群中驶过，它们也像柔软的珊瑚一样摇曳起伏。帮工们走在前面开道。紧随在卡车后面的是灵车，你可以看见里面的灵柩，以及西蒙娜·德·波伏娃和其他的主要送殡人。镜头聚焦在了一枝被人插在灵车门把手上的玫瑰之上，然后又拉到了盖在车里棺材上的黑纱的一角，上面装饰着字母"S"。语气肃穆的评论人告诉我们，前来出席葬礼的人约有五万，其中的三万正挤在从这里到三千米外的蒙帕纳斯公墓的街道两旁，其余两万人则在公墓等待。跟1968年的那些学生一样，公墓那儿的一些人，也爬上了纪念雕塑的腿或头，小事故频频发生，比如据报道，一个男人掉进了刚挖好的墓穴里，最后不得不被人拉上来。

车队到达后，停了下来；我们看到抬棺人把灵柩抽出来，一边从人群中费劲挤过，一边竭力保持着庄严肃穆的样子，把灵柩抬到了墓边上。一位抬棺人摘下他的帽子，然后意识到其他人没有这么做，于是又重新戴上：一个小小的尴尬时刻。在墓穴边，他们降下棺材，送葬的人们手拉手向前走着。有人递来一把椅子，让西蒙娜·德·波伏娃坐下。她看起来茫然又疲惫，一块头巾系在头发上；她近来一直在服用镇静剂。她把一枝花扔进墓穴，更多鲜花随之被扔下。

这段影片仅仅展示了两场仪式中的第一场。在第二周更为平静的那场活动里，棺材被挖出来，里面的小棺材被移出后，

Sir, What a Horror, Existentialism!

萨特的遗体最终进行了火化。他的骨灰被安置在了一个永久地点，还在同一个公墓里，但对大队人马而言，那儿就不太容易进去了。第一场葬礼是为了公众的萨特；第二次安葬则仅由亲近的人参加。萨特的墓——六年之后，波伏娃去世，她的骨灰被安葬在他的身边——现在还在那儿，保持得相当整洁，并且时常有人献花。

伴随着这些仪式，一个时代结束了，一同结束的，还有把萨特和波伏娃编织进如此众多的其他人生命里的个人故事。在被拍到的民众里，你看到各种各样的脸庞，老年人与青年人，黑人与白人，男人与女人。他们包括学生，作家，还记得他战时抵抗活动的人们，罢工活动受过他支持的工会成员，以及从印度支那、阿尔及利亚和其他地方来的民族独立运动活动家，前来纪念他对他们的运动所做出的贡献。对有些人来说，这场葬礼接近于一次抗议游行：克劳德·朗兹曼后来称它是伟大的1968年游行中的最后一场。但是许多人参加葬礼，其实只是出于好奇或是为了凑热闹，或是因为萨特对他们人生的某些方面产生了点儿小影响——又或者是因为，这样一个伟大生命的终结，需要他们摆出一点儿参与的姿态。

* * *

我在网上看了十几次那部短片，凝视着低像素画面里的许多面孔，琢磨着存在主义和让-保罗·萨特对他们每个人而言都意味着什么。我仅仅真正知道这二者对我意味着什么。萨特的书也改变了我的人生,尽管是以一种不直接和低调的方式。而且奇怪的是,1980年时,我并没有注意到他去世和下葬的新闻,虽然那时候,十七岁的我已经是一名住在城郊的存在主义者了。

我对他的着迷始于一年以前。一时心血来潮的我,花了一些十六岁生日时得到的钱,买来了他那本出版于1938年的小说《恶心》(Nausea),因为我很喜欢企鹅版封面上那张萨尔瓦多·达利的画:一块胆汁绿的大岩石和一块滴融的时钟。我也喜欢封面上的宣传语,说《恶心》是"一部有关个人异化和存在之谜的小说"。尽管我并不确定异化是什么意思(虽然那时候的我其实是一个异化的完美例子),但我毫不怀疑它会是我喜欢的那种书。确实是:开始阅读后,我马上与书里那位阴郁、与周围格格不入的主人公安托万·罗冈丹(Antoine Roquentin)有了情感联结,他会花几天时间忧郁地游荡在乡下的海滨小镇"布维尔"(以勒阿弗尔为原型,萨特曾在那里当老师)。罗冈丹坐在咖啡馆里,听着蓝调唱片,就是不赶紧去写他该写的传记。他在海边散步,把鹅卵石扔进像粥一样的灰色大海中。他走到一个公园里,盯着一棵栗树暴露在外的粗糙多节的根,感觉它看上去就像煮沸的皮革,威胁着要用它那晦涩难懂的存在让他不知所措。

我爱所有这些,并且饶有兴趣地了解到,萨特是在通过这个故事,表达一种被称为"存在主义"的哲学。但所有这些关于"存在"的东西是什么?我从未对栗树根的存在感到不知所措，也不曾注意过事物有存在。我试着到雷丁当地的公园，盯着其中一棵树看，一直看到双眼模糊。没什么用；我以为我看到了什么东西在动，但那仅仅是微风吹拂树叶罢了。不过，这么凑近地看东西，的确给了我某种喜悦。从那时起，为了去**存在**，我也忽略了我的学业。我本来就已经经常旷课了，现在在萨特的影响下，则成了一个比之前更爱旷课的学生。我不再去学校，而是到一间卖雷鬼音乐唱片和装饰性哈希管的加勒比商店，找了一份不正式的兼职工作。这给了我一种从未在教室接受过的有趣教育。

萨特教会了我如何放弃——这种回应世界的方式被低估了，有时其实挺有用的——但另一方面，他也让我有了学习哲学的想法。可这就意味着，我得通过考试，于是，我老大不情愿地在最后一刻逼着自己扑到了课程上，勉强通过了考试。我去的是埃塞克斯大学，在那里拿到了一个哲学学位，并且读了更多萨特以及其他思想家的作品。我迷上了海德格尔，并以研究他的著作开始了博士生涯——但在我的第二次消失期间，又放弃了。

在这段时间中，我再一次被我的学生经历改变了。我尽力把我的白天和黑夜或多或少过得像存在主义者曾经在咖啡馆那样：阅读，写作，喝酒，恋爱与失恋，交朋友，谈论思想。我热爱这一切，并且认为人生会永远是一个大型的存在主义咖啡馆。

另一方面，我也渐渐意识到，存在主义者已经被认为过时了。到20世纪80年代,他们已让位于结构主义者、后结构主义者、解构主义者和后现代主义者这样的新一代。这些类型的哲学家,似乎把哲学当作了一个游戏。他们玩弄符号、象征和意义;从彼此的文本里抽出怪异的字眼,来使整个体系崩塌。他们在过去作家的作品里,点点滴滴地搜寻着更为精细和不太可能的意义。

尽管这些运动彼此间互有分歧,但却不约而同地认为,他们与存在主义和现象学有着天壤之别。自由的晕眩与存在的痛苦,真是太丢人了。自传作品出局了,因为生命本身出局了。体验也出局了,比如,结构主义人类学家克劳德·李维-史陀,就曾以一种特别轻蔑的语调写道,基于个人体验的哲学是"女店员的形而上学"。人类科学的目标是"把人消解掉",他说,很明显,哲学的目标也一样。这些哲学家可能是振奋人心的,但他们也把哲学转入抽象的境地,赶走了存在主义时代曾占领过哲学领域的那些主动、有激情的存在者。

在第二次退学数十年之后,我偶尔还会翻阅一下哲学书籍,但已经无法再以它们配拥有的那种全神贯注来阅读它们。我的旧爱仍然还在我书架上够不到的角落里摆着,让那儿看起来就像是造物主厨房里的香料架一样:《存在与虚无》《存在与时间》《论时间与存在》《总体与无限》。但它们上面的灰尘都甚少移动——一直到几年前。当时,我正在研究文艺复兴时期的作家蒙田,依稀想起来莫里斯·梅洛-庞蒂好像针对他写过一篇文章,便找出了他的文集。

梅洛-庞蒂是萨特和波伏娃的朋友（在闹僵之前），也是一位专精于身体与知觉问题的现象学家。他也是一位才华横溢的散文家。所以，我的注意力从蒙田转向了文集的其他文章，随后又看了梅洛-庞蒂的主要著作《知觉现象学》。我再次惊讶于他的思考是如此大胆和丰富。难怪我曾经热爱过这些东西！从梅洛-庞蒂开始，我接着重读了西蒙娜·德·波伏娃的自传——在学生时代一个长长的暑假期间，我在灰暗阴沉的英国沙滩上卖冰激凌时，初识了她的自传。现在，我再次阅读了整本书。接下来，我看了阿尔贝·加缪、加布里埃尔·马塞尔、让-保罗·萨特，最后，再次转向了伟大的海德格尔。

读这些书时，尤其看到书上那个年轻时的我写下的奇奇怪怪的强调批注，我产生了一种与二十岁的自己再次融为一体的怪异感觉。

不过，现在的我也会从旁观者角度，看着过去的我所做的那些回应，在边角上发出或批判或讥讽的评论。在我阅读的时候，两个我交替出现，时而争吵，时而对彼此愉悦地惊叹，时而认为彼此荒谬可笑。

我意识到，这二十五年以来，我在变的同时，世界也在变。一些曾经把存在主义挤到一边的时髦运动，现在也变得老态龙钟，开始走下坡路。21世纪的关切，已经不再是20世纪晚期那些：或许，现今的我们想在哲学中寻找的东西，也不一样了。

若是如此，那么重访那些大胆和活跃的存在主义者，一定能在某种程度上更新我们的视角。他们可没有坐着玩弄他们那些"能指",而是提出了大问题,追问着在还有很多其他人同样在努力生活的世界里,过一种真诚、完满的人类生活意味着什么。他们讨论核战争,讨论我们如何侵占了环境,讨论暴力,讨论在危险年代处理国际关系的困难之处。他们中的许多人,都渴望改变世界,想知道为了这个目标,我们需要或不需要做出什么牺牲。无神论存在主义者问道,在没有上帝的情况下,我们该怎样才能活得有意义。他们都写下了被选择压得喘不过气来时的焦虑与经历——在21世纪的世界里,这种感觉在相对发达的地区变得愈发强烈,甚至对我们中的一些人来说,真实世界里的选择已经令人惊慌地关闭了。他们担心受苦、不平等和被剥削,并想知道有没有办法来对付这些恶。而作为所有这些问题的一部分,他们还追问了个人能做什么,以及他们自己能提供什么。

随着过去一个世纪中,人们对脑科学和人体化学日益精密的理解,他们同样追问了人是什么。如果我们受制于神经元和荷尔蒙,那么如何依然确信我们是自由的?是什么把人和其他动物区分开来?仅仅是程度的不同,还是在某些方面能被真正区分开?我们该如何思考自身?

最重要的是,他们追问了自由,在他们中的好多人看来,这才是所有问题中最根本的问题,而且从个人和政治的角度予以了解读。在存在主义衰落之后的岁月里,这个话题在世界某些地方日渐式微,或许是因为20世纪五六十年代各种伟大的解放运动,在民权、殖民地独立、妇女平等和同性恋权益等方面，取得了巨大成就。这些运动似乎已经收获了它们想要的结果，那么，也就没有必要继续讨论解放政治了。在1999年的一个电视访谈上，法国学者米歇尔·龚达（Michel Contat）回顾20世纪60年代的萨特时，认为萨特给予了他们那一代人"一种指引我们人生的自由意识"，但他又立马补充道，这个话题很少有人再有兴趣了。

但那距离我写作本书时，已经过去了十六年，自那之后，自由早已再次回到了聚光灯下。我们发现，我们受监视和管控的程度已经非比寻常，我们的私人数据被拿去谋利，我们被提供着各类消费产品，但不被允许表达自己的想法或是做任何太具破坏性的事情，各种各样的事件也在不断提醒着我们，种族、性别、宗教和意识形态冲突其实根本没有结束。那么，或许我们已经准备好再来讨论一下自由了——而且从政治的角度讨论它，同样意味着要从我们的私人生活角度去讨论它。

这就是为什么，当人们阅读萨特论自由，波伏娃论压迫的隐蔽机制，克尔凯郭尔论焦虑，加缪论反叛，海德格尔论技术，或者梅洛-庞蒂认知科学时，有时会觉得好像是在读最近的新闻。他们的哲学仍然很有价值，不是因为它们是对的或者错的，而是因为它们关注的是人生，因为它们挑战的是人类最重要的两个问题：**我们是谁？和我们该怎么做？**

*　　*　　*

在回答这两个问题时，大部分（不是全部）存在主义者，都利用了他们自己的人生经历。但这种经历是围绕着哲学建构的。就像梅洛-庞蒂总结这一关系时说的那样："生活变为观念，观念回归生活。"这种联结，会在他们彼此间把观念彻底讨论清楚后——他们经常干这事——变得更为明显。梅洛-庞蒂还写道：

> 讨论并非观念的交换或对抗，仿佛每个人形成了他自己的观念，拿给他人看看，再看看别人的观念，然后回来用自己的观念来纠正它们……无论他高谈阔论还是低声细语，每个人表达的都是他的整个人，是他的"观念"，但也带着他的困扰、他的秘史。

由于在工作中投入太多，所以思想家之间的哲学对话，常常会变得感情用事，有时甚至就是在吵架。他们的思想斗争制造出的一连串敌意，把存在主义者的故事两两连到了一起。在德国，马丁·海德格尔反对他之前的导师埃德蒙德·胡塞尔，但后来，海德格尔的朋友和同事也背弃了他。在法国，加布里埃尔·马塞尔攻击让-保罗·萨特，萨特与阿尔贝·加缪争吵，加缪与梅洛-庞蒂争吵，梅洛-庞蒂又与萨特争吵，匈牙利学者阿瑟·库斯勒则同所有人争吵，还在街上揍了加缪。而当两个国家的哲学巨人萨特与海德格尔，最终在1953年见面时，搞到了不欢而散，以至于此后两人提起对方时，永远都带着一股子嘲讽的口气。

不过,有些关系却异常亲近。最亲密的是萨特和波伏娃,他们会阅读彼此的著作,并且几乎每天都会讨论他们的思想。波伏娃和梅洛-庞蒂自年少起就是朋友,而萨特和波伏娃初次见到加缪时,也都很喜欢他。

这些友谊的分崩离析,原因一般都是理念——通常是政治理念。存在主义者生活在有着极端意识形态和深重苦难的时代,不论他们愿意与否——通常是主动——都参与了世界上的历史事件。因此,存在主义的故事,实际上是一个政治和历史的故事,甚至在某种程度上,可以说是整个欧洲世纪的故事。现象学最初形成于第一次世界大战之前及期间的几年里。然后,海德格尔的哲学在两次世界大战之间德国的麻烦中崭露头角。1933年抵达柏林后,萨特目睹了纳粹无处不在的游行和标语,而这种不安的情绪后来便体现到了他的作品中。他的存在主义,以及波伏娃的存在主义,随着法国的溃败和被占领,在第二次世界大战期间发展成熟,之后,又借着对1945年之后的世界的狂热期待,进一步扬帆起航。存在主义思想汇入了20世纪50年代愈加汹涌的反传统大潮中,之后又流入到20世纪60年代遍地开花的理想主义中。在此过程中,存在主义者的思想,一直在应世界之变而变;他们反复变化的方向,虽然会让他们前后不一——或者说至少没有总是站在对的那一面——但也让他们一直都很有趣。

简而言之,和他们栖居在自己的思想中一样,存在主义者也栖居在他们的历史与个人世界中。"栖居哲学"(inhabited

philosophy），这个概念是我从英国哲学家、小说家艾丽丝·默多克那里借过来的，她写了第一本全面讨论萨特的书，也是存在主义的早期践行者（不过后来就放弃了）。她说，我们不必期待道德哲学家以一种简单化的方式，遵循他们的观念而生活，仿佛在遵循一套规则一样。但我们可以期待他们能展示一下，他们的观念是如何被栖居的。我们应该能透过哲学的窗户，如果可以这么说的话，来观察一下人们如何住在里面，如何到处活动，如何做人。

受梅洛-庞蒂生活观念的箴言和默多克"栖居哲学"的启发，又经历了我回顾自己的人生时产生的那种怪异感之后，我很想通过把哲学和传记结合在一起的方式，来探讨一下存在主义与现象学的故事。这样的混搭曾经吸引过许多哲学家（不过有一个人拒绝了：海德格尔），也让我很想试试同样的东西。我觉得，哲学融入到生活中后，会变得更有趣，同样，个人经历从哲学角度去思考时，也会更为有趣。

这会是一个20世纪的故事，所以，有关存在主义者先驱尼采和克尔凯郭尔的内容只涉及了一点点。同理，神学存在主义者和存在主义精神治疗师，我也着墨不多：他们确实很有意思，但也真的需要单独的书才能恰如其分地介绍好。另一方面，出于各种理由，比如艾丽丝·默多克、英国"新存在主义者"科林·威尔逊、好斗的诺曼·梅勒和他的"存在主义党"，以及受存在主义影响的小说家理查德·赖特，都出现在了本书中。有的人出现在这里，则仅仅是因为他们在别人的生活里扮演了有趣的角色：如伦理哲学家伊曼努尔·列维纳斯，勇敢的胡塞尔手稿保护人赫尔曼·李奥·范·布雷达，以及反抗国家政权并因此牺牲的捷克现象学家扬·帕托什卡。

故事中的两位巨人，必然是海德格尔与萨特——但那些熟悉《存在与时间》或《存在与虚无》的人也许会惊讶地发现，这些杰作像饼干里的碎巧克力一样，被切碎后混在了一起，而不是分开来做讨论。而且到最后，他们可能也不是说得最多的思想家。

在我看来，这些哲学家，连同西蒙娜·德·波伏娃、埃德蒙德·胡塞尔、卡尔·雅斯贝尔斯、阿尔贝·加缪、莫里斯·梅洛-庞蒂等其他人，似乎参与了一场从20世纪初一直延续到20世纪末的多语言、多角度对话。他们中的很多人彼此从未谋面，不过，我还是愿意想象他们都聚在一座精神咖啡馆里，而且很有可能是巴黎那种又大又热闹的咖啡馆，里面充满了生机与活力，以及交流和思想的喧闹声，绝对是一家"被栖居的咖啡馆"。

当你透过窗户往里瞧的时候，首先看到的人是那些熟悉的面孔，一边抽着烟斗，一边倾着身子争辩，强调他们的观点。你会听得到杯盏相碰的声音；服务生在桌子之间穿行。在前面人最多的那桌，一个矮胖的家伙和一位包着头巾的优雅女士，正和他们的年轻朋友们喝酒。而其他人，则坐在后面更安静些的桌子旁。有几个人在舞池里；也许某个人正在楼上的私人包间里写东西。在里面不知哪个地方，有人愤怒地提高了嗓门儿，但在阴暗处，情侣们则在呢喃低语。

我们可以走进去，找个位子坐下来：或许坐在前面，或许坐到一个不起眼的角落。有太多的谈话要偷听，让人几乎都不知道该朝哪个方向转耳朵了。

但首先，在服务生过来之前……

*　　*　　*

究竟什么是存在主义？

一些讲存在主义的书，根本都懒得回答这个问题，因为它实在不好定义。几位主要的思想家之间本身就存在着巨大的分歧，管你怎么说，都注定会歪曲或是排除了某人。此外，谁是存在主义者，谁又不是，也不太清楚。萨特和波伏娃是少数几个接受了这一标签的人，可即使是他俩，一开始也不情不愿。其他人则拒绝了这一标签，而且理由往往很正当。本书中一些主要的思想家，有些是现象学家，但不是存在主义者（胡塞尔、梅洛-庞蒂），有些是存在主义者，但不是现象学家（克尔凯郭尔），有人两者皆非（加缪），有人以前是其一或两者皆是，但后来改了主意（列维纳斯）。

不过这无所谓了，以下是我试着给存在主义者下的一个定义，放在这儿先作为参考，读者想要跳过去，绝对没问题，可以在有必要或有需要时，再翻回来看。

——存在主义者关心的是**个人**（individual），**是具体的人类存在**（human existence）。

——他们认为，人类存在不同于其他事物的存在（being）类型。其他实体是什么就是什么，但作为人，我在每一刻，都可以选择我想让自己成为的样子。我是自由的——

——因此，我对我所做的每件事，都负有责任，这一令人眩晕的事实会导致

——一种焦虑，而这种焦虑与人类存在本身密不可分。

——但另一方面，我只有在境遇（situations）中才是自由的，这个境遇包括了我的生理和心理因素，也包括我被抛入的世界中那些物质、历史和社会变量。

——尽管存在各种限制，我总是想要更多：我热忱地参与着各种个人计划（projects）。

——因而，人类存在是**模糊的**：既被局限在边界之内，同时又超越了物质世界，令人兴奋。

——一位从**现象学**角度来看待这一境况的存在主义者，不会提出简单的处理原则，而会专注于**描述生活经验本身的样子**。

——通过充分地描述经验，他或她希望能理解这种存在，唤醒我们去过更真实的生活。

好了，现在让我们回到 1933 年，回到萨特去德国向那些新兴哲学家学习的时刻吧，看看他们为什么要让萨特注意桌子上的鸡尾酒，以及生活里的其他一切——或者简而言之，回到事物本身。

第二章
回到事物本身

在本章中，
我们来见见现象学家。

萨特追随着现象学去了柏林，但他其实可以在一个更靠近家乡的小城市找到一个现象学家的核心聚集区：德国西南角上的弗莱堡，过了法国边境线就是。

西面隔着莱茵河与法国遥望、东面有幽暗的黑森林遮蔽的弗莱堡，是一座有大约十万人的大学城，当登山客与滑雪者去山里度假——这在20世纪二三十年代是一种时尚的消遣方式——路过此地时，人口就会激增。他们的钉靴、晒黑的膝盖、鲜艳镶边的背带裤，连同镶满圆盘的手杖（表明他们业已征服的路线），让弗莱堡的街道热闹非凡。除了他们和学生，更传统的弗莱堡居民，则生活在典雅的大学建筑和一座高耸的教堂的环绕之下——教堂那些像蕾丝花边般多孔的砂岩塔楼，在夕阳下焕发着玫瑰的色泽。再远一点，城郊在群山环绕之中爬升，尤其是柴林根的北部聚居地，在那里，许多大学教授有房子建在陡峭的街道上。

这是一座虔诚的天主教城市，也是一座知识之城，以神学院和大学为中心开展学习活动。现在，后者的一个重要组成部分，是哲学中一个很有影响力的团体：现象学家。起初，这意味着埃德蒙德·胡塞尔的一批追随者。1916年，他成为弗莱堡大学的哲学教授后，带了许多弟子和学生过来，并且招收了更多，因而，在他1928年正式退休之后的很长一段时间里，弗莱堡仍然是研究他的思想的一个中心。弗莱堡被一个学生授予了"现象学之城"的称号，这位学生就是伊曼努尔·列维纳斯，一个年轻聪颖的犹太裔立陶宛人，萨特后来会在巴黎买下他的书。列维纳斯的人生轨迹,是诸多现象学皈信者中的典型。1928年,当他看到镇上的某个人在阅读一本胡塞尔的书时,他已在法国边境外的斯特拉斯堡学习了一段时间哲学。因为好奇,他自己也读了这本书,然后当即办理了转学,打算当面跟随胡塞尔学习。这一举动,彻底改变了他的思维方式。正如他写道的那样:"对于我在弗莱堡见到的那些年轻德国人来说,这种新的哲学不仅是一种新理论,更是一种全新的生活理想、历史的崭新一页,几乎可以说是一种新的宗教。"

萨特本来也可以成为这个帮派的后期参与者。要是他去了弗莱堡,很可能会喜欢上徒步旅行和滑雪,并成为精瘦的山里男人,而不是那个"瘦小的佛陀"——他说他变成这样,是因为那一年都是靠着柏林啤酒和饺子过活。相反,他待在了首都的法国研究所里,一边学习着艰难的德文术语,一边阅读现象学家的著作,其中最主要的是胡塞尔的著作。就像他后来所说的,"以胡塞尔为代价",他用那一年时间形成了自己的观念,但他从未当面见过这位大师。胡塞尔很可能也从未听说过他。也许这是最好的结果,因为他可能会对年轻的存在主义者看待他思想的方式印象平平。

* * *

如果我们能像列维纳斯这样的学生这么做,在20世纪一二十年代选了胡塞尔在弗莱堡的课,一开始也许会失望。因为他看起来和听上去都不像一位大师,更别说是伟大哲学运动的奠基人了。胡塞尔沉默寡言，戴着金属边框眼镜，外表柔弱。年轻时，他长着柔软卷曲的金发，不久便谢顶了，留下一颗圆圆的秃头，下面则是一撇髭须和齐整的络腮胡。讲话的时候，他会配上一丝不苟的手势：一个曾经听过胡塞尔讲座的人说，这让他想起一位"发疯的钟表匠"。另一位见证者，哲学家汉斯－格奥尔格·伽达默尔，则注意到胡塞尔在概括每一个点时，"右手的手指来回在平摊的左手手掌上缓慢画圈"——仿佛正在手掌上把他的观念翻来翻去，从不同的角度去看待它。在现存的一段非常短的影像片段里，1936年的他已是一位老人，与女儿在花园里散步，你可以看到他说话之时一直上下摆动他的手。胡塞尔知道自己有那种重复行为的强迫症倾向：他曾告诉人们，小时候，他收到一把折叠刀做礼物后，很是开心，但却忍不住磨它，结果把刀刃全磨没了，只剩一个刀柄。"我在想，我的哲学是不是与这把刀并无二致。"他沉思道。

在童年时代，你绝对无法判断他的才华将来会在哲学中展露出来。1859年4月8日，胡塞尔出生在摩拉维亚地区的普罗斯捷约夫城（对于像他一样说德语的人来说叫"普罗斯涅兹"；这座城市现在在捷克共和国境内），他来自一个犹太人家庭，但年轻时改信路德宗。他在学生时代并不出众。他曾经的一个同学告诉一位传记作家："年轻的胡塞尔常常一上课就睡着，我们必须要有人去推醒他才行。当老师叫到他时，他就睡意蒙眬地站起来，打着哈欠，目瞪口呆。有一次，他打哈欠嘴张得太大，结果导致下颚脱臼了。"但这仅仅发生在胡塞尔不感兴趣的科目上。那时候，他在喜欢的数学课上，注意力就比较集中，后来去莱比锡大学深造，学习数学。不过，在一个摩拉维亚的老乡同学托马斯·马萨里克（即捷克斯洛伐克共和国的首任总统）的劝说下，胡塞尔和他一起去维也纳大学，跟随极富魅力的哲学老师弗朗兹·布伦塔诺学习。从1884年开始，他在维也纳待了两年时间，并被布伦塔诺所折服，决心献身于哲学。自那时之后，干活儿时睡觉这种事，便一去不复返了。

布伦塔诺是能够创造这类奇迹的那种老师。他以前是一名受过亚里士多德哲学训练的牧师，但因质疑教廷新的"教皇无误论"教条（在他看来站不住脚）而失去了自己的教师工作后，他便辞掉牧师的职位。失业的布伦塔诺花了一年时间环游欧洲，学习不同的思想观念，包括那些来自实验心理学的观点，并且断定，传统哲学需要这些资源为其注入新的活力。之后，他开始在比较开明的维也纳大学再次执教。在那里，他鼓励学生在讲究方法的同时，打破传统，批评过去的伟大哲学家，学会独立思考。正是这套组合方法，激励了胡塞尔。在布伦塔诺新思想的武装下，他开始着手自己的哲学研究。

随之而来的，是一段漫长而艰难的岁月，在这段日子里，胡塞尔慢慢发展着自己那份编外无薪的大学讲师的职业生涯，靠学生自由缴纳的学费为生——这是在德国步入学术人生的常见途径。而且很快，他便有了一个家庭要养活：迎娶了另一位改信基督新教的犹太人同乡马尔文娜·施坦因施奈德,然后生了三个孩子。而与此同时,他仍然抽时间出版了越来越多开拓性的哲学著作,其中最著名的是1900—1901年出版的《逻辑研究》(*Logical Investigations*)和1913年出版的《纯粹现象学和现象学哲学的观念》(*Ideas*)。这些作品让他一举成名:他得到了哥廷根大学的有偿教职,之后,最终拿到了弗莱堡大学的哲学教席,并且将在弗莱堡度过他的余生。

胡塞尔抵达弗莱堡的时间是1916年,第一次世界大战刚打到一半,对他的家庭而言,这是糟糕的一年。胡塞尔三个业已成年的孩子全都参加了战争:女儿爱莉(Elli)在战地医院工作,而两个儿子则在前线作战。长子吉尔哈特(Gerhart)严重负伤,但活了下来。幼子沃夫冈(Wolfgang)于1916年3月8日在凡尔登阵亡,年仅二十岁。本就有抑郁倾向的胡塞尔,陷入了人生中最绝望的一段时期。

通常,他会通过疯狂地工作来让自己摆脱抑郁,有时候仅仅在几个礼拜中就写出了影响重大的论文。但这一次却很难熬。好在弗莱堡有很多事来转移他的注意力。除了写作和教书外,他现在还管理着一帮弟子:这些人组建了一个可以说是胡塞尔思想研究室的小集体。你可能会想象一批穿白衣服的现象学家坐在长凳上修修补补,但实际上,他们的工作基本上采用的是写作、教书和进行个人研究项目的形式。他们编辑了一本年鉴,并在其中发表现象学的文稿,还教授初级的大学课程——"现象学学前班",其中一位重要助手伊迪丝·施坦因曾如此称呼它。胡塞尔要求施坦因和其余同事对工作的极度投入，让她颇为惊讶。她曾跟一个朋友略带夸张地开玩笑说："在结婚前，我会一直留在他身边；想结婚的话，我可能只会接受一个同样愿意成为他助手的男人，我的孩子也得这么做。"

胡塞尔对他最好的追随者颇有占有欲也是情非得已，因为只有几个人——施坦因位列其中——掌握了阅读他手稿的技巧。他采用改编自加比斯伯格体系这种常见的速记方式的速记法，以独特的笔迹近乎疯狂地填满了几千页纸。尽管他做事方法严谨，但在手稿方面，他却不甚有条理。他会把旧课题像刮掉的胡子一样丢到一边，转而去开启新的研究课题（同样也完不成）。他的助手尽力誊写他的草稿，并梳理出他的论点，但是，每一次他们交回文档让他修改时，他都会把它当作新作品一样重改一遍。他总是想要把他的思想带到某些更费解和困难的领域：某些尚未探索的领域。他的学生（也是后来的译者）多瑞恩·卡尔恩斯（Dorion Cairns）回忆道，胡塞尔说，在任何时候，他的目标都是研究任何让他感到"最苦恼和不确定"的主题——那些给他带来了最多的焦虑和自我怀疑的主题。

胡塞尔的哲学成了一门令人筋疲力尽却又兴奋不已的学科，需要持续不断的专注与努力。要想实践这门哲学，他写道："**一种全新的看待问题的方式十分必要**"——一种引领我们一次又一次回到我们研究课题的方式——"以便于看到在我们眼前的是什么，去分辨，去描述。"这就是胡塞尔正常的研

39

究风格，也是现象学的一个完美定义。

＊　　＊　　＊

那么，到底什么是现象学呢？本质上来讲，它是一种方法，而非一套理论，并且——尽管这么说有些过度简化之嫌——其基本方法可以用两个词的命令来表达：描述现象（DESCRIBE PHENOMENA）。

定义的第一部分直观明了：现象学家的工作是去**描述**。这是胡塞尔不断提醒他的学生要去做的事。它意味着去除使人分心的事、旧习惯、思想中的陈词滥调以及预设和固有观念，从而使我们的注意力回到他所说的"事物本身"上。我们必须睁大眼睛盯住它们，并依照它们显现时的样子，而不是依照我们认为它们应该是的样子，来准确地记录它们。

这些我们如此仔细描述的事物被称作**现象**——定义里的第二个要素。对现象学家来说，**现象**这个词有着一个特定的含义：它指的是任一普通事物或客体或事件，按照**它向我的经验呈现的自身的**样子，而不是依照在现实中可能是或可能不是的样子。

我们用一杯咖啡来举例吧。（胡塞尔很喜欢喝咖啡：在阿隆谈到杏子鸡尾酒的现象学很久之前，胡塞尔就在他的研讨班上告诉学生们："把我的咖啡递给我，好让我从中研究出现象学来。"）

那么，什么是一杯咖啡？我可以根据它的化学成分和咖啡树的植物学来定义它，并补充一份总结，来描述咖啡豆如何被种植与出口，如何被研磨，如何用热水冲泡咖啡粉，然后倒入容器中，端给用嘴摄入咖啡的人类中的一员。我可以分析咖啡因对身体的影响，或者讨论国际咖啡贸易。我可以用这些事实写满一部百科全书，但我仍然说不出面前**这杯**特定的咖啡是什么。要是换个方向，如果我采取另一种方式，描绘出一系列纯粹个人和感性的联想——就像马塞尔·普鲁斯特所做的那样，他拿玛德琳小蛋糕在茶水里蘸了蘸，然后用七卷书写了这件事——也同样无法让我把这杯咖啡理解成一种直接感知的现象。

相反，这杯咖啡是一抹浓郁的香气，闻起来既朴实又芬芳；是从咖啡表面升起的一缕旋曲热汽的缓慢运动。当我把咖啡送到嘴边，它是一股平稳流转的液体和抓在手里那个厚厚杯壁内的重量。它是一片慢慢靠近的暖意，之后是一种我舌头上强烈、浓厚的味道，始于一丝略微严肃的震颤，而后平缓地变为一种惬意的温暖，这温暖从杯子里传到我身上，带着清醒和提神的承诺。这承诺，这些预期感受，这气味、色泽与味道，皆是这杯作为现象的咖啡的一部分。它们都是通过被体验而出现的。

如果我把这些当作是纯粹的"主观"元素，为了让我的咖啡变得"客观"而将之剥离，那么我会发现我这杯咖啡，作为一种现象——换句话说，在我这样一个喝咖啡的人的经验中呈现的样子——便空空如也。这杯经验之中的咖啡，是我可以确凿无疑去谈论的东西，而其他任何与咖啡豆生长以及化学有关的事物，只不过是道听途说。这也许都是些有趣的传闻，但与现象学家无关。

胡塞尔因此说道，为了从现象学角度描述一杯咖啡，我必须搁置抽象的假设和任何干扰性的情绪联想。然后，我就可以专注于我面前这深色、芬芳、浓郁的现象。这种把推测的附加物"搁置"（set aside）或"括除在外"（bracketing-out），胡塞尔称之为悬搁判断（epoché）——这个术语借用自古代怀疑论者，他们用其表示一种对于世界的判断的普遍悬置。胡塞尔有时候还称其为一种现象学"还原"：去掉对咖啡"究竟"是什么的额外推理，好让留给我们的只有强烈和直接的味道——现象。

结果就是一次大解放。现象学能让我不受束缚地把我所感受的咖啡，作为一个严肃的研究主题来讨论。同样，它也能让我不受束缚地讨论许多领域，只有当它们从现象学角度被讨论时，这些领域的重要性才显现出来。与咖啡的案例接近，另一个明显的例子是专家级的红酒品鉴——如果有现象学实践这种东西的话，那它绝对是——在其中，一个人对经验品质的分辨能力和描述能力是同等重要的。

还有许多这样的主题。如果我想要跟你讲一部伤感的音乐作品，现象学能使我将其描述为一部动人的音乐作品，而不是我在其中寄托了感情的一连串弦震动和数字音符的联结。忧伤的音乐是忧伤的；甜蜜的氛围是甜蜜的氛围；这些描述对于音乐的本质来说，是根本性的。的确，我们总是现象学地谈论音乐。比如我会把一连串的音符描绘为"升高"或"下降",其实这与声波无关(声波变得或密集或稀疏,变长或变短),而是与音乐在我脑中的演奏有关。我听见音符在不可见的梯子上攀爬。在聆听拉尔夫·沃恩·威廉斯的《云雀高飞》时,我几乎要从椅子上站起来;我的灵魂开始飞翔。那不仅仅是我:这就是音乐的本质。

现象学对于讨论宗教的或神秘的经验也很有用:我们可以把它们描绘为内在感受,而无须证明它们如实地描述了这个世界。因为相似的原因,现象学还帮了医生大忙。它让医学症状被视作病患体验到的状态成为可能,而不是仅仅被视作生理过程。病人可以描述一种弥散性或突然剧烈的疼痛,抑或一种沉重或迟滞的感觉,或是在翻江倒海的胃里有说不清的不自在感。被截肢的人常常在失去肢体的部位遭受"幻肢"之苦;现象学让分析这些感觉成为可能。神经科学家奥利弗·萨克斯在他1984年的书《单腿站立》里,就探讨了这样的经历。这本书讲的是他从严重的腿部受伤中恢复过来的经历。在身体损伤痊愈很久之后,他的左腿感觉像和他分开了,如同一个蜡制模型:他能移动它,但心里却感觉那不是**他的**腿。经过大量理疗之后,腿恢复了正常,但是,要是他没能说服他的医生这种感觉有着现象学上的重要性,并且这属于疾病而不是某种个人的反常,他也许就得不到治疗,再也无法重新获得对于腿的全权控制了。

在所有这些案例里,胡塞尔式的"括除在外"或悬搁判断,让现象学家在探询一个人如何经历着他或她的世界时,暂时忽略"这是真的吗"这个问题。现象学提供了进入人类经验的正式方法,让哲学家或多或少地在像非哲学家那样讨论生活的同时,仍然能够自我安慰,他们是有条有理和严谨的。

严谨这一点至关重要;它带我们再次回到了**描述现象**这一要求的前半段。现象学家听了一首音乐作品后,不可能仅仅说"多么美好",他或她一定会问:这首作品悲伤吗?庄严吗?宏大而壮丽吗?问题的关键,是要持续回到"事物本身"——剥离了概念包袱的现象——来摆脱薄弱或无关的内容,直指经验的中心。一个人也许永远无法充分地描述一杯咖啡。然而,这是一项有益的任务:它把我们生活的世界还给了我们。在那些我们通常不认为是哲学内容的事物上,它尤其有效:一杯饮料、一首忧郁的歌、一次兜风、一抹余晖、一种不安的情绪、一盒相片、一个无聊的时刻。它通过掉转我们自己通常如空气般被忽略的视角,恢复了个人世界的丰富性。

这还带来了另一个意外后果:从理论上讲,它应该能把我们从意识形态、政治观念等等中解放出来。通过强迫我们忠于经验,并回避试图影响我们如何解释经验的权威,现象学能抵消周遭的各种"主义",从科学主义到宗教原教旨主义,再到法西斯主义。一切都在悬搁判断中被放到了一边——它们无权干涉事物本身。如果处理正确的话,这会给现象学带来一种惊人的变革色彩。

难怪现象学可能令人兴奋。它可能也令人困惑,而且常常两点兼有。这种兴奋与困惑的交融，在一个年轻德国人的反应中十分明显，他早在现象学刚刚兴起不久便发现了它。这个人就是卡尔·雅斯贝尔斯。1913年时，他正在海德堡精神病诊疗中心做研究工作，而他之所以选择心理学而非哲学，是因为他喜欢心理学具体、实用的研究路径。对他来说，哲学似乎已经迷失了方向，心理学却能用其实验方法产出明确的成果。不过，他也发现心理学过于精巧，以至失去了新意，缺少哲学的那种远大雄心。因此，雅斯贝尔斯对两者都不满意。之后，他听说了现象学兼具两者的优点：实用的方法结合了旨在理解全部生活和经验的高屋建瓴的哲学目的。他以崇拜者的身份写信给胡塞尔，但在信中坦陈说，他还没有完全理解现象学是什么。胡塞尔给他回了信："你现在就在很好地使用这个方法。就这么做下去。不需要知道它是什么；那的确是个困难的问题。"在一封写给他父母的信里，雅斯贝尔斯猜测说，或许胡塞尔也不知道现象学是什么。

但是，这种不确定性丝毫不会减弱现象学带给人的兴奋感。像所有的哲学一样，现象学对其研习者提出了很高的要求。它需要"**一种不同的思考方式**"，雅斯贝尔斯写道，"在掌握过程中，这种思考方式会提醒我、唤醒我、带我回到自身、改变我"。现象学可以做到所有这些，并同时带来结果。

* * *

除了声称要转变我们思考现实的方式，现象学家还承诺要改变我们如何思考自身的方式。他们相信，我们不需要试图去找出人的心灵是什么，仿佛它是某种实体一样。相反，我们需要考虑心灵做了什么，以及它如何领会经验。

在维也纳的岁月里，胡塞尔早已从旧日的老师弗朗兹·布伦塔诺那里习得了这一思想。在他的著作《经验主义视角下的心理学》（*Psychology from an Empirical Standpoint*）里，布伦塔诺用很短的一段话提出，我们要根据心灵的"意向"（intentions）来研究它——这个词有些误导性，听起来像是深思熟虑的意图，但实际上，它的意思却是一种普通的伸出或伸长，来自拉丁语词根 in-tend，意思是伸向或伸进某物。对于布伦塔诺来说，这种伸向对象的行为是我们的心灵一直在做的事。我们的思想总是从属（of）或关涉（about）某物，他写道：在爱中，某物被爱；在恨中，某物被恨；在判断中，某物被确认或否认。甚至当我想象一个不存在的对象时，我的精神结构仍然具有"关涉性"（about-ness）或"从属性"（of-ness）。如果我梦见一只白兔一边看着怀表，一边跑着经过我，我正梦到了属于我幻想中的梦中之兔。如果我凝视着天花板，试图弄懂意识的结构，那我就是在思考关于意识的结构。除非陷入沉睡，我的心灵总是忙于这种关涉性：它具有"意向性"（intentionality）。胡塞尔从布伦塔诺那里拿来这个思想萌芽后，把它变成了自己全部哲学的中心。

来试试吧：如果你试着呆坐两分钟，什么都不去想，就可以多少了解为什么意向性对人的存在来说是如此根本了。心灵像一只在公园觅食的松鼠一样跑来跑去，依次抓住一个闪光的手机屏幕，墙上一个遥远的标记，杯子碰撞的声音，一朵看起来像鲸的云，一段有关某个朋友昨天说了什么的回忆，膝盖上的一阵疼痛，紧迫的截稿日期，一种对之后好天气的模糊期待，时钟的一声嘀嗒。一些东方的冥想技巧，力求让这个跑来跑去的东西安静下来，但其艰难程度表明的正是让精神静止不动有多么不自然。要是不管它，只要醒着，心灵就会朝各个方向伸探——甚至在睡梦阶段也还会继续这么做。

以这种方式来理解的话，心灵几乎根本什么都不是：它就是它的关涉性。这一点让人的心灵（还可能有些动物的心灵），不同于任何其他自然出现的实体。没有别的东西能够那么彻底地像心灵那样**关涉**或属于事物：就连一本书，也仅仅会向某个拿起来并细读了它的人，揭示这本书"关涉"了什么，而在其他时候，这本书就只是个存储设备。但是，一个不体验任何事、不想象任何事、不推测任何事的心灵，根本不能被称作是一个心灵。

胡塞尔发现，意向性的观念，在某种程度上可以回避哲学史上两个大的未解之谜：对象"究竟"是什么的问题，和心灵"究竟"是什么的问题。通过悬搁，以及括除来自这两个问题的所有对实在性的思考，人们可以自由地专注于中间的关系。人们可以把描述的能量，用在我们生活中那些无穷无尽的意向性之舞上：我们的心灵回旋着，就像抓住了一个又一个它们所意欲的现象，与它们在地板上飞舞，只要生命的乐章还在播放，就永不止歇。

三个简单的观念——描述、现象、意向性——提供的灵感，足以让一屋子胡塞尔的助手们在弗莱堡忙上几十年。有全部的人类存在等待他们的注意，他们怎么可能没事做呢？

* * *

胡塞尔的现象学不像萨特的存在主义那样产生过大规模的影响，或者说至少不是很直接——但正是他的基础性工作，解放了萨特和其他存在主义者，让他们敢于大胆创新，去书写下了从咖啡馆应侍生到树再到乳房的一切。1933年，萨特在柏林读过胡塞尔的著作后，发展出了他自己的大胆解读，把重点更多放在了意向性以及它把心灵抛到世界及其中所有事物的方式之上。对萨特来说，这给予了心灵一种巨大的自由。如果我们只是我们的所思所想，那么就不存在什么预设的"内在本性"来阻止我们。我们是变化的。在一篇动笔于柏林但直到1939年才发表的短文《胡塞尔现象学的一个基本概念：意向性》中，他给予了这个观念一种萨特式的翻新。

过去的哲学家，他写道，一直陷在一种意识的"消化"模式中：他们认为，感知某物就是将其拉入我们自己的实体之中，像蜘蛛用它自己的唾液包裹住昆虫，将其半分解掉一样。相反，根据胡塞尔的意向性，意识到某物，就是爆发出去——

让自己从潮湿的胃中挣脱出来，从那里飞出去，超越自己,到达不是自己的所在。飞过那里,飞到树上,但是在树的外面,因为它让我感到迷惑、厌恶,我无法让自己沉醉于它,就像它也不能把自己溶解于我一样:外在于它,外在于我自己……而在同一过程中,意识得到了净化,变得像一阵风一样澄明。除了逃离自身的冲动,跑到自身之外的滑离,其中不再有任何东西。如果你能"进入"一种意识(尽管不可能),那么你就会被一阵旋风卷起,然后被抛回到外面有树和灰尘的地方,因为意识没有"内在"。它只是它自身的外表,正是这种绝对的逃离,这种对成为物质的拒绝,使它成为一种意识。想象一下,现在一系列连锁的爆发,让我们挣脱了我们自己,甚至都不留一点时间,让我们在这些爆发之后形成"我们自己",而是直接把我们扔出去,扔进世界干燥的尘埃中,扔在粗糙的地面上,扔在事物之间。想象一下,我们以这种方式被抛出,被我们的本性抛弃在了一个冷漠、敌对、抵抗的世界里。如果你这样做的话,就能明白胡塞尔在那句著名的话中表达的发现所具有的深刻含义了:"所有的意识都是从属于某物的意识。"

对于萨特来说,如果我们试图把自己关进我们的心灵之内,关进"一间百叶窗紧闭、漂亮温暖的房间里",那我们就会停止存在。我们没有舒适的家:到尘土飞扬的马路上,正是我们是什么的定义。

萨特那种运用惊人比喻的天赋,让他的《意向性》一文成为迄今为止最具可读性也是最短的现象学导论。相比于胡塞尔写的任何作品，它当然是一部更好的简易读物。但那个时候，萨特已经知道胡塞尔后来抛弃了这种对意向性的外拓式解释。他已经开始从另一种角度去看待它，也就是一种最终把一切拉回到心灵的行动。

*   *   *

胡塞尔很早之前就已经考虑到一种可能性，那就是整个意向性之舞同样可以被简单地理解为发生在一个人的内在领域之中。由于悬搁判断悬置了关于事物是否为真的问题，所以没有什么能妨碍这种阐释。真或假，内或外，有什么区别吗？反思了这一点之后，胡塞尔开始把他的现象学转变为一种"唯心论"（idealism）的分支——这种哲学传统拒绝承认外部实在性，并把一切事物定义为一种个人幻觉。

导致胡塞尔在20世纪一二十年代这么做的原因，是他对确定性的渴求。一个人可能对世界上的许多事都不确定，但却可以确定自己头脑中正在发生的事。1929年2月，在巴黎的一系列讲座上——许多年轻的法国哲学家都去参加了（不过萨特和波伏娃错过了）——胡塞尔阐明了这种唯心论的解释，并指出，这就让他和勒内·笛卡儿的哲学非常接近了。如果说内省反思有起点的话，那就是笛卡儿曾经说过的"我思故我在"。胡塞尔说，任何想成为哲学家的人，至少必须像笛卡儿那样试着来一次"退回到自己之中"，然后从零开始，把每一样事物都建立在确定的根基之上。他引用圣奥古斯丁的话作为讲座的总结：

> 别想着向外求索；返回你自身。
> 真理栖居于灵魂之中。

胡塞尔后来又经历了一次转变，重新转向了混杂着丰富的身体和社会经验、与其他人共享的那个外在之域。在晚年时期，他已经很少提及笛卡儿和奥古斯丁的内在性，而是更多地谈论经验所发生的那个"世界"。不过，眼下的他几乎完完全全是在向内心探求。也许战争岁月的危机加剧了他对一片不被触碰的私人区域的渴望，不过，这种渴望的最初涌动，在他儿子1916年牺牲之前就已经发生了，并且在之后又持续了很长一段时间。胡塞尔的转向有多重要，他唯心论的转变又走了多远，关于这些的争论至今仍在继续。

在弗莱堡任教期间，胡塞尔向唯心主义的转变，显然大到了让几个重要学生要疏远他的程度。在这些人里，最开始抱怨的是伊迪丝·施坦因，事情发生在她完成关于同情的现象学博士论文后不久——这个主题引导她开始寻找处于共同外在环境（而非封闭和独立的环境）中的人之间的联系与结合。早在1917年，她就曾坐在胡塞尔的办公室里那张通常他最喜欢的学生才会坐的"老真皮沙发"上，和胡塞尔针对这一主题进行过一次长长的争论。他们争论了两个小时也无法达成一致，没过多久，施坦因便辞去助手一职，离开了弗莱堡。

她之所以走，还有其他的理由：她想要更多时间来做自己的研究，但因胡塞尔的需求，这点却难以实现。不幸的是，她再找职位的努力很艰难。一开始，她被阻挡在哥廷根大学的一个正式教职之外，原因是她是女人。之后，当汉堡大学出现了另一个职位，她甚至都没有申请，因为她感觉自己的犹太出身肯定会是个难题：系里已经有了两位犹太裔哲学家，似乎已经达到了限额。于是，她回到了家乡布雷斯劳（现为波兰的弗罗茨瓦夫），在那里撰写她的论文。尔后，在阅读了阿维拉的圣特里莎（St. Teresa of Ávila）的自传之后，她还改信基督教，于1922年成为一名加尔默罗会的修女——一次戏剧化的转变。修会还特别准许她继续学业和订购哲学书籍。

与此同时，在弗莱堡，她的离开给胡塞尔的团体留下了一个缺口。1918年——早在萨特听说过他们之中的任何一人，或者他自己想到要去德国之前——这个缺口被另一位出色的年轻现象学家填补了。他的名字是马丁·海德格尔，而这个人给大师带来的麻烦，甚至会比直率而叛逆的伊迪丝·施坦因更多。

如果萨特在1933年就去了弗莱堡，并且同时遇到胡塞尔和海德格尔的话，或许他的思考确实会从一个不同的起点出发。

第三章
来自梅斯基尔希的魔法师

在本章中，
海德格尔出场了，而我们则对存在感到困惑起来。

马丁·海德格尔对胡塞尔发起了挑战,出现在《存在与时间》(Sein und Zeit)一书的开头。这本书于1927年在胡塞尔的现象学《年鉴》系列中出版,书的第一页包含了一段看似无恶意的引文,引用自柏拉图对话的《智者》:

很显然,当你们用"是/存在"(being)这样的表达方式,早就明白你们指的意思是什么了。可我们,虽然曾以为我们理解了,但现在却对它感到困惑起来。

海德格尔继续写道,在"是/存在"所有令人困惑的地方中,最令人困惑的是人们竟然没有对它感到充分的困惑。我会说,"天是蓝的",或"我是开心的",仿佛中间的那个小小的字一点儿都不重要。但当我停下来思考的时候,会意识到,它提出了一个根本而且神秘的问题。说某事物是/存在,到底意味着什么?大多数哲学家忽略了这个问题;戈特弗里德·冯·莱布尼茨是少数几个提及这个问题的人之一,他在1714年是这么说的:为什么会存在万物,而非一无所有呢?对于海德格尔来说,这里的"为什么"不是那种从物理学或宇宙论中寻求答案的问题。宇宙大爆炸理论或神创论都不能解答它。问这个问题的意图,主要是让人感到不可思议。如果你不得不用一个词来总结海德格尔在《存在与时间》中的开场白,那很可能会是"哇!"。正是这一点,才让评论者乔治·斯坦纳把海德格尔称为"惊异的大师"——一个"在明白易懂的道路上放了一个闪闪发光的障碍物"的人。

作为哲学的新起点,这个"哇!"本身其实也相当于一次大爆炸,而对胡塞尔来说,则是一次大怠慢。它意在告诉我们的是,胡塞尔和他的追随者,是最不会对是／存在感到惊讶的人,因为他们已经撤到了自己那种两耳不闻窗外事的内省之中。他们早已忘记了那个我们所有人都时常要在其中碰壁受伤的残酷现实。海德格尔在书里,礼貌地称赞了胡塞尔的现象学方法,并用"饱含友谊与钦佩之情"的献词对他表示了感谢,但也明确地暗示道,头脑是个充满了不确定性和孤立性的地方,意向性本应把他们从中拯救出来才对,可现在胡塞尔和他那帮人却迷失在自己的头脑之中。醒醒吧,现象学家!还记得**存在**吧——在外面,在里面,在你下面,在你上面,朝你压上来。别忘了事物本身,别忘了你*自己*的存在!

奇怪的是,海德格尔走上这条路径,是在阅读弗朗兹·布伦塔诺时受到的启发——不是布伦塔诺论意向性的章节,而是他的博士论文,其中讨论了"存在"一词在亚里士多德著作中的不同含义。同一个哲学家,让海德格尔开始关注到了存在,也把胡塞尔引到意向性上,并由此引到内在转向。

*　　*　　*

发现布伦塔诺的论文之时,海德格尔十八岁,住在他的家乡梅斯基尔希,离弗莱堡不远,但位于斯瓦比亚的多瑙河上游地区。这是一个安静的天主教小镇,耸立着一座极其夸张、地方风格浓郁的巴洛克教堂。与教堂冷峻的外表和小镇周围那肃穆的黑森林相比，教堂内部斑斓恣意的白色和金色，以及云中的圣徒、天使和飞翔的小天使一起，带给人一种欣喜的意外。

生于 1889 年 9 月 26 日的马丁是家中长子，下面还有一个妹妹和一个弟弟，分别叫玛丽和弗里茨。他们的父亲弗里德里希是教堂的执事，全家人就住在教堂对面：他们的尖顶房子是并排三栋房子里最平淡无奇的中间那栋，现在仍然在那里。马丁和弗里茨从小就帮教堂干些杂务，比如采花做装饰，早晨爬上塔楼敲七下钟。每个圣诞节，他们还会早早地起床，在家里的圣诞树旁喝完加奶咖啡，吃掉蛋糕之后，穿过小广场，在凌晨 4 点之前来到教堂，敲响 Schrecke-läuten（吓人的钟声），把镇上的居民叫醒。复活节时，他们不敲钟，而是转动手柄来让小锤子敲打木头，制造出咯咯、嗒嗒的声响。

锤子敲击木头或金属的声音，回荡在马丁的世界里，因为他父亲也是镇上的箍桶师傅，制作桶和其他器皿。（去网上随便搜一下，我们就能发现，箍桶匠过去常常制作"酒桶、圆桶、吊桶、浴盆、奶油搅拌器、英制大桶、费尔金小桶、中号木桶、隆勒小桶、70 到 120 加仑的大桶、烟斗、大啤酒桶、枪托、别针和小水桶"——一系列美好的物件儿，而今听来却像个依稀记得的梦。）两个男孩会在伐木工经过之后，去附近的森林捡些他们父亲用得上的木块。海德格尔后来写信给他的未婚妻，描述了他对箍桶作坊以及对他祖父的回忆——祖父是一位鞋匠，会坐在三条腿的工具上，就着玻璃灯罩里透出来的亮光，把钉子钉入鞋底。之所以对这些大书特书，是因为相较于很多别的作家，这些童年的画面对海德格尔的一生都很重要；他从未抛弃对它们所唤起的那个世界的忠诚。

完成了"乐于帮忙的儿子"要干的活儿后，马丁会跑出去，经过教堂，穿过同样浮夸的梅斯基尔希城堡的庭院，来到森林深处，坐在小道旁的一条粗制长凳上写作业。长凳和小道能帮助他仔细思考正在学习的任何复杂课文；后来，每当他在艰难的哲学思考中陷入僵局，都会想着回到森林里的那条长凳上，看看他的出路。他的思想总是充满了黑森林的形象，森林里斑驳的光穿过树叶，照在敞开的小径与林中的空地上。他会给他的书起《林中路》（*Holzwege*）和《路标》（*Wegmarken*）这样的名字，书页间回荡着锤子的声响与乡村平和的钟鸣，回荡着乡民的手工艺和体力劳作的分量与感觉。

就连——或者说尤其——在他最精妙的后期著作中，海德格尔也喜欢把自己想成一个谦卑的斯瓦比亚农民，在他的著作中又是劈又是砍。不过，他其实从来都不能算是平民的一员。从孩提时代起，他身上似乎就有一种与众不同的东西。他害羞、瘦小、黑眼睛，长着一张干瘪的小嘴，而且一辈子都不习惯与人对视。然而，他对他人却有一种神秘的影响力。1999年，在BBC的一次电视访谈中，汉斯-格奥尔格·伽达默尔回忆说，当梅斯基尔希的一位老人被问到是否还记得小时候的马丁·海德格尔时，那个人答复道：

"马丁？是啊，当然记得他。"

"他那时候什么样？"

"Tscha（呃），"这人回答说，"我能说什么呢？他是个子最小的，他是身体最弱的，他是最难管教的，他是最没用的。但他却统率着我们所有人。"

长大后，海德格尔上了神学院，之后去了海德堡学习神学。但他与布伦塔诺论文的相遇，使他迷上了亚里士多德，越来越多地疏远了神学探索，而被哲学探究所吸引。他拿起弗莱堡大学图书馆里那本胡塞尔的《逻辑研究》，借走后一直在自己的屋子里放了两年。看到胡塞尔的哲学毫不关涉上帝，他很是着迷。（尽管胡塞尔是个基督徒，但他没有把信仰和研究混在一起。）海德格尔仔细研究了胡塞尔通过近距离描述和关注现象来进行研究的方法。

之后他追随胡塞尔转攻哲学，并做了几年编外无薪的讲师来勉强维生，开始了自己的职业生涯。跟胡塞尔一样，他也有了一个要他供养的家庭：1917 年 3 月，他和埃尔芙丽德·佩特里结婚，生了两个儿子，约尔克（Jörg）和赫尔曼（Hermann）。埃尔芙丽德是一位新教徒，因此他们照顾了各方各面：在民政厅办了一场婚礼，然后又举行了新教与天主教的宗教婚礼——但之后，两人都与各自的教会完全断了来往。海德格尔公开宣布不再认为自己是信徒，尽管在他的著作中，并不难找到对神圣事物的渴望。许多年之后，赫尔曼·海德格尔揭开了老早以前他从母亲那儿听来的一个秘密：他的真正父亲不是马丁·海德格尔，而是一位与母亲偷情的医生。

海德格尔早年在弗莱堡学习和教书期间，胡塞尔还不在那里；1916年他甫一到来，海德格尔就有意讨好他。最开始，胡塞尔以一种含糊而正式的方式来回应。但随后，就像很多人那样，他也被这位陌生的年轻人吸引住了。在战争结束之时，胡塞尔已经像海德格尔一样热衷于symphilosopheín（哲学会饮）——即一起讨论哲学，他们那个圈子喜欢使用这个希腊词。

在那时候，胡塞尔仍然沉浸在儿子战死沙场的悲痛之中——而海德格尔跟胡塞尔的孩子们年纪相仿。（跟他们不同，他因心脏虚弱，没有上前线，而是被委以了信件审查员和气象站助手的任务。）年轻的海德格尔陪伴在身边，对胡塞尔产生了意想不到的影响。"哦，你的青春——让我实在感到快乐"，他写道。他一反常态地感情外露，在一封信里添加了三段附言，然后又责怪自己听起来像个老话匣子。后来胡塞尔回想起来，还对海德格尔竟然让他变得如此深情感到十分惊讶，但为什么会这样，并不难看出。1920年，在胡塞尔的六十一岁生日派对上，马尔文娜·胡塞尔开玩笑地把海德格尔称为"现象学的孩子"。海德格尔则兴高采烈地配合着这个养子的角色，有时候以"亲爱的父亲般的朋友"作为写信的抬头。他有一回写信感谢胡塞尔的招待时，曾写道："我真的有种被接纳为儿子的感觉。"

1924年，胡塞尔帮助海德格尔在离弗莱堡不远的马堡大学找到了一份带薪的工作。他在那儿待了四年。到1928年，也就是三十九岁时，他返回弗莱堡——再次在胡塞尔的鼎力支持下——接替了胡塞尔退休后留下的教席空缺。回来是一种解脱：海德格尔在马堡从未感到快乐，并把那里称作一个"迷雾的洞穴"（foggy hole），但这次经历确实给他的事业提供了第一次大助力，而且那段时间里，他还在那儿跟学生汉娜·阿伦特发生了一段令人陶醉的婚外情。

在马堡的岁月里，埃尔芙丽德·海德格尔用一笔继承来的钱，购买了托特瑙山的黑森林村庄外面的一块地，那里与弗莱堡相距29千米远，俯瞰着有如马蹄形般壮丽延伸的村庄与山谷。她设计了一座木瓦小屋，傍着小山坡建在了那块空地上。这是她送给丈夫的一份礼物：全家人常常会一起去，但大多数时候，海德格尔都是在那里独自工作。那里的景致甚至比他小时候见过的还好，到处都是能帮助他思考的那种十字交错的小道，而且跟现在一样，那里在白天虽然常常有滑雪者、雪橇爱好者和徒步旅行者光顾，但一到晚上，或是过了旺季，便会寂静而安宁，高大的树木看上去像是威严的成年人，正在注视着其间玩耍的人类。独自待在那里时，海德格尔会去滑雪、散步、生火、做简单的饭、同农民邻居交谈，长时间坐在书桌前——用他在1925年时写给阿伦特的信里的话来说就是——以一个男人在森林里伐木一样的平静节奏，笔耕不辍。

海德格尔还越来越多地把这副农夫的形象带到了他在城里的工作中。他开始穿一款特别定做的黑森林传统服装：一件有着宽翻领和高衣领的棕色农夫夹克,搭配一条及膝的马裤。他的学生称之为他的"存在主义的"或"一个人最本己"的打扮,后一种说法借用的是一个他最喜欢的短语。他们认为他很好笑,但他不认为好笑,因为他的幽默感要么很古怪,要么就不存在。这无所谓:他的衣服、他那乡土的斯瓦比亚口音以及他的不苟言笑,反倒助长了他的神秘性。学生卡尔·洛维特曾形容海德格尔"高深莫测"的特质赋予了他一种威慑全班的魅力;跟他在一起时,你永远不知道你会跟着他去哪儿,所以必须认真去听每一个字。曾跟随胡塞尔和海德格尔学习过的汉斯·约纳斯,在后来一次广播访谈中谈论道,海德格尔绝对是两人中更令人兴奋的那一个。被问到为什么时,他回答说,多半是"因为他更难以理解"。

根据伽达默尔的说法,海德格尔的招牌风格是"一连串令人叹为观止的问题",这些问题会不停地向前翻滚,直到他最后把问题卷进"一团团电光闪现的句子乌云中",让学生们惊得目瞪口呆。这事儿的确有几分不可思议,所以学生们给他取了个外号——"来自梅斯基尔希的小魔法师"。不过,虽然混杂着乌云和闪电,但他的讲课通常会聚焦于细致入微地阅读经典哲学家的作品,并且要求学生极度专注于文本。按照汉娜·阿伦特跟随他学习时的回忆,海德格尔教会了他们思考,而思考便意味着"挖掘"。她写道,他用这套方法深入事物的根基,但不是把它们挖出来,而是仍旧留在里面,仅仅在它们周围开辟探索之路——就像他最爱的那些小径在森林里蜿蜒一样。多年以后，丹尼尔·丹尼特（Daniel Dennett）和阿斯比约恩·施特格利希-佩特森（Asbjørn Steglich-Petersen）抱着一种不太同情的态度，在他们那本讽刺性的《哲学词典》中，把"海德格尔（heidegger）"定义为了"一种笨重的装置，用来钻凿厚厚的实体层"，例如，"它被埋得如此之深，我们得用一台海德格尔才能挖出来"。

乔治·皮西特（Georg Picht）在十八岁时曾上过海德格尔的课，他回忆道，海德格尔的思想所具有的那种力量几乎可以摸得着。海德格尔一走进房间，你就可以感受到，而且他还带来了一种危险的气氛。他的讲课就像在演戏，"经过了巧妙的安排"。海德格尔会敦促他的学生去思考，但不一定要回应。"他认为，说出那些第一时间浮现在脑海中但未深思熟虑的想法——今天被称之为'讨论'——是无意义的闲聊。"他喜欢学生尊敬师长，但不喜欢他们阿谀奉承。"有一次，当一个学生宣读课堂笔记，其中充满了海德格尔自己的措辞，他打断了她：'我们不是在这里海德格尔化！让我们转到当前的重要问题上。'"

皮西特怀疑，海德格尔的粗鲁部分是一种防御性回应：他觉得受到了他人和内在自我的威胁了。"存在（Being）的历史会突然间闯入个人之中，而个人又会闯入所思的东西之中。"皮西特觉得，他有一回惊恐地体会到了成为海德格尔可能是什么样子："该如何描述海德格尔这个人呢？他住的地方时常打雷。有一次暴风雨期间，我们正在欣特察尔滕散步时，十米开外的一棵树被连根拔起。那一幕让我触动,仿佛我之后就能想象出他内心发生了什么。"

即便他们开着惶恐的玩笑之时,海德格尔身边的学生也很清楚,能目睹一种伟大的哲学逐渐发展起来,是他们的荣幸。整个 20 世纪 20 年代中期,在教授柏拉图、亚里士多德或康德的课程时,海德格尔会把每一个文本扭转为某种原创和不常见的解读,直到让学生感到以前的哲学家建立的整个体系可能会在他们头脑中坍塌成碎片为止。汉娜·阿伦特总结道:"思想再次活了过来;被认为已经死去的昔日文化宝藏,正被迫开口说话……那儿有一位教师;人们或许能学着去思考。"

不过,在他们经历的所有这些激动人心的时刻中,没几个能与发生在 1927 年初的那一刻匹敌。学生赫尔曼·穆尔琛(Hermann Mörchen)回忆道,海德格尔出现在他们的一个讨论会上时,"一声不吭又满怀期待,像个孩子显摆他最喜爱的玩具一样,拿出一页直接来自印刷厂的校样"。那是一张扉页,来自他的杰作《存在与时间》——在这本书呼唤世人要惊讶的伟大开场白之后,是一页页怪异的正文,而且这些文字绝不会被错认为出自别的哲学家之手,不管是老的还是新的。

* * *

那么,海德格尔想让我们在《存在与时间》中感到惊奇的存在到底是什么,而拥有存在的存在者又是什么呢?

海德格尔的 Sein(存在 / being)一词不太好定义,因为它所指涉的东西和任何类型或特性都不一样。它肯定不是某一类对象，也不是对象的一般共有特征。你可以通过指着从茅草屋到摩天大楼的大量建筑物，来教会某人什么是一栋"建筑"；这可能会需要一段时间，但他们最终还是会明白。然而，你不可能持续永无止境地指着小屋、餐点、动物、森林小径、教堂大门、节日气氛和逼近的雷雨云，每次都说："看——存在！"那样的话，你的对话者很可能会越来越困惑不解。

对此，海德格尔总结道，存在（Being）本身并不是存在者（being）。意思是，存在不是任何一类可被定义或描述的实体。他区分了德语词 Seiende 和 Sein，前者指的是任何单一实体，例如一只老鼠或一扇教堂大门，而后者意思是这类特定存在所拥有的存在。（在英语中，一种区别方法是把后者翻成首字母大写的"Being"。）他称之为"本体论的区别"——来自"本体论"（ontology），也就是研究什么是"存在"的学问。在一般人的脑子里，要明确区分这二者并不容易，但存在与存在者之间的本体论区分，对海德格尔来说格外重要。如果我们被这两个词搞糊涂了，就会犯错——比如，专心研究某种具体事物的科学，诸如心理学乃至宇宙学，却以为我们在研究存在本身。

与存在者不同，存在难以被指明，而且也很容易忘记去思考它。不过，有一个特殊的实体，其存在却要比别的实体的存在更易被注意到，那就是我自己，因为不同于云和大门，我这个实体会思考自身的存在。而且事实证明，其实我原来已经有了对存在的一种模糊、初步、非哲学的理解——否则我也不会想到去追问它。这就使我成了本体论探究的最佳起点。我既是那个自身的存在有待质疑的存在，又是那个多少已经知道答案的存在者。

那么，我自身就将是途径。不过，海德格尔再次强调说，这并不意味着我应该报名参加人类科学的课程，诸如生物学、人类学、心理学或社会学。这些"形而下的"（ontical）研究对本体论研究毫无贡献。就像被胡塞尔的悬搁判断清走的推测的残骸一样，它们也会用无关的概念来阻塞我们的探究，很可能只是在碍事。如果我想知道人是什么，把他接在一台脑电图扫描仪上测量脑电波或分析行为实例，并没有什么用。正如卡尔·雅斯贝尔斯从心理学转向现象学，就是为了实践"一种不同的思考方式"，海德格尔认为，存在问题一定是真正的哲学问题，要不然就什么都不是。此外，这不应该用过去的哲学方法来研究，狭隘地盯在我们能知道什么这种问题上。因此，一个新的新开端是必要的。

对于海德格尔来说，这意味着不仅要从存在起步，而且要在思想上保证恒常的警惕与细心。他通过使用一种令人懊恼的语言，慷慨地帮助我们实现这一目标。

正如他的读者很快注意到的，海德格尔往往拒绝常见的哲学术语，倡导他自己杜撰的新术语。他基本上保留了 Sein 或存在的说法，但在谈及其存在被质疑的提问者（也就是我，一个人）时，他会极力避免提及人性、人、心灵、灵魂或意识，因为这样的词掩盖了科学、宗教或形而上学的假设。相反,他谈的是"此在"(Dasein),这个词通常表示一般的"存在",由**那里**(da/there)和**去存在**(sein/to be)构成。这样,它意思是"在那里存在",或"存在于那里"。

此在的影响同时令人不安又引人生趣。阅读海德格尔时,你会感觉到(很多人都如此)你认出了他正在描述的某种经验,会想说:"是的,那就是我!"但是此在这个词本身却会把你从这种解读上引开,会迫使你继续追问。单是养成说此在的习惯,你就已经走在去海德格尔那个世界的半路上了。这个术语非常重要,以至于英文译者一般都会直接保留其德语形式;亨利·科宾(Henry Corbin)翻译的一个早期法语节译本中,把此在译为了"人的实在"(réalité humaine),结果又增添了一层困扰。

因此,人们才常常哀叹,为什么海德格尔不能说得更直白些呢?他那些纠缠不清且不寻常的术语,难免会招来戏仿——比如在君特·格拉斯(Günter Grass)写于 1963 年的小说《潦倒岁月》(*Dog Years*)里,有一个角色受到一位不具名的哲学家的深刻影响,总是把没煮透的土豆称为"遗忘了存在的马铃薯",或者把老鼠从厨房水管里清理出来时,会疑惑:"为什么是老鼠而不是其他存在物?为什么万物存在而不是无物存在?"人们会觉得,要是海德格尔真有什么值得讲的东西,应该可以用日常的语言来表达。

但事实是,他不想变得日常,他甚至可能不想进行通常意义上的交流。他想要的，是把熟悉的事物变得费解，来惹恼我们。乔治·斯坦纳认为，海德格尔的意图不是要被理解，而是要通过"感觉到的陌生感"被体验。这是一种类似贝尔托·布莱希特（Bertholt Brecht）在他的戏剧中运用的"异化"（alienation）或疏离的效果，其目的是防止你变得入戏太深以及对熟悉事物的错觉信以为真。海德格尔的语言会令你一直紧张不安，是动态、突兀的语言，有时会显得荒诞，但总是很有力；在海德格尔作品的随便一页上，事物通常被展现为是在涌动或者推搡，被展现为被扔出去、点燃或打破。海德格尔承认，他这种写作方式造成一些"尴尬"，但他认为，那是为了颠覆哲学史并把我们带回到存在而付出的小代价。

对于非德语读者来说，必须要补充的是，有些尴尬是来自翻译的痕迹。德语可以有很长的单词结构，但在英语中，这些单词往往以带着一串连字符的词语形式出现，像不匹配的火车车厢一样缓缓前行。例如，"存在问题"（The Question of Being），在德语中就是一个优雅的词 Seinsfrage。不过，即便是德语，也不能自如地容纳下 Sich-vorweg-schon-sein-in- (der-welt) als Sein-bei (innerweltlich begebnendem Seienden)，即"先于自身 - 已存在于世界中 - 同时与世界里遇到的存在者一起的存在"。

理解海德格尔的方式之一，是把他想成一位文学上的革新者，甚至是某种现代派的小说家。我已经开始写这本书之后，偶然在珍尼特·马尔科姆（Janet Malcolm）的研究《两种人生》（*Two Lives*）中，读到了格特鲁德·斯坦（Gertrude Stein）

的实验性小说《美国人的成长》(*The Making of Americans*)的节选。斯坦像在记述标准的家族传奇一样开始讲,但为了能像这样谈论她的角色,她放弃了常规的写作方式:

> 我总是感觉到,他们每个人都是一个更暗、更亮、更薄、更厚、更浑浊、更清澈、更光滑、更不平整、更颗粒状、更混合、更纯粹的实体……我总是感觉到,他们每个人之中的东西有很多,有很少,在他们中是整个一块,在他们之中是一块块的,有时被同样的部分维系在一起,有时被他们中的其他东西维系在一起……你会慢慢感觉到在他们中,一些是由某种被维系在一起或彼此分开的团块存在组成,他们中的团块之间被别种的存在分开,有时则是被与他们之中的团块几乎完全相反的别种存在分开,一些是因为,团块总是融化到周围那些让他们免于相互触碰的存在中,一些则是因为,他们之中的存在被散布得如此之薄,以至于他们学到的一切,想要在生活中得到的一切——全是对一切有趣事物的反应——在他们之中,真的与他们薄薄的存在毫无关系了……有些人总是完整的,尽管他们之中的存在总是黏糊糊一团,只是被一张皮肤包在一起,才成为完整的一体。

他们的"存在",她解释道:"可以是黏糊糊的、凝胶状的、胶水状的、白色不透明的东西,它可以是白色的、充满活力的、清晰的和热的,这对我来说,都不是很清楚。"

海德格尔可能会不喜欢斯坦的含混不清，但他也许会欣赏作者的洞见，为了避免日常感知的迟钝影响，而把语言拉伸到了它的极限。他可能也会认出她对于角色及其"存在"的区分，要早于他自己有关本体论差异的概念。

因此，或许我们可以把海德格尔想成是一位实验性的小说家，或是一位诗人。不过，即使拒斥了传统哲学的明晰品性，他仍坚持自己是一位哲学家，且他的语言中可并不仅仅是典雅或者好玩。他的意图是颠覆人类思想，摧毁形而上学的历史，并重新开创哲学。毕竟，总体目标是如此极端、如此暴力的话，那么，对语言做一些小小的暴力改动，也该在预料之中。

* * *

《存在与时间》对传统哲学的最大颠覆，是通过日常生活来处理此在及其存在的问题。这种方式，胡塞尔本来也采用过，但做得不够明显。

可以说，海德格尔给了我们穿着日常服装的此在：没有穿着假日盛装，而是穿着"日常便装"（everydayness）。其他哲学家会从一个状态不同寻常的人说起，例如，独自坐在房间里，紧盯着火堆的余烬思考——笛卡儿就是这么开始的。接着，他们会用简单、日常的词汇，来描述结果。海德格尔与之相反。他在其最平常的时刻中理解此在，然后竭力用最具创新性的语言来讨论它。对于海德格尔来说，此在的日常存在就在这里：它是"在世存在"（Being-in-the-world，德文中是 In-der-Welt-sein）。

这里，此在的日常在世存在的主要特征是，它通常在忙着做什么事。我一般不会倾向于沉思事物；我会把它们拿起来，然后用它们来做事。就像海德格尔所说的，如果我抓着一个锤子，通常不会去"盯着锤子-这物"（他用了一个可爱的词das Hammerding），而是去用来钉钉子。

此外，我做敲打，乃是服务于某个目的，比如为我的哲学书造一个书柜。我手中的锤子唤起了一整套目的与情境。它揭示了此在对一切的参与：它的"操劳"（concern）。他举例说：生产某物，运用某物，照看某物，并放任某物，以及消极性的参与，如忽视某事，或不做完某事。这些他都称之为"匮乏的"的形式，但它们仍然是操劳的形式。它们表明此在的存在，大体而言是一种操心（care）。操劳（concern/Besorgen）和操心（care/Sorge）之间的差别令人困惑，但二者都表示此在深深卷入于世界中，而且它很忙。我们离克尔凯郭尔及其看法并不遥远，那就是我不只是存在，而是在我的存在中有利害或者投入。

海德格尔继续写道，我的参与引导我去利用"有用之物"或"设备"——如锤子这样的用具。它们拥有一种特殊的存在，海德格尔称之为Zuhandenheit："当下上手状态"（readiness-to-hand）或"易上手状态"（handiness）。当我正在敲打的时候，锤子于我而言拥有那种类型的存在。如果出于某些原因，我放下了锤子，并盯着它看为"锤子这物"，那么它就是一个不同的类别：Vorhandenheit或曰"现成在手状态"（presence-at-hand）。

对于海德格尔来说，哲学家的第二大错误（仅次于对存在的遗忘）是讨论每一事物时，仿佛它就是"现成在手状态"。但这样就把事物与我们大多数时候遇到它们的那种日常"操劳的"方式分开了，把它们变成了某位整天除了盯着东西看之外无事可做的不操劳主体的沉思对象。然后，我们还敢问为什么哲学家似乎隔绝在日常生活之外！

哲学家犯这个错误，就会让整个在世的存在结构有可能分崩离析，而之后，又很难再将其恢复成哪怕是与我们所认识的任何日常存在相类似的东西。与此相反，在海德格尔的在世存在里，一切事物出现时都已经连接在一起。如果整个结构崩溃，那就是一种"匮乏的"或次级的状态。这就是为什么顺利整合在一起的世界可以由最简单的行动来揭示。一支钢笔会让人想起墨水、纸、书桌以及台灯这一系列东西，并最终让人想起我为谁而写或正在写给谁，而这每个谁都带着他或她的目的活在世上。正如海德格尔在别的地方写道的那样，一张桌子不仅仅是一张桌子：它是一张家庭的桌子，是"男孩喜欢忙着做各种事"的地方，或者，也许桌子是"那次与朋友一起做那个决定的地方，那次写那部作品的地方，那次庆祝那个节日的地方"。我们在社交上，以及在功用上都参与其中。因此，在海德格尔看来，所有的在世存在也是一种"共在"（Being-with），或曰 Mitsein。我们与他人共居于一个"共同世界"（with-world），或曰 Mitwelt。

我们如何证明他人心灵存在，这个古老的哲学问题，现在已经消失不见了。早在好奇他人的心灵之前，此在就已经徜徉在共同世界中。他人是那些"在大部分情况下，一个人不会把自己与之区分的人——那些一个人也属于其中的人"。就算存在失事在一个荒岛上，或者为了躲开其他人而生活在一根高高的柱子上，共在也始终保有其特性，因为这些情况主要是通过谈及缺失的同类此在来界定的。一位高柱苦修士的此在仍然是一种共在，但这是一种"匮乏"（共在的海德格尔很爱这个词）形态。

海德格尔举了一个把一切都归在一起的例子。我出去散步，发现岸边有一条小船。对我来说，那条船有什么样的存在？它不可能"仅仅"是一个对象，是供我从某个抽象的观察角度去沉思的"船这物"。相反，我遇见的这条船，可以是（1）潜在的有用事物，处在（2）一个有一系列这种事物的世界中，即便对我没用，也（3）处在一种这条船显然对别人有用的情境中。这条船一下子同时点亮了功用性、世界和共在。如果我想把它仅仅视为"对象"，也可以，但这样就破坏了日常存在。

让人惊讶的是，哲学竟然等了这么长时间，才等到一个人把这些事说出来。美国的实用主义者，如查尔斯·桑德斯·皮尔士（Charles Sanders Peirce）、约翰·杜威（John Dewey）和威廉·詹姆斯（William James），曾经把人的生命从实际、活动的角度来研究，但他们没有海德格尔那种宏大的哲学视野，并且更倾向于运用实用主义让哲学变得更加切合实际，而不是让它回想起自己最伟大的任务与追问。胡塞尔的确也有着海德格尔那样的野心，但却把一切都迁入了他那唯心主义的洞穴之中。对海德格尔来说，那是一个致命的错误：胡塞尔括除了错误的事物。括除了存在，可这是唯一不可或缺的事物。

海德格尔是哲学的伟大转向者。在《存在与时间》中，日常存在——而非触不可及的宇宙论或数学——才是最"本体论的"东西。实际的操劳与操心，比反思更为原始。有用性先于沉思，"当下上手状态"先于"现成在手状态"，"在世存在"和"与他人共在"先于"独自存在"。我们不是在纷繁复杂的世界上空盘旋，从上往下凝视，而是已经在这个世界上，并且参与其中——我们"被抛"到这里。而"被抛性"必定是我们的起点。

抑或，正如他的传记作者鲁迪格·萨弗朗斯基（Rüdiger Safranski）所言，海德格尔"陈述那些显而易见的事情时，用的是一种连哲学家都能理解的方式"。

* * *

埃德蒙德·胡塞尔当然注意到，尽管书上写着献给他和称赞他的话，但《存在与时间》一定程度上是针对他的。为了确认这一点，他反复读了几遍。读完第一遍之后，1929年夏天，他带着书去了意大利的科莫湖（Lake Como）度假，又细读了一遍，还在空白处写下了表达怀疑的批注："但那也太荒唐了吧"。他经常使用"？""！"，甚至是"？！"。但他抱怨时，海德格尔似乎觉得胡塞尔认为这本书是在攻击他自己也"太荒唐了"!

私底下,海德格尔越来越对胡塞尔的哲学不屑一顾。在胡塞尔写一封又一封热烈赞扬的推荐信帮他找工作时,海德格尔却在跟别人说,他认为他的导师"荒唐可笑"。1923年,在写信给现在已与他成为朋友的卡尔·雅斯贝尔斯时,海德格尔说:"他人生的使命就是做现象学的奠基人。可没人知道那是什么鬼东西。"(雅斯贝尔斯在很久之前已经承认他也不懂什么是现象学,所以几乎帮不上忙。)到1927年,胡塞尔和海德格尔之间的分歧已经非常明显。那一年早些时候,他们曾试图为《不列颠百科全书》合作撰写关于现象学的词条,但不得不中途放弃。一个原因是,他们都觉得对方在清晰表达自己方面有问题。在这一点上,他们说得不错。但更严重的问题是,他们现在几乎对现象学定义的每一点都无法达成一致。

胡塞尔对海德格尔的反抗耿耿于怀。这和他原来想象的太不一样了!他们俩曾聊过,海德格尔也许会接管胡塞尔的Nachlass——他的未出版手稿遗物——把他的哲学带到未来。胡塞尔先是帮海德格尔找到了马堡大学的工作,然后在退休时,又从中助力,让他接任了自己在弗莱堡大学的工作——正如他后来所承认的,希望这么做会让海德格尔迷途知返。但是,随着海德格尔正式就职,弗莱堡成了"双现象学之城"——胡塞尔的版本看起来越来越没劲,而海德格尔的却越来越受到狂热的追捧。

1929年4月8日，海德格尔在胡塞尔的七十大寿上，做了一段长长的致辞。这段致辞看似是称颂，实则蕴含了些许无礼的潜台词，比如强调说，应该如何对胡塞尔的哲学进行重新思考和做出方向上的改变。在答谢讲话中，胡塞尔说，的确，他是打算去完成一项工作，但大部分工作目前还没有做完。他的潜台词是：不管海德格尔怎么想，他走的路反正是正确的，所以每个人都应该加入他，一起把工作完成。

海德格尔的行为确实不光彩，但胡塞尔的期望也有些过了。他把海德格尔铸造成下一代"迷你胡塞尔"的想法，一定很令人窒息吧。毕竟，他根本没有什么理由去认为海德格尔会死心塌地追随他；那从来不是哲学发展的方式。事实上，一种哲学越具有革命性，就越可能引起反抗，原因恰恰就是它会设下巨大的挑战。

不过，胡塞尔并没有觉得自己是某种守旧派，新一代必定自然地从他这里分离与成长。相反，他认为自己已经越来越激进，年轻人反倒没有跟上来。他视自己为"一位被指派的领袖，却没有追随者，或者换句话说，在先验现象学的激进新精神中没有合作者"。

在他看来，海德格尔的哲学犯了一个错误，那就是停留在了"自然态度"或"常识"的层面。这个指控似乎有点儿奇怪，毕竟，那么做有什么错呢？但胡塞尔的意思是，海德格尔没有丢掉那些本该在"悬搁判断"中就被放到一边的关于这个世界的诸多假设。沉迷于存在的他，忘记了在现象学中要做的一个基本步骤。

但在海德格尔看来,健忘的人是胡塞尔。他向内转到唯心主义,意味着他仍然在优先考虑抽象的沉思性心灵,而不是有活力的"在世存在"。从《存在与时间》的开头,他就清楚地表明,他不要理论探究,不要只是定义与证据的罗列,而要做一种**具体**的探究,而首先要探究的就是这一刻"此在"正在做什么。

那就是一种"人类学"罢了,胡塞尔在1931年的一次演讲中反驳道。从具体的属世的此在开始,便意味着放弃了哲学的远大抱负和对确定性的追求。胡塞尔死活不能理解为什么海德格尔不明白这一点——但海德格尔对胡塞尔怎么想,已经越来越没兴趣听了。他现在是那个更有吸引力的人物,拉走了很多胡塞尔的门徒。

* * *

起初,海德格尔的《存在与时间》构建了一个浑然一体的世界,在里面,欢乐的击锤人在共有的共在中与同伴交流,同时对存在有一种模糊的原初理解,不过,他们从未停下来仔细思考它到底是什么。如果这就是海德格尔的全部,那他或许唤不起那么多激情——如果这就是人类生活的全部,那我们大概也很难对哲学产生兴趣。在这样一个没有拉链的世界里,谁会需要哲学家啊?但对这个行业来说,幸运的是,拉链卡住了,东西打破了。而海德格尔则分析了接下来会发生什么。

那么,我正敲钉着橱柜,几乎根本不会注意到锤子,只是看到钉子被一点点敲进去以及我的总体工程。如果我在电脑上输入有关海德格尔的一段话,我不会注意到手指、键盘和屏幕;我的注意力流经它们,汇集到了我试图完成的事情上。但有时候会出错。钉子弯折了,或者也许整个锤子头从柄上飞了出去,或者电脑对着我死机了。

我傻傻地盯着坏掉的锤子看了一会儿,或者,我没有检查一下电脑,而是生气地冲着电脑瞪眼,猛戳它的按键。曾经的"当下上手状态"翻转为现在的"现成在手状态":被怒目而视的无用对象。海德格尔用一个朗朗上口的短语总结了这种更改后的状态:das Nur-noch-vorhandensein eines Zuhandenen——"存在仅仅是现成在手状态而不再是当下上手状态"。

这样的例子经常在日常生活中突然发生。尼科尔森·贝克(Nicholson Baker)在小说《夹层厅》(*The Mezzanine*)中,就曾精彩地从现象学角度描述过一个男人的午休时间。主人公系一根鞋带时,鞋带突然断了,他默默地盯着手中的那截鞋带,脑海中闪现了类似的事件:拉住线头,想要打开一张创可贴,但线松掉了,没有把纸扯开,或者使用订书机的时候,订书针没有穿透纸页,紧紧地在另一边闭合,而是"仿佛没有牙齿一样咬了下去",原来是没有订书针了。(我二十年前读了这本书,不知为什么,对这一小段描写印象非常深刻,现在每次发现订书机里没有针时,脑海里总会响起一声"仿佛没有牙齿一样咬了下去"的抱怨。)

这样的事情发生后,海德格尔说,便揭示了"我们必须要操劳之物的烦腻（obstinacy）"。这个揭示以一种不同的方式照亮了整个工程，以及我对它的操劳的全部语境。这个世界不再是一台运转平稳的机器，而是变成了一堆拒绝合作的顽固事物，而我处在中间，不知所措、迷失方向——这正是我们在阅读他的散文时，海德格尔想方设法从我们身上诱发出来的精神状态。

订书机没订书钉这样的小事件，通常不会导致我们整个宇宙的坍塌。在跳过一个节拍之后，联系会被重新扭在一起，而我们继续前行。但有时候，会发生一种更全面的失败——一个空了的订书机，很有可能变成我质疑自己整个职业生涯和人生道路的催化剂。

那种程度的意义崩塌，曾被奥地利话剧、歌剧作家雨果·冯·霍夫曼斯塔尔（Hugo von Hofmannsthal）在1902年一个译为《钱多斯大人之信》（*The Letter of Lord Chandos*）的故事里描述过。这封信假装是一位英国贵族在1603年写的一封真实信件，化用了霍夫曼斯塔尔自己的经历——他在精神崩溃后，感觉周围的人和事的结构全部土崩瓦解了。突然间，各种日常物品，在钱多斯看来，仿佛变成了是在透过放大镜近距离观察，什么都看不清。他听到人们议论当地的人物和朋友，但是在他们所说的话中找不到连贯的表述。无法工作或照顾他的庄园后，钱多斯会一连几个小时盯着一块覆盖苔藓的石头，或一只躺在阳光下的狗，或遗留在地里的一把耙子。联系消失了。难怪我们把这样的经历称为精神崩溃。这种情况，在经历过抑郁的人听来，可能很熟悉，而且也会发生在多种神经失调症里。在海德格尔看来,这是一个日常在世存在崩溃的极端例子,这样的崩溃会让一切都看起来变得突兀、脱节,无法再像平常那样漫不经心地漠视它们。

为什么有时候一颗钉子在锤子下弯掉,会带来与之极不相称的沮丧感,并且让你觉得一切都在和你对着干?海德格尔给我们一种不同的理解方式。借用一个来自菲利普·拉金(Philip Larkin)的诗《差了有一英里》(*As Bad as a Mile*)的例子,如果你朝垃圾桶丢一颗苹果核,但没丢进去,不仅会觉得恼火,因为你不得不站起来,从地板上重新拾起苹果核,还可以让一切都感觉很尴尬、可疑和不适。但是,只有在疑问与不适中,哲学才会出现。

动荡时期的人们,渴望从哲学中获得这种强大的、个人化的东西:这正是海德格尔获得巨大影响力的一个原因。他的起点是穿着日常服装的实在,但却用克尔凯郭尔式的语气谈论着生命中最奇怪的经历,谈论一切开始发生可怕错误的时刻,甚至谈论我们会面对的最严重的不公正——死亡的可能性——的时刻。许多人,即使在和平、稳定的时期,也都在生命中尝过这类时刻的滋味。而在20世纪20年代的德国,随着一战后的一切都被抛入混乱和怨恨之中,几乎每个人都有可能从海德格尔的视野中认出某些东西。

*　　*　　*

到了1929年,海德格尔的风潮传到了弗莱堡和马堡之外。那年春天，他在阿尔卑斯山的度假胜地达沃斯（Davos）召开的一次会议上做了发言——托马斯·曼1924年的畅销小说《魔山》就发生在达沃斯，海德格尔读过这本书，书里有一场思想大战，发生在守旧的意大利理性主义批评家路易吉·赛特姆布利尼（Luigi Settembrini）和神秘主义的前耶稣会士利奥·纳夫塔（Leo Naphta）之间——在这次会议上，你会很容易有一种似曾相识的感觉，因为海德格尔要对垒一位伟大的康德主义哲学与启蒙运动的人文主义学者：恩斯特·卡西尔。

卡西尔是犹太人，身材高大、冷静优雅，花白的头发梳成了引人注目但有些老式的蓬松发型，跟个小小的蜂窝一样。海德格尔则是矮个子，难以捉摸却让人着迷，留着干瘪的胡须，头发梳得非常平整。他们的辩论集中在康德哲学上，因为他们对那位哲学家的阐释有着极大的不同。卡西尔认为，康德是理性、知识与自由这些启蒙时代价值观的最后一位伟大代表。而最近刚刚出版了《康德与形而上学问题》的海德格尔则认为，康德通过证明我们无法了解现实或获得任何真正的知识，而消解了那些价值。他还主张，康德的主要兴趣首先不在于知识问题，而在于本体论：存在的问题。

尽管这场辩论中没有出现明显的胜者，但许多观察者似乎很自然地便认为，卡西尔食古不化，还生活在过去那个文明但过时的时代，而海德格尔却是一位先知，预言着一个危险但刺激的未来。伊曼努尔·列维纳斯便是以这种方式来解读辩论的人之一，他现在已经不是胡塞尔的学生，而是以海德格尔的热忧支持者的身份参加了那次会议。正如他后来对一位采访者说的,就像是看到了一个世界的终结,与另一个世界的开始。

但是,恩斯特的妻子托妮·卡西尔觉得海德格尔很粗俗。她回忆了第一晚他抵达时的情景:毫不夸张地说,他是真的引大家扭头去看他了,因为他是在其他参会代表都已集合好,准备听一个餐后演讲时才进来的。门打开了——有点儿像《魔山》中的情景,书里婀娜的情人克拉夫蒂娅·乔奇(Clavdia Chauchat)习惯性地晚进餐厅,并伴随着漫不经心的砸门声。托妮·卡西尔环顾四周,看到一位目光锐利的小个子男人。在她看来,他就像一个那些年在德国随处可见的意大利工人,只是他身着黑森林服装,看起来"笨拙得好像一个误闯入宫廷的农民"。

她对他的追随者甚至评价更低,因为她后来不巧目睹了他的学生们恶搞那场辩论的表演。列维纳斯扮演恩斯特·卡西尔,撒满白色滑石粉的头发被卷成一束高高的额发,跟冰激凌甜筒似的。托妮·卡西尔并不觉得他很幽默。数年之后,列维纳斯很想向她为自己当年的无礼道歉,因为到那时,他已经放弃了对海德格尔的吹捧,同时性格上也整体更成熟了。

达沃斯会议结束几个月之后,1929年7月24日,海德格尔在弗莱堡做了一场精彩的就职演说,演讲的题目是"形而上学是什么?"——萨特和波伏娃会在1931年看到这篇文章的译本,不过并不理解它的意思。有很多人都前来聆听这位大学新任教授的演讲,胡塞尔这次也在其中。海德格尔还真没让人失望。"形而上学是什么？"博得了满堂彩，因为它不但包含了《存在与时间》中的重要观点，还提出了一些新观点。演讲的开头甚至听起来像个冷笑话，让人很难想象这是出自海德格尔之口：

"形而上学是什么？"这个问题唤醒了对讨论形而上学的期待。我们将放弃这一点。

余下的演讲比较了虚无与存在，并包含了一长段对"情绪"——海德格尔的另一个重要观念的讨论。此在的情绪的变动范围，可以从欢欣一直到厌倦，甚或是克尔凯郭尔所谓的"忧惧"（angst），恐惧或忧虑，一种到处弥漫的压抑和不安感。每一种情绪都揭示了这个世界的不同一面。在焦虑（anxiety）中，世界向我展示了它自身的"离奇"（uncanny）——德语对应的是 unheimlich，其字面意思为"不平凡"——一面，揭示的是"存在者彻底的怪异性"。在这种不平凡、不熟悉的时刻，焦虑的情绪开启了哲学的第一次质问运动——尤其是形成了海德格尔演讲高潮的那个大问题："为什么竟然有存在者，而不是一无所有？"

海德格尔的演讲让人毛骨悚然，但也隐约让人感到很刺激，而其中的一些费解之处，更是增加了这种效果。演讲快结束时，至少有一位听众，海因里希·维甘德·比采特，处在欣喜若狂的晕眩中，感觉几乎要摔在地上。"世界上的事物被揭破之后，露出了一种几乎让人痛苦的光芒，"比采特写道，"有一瞬间，我感到自己仿佛瞥见了世界的根基和基础。"

但坐在听众中间的胡塞尔，就没那么欣喜若狂了。他现在对海德格尔产生了最可怕的忧虑：他不再是门徒，而是成了一个怪物般的后代。不久之后，他写信给一位同事说，他觉得有必要彻底拒斥海德格尔的研究。十八个月后，他在另一封信中再次回想起这一刻时，写道："我得出了一个令人沮丧的结论，在哲学上，我与这种深刻的海德格尔学说毫无关系。"海德格尔的哲学，胡塞尔断定，是那种我们必须不惜一切代价反对的哲学。这种哲学，他觉得自己有义务扑灭它，"让它永无存在的可能"。

第四章
常人,呼唤

在本章中，
萨特做了噩梦，海德格尔试着思考，
卡尔·雅斯贝尔斯很惊愕，
而胡塞尔呼唤英雄主义。

1929年时的德国，刚刚从战争和1923年的恶性通货膨胀危机中走出来，便又陷入了经济灾难，所以，海德格尔那场极富魅力的演说，进一步提升了他在德国的号召力。许多德国人感到，那个在战争末期以类似政变的方式接管政权的社会主义政府背叛了他们。他们窃窃地议论着犹太人和共产主义者，指责他们密谋破坏民族大业。海德格尔似乎也有同样的疑虑，对20世纪20年代的德国产生了一种幻灭和困惑感。

那几年造访过德国的人，都对这个国家的贫困程度，以及人民以投向极"左"和极右政党来应对的方式，感到震惊不已。1930年初，雷蒙·阿隆来到德国后，震惊很快就变成了疑问：欧洲怎么才能避免再次被拖入战争？两年之后，年轻的法国哲学家西蒙娜·薇依周游德国时，在一家左翼新闻报纸上发回报道，记录了贫穷和失业如何在摧毁德国的社会结构。那些有工作的人，害怕失去工作，所以忧心忡忡。那些无力养家糊口的人，要么四处流浪，要么只能投靠亲戚，结果把家庭关系抻到了极限。灾祸可能会降临到任何人的头上："你可以看到身着笔挺衣服、头戴圆顶礼帽的年长男人在地铁出口乞讨，或用嘶哑的嗓音在街头卖唱。"年纪大的备受折磨，而对过去一无所知的年轻人，连可以让他们逃避现实的美好回忆都没有。

这种形势下，革命的可能性显而易见，但是它会倒向何方，是共产党还是希特勒的纳粹党，没人能猜得出来。薇依希望会是左派，但她担心，在令人绝望的时代，相较于社会主义者那种模糊不清的平等梦想,纳粹集会上统一的制服和严密的控制会更具吸引力。她猜对了。1933年1月20日,保罗·冯·兴登堡总统领导的那个软弱不堪的联合政府,在重压之下屈服,任命阿道夫·希特勒为总理。这个曾备受奚落的边缘人物,现在一下子掌控了整个德国及其资源。3月5日的选举,进一步增加了纳粹党的多数席位。3月20日,一项新的授权法案赋予了希特勒近乎无限的权力。随后,他经过一夏天的时间,将其进一步巩固。就这样,自杏子鸡尾酒谈话后阿隆力邀萨特去德国,到萨特搬去柏林的这段时间里,这个国家已经被改变得面目全非。

最初的变化很快在春天到来,以最基本和最具侵入性的方式影响了人们的私生活。3月时,纳粹授予了自己随意逮捕可疑人员和入户搜查的新权力,并立法允许电话窃听和信件监控这些曾被认为神圣不可侵犯的隐私领域。4月,他们宣布"抵制"犹太人的生意,并开除了所有被认为是犹太人或有反纳粹关系的公职人员。5月2日,工会被取缔。5月10日,第一场惊人的焚书事件发生。7月14日,除国家社会党以外,其他政党均被正式取缔。

许多德国人,以及其他欧洲各地的人,惊恐地看着这一系列事件快速发生,却感到无能为力。波伏娃后来也惊异于她和萨特在20世纪30年代初,对纳粹在德国的崛起竟然不是很担心——后来在政治上异常活跃的两个人尚且如此。他们会看报,她说,但那时候,他们对凶杀或怪诞的心理学事件更感兴趣，诸如帕潘姐妹谋杀了雇她们做女佣的雇主，或者一对观念传统的夫妇带着另一对夫妇回家，来了一场四人性爱，然后在第二天自杀了这种。与个人行为的奇闻异事相比，法西斯的崛起似乎显得有些抽象。不过，1933年夏天，在萨特搬去柏林之前，他和波伏娃倒是和意大利的法西斯有过一次令人不安的相遇。当时，他们用意大利铁路提供的优惠去罗马旅行，一天深夜在罗马斗兽场附近散步时，突然被探照灯照住，还有穿黑衣的男人朝着他们大喊。这让他们受到了惊吓，但并没有让他们的兴趣转向政治。

之后，萨特在柏林待了一年，但由于大部分时间他都专注于研读胡塞尔和其他人的作品，起初几乎没有怎么留意外面的世界。他会跟同学一起喝酒，然后散很长时间的步。"我重新过上了无须负责的生活。"他后来在笔记中如此回忆道。随着学年向前推移，红黑色的横幅、纳粹冲锋队的集会以及定期爆发的暴力行动，愈来愈搞得人心惶惶。1934年2月，波伏娃第一次去德国看萨特时，大体上感觉德国看起来还挺正常。但当她6月再次过去，然后和萨特一起离开柏林，途经德累斯顿、慕尼黑和纳粹最喜欢的城市纽伦堡时，军队游行和在街上瞥见的残暴场景，已经让他们急不可耐地想永远离开这个国家。到这个时候，萨特开始做噩梦，总是梦见城市发生暴动，鲜血飞溅到一碗碗的蛋黄酱上。

萨特和波伏娃这种焦虑和不真实感混杂在一起的感受，并不稀罕。除了纳粹的支持者或坚定的反对者和直接的攻击目标外，许多德国人也有类似的混合感受。这个国家笼罩在了海德格尔所谓的"离奇感"（uncanniness）中。

有时候，受过最好教育的人，却往往最倾向于不拿纳粹当回事儿，认为他们太荒唐可笑，不可能成什么气候。卡尔·雅斯贝尔斯后来回想起来，认为他自己就是犯此错误的人之一，而在柏林的法国学生中间，波伏娃也观察到了类似的不屑情绪。无论如何，大多数不赞同希特勒意识形态的人，很快就学会了不表达自己的观点。如果一支纳粹的游行队伍从街上经过，他们要么溜之大吉，要么一边像其他人那样不得已地敬礼，一边自我安慰说，我不信仰纳粹，所以这个动作不会有任何意义。心理学家布鲁诺·贝特尔海姆（Bruno Bettelheim）后来曾写道，这一时期，几乎没有人会为举起胳膊这种小事而冒生命危险——但人们那种抵抗的能力，正是这样被一点点侵蚀掉的，最终，人们的责任心与正直感也会随之消失。

记者塞巴斯蒂安·哈夫纳（Sebastian Haffner）当时正在读法律系，他在日记中同样用了"离奇"（uncanny）一词，并且补充道："一切都发生在某种麻醉状态下。客观上很可怕的事情，只能激起一丝淡薄、微弱的反响。杀人如同儿戏。羞辱和道德沦丧，仿佛小事一桩，可以接受。"哈夫纳认为，现代性本身要承担部分责任：人们已经成为习惯和大众传媒的奴役，忘记了停下来思考，或者中断各自的日常事务，腾出点足够的时间来质问一下到底发生了什么。

海德格尔曾经的情人兼学生汉娜·阿伦特，后来在她出版于1951年的研究著作《极权主义的起源》（*The Origins of Totalitarianism*）中认为，极权主义运动的兴起，原因部分要归咎于现代生活的分裂化，让人们更易受到政治煽动者的影响。在别的作品中，她创造了"恶之平庸"（the banality of evil）这个短语，来描述个人道德意识的极端缺失。这个术语引来了一些批评，主要原因是，她把这个说法用在了种族灭绝积极分子、犹太大屠杀的组织者阿道夫·艾希曼身上，而他的滔天罪恶可不只是没能负起责任那么简单。但阿伦特仍然坚持她的分析：在她看来，如果你没有在时代要求你回应的时候给予充分的回应，那么你展示出的这种想象力与关注力的缺乏，便与故意去犯罪一样危险。或者说，这相当于违背了她在马堡时从海德格尔学来的那条指令：思考！

但是，思考到底是什么？或者，就像海德格尔后来用一篇论文的标题问的那样，Was heisst denken？——可被翻成"什么称之为思考？"或"什么需要思考？"，他在这儿玩了一个文字游戏。人们可能觉得，海德格尔经常提醒人们要摆脱遗忘并质询日常的实在，所以他是所有哲学家里最有能力好好思考的人，可以呼吁他的同胞们负责任地警惕起来。

确实，他认为这正是自己做的事情。但是，他做的方式，并不是阿伦特、雅斯贝尔斯、胡塞尔或者后来的大多数读者所希望的。

* * *

《存在与时间》中至少包含了一个本应被用来对抗极权主

义的伟大观念。海德格尔写道,此在容易被一种叫 das Man——"常人"(the They)——的东西所摆布,这是一种非个人的实体,会夺走我们为自己而思考的自由。因此,想要真实地活着,就要抵抗或战胜这种影响。但这并不容易,因为 das Man 非常模糊不清。这个 Man 在德语中的意思,不是英文里的 man(那个 man 在德语里是 der Mann),而是中性的抽象概念,有点儿像英文中用来泛指的 one 或者 they,比如"one doesn't do that"(人不干这事儿),或"they say it will all be over by Christmas"(人们说圣诞节之前,一切都会结束),所以,the They 大概是目前最好的翻译,只是它听起来好像是在指某个"在那里"的群体,与我无关。但事实上,在海德格尔看来,das Man 就是**我**。它无所不在而又无处寻觅;它不是确切的事物,但我们每个人都是它。和存在一样,它随处可见,以至于到了视而不见的程度。可如果我稍不留心,das Man 就会取代我,替我做那些本该由我自己来做的重大决定。它会耗尽我的责任或"答复"(answerability)。或者用阿伦特的说法,让我们陷入平庸,不再思考。

如果我想要对抗 das Man,必须要答复我的"良心的呼唤"。这个呼唤,不像传统基督教的定义所认为的那样来自上帝,而是来自一个真正存在主义的源头:我自己的真实自我。不过,这个声音是我不认得,也可能没听过的声音,因为它不是我习惯的"常人自我"(they-self)的声音,而是我平常声音的一种异化或离奇的版本。我对我的"常人自我"很熟悉,但对我未异化的声音并不熟悉——所以，怪事出现了，我的真实声音反倒听上去是最陌生的。我也许听不到它，抑或听到了，但不知道那是我在呼唤。我可能错把它当作来自远方的某种东西，也许是一声微弱而尖锐的恸哭，就像1957年的电影《不可思议的收缩人》（*The Incredible Shrinking Man*）中被缩小的主人公无人听到的求救声一样——这部电影是20世纪中叶对真实人性力量正在消失的恐慌最有力的表达之一。呼唤真实性，成为后来存在主义中的一个重要主题，这种呼唤可以被理解为是在号召"做真实的你自己"，而不是装模作样的自己。但对海德格尔来说，这个呼唤其实更为根本，是在要求你接受一个你从不知道自己还拥有的自我：去意识到你的存在。此外，它也是一个行动的召唤，要求你**去做**点儿事：做个什么决定。

你可能觉得，这个决定对抗的是公共领域中那个"常人自我"的海妖之歌，进而抵制恐吓以及从众的总体趋势。你可能会推断，此在的真实声音会要求你在游行队伍经过时，**不要举起你的胳膊**。

但那不是海德格尔的意思。

*　　*　　*

有关海德格尔与纳粹关系的谣言，已经流传了好一阵。1932年8月，作家勒内·席克勒（René Schickele）在日记中写道，据说，海德格尔"只跟国社党党员"来往。有人告诉胡塞尔，海德格尔曾说过一些反犹言论。汉娜·阿伦特也听说了类似的故事。1932年到1933年的那个冬天，她写信给海德格尔，直言不讳地问他是不是纳粹支持者。他怒气冲冲地在回信里予以了否认，并强调他曾如何如何帮助过犹太学生和同事。然而，她仍然心有疑虑，结果，之后有十七年的时间，他们再无联络。

在符合自身利益的时候，海德格尔似乎能够隐藏他的观点。与阿伦特恋爱时，她的犹太身份似乎并没有让他感到困扰；后来和他走得很近的伊丽莎白·布洛赫曼（Elisabeth Blochmann），同样有犹太血统。他曾教过的学生中许多都是犹太人，在职业生涯早期跟胡塞尔共事时，也没有表现出任何厌恶。在那个时代，日常言论中出现些反犹说辞，其实是常见之事；因此，这类有关海德格尔的谣言，究竟意义有多大，本来可以有怀疑的余地。

但事实证明，阿伦特把他往最坏处想是正确的。1933年4月，所有对海德格尔的猜疑，都被驱散了：他接受了弗莱堡大学的校长职位，这份工作不但需要他贯彻新的纳粹法律，还要求他加入纳粹党，而他也这么做了，并且向学生和教职工发表了振奋人心的亲纳粹演讲。据说，有人还看到他参加了5月10日的弗莱堡焚书，在下着毛毛雨的晚上，举着火把去了大学图书馆外广场的火堆旁——几乎就在他自己的哲学系的台阶上。而在私底下，他用哲学思想把笔记本填满的同时，也穿插写下来很多带着纳粹色彩的反犹言论。这些"黑色笔记本"在

2014年出版后，进一步证实了一个众所周知的事实：海德格尔是纳粹，至少有一段时间是，并且不是出于一时的权宜，而是因为真正的信仰。

1933年5月27日，在一个挂满纳粹横幅的大厅里，海德格尔对着一大群大学教职工和纳粹党员发表了就任校长的演说。如果要想感受一下他在那个时期讲话和思考的方式，可以读读这篇演讲。他的讲话大部分反映的都是纳粹党的纲领，比如谈到了德国学生该如何把以前那种所谓的"学术自由"，替换为劳动、军事和"知识"服务。但他也在其中融入了独特的海德格尔气息，比如他解释道，这种知识服务会让学生把他们的存在，放置于"压倒一切的存在里最为严峻的危险之中"。就像德国大众要面对"对其自身存在的最严重质疑"一样，学生们也必须让他们自己投身于"人民的历史-精神世界里这种关键与纯粹的质问之中"。就这样，海德格尔用他的演讲歪曲了存在主义哲学的两个深刻主题：自我质疑和自由。在当年11月的另外一次讲演中，他再次强调了他所谓的"质疑"——这一次是为了附带宣布（按规定必须）他"对阿道夫·希特勒和国家社会主义政府的支持"。他还给自己制订了狂热的教育计划，自愿在他的托特瑙山小木屋为教师和学生举办夏令营。这些夏令营的目的是将身体训练同专题讨论结合起来——可以说相当于哲学上的纳粹新兵训练营了。

海德格尔的纳粹主义很值得重视，因为他现在处在了一个能真正影响他人生活的位置上。这个曾经有些疯疯癫癫、衣着滑稽的教授，原本只为少数人撰写优美而晦涩的天才著作，现在却摇身一变，成了每个学生和教授都要去讨好的官员。要是他愿意的话，可以毁掉别人的职业生涯，危及他人的人身安全。海德格尔说过，此在的呼唤可能无法辨认，但在读过《存在与时间》的人里，恐怕没有几个会想到，它听起来竟然会像服从纳粹的召唤。

他的职位还给他带来了个人的背叛。在海德格尔必须执行并维持的那些1933年4月新规之中，有一条是凡被纳粹认定为犹太人的人，都要开除其公职和大学职位。这影响到了胡塞尔：已退休的他丢掉了名誉教授头衔以及使用大学设施的相关特权。胡塞尔的儿子吉尔哈特——在一战中曾负伤，弟弟则为德国献出了生命——本来是基尔大学的法学教授，也由于这一规定丢了工作。对于一个贡献如此之多的家庭来说，这样的新法律是一种莫大的侮辱。可海德格尔一家给予的帮助，却仅仅是送了一束花给马尔文娜·胡塞尔，以及一封来自埃尔芙丽德的信，她在信中强调了胡塞尔一家的爱国记录，目的显然是希望他们在必要之时，拿出这封信来保护自己，但是信的口吻很平淡，马尔文娜又不是那种面对侮辱会逆来顺受的人，所以气愤不已。而在同一年，新版《存在与时间》出版时，海德格尔给胡塞尔的献词已经不见了。

* * *

另一位朋友同样在失望地看着海德格尔的新角色：卡

尔·雅斯贝尔斯。在胡塞尔的生日宴会上相知之后，他和海德格尔关系越来越亲密——也就是在那场宴会上，马尔文娜把海德格尔称为了"现象学的孩子"。雅斯贝尔斯住在海德堡的时候，他们虽然只是偶尔才见见面，但通信往来和异地友情是很温暖的。

他们有着许多哲学观点的交流。在早年接触到胡塞尔的思想之后，雅斯贝尔斯以他的心理学知识背景和克尔凯郭尔式的存在主义为基础，发展起了他自己的研究。他尤其感兴趣的是克尔凯郭尔对"或此或彼"的选择和自由的研究，即我们直面两难窘境和选择做什么的方式。雅斯贝尔斯把关注点放在了他所谓的 Grenzsituationen 之上，也就是"界线境遇"（border situation），或者说"极限境遇"（limit situation）。在这种时刻中，人们会发现自己受到所发生之事的束缚或限制，但同时又被这些事件推向了正常经验的边界或外缘。例如，你可能不得不做出"生或死"的抉择，或者某些事物突然让你想起你终将一死，或者某件事可能让你意识到你不得不为自己做的事担起责任。在雅斯贝尔斯看来，经历这样的情境，几乎与存在是一个意思，克尔凯郭尔的那个存在。尽管难以承受，但它们是我们的存在中的谜团，会为我们打开哲学探索之门。我们无法通过抽象思考来解答它们，它们必定要被经历才行，而最终，我们要用自己全部的存在来做出选择。它们是**存在的**境遇（existential situations）。

雅斯贝尔斯对极限境遇的兴趣，多半与他早年曾面对过死亡有关。从孩提时代起，他就饱受严重的心脏病之苦，以至于总觉得自己有可能随时会死。此外，他还患有肺气肿，造成了他说话速度很慢，经常要停下来喘好久的气。两种疾病都意味着，他想要完成工作，就必须要小心翼翼地分配身体能量，以免造成生命危险。

正因如此，他在很多事情上都要依赖关系亲密异常的妻子格特鲁德（Gertrud）。同许多哲学家的妻子一样，她掌管他的日程安排，帮他处理文书，还与他合作进行研究。雅斯贝尔斯的思想，就是在与她讨论的过程中逐渐形成的，几乎与萨特后来和波伏娃合作的方式一模一样，最大的不同是波伏娃有她自己的哲学事业。得知雅斯贝尔斯与格特鲁德的合作研究后，海德格尔大为惊讶；他从来都没想让埃尔芙丽德如此密切地参与到他的思想生活中。对他来说，哲学就是在托特瑙山上的小木屋里独自研究——或者，最多就是和专门选出来的弟子和学生一起推敲。

比起海德格尔，雅斯贝尔斯更相信共同思考的价值。尽管他呼吸急促，但却喜欢与人交谈。汉娜·阿伦特，一位毕生的挚友，后来曾回顾了他们在 20 世纪二三十年代的那些谈话："我想起了你的书房……椅子摆在书桌旁，对面是扶手椅，你坐在上面，在双腿上打了很多不可思议的结，随后又把它们解开了。"海德堡以学术沙龙和社交圈子闻名遐迩：围绕社会学家马克斯·韦伯的圈子最为著名，但雅斯贝尔斯成为另一个圈子的中心。作为文化活动的焦点，他对大学的理想有着一种近乎宗教般的尊重,这让他更加一丝不苟地做着枯燥的行政工作。他的交流理想进入了一种完整的历史理论中:他把所有文明都追溯到公元前5世纪的一个"轴心时代",在这期间,哲学和文化同时在欧洲、中东和亚洲爆发,仿佛一个思想的大气泡从地球表面喷出。"真正的哲学需要交流来获得存在",他写道,并补充道,"哲学家的不交流性,事实上是他思想中谬误的判据。"

在胡塞尔的宴会上结识海德格尔之后,雅斯贝尔斯对哲学对话的热情驱使他在1920年邀请海德格尔去海德堡参加首场"哲学会饮",然后在1922年又是一次为期八天的逗留。第二次的时候,格特鲁德不在,所以这两个男人像孩子一样玩起了一个星期的哲学睡衣聚会。雅斯贝尔斯被合作创办一本期刊的想法鼓舞了——两名编辑,两名撰稿人——期刊会被叫作《这个时代的哲学》(*The Philosophy of the Age*)。它将登载他们的时代里短小、清晰、明确的论文。这一切从未发生,但他们的计划让他们更加亲近如朋友。一开始在信里称呼彼此为"教授",而后是"海德格尔先生"和"雅斯贝尔斯先生",到1923年后期他们就互相称为"亲爱的雅斯贝尔斯""亲爱的海德格尔"。海德格尔比较压抑情感;他们在一起时,他时常陷入沉默,这使得雅斯贝尔斯说得更多,以填满谈话的间断。但海德格尔也写信告诉过雅斯贝尔斯,友谊中的这些第一步给他一种"离奇"(uncanny)的感觉——非常海德格尔式的赞扬词汇。

他和雅斯贝尔斯都觉得哲学需要一场革命，但对于应该采用什么形式却意见不一。他们对各自的风格也有分歧。海德格尔认为，雅斯贝尔斯在其研究中对表格和栏列的狂热是乏味的，而雅斯贝尔斯阅读《存在与时间》的草稿时，也认为其晦暗不明。当然，还有一些两人不和谐的早期征兆。比如一次，有人告诉雅斯贝尔斯，海德格尔在背后说他的坏话，于是他找他对质。海德格尔否认了，并用震惊的语调补充道："我之前从未经历过这种事。"这也让雅斯贝尔斯感到困惑。这次质疑以他们二人迷惑不解和受到冒犯结束，但雅斯贝尔斯决定让这件事过去。

困惑更多了。随着纳粹的崛起，两人的关系中，如雅斯贝尔斯多年后在私人笔记中写到海德格尔时说的那样，出现了一些"让人疏远"的东西。雅斯贝尔斯感到与朋友疏远了，是有理由的：他自己不是犹太人，但格特鲁德是。跟其他人一样，这对夫妇一开始也倾向于对纳粹的威胁不屑一顾。他们权衡了一下通常那些考量：这些野蛮人显然不可能长期掌权吧？即便是一位知名教授，逃离这个国家在别处重新开始，与一切给予他生命以背景的东西相分离，也是很困难的。除此之外，离开还意味着要支付惩罚性的"帝国资本外流"税和获取签证。从1933年开始，卡尔和格特鲁德隔一段时间就会考虑逃跑的可能性，但都没有去做。

当上校长之前不久，海德格尔在1933年3月去拜访雅斯贝尔斯时，发生了一个尴尬的瞬间。两人聊起了国家社会主义的话题，海德格尔说："人们必须步调一致。"雅斯贝尔斯震惊得说不出话来，因为不想听到他再说什么，所以也没有追问。那年6月，海德格尔去海德堡再次发表他有关新政权和大学的演讲时，同样住在了雅斯贝尔斯家里。坐在听众中的雅斯贝尔斯注意到，对于海德格尔的言辞，学生们致以了"雷鸣般的掌声"。至于他自己，他写道："我坐在边上，双腿在面前伸着，双手插在口袋里，纹丝不动。"曾给阿伦特留下深刻印象的修长双腿，现在对海德格尔的演讲发表了自己的评论。

随后，在自己家里，雅斯贝尔斯开始对海德格尔发表议论，"这就像1914年……"，然后想接着说，"又出现了这种欺骗性的大规模迷狂"。但他刚说完前几个字，海德格尔便强烈地点头赞同，所以雅斯贝尔斯便把后面的话咽了回去。晚餐过后，聊到希特勒以及他没受过什么教育的话题时，海德格尔莫名其妙地说道："教育完全无关紧要，只看他绝妙的双手就够了！"如果出自其他人之口，这话可能听起来仅仅有些古怪。但出自强调手工艺和工具使用的海德格尔之口，这话就意义非凡了。吸引他的，似乎不是纳粹的意识形态，而是希特勒用灵巧而坚定的双手把这个国家打造成一种新模样的想法。

格特鲁德·雅斯贝尔斯一直害怕海德格尔来访，但为了丈夫，她还是努力尽了地主之谊。在他来之前，她写信给父母："现在我必须告诉自己：你是一位东方女性，东方人懂得如何招待客人！我一定要和颜悦色，保持安静！"她确实这么做了，但海德格尔在离开时，却对她很无礼，雅斯贝尔斯写信给阿伦特说："他甚至都没说再见。"对于这件事，雅斯贝尔斯尤其感到无法原谅。多年以后，海德格尔声称他当时这么做是因为他很"惭愧"，言下之意大概是他对自己的纳粹经历感到尴尬，但雅斯贝尔斯对这种解释表示怀疑。之后的很长一段时间里，他们都没有通信，而海德格尔也再没有踏进雅斯贝尔斯家一步。

后来，雅斯贝尔斯认为，自己可能错在对待海德格尔太过小心了。1933年，海德格尔寄给他校长就职演说的打印版本后，雅斯贝尔斯的回信极其圆融得体："在报纸上读到过之后，很高兴见到原稿。"他后来想，他是不是应该更有批判性一些？也许他辜负了"这个迷醉和狂热的海德格尔"。海德格尔或许需要一场后来人所说的那种"干预大会"，把他从他自己那里解救出来。雅斯贝尔斯暗示，是他自己那部分没有处理好——并把这与一种更普遍的失败联系到了一起，那就是宽容、受过教育的德国人没有勇于直面时代的挑战。

当然，后来人（或者活到后来的人）肯定会相对更容易看清某种特定"界线境遇"会带来什么挑战；但对那些正在经历着的人来说，这样的回溯视野并不存在。尽可能长久地保持一种尽可能平常和文明的生活，是人类的天性使然。在纳粹统治下，布鲁诺·贝特尔海姆后来观察到，只有一小部分人立刻意识到了生活**不可能**维持不变，也就是最快逃离的那群人。贝特尔海姆自己不在他们之列。希特勒吞并奥地利后，他在奥地利被捕，先被送往达豪（Dachau）集中营，接着又被送到布痕瓦尔德（Buchenwald）集中营，但在1939年为希特勒贺寿的大赦中被释放——一次意想不到的缓刑，之后他立即去了美国。

那一年，对事件保持开放心态以及在需要做决定时能当机立断的重要性，还被另一位存在主义哲学家探索过，这次是一个法国人：加布里埃尔·马塞尔。马塞尔是一位以剧作家身份成名的基督教思想家，主要通过论文或与学生、朋友在巴黎的公寓聚会来传递自己的思想，最终发展出了一种具有强烈神学倾向的存在主义。他的信仰让他和萨特、海德格尔拉开了距离，但他对历史如何对个人提出要求抱有同样的看法。

在他写于1932年而发表于灾难性的1933年的论文《论本体论的奥秘》（*On the Ontological Mystery*）中，马塞尔写道，人会容易囿于习惯和普遍观念中，对财产和熟悉的场景产生一种狭隘的眷恋。因此，他敦促读者去培养一种在面对各种境遇时，自己仍能保持"有暇"的能力。类似的disponibilité（availability，有暇性）观念，早已被其他作家探索过，尤其是安德烈·纪德（André Gide），但马塞尔把它变成了核心的存在主义信念。他明白这会有多稀有和艰难。大部分人都会掉进他称之为"挛缩"（crispation）的东西中：一种紧绷、被硬壳覆盖的生命形式——"仿佛我们每个人分泌出一种壳，它会慢慢变硬并囚禁我们。"

马塞尔的"壳"让人联想到了胡塞尔所谓的累积、僵化的先入之见，在胡塞尔看来，我们应该在悬搁判断中将其放在一边，才能打开通往"事物本身"的道路。在这两种情况中，僵化的事物被清除后，下面那种颤动、鲜活的东西成了哲学家关注的对象。对于马塞尔来说，学会以这种方式对现实保持开放心态，是哲学家的首要任务。每个人都可以做到，但哲学家是被要求无论如何保持清醒的那个人，这样的话，如果有什么出了差错，他便第一个拉响警报。

海德格尔也相信要保持警觉：他决心把人们从他们的忘性中惊醒。但在他看来，警觉不是意味着去注意纳粹暴力，去注意政府监视的侵犯性，去注意对同胞的人身威胁，而是意味着变得果断和坚决地完成历史对于有着独特存在和命运的德国提出的要求，意味着与天选英雄的步调一致。

* * *

对20世纪30年代初的海德格尔来说，这一切真的事关所有德国人。

我们很容易会忘记他研究中的这个部分，因为我们习惯于把哲学理解为一种提供给所有时代和地域的普遍信息——或者至少旨在如此。但海德格尔不喜欢普遍真理或普遍人性的概念，他认为这是一种幻想。在他看来，此在并非如启蒙哲学家所思考的那样，可以被理性和理解的共通能力所定义。它同样不太可能像在宗教传统中那样，被任何超验、永恒的灵魂类型所定义。我们根本不是存在于一个更高的永恒层次之上。此在的存在是本地的，有着一种历史的境遇，构成于时间和地域之中。

在《存在与时间》的最开头，海德格尔曾许诺说，本书会把我们带向一个盛大的终场，他届时将论证一个终极的观点，那就是**此在的存在之意义就是时间**。他没有做到这一点，因为他没把书写完：我们所看到的只是第一部分。但他明确展现了他打算走的那条路。如果我们在本质上是时间的存在者，那么真正的存在便意味着，首先，要接受我们是有限的与会死的。我们将会死去：这一最重要的领悟，就是海德格尔所谓的真正的"向死而在"（Being-towards-Death），在他的哲学中具有根本地位。

第二，意味着要明白我们是历史中的存在者，并领会我们独特的历史境遇对我们提出的要求。在海德格尔所谓的"先行决心"（anticipatory resoluteness）中，此在发现了"其最大限度的可能性存在于自我放弃之中"。在那一刻，通过向死而在和直面自身命数的决心，人会从常人自我中解放出来，并获得真实、本真的自我。

在《存在与时间》的这些页里，海德格尔听上去最法西斯。毫无疑问，他写关于死亡和决心的段落时，是在用政治术语思考。然而，即使在这儿，海德格尔的基本概念也**本可能**得出一种完全不同的解释。就像他的"常人"和本真性观念可能引导他对极权主义的洗脑进行抵制一样，他的决心和接受必死性的观念，本来也可能形成一种勇敢**抵抗**纳粹及其恐吓手段的框架。它本来能成为一种反极权式英雄主义的宣言。但很显然，海德格尔是有意在文本中呈现了大量异常激烈的政治意涵——不过，也或许只有那些早已亲纳粹的人才能看出来。

海德格尔之前的一位学生汉斯·约纳斯回忆说，这些迂回的术语即便在更早的讲座里也有，只是约纳斯那会儿并没有察觉到。他没有发现是因为他没有被调节成那种思维方式，但回过头再看的话——他告诉一位采访者——他认出了讲座中那种"鲜血与土地"的语言，以及在海德格尔对决心和历史的讨论中，与偶尔具有反法倾向的政治题外话和他对黑森林乡村风俗的强调中，所具有的那种"（该怎么说？）原始的民族主义"。在那个时候，这看起来似乎仅仅是一种古怪想法罢了。约纳斯直到得知海德格尔在 1933 年的就职演说后，才重新评估了他对很久之前那些研讨会的记忆。"我第一次意识到了海德格尔思想中的某些特征，我拍了一下自己的脑门，然后说，'是的，我之前漏掉了某些东西。'"

* * *

不过，到 1933 年的圣诞节时，海德格尔开始感到自己并不如预想的那样适应这个国家社会主义哲学家的公开角色。根据他自己的陈述，他最终在那个寒假里做出决定：在下学期期末辞去校长职务。他这样做了，辞职信的落款日期是 1934 年 4 月 14 日。他后来宣称，在那之后，他便与纳粹再无关联了。他甚至还冒险做了一次小小的反叛，在 1935 年版的《存在与时间》中恢复了写给胡塞尔的献词。不过，他坚称，这一新的立场也让他付出了巨大代价，因为从那时起，他开始受到纳粹党鹰犬的骚扰和监视，一直至战争结束。

海德格尔不喜欢谈论这段时期，而他自己对1933年所发生之事的解释，也没有一个能让人满意。1945年，他仅仅用一篇短文回应了这个问题，题目是《1933/34年任职校长：事实与思考》(*The Rectorate 1933/34: facts and thoughts*)。在文章中，他承认，他曾短暂地认为纳粹党提供了"一种内在自我管理和再造新人的可能性，以及一条通往发现其历史的、西方的目的的道路"。他说，但随后他便认识到了错误，并从中脱身出来。一言以蔽之，文章想要表达的就是："哎呀，我不是故意要当纳粹的。"海德格尔让自己听起来这般幼稚，符合自身利益。不过，同样在1945年，当法国作家弗里德里克·德·托瓦尼基用一瓶上好的红酒让海德格尔卸下戒备之后再问他"为什么"时，海德格尔把身体向前一倾，以那种要郑重吐露秘密的语调回答道："Dummheit"。他又一次重复了一遍，用强调的语气说："Dummheit"。愚蠢。言下之意就是，他最严重的错误在于不谙世事。他甚至还让向来大度的雅斯贝尔斯相信了这一点，雅氏在战后谈到1933年的海德格尔时，说他是一个"做梦的男孩"——一个被卷入了复杂到他根本无法理解的事情中的孩子。

但真相其实很不一样。比如，在辞职之后的很长时间内，海德格尔显然还在支持纳粹。1934年8月，他向提议在柏林创建哲学学院的科学与教育部提交了自己的方案——托特瑙山训练营的城市版本，教师和学生一起生活其中，可以追求"科学研究、消遣、专注、军事游戏、体力劳动、徒步、运动以及庆典",接受一名负责人和几位教授的指导,他们都是"政治上安全的"国家社会主义者。海德格尔提交的方案被驳回了,但并非因为他呈现的方式不够热忱。两年之后的1936年,当他去罗马做一场关于诗人荷尔德林的报告时,衣领上仍然别着纳粹的胸针,甚至当他和有部分犹太血统的前学生卡尔·洛维特请了一天假,两家人一起出去观光游览时,他还一直戴着。洛维特被恶心坏了:且不论海德格尔的观点如何,即便仅仅是为了让朋友感到自在,他也可以顺手把胸针摘下来的。

这并不是海德格尔唯一一次在与人交往的过程中展示他的硬壳——极端形式的马塞尔"挛缩状态"。1937年时,曾跟随胡塞尔学习并担任过他助手的哲学家麦克斯·缪勒,因为撰写政治文章和为一个天主教青年会工作而招惹上了政府。弗莱堡大学的副校长西奥多·毛恩茨(Theodor Maunz)告诉缪勒,海德格尔被要求写一份关于他这个学生的政治问题报告,并认为,"作为一个人、教育者和哲学家",他在总体上还是很不错的。但另一方面,他又加了一句,说据他观察,缪勒对政府有负面看法。如此简单的一句话可能意味着厄运。"去找他吧,"毛恩茨对缪勒说,"只要他去掉那句话,一切就安然无恙了。"

缪勒向海德格尔求助——但海德格尔却迂腐地坚持自己的观点,说:"我给出了唯一符合真相的答案。但是我还讲了很多有理有据的好话呀。"

"那帮不了我,"缪勒回答道,"这句话还在呢。"

海德格尔说:"作为一名天主教徒,你应该知道人必须说真话。所以,我不能删掉这句话。"

缪勒据理力争其背后的神学,但海德格尔不为所动:"不,人家让我怎么做,我就怎么做。我现在总不能把报告撤回来,说我绝对不会写吧,毕竟人们已经知道我把一份报告给了大学,让他们转交一下。木已成舟。不要拿这个来怪我了。"

最让缪勒惊讶的是最后这几句话。海德格尔关心的似乎只是为他自己的行为寻找正当理由,而毫不考虑其他人面临的危险。幸运的是,缪勒这次躲过了一劫,没遭遇什么严重后果,不过这并非因为海德格尔。他回忆了那天同海德格尔的临别之言:"问题不是在于我可能会因此指责你,而是在于我的生存。"从此以后,他对前导师的看法就不一样了:永远无法忘记他所经历的"海德格尔性格中的某种模糊性"。

在描述海德格尔时,"模糊性"这个词还会一次又一次冒出来,不仅适用于他的性格或行为,也适用于他的哲学。从1945年开始,哲学家和历史学家便一直在试着搞清楚海德格尔的思想是否会被他的纳粹主义完全否定,还是可以撇开他的个人和政治污点,孤立地来评价其思想。有些人提出挽救某些部分,舍弃其余部分,埋葬那些很像核废料的危险部分,保留那些偶尔被认为有益的片段。但这似乎也不能令人满意:海德格尔的哲学构成了一个复杂、难懂的整体,其中每一个部分都相互依存。如果你试图把一切令人不快的东西移除出《存在与时间》,那么整个结构就崩塌了。

更何况，海德格尔的每一种重要思想，几乎都有某种内在的模糊性。最危险的观念，也可以是贡献最多的观念——比如那些呼唤我们达至本真和"答复感"的段落。最令人费解的是他写 Mitsein（共在）的那些部分：他是第一位把这种体验作为其哲学研究中核心一面的哲学家。他优美地写到对他人的"烦神"（solicitude）：那些我们出于关切和同情，"奋不顾身"去帮助其他人的时刻。然而，这并没有让海德格尔展现出一点对那些在纳粹德国遭受苦难或迫害之人的同情。他可以写共在与烦神，但无法将其运用在历史之上，或是他身边之人的困境上，包括那些似乎与他很亲近的人。

他无疑并不清楚他让他的朋友们经受了什么。许多了解他的人，尤其是胡塞尔、雅斯贝尔斯和阿伦特，不但被海德格尔的模糊性搞得很困惑，也被他的行为和态度伤害到了。他们无法让自己忘了他，因此便只能为他感到苦恼。然而，他们想要努力了解他时，却只瞥见了一片空白。不是说海德格尔个性很坏，汉娜·阿伦特在 1949 年写信给雅斯贝尔斯时说道，而是他**根本没有个性**。萨特在 1944 年的一篇文章中，谈及海德格尔的纳粹主义时，也讲了一句非常相似的话："海德格尔没有个性；这就是事情的真相。"看起来，人类日常生活中的某些东西，似乎是这位伟大的日常性哲学家所无法理解的。

* * *

整个 20 世纪 30 年代，海德格尔都在托特瑙山小木屋中沉思，在写作与思考中挣扎前行。1935年，他痛苦地写道："世界在沉沦，诸神在逃离，地球在毁灭，人类被化约为大众，对一切的创新和自由的东西感到憎恨和猜疑。"但这也是模棱两可：他的意思是纳粹要为这一切负责吗，还是人性的普遍沉沦和大众化，已经让纳粹主义成为某种必须？

在那几年里，他或许自己也感到了一些困惑，而且无疑在表达他的思想方面遇到了困难。1935年7月，他写信给雅斯贝尔斯，说他近来在研究中完成的东西，只有一点儿"轻微的口吃"。但他一直在翻译东西，并随信附上了索福克勒斯的《安提戈涅》(Antigone) 中歌队演唱《人之颂》(Ode on Man) 的片段。（1943年时，他还私下把这部分译文打印出来，作为送给妻子的生日礼物。）已出版的海德格尔德语译文的英译本是这么开头的：

多种多样的离奇当道，
没有哪一种比人更离奇。

海德格尔的思想本身现在变得越来越"离奇"。在大雪茫茫的森林里，他开始了一次长久而缓慢的改变，即众所周知的"转向"(die Kehre)。不过，这种转向无法被确定到某个单一事件上，而是一种过程，把海德格尔引向一种更接地气、更可接受、更诗性的思考方式，远离了有关决心和果断的讨论。

不过，他赋予森林诗意，与森林息息相通，也让他做出了一些新决定。就在考虑是否继续担任弗莱堡大学的校长时,他收到了柏林一所大学的任职邀请——这个选择肯定让弗莱堡的决定更复杂了。但他拒绝了那个职位,并在一次广播演讲中给出了理由——1934年3月7日,演讲的文字版刊登在了纳粹批准的刊物《阿勒曼尼人》(*Der Alemanne*)中。

尽管其中暗含了与政治有关的意思,但这次演讲完全没有公开讨论政治。他说,他不会搬去柏林,因为这会夺走他的黑森林环境——远离"缓慢而从容地生长的枞树,散发明亮而朴素的光辉的繁茂草地,在漫长秋夜里奔流的山间小溪,白雪皑皑、异常质朴的平原"。当寒冬的夜晚,木屋外刮着暴风雪,他写道,"那是研究哲学的完美时间"。并且:

> 就如年轻的农村男孩拖着沉重的雪橇爬上山坡,把榉树原木高高地堆在上面,然后在危险重重中把它拉回坡下的家;就如出神的牧人,步履缓慢地赶着牛群爬上山坡;就如农民在木棚里把自家屋顶所需的无数片木瓦准备好,我的研究与之异曲同工。

海德格尔说,刚收到任职邀请时,他向托特瑙山上的邻居——一位75岁的农民,后来被证实是约翰·布兰德(Johann Brender)——寻求建议。布兰德想了一会儿——那种漫长而又周全的一会儿,据说睿智的乡下人都喜欢这样——然后告诉了他答案,不过不是用语言,而是轻轻摇了摇头。有这就够了。

海德格尔不去柏林了,也不需要国际大都市的生活,不再与"令人沉醉的权力"眉来眼去,他要返回德国西南部的森林,回到高高的树木中,回到木头的砍伐中,以及回到小径旁边那些质朴的长凳上,因为在那里,他的思考状态是最好的——或者换句话说,因为在那里,"所有事物都变得孤独而缓慢"。

这些景色——恰巧很像纳粹那些拙劣的田园画中最糟糕的那种——将会指引海德格尔此后的哲学思考。

* * *

整个20世纪30年代,卡尔和格特鲁德·雅斯贝尔斯同样在为他们自己的决定而焦灼:应该离开德国吗?1935年的《纽伦堡法案》(The Nuremberg Laws)严重限制了他们的生活:法律剥夺了犹太人的公民身份,禁止异族通婚,不过业已存在的婚姻关系,比如他们夫妇的,官方则会暂时容忍。第二年时,雅斯贝尔斯因为婚姻丢掉了大学的教职。但是他们还是不愿意离开。相反,他们低调行事,小心生活,就像雅斯贝尔斯因为担心损伤重要的身体器官,而早已学会了始终小心翼翼地呼吸和行动一样。

和他们相反,汉娜·阿伦特一开始就离开了:她得益于一次强力的警告。纳粹刚刚掌权之后的1933年春天,阿伦特在柏林普鲁士国家图书馆为德国犹太复国主义组织研究反犹主义材料时遭到逮捕,她的公寓被搜查,她和母亲被短暂收押。被释放后,她们在连相关手续都没有办理的情况下便逃离德国,穿越边境到了捷克斯洛伐克。她们逃走的方法现在听上去都神奇到有一种不真实感:一个富有同情心的德国家庭,在边境上有一所房子,前门开在德国,后门开在捷克斯洛伐克。这家人会邀请人们来吃饭,然后晚上让他们从后门溜走。接着,阿伦特和她母亲从布拉格去了日内瓦,借道巴黎,最终抵达纽约,并在那里定居下来。后来接受电视采访时,她告诉记者,大家从一开始就知道纳粹德国如何危险,但理论上知道是一回事,采取行动,并将其变成"个人命运"就是另一回事了。她们活了下来。

海德格尔之前在达沃斯的辩论对手恩斯特·卡西尔连警告都没等。他从1919年开始到汉堡教书,之后便一直生活在那里,1933年4月的法律一通过,他就看清了事情的走向,随即在次月和家人离开了汉堡。他先在牛津大学待了两年,之后在瑞典的哥德堡又待了六年;当形势看上去好像瑞典也快要落入德国之手时,他又搬到了美国,先在耶鲁,后在哥伦比亚大学教书。他一直活到了战争结束之前:1945年4月13日,在纽约,他出去散步时死于心脏病发作。

伊曼努尔·列维纳斯早在纳粹上台之前就去了法国。他在索邦大学教书,于1931年成为法国公民,战争开始后,他报名参了军。

胡塞尔的孩子爱莉和吉尔哈特移民去了美国。胡塞尔于1933年9月收到过南加州大学的任教邀请;他本可以成为一个加利福尼亚人。而且,我发现很容易想象出他在那里的样子,穿着西装,一如既往的整洁,在棕榈树和骄阳下拄着拐杖遛弯——就像其他很多欧洲流亡知识分子一样。但是,他不准备离开德国,那是他的家。马尔文娜也坚决支持胡塞尔,同样无畏。

在自己汗牛充栋的私人图书馆里,胡塞尔继续着他的研究。被海德格尔危及人身安全的学生麦克斯·缪勒,常常被海德格尔差去胡塞尔家,通常是让胡塞尔了解最新消息,比如哲学系里谁正在研究什么,哪些论文正在写作中。显然,海德格尔不希望胡塞尔完全与世隔绝,不过,他却从未亲自去拜访过。缪勒很高兴能以这个借口去见见伟大的现象学家。就他的所见而言,他推断胡塞尔的确比较闭塞,而主要原因是他对外界事物不太感兴趣。"他是非常喜欢独自待着的人,而且由于他完全专注于他的哲学研究,所以和妻子不一样,他实际上并不觉得从 1933 年起的那段时间是'艰难的'。"

不过,胡塞尔其实比他表面看起来更关注世界。1934 年 8 月,他申请去布拉格参加第八届国际哲学大会,此次大会的主题是"哲学在我们这个时代的任务"。他没获得旅行许可证,因此便写了一封信,让人在大会上代读。那是一份寥寥数语却激动人心的宣言,胡塞尔警告说,一种危机正在威胁欧洲的理性和哲学探究传统。他呼吁,每一个领域的学者都担起他们的责任——他们"对自己的答复感",Selbstverantwortung——来对抗这场危机,尤其要建立超越国界的国际网络,把思想家团结起来。

1935年5月，在维也纳文化协会的一次演讲中，他又亲自重复了一条相似的信息——这一次他获得了出行的许可。学者们必须联合起来，他说，以避免滑向危险、不理性的神秘主义。"理性的英雄主义"是欧洲的唯一希望。1935年11月，他再次申请去布拉格，并获得了批准，于是他又发表了另外一场演讲，重申了类似主张。那一整年，他都在把自己的想法整合进一个更长的课题中。他在1936年1月完成了前两部分，并以《欧洲科学的危机与超越论的现象学》（*The Crisis of the European Sciences and Transcendental Phenomenology*）为题付梓。由于反犹法律禁止他在德国发表任何作品，这一著作最终刊登在了《哲学》（*Philosopiphia*）里——一本贝尔格莱德的国际性年鉴。

1937年8月，胡塞尔摔了一跤后，康复得不太好，在那年冬天里，健康状况恶化。虽然他继续跟协作者与访客致力于"危机"的第三部分，但还是没能完成。在生命的最后几个月，他的头脑变得越来越差，已经很少说话，偶尔说的时候，也是这样的话，比如"我犯了很多错误，但一切还是会好起来的"，或是"我在忘河里游泳，什么也想不起来"。然后，昔日的雄心又会闪现，让他说出"哲学必须得从头开始重建"。1938年4月27日，胡塞尔去世，享年七十九岁。照顾他的女护士后来对马尔文娜说："他去世时，就像个圣人。"

埃德蒙德·胡塞尔的遗体进行了火化，因为马尔文娜担心墓碑可能会被破坏公物者亵渎。她暂时仍然住在自己家里，守护着丈夫的骨灰,和他了不起的图书馆、他的个人文书档案——所有都以独特的速记笔迹写就,包括他众多未发表和未完成的作品,尤其是"危机"的最后一部分。

海德格尔则称病没有参加葬礼。

第五章
嚼碎开花的扁桃树

在本章中，

让-保罗·萨特描述一棵树，

西蒙娜·德·波伏娃把理念付诸生活，

而我们见到了莫里斯·梅洛-庞蒂和中产阶级。

在柏林读了一年的胡塞尔之后，萨特于1934年活力满满地回到了法国，决心努力构思自己对现象学的论述，用对克尔凯郭尔和黑格尔的独特萨特式解读，使之更加鲜活。他还利用了一些个人材料：他的童年经历，他年轻的热情，和他一大堆有趣的恐惧症和痴迷。再次与西蒙娜·德·波伏娃团聚后，他邀请她加入了自己的研究工作，而她也同样把她的过去和个性带入了自己的写作与思考中。他们的研究成了复杂的混合物。

萨特不得不回去教书，一开始又在勒阿弗尔。在业余时间里，他成为一个现象学的传教士，敦促他的朋友都去学习——包括那些已经在学习的人，比如梅洛-庞蒂。波伏娃能够流利阅读德文（显然强过萨特，虽然他已经说了、读了一年的德语），1934年的大部分时间里，她都沉浸在现象学的文本中。

热切地想把思想呈现到纸上的萨特，终于完成了他在柏林就开始在写的论文——《胡塞尔现象学的一个基本概念：意向性》(*A Fundamental Idea of Husserl's Phenomenology: Intentionality*)——这篇文章令人难忘地将意向性解释为了一场流亡：从心灵舒适的消化腔出来，进入存在（being）那个尘土飞扬的世界。他也研究了想象力的现象学，1936年时，以 *L'imagination*（《想象》）为题发表了一个缩减版，重新整理过的完整版本则在1940年以 *L'imaginaire*（*The Imaginary*，《想象之物》）为题发表。两篇论文都探讨了一个现象学难题：如何从意向性结构的角度来思考梦境、幻想或幻觉，虽然它们的对象有时候根本不存在或者缺失于现实中。

98

为了在这些领域扩展他的研究，萨特认为他应该亲身体验一下幻觉，于是要求老同学、医师丹尼尔·拉加什（Daniel Lagache）协助他试一下仙人球毒碱。这种致幻剂于1919年首次合成，在20世纪中叶时，很多知识分子都曾争先恐后想要弄一点儿来试试；这一趋势在1953年随着《知觉之门》（*The Doors of Perception*）到达顶峰，在这份著名的现象学研究中，阿道司·赫胥黎（Aldous Huxley）描绘了产生幻觉时看绘画或听音乐是什么感觉。20世纪50年代的存在主义实验者、英国作家科林·威尔逊，则描述了自己遇到了质朴强大的存在，"仿佛在一列火车上醒来后，发现有个陌生人的脸离你的脸只有几厘米远"。不过早在这之前，萨特就自己和存在面对面见过了。拉加什医生给萨特注射毒品，监督了他陷入幻觉的整个过程，而无论何时都是一位好现象学家的萨特，则细心观察了自己的内心体验。

结果非常惊人。虽然赫胥黎的毒品冒险充满了神秘和狂喜，拉加什医生的一位助手则很享受在想象出来的草地上和异域的舞者翩翩起舞，但萨特的脑子，却抛出了一堆令人毛骨悚然的蛇、鱼、兀鹫、蟾蜍、甲虫和其他一些甲壳动物。更糟的是，之后它们竟然拒绝消失。有好几个月的时间，他都感觉某种龙虾一样的东西，一直躲在他视野恰巧不及的地方跟踪他，而街上房子的外墙则长着人的眼睛，使劲盯着他看。

他对想象力的研究并没有涉及多少致幻体验，或许是因为有一阵子那次实验把他弄疯了。不过，他倒是把它用到了其他作品里，比如1937年的故事《房间》（*The Room*）和1959年的戏剧《阿尔托纳的隐居者》（*The Condemned of Altona*），这两部作品都涉及了遭到幻觉中的怪物进攻的年轻人。1938年的一部半虚构作品《食物》（*Foods*）也是一样，这篇故事取材于仙人球毒碱下的想象和1936年的一次意大利之旅。炎热的某天，故事的讲述者独自在那不勒斯四处闲逛时，看到了很多可怕的事情：一个架着拐杖的小孩，从水沟里捡起一片上面爬满苍蝇的西瓜，然后吃掉了。透过一扇开着的门，他看见一个男人跪在一名小女孩边上。当她叫"爸爸，我的爸爸"时，男人撩起她的裙子，像人们咬一块面包一样，咬了她的屁股。萨特笔下的讲述者感到恶心至极——但也由此获得了一个洞见：世界上没有什么事物的发生是必然的。一切都是"偶然的"（contingent），都可能以不同的方式发生。这一新发现吓着了他。

萨特自己对于"偶然性"的认识，必定来得更早，因为他收集相关笔记已经有一段时间了，最开始时记录在一个据他说是在地铁列车里捡到的空白本子上——偶然得恰如其分，本子的封面上还印着"米迪栓剂"的广告。这些笔记在柏林逐步形成了一部小说的草稿，名字被暂定为《忧郁》（*Melancholia*），进而成了我十六岁时遇到的那部小说——《恶心》，作家安托万·罗冈丹和他在布维尔漂泊的故事。

罗冈丹最初来到这个沉闷的海边小镇，是为了研究18世纪的侍臣罗尔邦侯爵（Marquis de Rollebon）的生平，他的文件就存放在当地的图书馆里。罗尔邦的职业生涯其实相当于一系列疯狂的冒险，因此对于任何一位传记作家来说都是一份厚礼，但罗冈丹的问题是，他现在不知道该怎么把这些写出来。他发现，生活和这些传奇故事完全不同，而他又不想去篡改现实。事实上，现在的罗冈丹已经开始随波逐流。由于他不像大多数人那样，有日常惯例或者家庭来为他的生活提供架构，所以他便把时间都花在了泡图书馆，或者闲逛，或者在一家咖啡馆一边喝啤酒一边听唱机播放拉格泰姆音乐上。他看着镇上的人们做着中产阶级普通人的那些事。生活像一团毫无特色的面团，仅仅具备偶然的特性，不是必然。这一领悟像潮水一样定期涌上来，每一次都会让罗冈丹感到恶心无比，而这种恶心又似乎附着于物体本身——附着于外在的世界。他拾起了一枚鹅卵石，想扔进海里，但拿在手上摸起来，却像是一个恶心的球块。他走进一个房间，门把手变成了诡异的鳞茎状肿块。在咖啡馆，他那有着倾斜边缘的常用啤酒杯，以及啤酒公司鲜艳的纹章，在他面前变得恐怖和偶然。他试着在日记里用现象学去记录这些体验："我必须记下这张桌子、这条街道、这些人们、这包烟草在我眼里是什么样的，因为**这些**是已经改变了的事物。"

最终，在当地公园看到一棵如"煮沸的皮革"一样的栗子树，再次感到那种恶心后，罗冈丹意识到困扰他的不只是这棵树，这棵树的存在（Being），是它就那么立在那里，拒绝解释或让自己缓和下来的方式，莫名其妙而毫无意义。这就是偶然性：事物那种随机、骇人的"此性"(thisness)。罗冈丹意识到，他无法再像过去一样看待这个世界了，而且他也永远无法完成罗尔邦的传记，因为他编不出冒险故事来。有一瞬间，他什么也做不了：

> 我迷迷糊糊地瘫坐在凳子上，对众多没有起源的存在物感到震惊：茂盛生长，到处都生机勃勃，我的耳朵里充斥着存在（existence）的嗡嗡声，我自己的血肉抽搐着裂开，纵情地陷入了这普遍的急速成长中。

不过，他也有片刻的喘息时间：当他最喜欢的咖啡馆里播放一个女人（可能是苏菲·塔克）的唱片，传出一首忧伤的蓝调歌曲《一些那种日子》(*Some of These Days*) 的时候。歌曲以一段柔和的钢琴曲前奏开始，然后转为歌手温暖的声音；接下来的几分钟里，罗冈丹的世界一切安好。每一个音符都自然地引出下一个：没有一个音符可以被替代。这首歌具有必然性，因此它也为罗冈丹的存在赋予了必然性。一切都从容而流畅：当他举起杯子送到嘴边，杯子以毫不费力的弧线移动，放下时也没有洒出半分。他的动作像一位运动员或音乐家一样连贯——直到这首歌终了，然后，一切会再次变得支离破碎。

小说结束时，罗冈丹通过把艺术当作必然性来源这个念头，最终走了出来。他决心动身去巴黎，为了写作——不是写一部传记，而是写一本不同种类的书，将会"像钢铁一样美丽而坚硬，让人们对自己的存在感到惭愧"。后来，萨特曾反思道，这一解决方式有点太简单了；艺术真的能把我们从生活的混沌中解救出来吗？但这给了罗冈丹一个去处，不然的话，小说可能会一直没完没了、悬而未决，朝四面八方"茂盛生长，生机勃勃"。不过，我们会慢慢看到，不管是什么，只要它能让萨特写完一本书，就都值得我们为它鼓掌。

萨特把自己的许多经历融入到了作品之中：淡季的海边小镇，幻觉，关于偶然性的洞见。甚至就连对栗子树的着迷也很个人：树在他的作品里随处可见。在自传中，他回忆说，自己小时候被一个鬼故事吓着过，故事里有一个年轻的女人卧病在床，突然尖叫起来，指着窗外的栗子树，然后倒在枕头上死掉了。在萨特自己的故事《领袖的童年》(*Childhood of a Leader*)中，主人公吕西安被一棵栗子树吓坏了，因为他踢树的时候，树毫无反应。萨特后来告诉朋友约翰·杰拉西（John Gerassi），他柏林公寓的窗外有一棵漂亮的大树——不是栗子树，但相似到足以在他写作时，让他在脑海中回想起勒阿弗尔的树。

树对萨特来说意味着许多东西：存在、神秘、物理世界、偶然性。同时，它们也很方便作为现象学描述的焦点。在自传中，他曾引用了他祖母曾对他说的话："这不仅仅是长着眼睛的问题，你必须要学会去用它们。你知道福楼拜对年轻的莫泊桑做了什么吗？他让他坐在一棵树前，让他用两个小时去描绘。"确实如此，福楼拜显然曾建议莫泊桑"长久、聚精会神"

地去思考事物，他说：

> 所有事物中总有一部分尚未被研究过，因为我们使用自己的眼睛时，有一种习惯，习惯回忆前人如何看待我们正在看的东西。然而，即使最细微的事物也含有未知之处。我们必须找到它。描述一团熊熊燃烧的火焰或者平原上的一棵树，我们必须留驻在火焰或者树前面，直到它们对我们而言不再与其他任何树或火焰相像。

当然，福楼拜这是在讲文学技巧，但说他是在谈论现象学方法也不为过，因为后者遵循的完全是同一过程。通过悬搁判断，人们首先抛弃掉二手概念或普遍观念，然后按照事物直接呈现自身的样子来描述事物。对于胡塞尔而言，这种不受其他理论影响来描述一种现象的能力，解放了哲学家。

描述与解放之间的联系让萨特着迷。作家就是正在描述的人，因此是一个自由之人——因为能够准确描述他或她所经历之事的人，也能够在一定程度上对这些时间有所控制。萨特在他的著作中一再探索了写作与自由之间的联系。我猜，当我第一次读到《恶心》时，它吸引我的部分原因就在于此。我也想去整全地看待事物，去体验它们，去书写它们——然后得到自由。这也就是为什么我会站在公园里，试着看到一棵树的存在，为什么我会开始研究哲学。

在《恶心》中，艺术带来了解放，因为艺术真实地记录了事物的本来面目，并且给予了它们一种内在必然性。它们不再是鳞茎状和令人作呕，而是合乎情理了。罗冈丹的爵士歌曲是这一过程的典范。实际上，波伏娃在她的回忆录中告诉我们，萨特其实是在看电影时有了这个想法，而不是听音乐的时候。他们是热忱的影迷，尤其喜爱查理·卓别林和巴斯特·基顿（Buster Keaton）的喜剧，这两人拍摄的电影充满了芭蕾舞式的优雅，像任何一首歌曲那样优美。萨特有关艺术之必然性和自由的顿悟，很有可能来自《流浪汉》的想法，让我很喜欢。

*　　*　　*

萨特还把他自己的体验融入到了描述罗冈丹的另一面痴迷当中，那就是他恐惧任何肉质、黏性或黏滑的东西。罗冈丹甚至一度对嘴里的唾液、对自己的嘴唇和整个身体感到恶心——"湿答答的存在"。在出版于1943年的《存在与虚无》中，萨特接着为我们写了更多页有关黏度（viscosité）或黏性（le visqueux）的物理特性。他写到蜂蜜从勺子里倒下来时的倾泻方式，并且让人联想到了（伴随着战栗）手指上沾什么黏糊糊的物质时那种"潮湿而阴柔的吮吸"。我猜，萨特肯定不会喜欢雷德利·斯科特（Ridley Scott）的电影《异形》（*Alien*）中那个吃脸的外星怪物，或是菲利普·迪克（Philip K. Dick）的小说《流我的泪吧，警察说》（*Flow my tears, the Policeman Said*）里那种胶状的"抱抱海绵"——杀人方式正是其名字所暗示的那样——或是易卜生《培尔·金特》（*Peer Gynt*）中的大妖魔

(Great Boyg),一种没有清晰形状,"黏答答、雾蒙蒙"的存在物。他更不愿意遇上威尔斯(H. G. Wells)在《时间机器》(*The Time Machine*)的结尾让我们惊鸿一瞥的那种生命形态:一团东西在海滩上起伏着四处爬动,后面拖着触手。萨特对这类事物的恐惧的确发自内心。他创造了许多类似的意象,如果任何一摊或一滴黏黏的东西出现在一页哲学书上,你可以在相当程度上确定你是在读萨特——不过,马塞尔宣称,是他首先给萨特供给了用哲学方式来写这种东西的想法。黏滞是萨特表达偶然性之恐怖的方式。它唤起了他称之为"事实性"(facticity)的东西,指的是一切把我们拖入现有境遇和阻止我们飞向自由的事物。

萨特这种把个人的直觉反应和哲学思辨结合起来的才能,经过了他的刻意培养。有时候,这要付出很多。在1972年的一次电视访谈中,他坦陈,自己并未在面对偶然性时,不由自主地体验过恶心。另一位受访者对此表示怀疑,说他有一次曾看到萨特用厌恶的眼神盯着水藻的叶片。那难道不是"恶心"吗?但也许,真相是萨特紧紧盯着藻类,是为了激起恶心之感,然后来体验它到底是什么样的。

萨特的思想脱胎于他的生活,但他的阅读也在其中有所反映。比如在《恶心》中,我们就不难看到海德格尔的痕迹,不过或许不是《存在与时间》,因为这本书萨特尚未仔细读过。《恶心》的主题更接近于海德格尔在1929年的演讲《形而上学是什么?》——虚无、存在,以及揭示事物状态的"情绪"——

也就是波伏娃之前说起过的那篇他们在期刊中浏览过，但没能搞懂意思的演讲。

我还发现了它与另一部作品的相似之处：列维纳斯的论文《论逃避》（*De l'évasion*），这篇文章发表在 1935 年的《哲学研究》（*Recherches philosophiques*）上，当时萨特仍在专心创作他的初稿。列维纳斯在文章里描写了伴随失眠或生理恶心而来的几种感觉，尤其是什么东西把你往下拉，抓着你不放的压迫感———一种沉重、坚固、未分化的"存在"重重压在你的身上。列维纳斯把对这种沉重、团状存在的感受称为"il y a"，也就是"那里存有"（there is）。后来他会把它比作当你把贝壳放在耳边时，抑或你小时候躺在一间空房间难以入睡时，听到的那种低沉、轰鸣的声响，感觉"就仿佛空虚已被填满，仿佛沉默是一种噪声"。这是一种有如噩梦般的充盈感，完全占去了思考的空间——没有内在的精神空间。在 1947 年的《从存在到存在者》（*Existence and Existents*）中，列维纳斯将其描述为一种在我们看来存在者"仿佛已经不再构成世界"的状态，换句话说，失去了它们那种海德格尔式的目的性与参与性关系网。我们对这一切的本能反应是逃避，而这样的逃避，我们可以在任何能恢复我们的结构和形式感的事物中找到，比如艺术、音乐，或者与他人的联系。

我不太清楚有没有人指控萨特从列维纳斯处抄袭了这一点，甚至他有没有读过这篇论文，不过，有些人确实注意到了这些有趣的相似之处。最可能的解释是，两个人在回应胡塞尔和海德格尔时，分别发展出了自己的思想。现在，萨特暂时把《存在与时间》扔到了一边，因为在柏林的时候，他发现同时阅读胡塞尔和海德格尔，对一个大脑而言负担过重了。但在后面的几年里，他又转向了海德格尔，而列维纳斯则因为海德格尔的政治选择，不再钦佩这位曾经的导师，去往了另一个方向。跟海德格尔不同，列维纳斯越来越认为，人们永远不应该被动地接受残酷的存在。我们变得文明开化，是通过**逃避**噩梦中那种压在我们身上的重量，而非接受它。

读萨特的时候，人们有时会感觉，他确实借用，甚至是剽窃了别人的思想，但这一切混杂在他自己古怪的个性和洞见之中后，会形成一种完全独创的东西。他写作时那种几近出神的专注状态，非常适用于制造幻想体验。一封早期信件最好地总结了他的方法。1926年时，他曾给当时的女友西蒙娜·约利维（Simone Jollivet）写信提供了一些写作方面的建议。专注于一幅图像，他说，直到你感到"一种膨胀，像个气泡，也像为你指明的一种方向"。这就是你的思想；然后你可以把它理清，并写下来。

这本质上就是现象学的方法——至少是一种非常生动的版本，毕竟，胡塞尔大概不会赞成萨特对逸事和隐喻的偏爱。海德格尔把胡塞尔式的现象学变成了某种诗歌，而萨特和波伏娃则将其变成了小说，因此更符合非专业人士的口味。在1945年的演讲《小说与形而上学》（*The Novel and Metaphysics*）中，波伏娃提到，现象学家写的小说，不像其他哲学家的小说那样无趣，因为他们会描述事物，而不是解释或为事物分类。现象学家把我们带向了"事物本身"。你甚至可以说他们遵循了创造性写作的箴言："展现，不要讲述"。

萨特的虚构作品并非总是很出色，而是时好时差。波伏娃的也一样，但在最佳状态下，她是一位比萨特更有天分的小说作家。她更注重情节和语言，更乐于把生硬的理念置于戏剧角色和故事之下，而且还更善于指出萨特出的差错。20世纪30年代中期，当他还在努力修改《忧郁》的稿子时，她读过初稿之后，建议他加入一些他们在电影和侦探故事中喜闻乐见的悬念。他听从了。但他把这一指导思想据为了己有，在一次采访中谈到，他曾试着把这本书写成一部侦探小说，其中各种线索会把读者引向有罪的一方——也就是"偶然性"（这不算什么重大的剧透）。

他非常努力地修改文稿，在被许多出版人拒稿之后，仍然坚持不懈。最终，他找到了伽里玛出版社，而且这家出版社此后一直都对他很忠诚。加斯东·伽里玛（Gaston Gallimard）亲自写信给萨特，建议他想一个更好的书名，因为《忧郁》听起来不够畅销。萨特提出了几个备选标题。或许可以用《关于偶然性的备忘录》（*Factum on Contingency*）？（这是他在1932年为本书所做最早期笔记的标题。）或者《关于心灵孤寂的论文》（*Essay on the Loneliness of the Mind*）？伽里玛对这些标题都不满意，于是萨特尝试了一种新的思路：《安托万·罗冈丹的神奇冒险》（*The Extraordinary Adventures of Antoine Roquentin*），并附上一则简介,费力地解释了这是个玩笑,书里没有什么冒险。

最终,伽里玛自己提出了一个简单而令人吃惊的标题:《恶心》。1938年4月,这本书出版了,并且获得了评论家的好评,加缪便是其中之一。萨特由此一举成名。

*　　*　　*

与此同时,波伏娃也正在构思她的第一部小说,不过这本名叫 *L'invitée*(《女宾》)的作品,最终直到1943年才会出版,英文书名被译成了 *She Came to Stay*(她要留下来)。故事取材于她近来和萨特以及她之前的学生奥尔加·科萨凯维奇之间的三角恋情。在现实生活中,这是一场问题重重的三角恋,卷入的人越来越多,一直变成五角恋之后,才最终告吹。到恋情结束的时候,奥尔加已经嫁给了萨特曾经的学生雅克-洛朗·博斯特,萨特和奥尔加的姐姐旺旺搞到了一起,而波伏娃则抽身事外,正在独自疗伤——而且还与博斯特开始了一段漫长的偷情。就小说而言,波伏娃去掉了一些复杂关系,但添加了一层哲学的维度,以及一个牵涉了一场命案的夸张结局。后来,萨特也把同样的事件改编成了他的《自由之路》(*Roads of Freedom*)系列第一卷中的叙事线索之一。

他们小说之间的差异,显示了二人在哲学和个人兴趣上的差异。萨特的研究是一种对自由史诗般的探索,风流韵事和其他线索在其中各占一席之地。而波伏娃的兴趣则在那些连接人们的欲望、监视、嫉妒和控制的电力线当中。她更专注于故事中的主要角色，擅长探究情感和体验如何通过身体表现出来，或许就是疾病或者某种奇怪的生理感觉。比如，当她的主角想说服自己感受到某种她感受不到的东西时，会觉得她的脑子异常沉重。波伏娃的这些章节赢得了以具身与知觉现象学见长的梅洛-庞蒂的赞誉。他在1945年的论文《形而上学与小说》(Metaphysics and the Novel)中，引用了《女宾》中的一段对话来开场：一个叫皮埃尔（类似萨特）的角色，告诉主角弗朗索瓦丝（类似波伏娃），他对形而上的境遇可以以一种"具体"的方式触动她感到很惊讶：

"但境遇是具体的，"弗朗索瓦丝回答，"我生命的全部意义正迫在眉睫。"

"我没说它不是，"皮埃尔说，"但无论如何，你这种全身心地去实践一个观念的能力，实在不寻常。"

这种说法同样适用于波伏娃本人。萨特虽然在《恶心》中也把思想具体化了，但从来没有像波伏娃所做的那样让人感到真实可信，原因或许是她对它们的感受更深切吧。她有一种对世界和她自己感到惊讶的天赋；终其一生，她都是一位大师级的事物惊奇者。正如她在回忆录里所说的那样，这是虚构写作的开端，始于当"现实不应该再被认为是理所当然"之时。

萨特忌妒她这种特质，曾试着让自己进入一样的状态，比如看着一张桌子,反复说"这是一张桌子,这是一张桌子",直到——他说——"一种轻微的兴奋感出现了,我将其命名为喜悦"。但他得强迫自己,这种感觉没有像席卷波伏娃那样把他席卷。萨特认为,她对事物保持惊讶的天分,既是一种最"真实"的哲学,也是一种"哲学的贫困",意思可能是说,这种天分不能带来任何结果,无法充分发展,并且被概念化。他还补充说:"这是问题改变了提问者的时刻"——从这样的措辞可以看出,他当时正在读海德格尔。

在所有让波伏娃惊讶的事情中,最令她吃惊的是她自己的无知之巨大。在早期与萨特争论时,她喜欢在最后这么总结:"我不再确定我的想法了,也不确定我是否可以被称为在思考。"显然,她追求的都是些聪明到足以让她产生这种感觉的男人——不过这样的人寥寥无几。

在萨特之前,陪她做思想练习的人,是她的朋友莫里斯·梅洛-庞蒂。他们在1927年相遇时,两人都只有十九岁:波伏娃是索邦大学的学生,梅洛-庞蒂则就读于巴黎高等师范学校——萨特也在此念书。那一年,波伏娃在哲学概论的公共考试中考赢了梅洛-庞蒂:他第三,她第二。不过,他俩都没考赢另一个女人:西蒙娜·薇依。考试过后,梅洛-庞蒂和波伏娃成了朋友,据她说,原因是他很想见见这个胜过他的女人。(很显然,他不那么渴望认识更厉害的西蒙娜·薇依;而薇依自己对波伏娃也没什么热情,回绝了她要交朋友的想法。)

考虑到她们都不是高等师范学校这个顶级体系培养出来的，薇依和波伏娃的成绩就更显得非比寻常了：波伏娃在1925年上大学时，高师体系并不招收女生，虽然在1910年曾为女性学生开放过一年，但在1911年却向她们关上了大门，直到1927年才又打开——对她来说太晚了。因此，她上了一系列的女子学校，这些学校都不算差，但对学生并没有什么太高的期待。在人生的早期阶段，女人和男人的境遇有诸多不同，这只是其中之一；波伏娃后来会在她1949年的著作《第二性》中进一步仔细探究这类反差。与此同时，她能做的就是拼命学习，在友谊中找寻发泄出口，以及愤怒地反抗她的生存的局限性——这一点，她把原因怪在了自己所受的中产阶级家庭教育的道德准则上。而且她并不是唯一有这种感觉的人。同是中产阶级家庭出身的萨特，也在激烈地反抗这一点。不过，梅洛-庞蒂虽然来自相似的出身背景，但回应方式不相同。他可以在中产阶级的氛围中自得其乐，同时在别处追求自主的人生。

* * *

对于西蒙娜·德·波伏娃来说，经过一场斗争之后，独立自主才最终到来。1908年1月9日出生在巴黎的她，虽然基本上是在这座城市长大的，但所处的社会环境却有些守旧，用一些女性气质和文明教养的标准观念将她团团围住。她的母亲弗朗索瓦丝·德·波伏娃（Françoise de Beauvoir）坚守着这些准则；她的父亲则随和多了。西蒙娜的叛逆始于童年，在青少年时期变得更激烈，而到成年之后似乎还在依然持续。她对工作的终身奉献，她对旅行的热爱，她不要孩子的决定，以及她非传统意义上的伴侣选择，都表明了她对自由的献身精神。在她的自传第一卷《端方淑女》（*Memoirs of a Dutiful Daughter*）中，波伏娃用这些角度呈现了她的人生，并在回忆她母亲最后一次患病的《一场毫不费力的死亡》（*A Very Easy Death*）中，进一步反思了自己的中产阶级背景。

通过一位朋友认识梅洛-庞蒂时，波伏娃刚开始独立的学生生活。她在日记里记下了对他的印象，以为他叫"Merloponti"。他的个性和长相都颇具吸引力，她说，尽管她担心他对长相有点儿太过自负。在她的自传中（她为他取了个化名：Pradelle），她描述了他"清澈、很是帅气的脸庞，浓密的黑色睫毛，以及男学生那种欢乐、爽朗的笑声"。她立刻喜欢上了他，但这毫不意外，她补充道。**每个见到梅洛-庞蒂的人，总是会立即喜欢上他，连她母亲也是。**

梅洛-庞蒂出生于1908年3月14日，只比波伏娃小两个月，但内心却更加闲适自得。他在社交场合中冷静沉着、游刃有余，原因（正如他自己所认为的）大概是他的童年非常快乐。他小时候感受到很多爱和鼓励，他说，从来不需要努力获得赞许，因此，他的性情一辈子都是乐乐呵呵的。他有时候也会急躁，但正如他在1959年的一次广播采访中谈到的那样，他的内心几乎总是安适平和的状态。换句话说，他大概是整个故事中唯一有这种感受的人；一项珍贵的天赋。萨特后来曾在谈及福楼拜童年缺少关爱时写道，"当爱出现时，情绪的面团会浮上来，当爱缺失时，则会沉下去"。梅洛-庞蒂的童年一直都很好地浮着。不过，事情肯定不像他暗示的那样轻而易举，因为他父亲在1913年死于肝脏疾病后，他、他哥哥和妹妹是由母亲一人带大的。波伏娃和她母亲的关系很紧张，相较起来，梅洛-庞蒂却始终都全心全意地侍奉他母亲，一直到她去世。

每一个认识梅洛-庞蒂的人，都觉得他身上散发着幸福的光热。西蒙娜·德·波伏娃一开始也感到了它的温暖。她一直在等着有个人可以让她倾慕，现在看来，似乎他就可以。而且她还曾一度认为他是做男朋友的料。但他淡定的态度，让性情更偏好斗的她有些不安。她在笔记本上写道，他的大毛病在于"性格不激烈，而上帝之国是为激烈之人准备的"。他坚持与人为善。"我觉得自己太不一样了！"她喊道。她是一个有着强烈好恶的人，但他在任何境遇中，都会从多个侧面去考量。他认为人是各种品质的混合体，并愿意把人们都往好处想，但她在年轻时，却把人类视为由"大量不值一提的人和一小群被上天选中的人"组成。

真正让波伏娃恼火的是，梅洛-庞蒂似乎"完全适应他的阶级及其生活方式，并以开放的胸怀接受了中产阶级社会"。有时候，她会向他大声抱怨中产阶级道德的愚蠢和残酷，但他会心平气和地表示不赞同。他"同他的妈妈、妹妹相处融洽，不认同我对家庭生活的厌恶"，她写道，"他也不反感去派对，偶尔还会去跳跳舞：为什么不呢？他带着无辜的神情问我，这平息了我的怒火。"

成为朋友之后的第一个夏天，由于其他学生都放假离开了巴黎，所以他们基本上只能彼此为伴。他们会出去散步，一开始在巴黎高师的花园——对波伏娃来说是一处"令人倾慕的地方"——后来在卢森堡公园，坐在"某个女王或其他人的雕塑边上"，讨论哲学。虽然她在考试中超过了他，但她发现在他旁边时，自己会很自然地接过哲学新手这个角色。事实上，她虽然有时会在争论中偶然胜出，但更多时候，讨论到最后，她只会开心地喊道："我一无所知，一无所知。我不但无力回应，我甚至还没找到提出问题的合适方式。"

她喜欢他的品德："我不知道还能从谁身上学到快乐的艺术。他轻易地就能承担起整个世界的重量，所以它也不再重重地压在我身上；在卢森堡公园，清晨蔚蓝的天空、碧绿的草坪和太阳，就像在过去那些天气总是很好、我也最快乐的日子里那样闪闪发光。"但有一天，在和他一起绕着布洛涅森林（Bois de Boulogne）里的湖散完步，欣赏完天鹅与小船之后，她心里惊叹道："噢，他真是毫无痛苦啊！他的平静冒犯了我。"此时已经显而易见的是，他不会成为一个合适的恋人。他更适合当兄弟；她只有一位妹妹，因此兄弟这个角色是空缺的，并且完全适合他。

但他对她最好的朋友伊丽莎白·勒·可因（在波伏娃的回忆录里被称为Zaza）却产生了不一样的影响。伊丽莎白同样被梅洛-庞蒂"无懈可击"的品质和缺乏痛苦搞得很烦恼,但她仍然热烈地迷上了他。与无懈可击恰恰相反,她容易陷入极端的感情和过分的热情,这在她们少女时代的友情中,曾让波伏娃感到很沉醉。现在,伊丽莎白想要嫁给梅洛-庞蒂,而他似乎也有这种渴望——直到他突然中断了这段感情。后来波伏娃才得知原因。原来,伊丽莎白的母亲认为梅洛-庞蒂和她女儿不合适,于是警告他放弃,要不然她就揭露他母亲的一个所谓秘密:她曾出过轨,并且孩子中至少有一个不是她丈夫的骨肉。为了避免这桩丑闻影响他母亲和即将结婚的妹妹,梅洛-庞蒂退出了这段感情。

113　　波伏娃在得知真相后愈发觉得恶心。肮脏的中产阶级就是这样!伊丽莎白的母亲典型地展示了中产阶级式道德主义、残酷和懦弱。而且,波伏娃认为后果是真的要人命那种。伊丽莎白非常沮丧,又在感情危机期间染上了重病,可能是脑膜炎。最终,她因病去世,年仅二十一岁。

这两次不幸之间并无因果关联,但波伏娃一直认为,是中产阶级的虚伪害死了她朋友。她原谅了梅洛-庞蒂在其中扮演的角色,但始终觉得他过于心安理得,太过尊重传统价值。在她看来,这是他的一个缺陷——她发誓,决不能听任它出现在自己的人生中。

*　　*　　*

在此之后不久,波伏娃那种"激烈"和固执己见的一面,终于得偿所愿——她遇到了让-保罗·萨特。

萨特出生于1905年6月21日,比波伏娃大两岁半,作为备受宠爱的独子,他同样拥有一个中产阶级的童年。而且和梅洛-庞蒂一样,他也从小就没有了父亲。让-巴蒂斯特·萨特(Jean-Baptiste Sartre)是一名海军军官,在让-保罗一岁时便因为肺结核而去世了。从很小开始,萨特就备受母亲安妮-玛丽·萨特(Anne-Marie Sartre)以及与他们生活在一起的外公外婆的溺爱。每个人都喜爱他那女孩子似的卷发和精致的面孔。但两三岁时的一次感染,让他的眼睛出现了毛病。在浓密卷发的遮盖下,这几乎注意不到——直到有一天外公带他去剪了一个很短的发型,他受伤的那只眼睛才暴露出来,而一同暴露的,还有他那鱼一样的嘴唇和其他令人尴尬的特征。萨特在讲述他早年经历的回忆录《文字生涯》(*Words*)中,高度讥讽地描述了这一切。他轻松的语调,在描述自己的长相时,变得更加轻松活泼,但他确实被人们对他的态度变化伤到了。他始终都对自己丑陋样貌的话题耿耿于怀——提及此事时,他用的总是丑陋这个生硬的词汇。有一段时间,这让他感到羞于见人,但随后他决定,不能让这件事毁了自己的人生。他不会为此牺牲他的自由。

114

他母亲再婚后——嫁给了一个萨特不喜欢的男人——他们搬去了拉罗谢尔(La Rochelle),在那里,他常常会被强壮和粗野的男孩们欺负。这是他童年里一次巨大的危机:他后来说,对于"偶然性、暴力和事物存在方式",他所需要知道的一切,在拉罗谢尔的孤独生活都教给了。但是，这一次他也拒绝屈服。他熬了过来，全家搬去巴黎后，他被送进了一系列优秀学校就读，再次变得活泼开朗，最终考入了巴黎高等师范学校。他从一个边缘人，变成了学校里最受欢迎、最狂放和最强大的圈子的领导者。在此后的人生中，他一直都是一个善于交际的领袖型人物，虽然顾虑重重，但在主宰一个圈子时从来不会犹疑。

萨特那个由反传统者和煽动者组成的小团体，以他和他最好的朋友保尔·尼赞为中心，他们会坐在咖啡馆里打发时光，对着任何冒险靠近他们的人，大声抨击哲学、文学和中产阶级行为中不可冒犯的观念，攻击任何展现娇弱感情、"内在生活"或灵魂的话题；他们曾因为拒绝参加学校的宗教知识考试而激起了众怒，因为谈论人是肉体欲望的集合，而不是高贵的灵魂，震惊了所有人。在傲慢无礼的外表之下，他们有着那种接受过无可挑剔的教育的人所拥有的从容自信。

正是这个时候，在1929年，波伏娃通过一位名叫马休（Maheu）的朋友，接触到了萨特的团体。她觉得他们既令人兴奋，也让人生畏。她因为对待学业非常认真而遭到了他们的嘲笑——可她当然要认真对待了，因为在索邦大学读书，代表了她努力要达成的一切。教育对她意味着自由和自主，而男生们却把这些视为理所当然。不过，这个团体接纳了她，她和萨特也成了朋友。他和其他人称她为 Castor 或者 the Beaver（意为河狸），大概是指她总是一副忙忙碌碌的样子，但同时也是她的姓氏和相近英文单词的一个双关语。萨特没有梅洛-庞蒂那种令人气恼的淡定：他是一个说话大声、不肯让步的极端分子。他不会屈尊做她的兄弟，所以他成了她的情人，而且很快，他们对彼此就开始变得甚至比情人还重要了。萨特逐渐把波伏娃当成了他的盟友，他最中意的对话者，他任何作品的第一个读者和最佳读者。他赋予了她雷蒙·阿隆曾在他早年学生时代扮演的角色：与之探讨任何想法的"会饮哲学家"（symphilosopher）。

他们考虑过结婚，但两人都不想要一场中产阶级的婚姻——或者孩子，因为波伏娃决心不再重演她和母亲不愉快的关系。某个傍晚坐在杜乐丽宫（Tuileries）花园的石凳上，她和萨特达成了一项协议。接下来，他们做两年的情侣，之后再决定是否续约、分手，或以某种方式改变他们的关系。波伏娃在她的回忆录里坦言道，自己一开始被这种临时约定吓到了。她对这次交谈的叙述，充满了被强烈情感铭刻于心的细节：

那里有一种用作靠背的栏杆，离墙壁稍稍有些距离；在后面那个像笼子一样的空间里，有一只猫在喵喵叫。这个可怜的家伙太大，卡住了；可它是怎么进去的啊？有个女人过来喂了这只猫一些肉。然后，萨特说："我们来签一份两年的合约吧。"

幽闭、陷阱、窘迫，投喂行善的残羹冷炙：对于一个所谓有关自由的故事来说，这样的意象着实可怕，听起来就像是一个不祥的梦境。事情果真如此吗，还是她用象征性的细节丰富了记忆？

总之，惊慌平息下来了，协议也运转良好。他们平安度过了那两年时光，然后成了一段长期但不排他的情感关系中的搭档，并且延续终生。这种关系能维持下去，或许是因为到20世纪30年代末期之后，他们的关系里已经不再有性了。（她写信给纳尔逊·阿尔格伦说："我们大概做过八年或十年，但在这方面相当不成功，于是不做了。"）他们还就两个长期条件达成了一致。一是他们必须告知彼此他们与其他人的性关系：必须诚实。当然，他们没有完全恪守这一条。二是他们之间的情感关系必须始终在第一位：用他们的话说，他们之间是"必然的"，而其他关系则只能是"偶然的"。这一条他们倒是坚持了下来，不过也因此赶跑了许多长期情人，因为他们慢慢都厌倦了被视作偶然。但那就是协定，每个参与其中的人都从一开始就知道。

现在，经常有人会对波伏娃在这段关系中的幸福表示担忧，仿佛她（典型的女人！）允许自己被迫做了她不想做的事。杜乐丽宫花园的场景确实表明，这可能不是她在年轻时候的第一选择，而且她时不时会感到惊慌和嫉妒。但话说回来，一场传统的中产阶级婚姻，并不一定就会让她不受这种感觉的侵扰。

我猜测，这段关系给她的东西，正是她想要的。如果像普通人那样结婚的话，她和萨特可能早就各奔东西，或者在性爱的挫败感中分道扬镳了。但事实是，她有着很棒的性生活——好过萨特，显然是因为他老是神经兮兮的。波伏娃的回忆录证实了，在她年轻时，情绪上"难以兴奋"，以及"感觉上相当缺乏强度"，而她后来的关系都带来了身体上的满足。至于萨特，如果我们可以从他书中生动的描写推断的话，则认为性是一个努力不要沉入泥浆和黏液的梦魇。(在使劲嘲笑他这一点之前，可别忘了，我们之所以能知道这一点，是因为他坦率地告诉了我们。哎，行吧，那就稍稍嘲笑他一下好了。)

对波伏娃来说，现实生活的甜美从来都不是威胁：她永远不会厌倦。小时候，她就想要享用她所见的一切事物。她贪婪地盯着糖果店的橱窗——"蜜饯闪烁的光亮，果冻模糊的光泽，酸甜水果硬糖万花筒般缤纷的色泽——绿的、红的、橙的、紫的——我觊觎它们的色泽，不亚于觊觎它们承诺给我的欢愉"。她希望整个宇宙都可以食用，就像汉泽尔与格蕾太尔（Hansel and Gretel）从姜饼屋吃起那样，把宇宙都吃掉。即使成年后，她还写道："我想要嚼碎开花的扁桃树，咬下夕阳的彩虹牛轧糖。"1947年去纽约旅行时，她曾感到急切地想吃掉明亮地排列在夜空中的霓虹灯招牌。

她的嗜好还延伸到了搜集各种物品，包括许多礼物和旅行纪念品。1955年，当她终于从旅店房间搬到一间像样的公寓时，公寓里很快堆满了"危地马拉的夹克和裙子，墨西哥的衬衫……撒哈拉的鸵鸟蛋，各类手鼓，一些萨特从海地带回来的鼓，他在波拿巴大街买的玻璃剑和威尼斯镜子，他双手的塑料手模,贾科梅蒂的台灯"。她的日记和回忆录书写也反映了一种冲动——想要得到和享受每一件被她抓着的东西。

她以同样的激情探索了这个世界,狂热地旅行与行走。年轻时,她曾在马赛当过老师,独自生活的她会在放假时打包一些面包和香蕉,穿上裙子和一双帆布登山鞋,在黎明时出发去多山的郊外探险。有一次,只带着面包、一根蜡烛和满满一水瓶红酒,她爬上了梅藏克山(Mont Mézenc),然后在山顶的一间石头小屋里过了一晚。醒来后,她发现自己正俯视着云海,便顺着岩石小径跑下山,结果太阳升起来,岩石被晒得很烫,而她穿的鞋子又不适合爬山,所以岩石透过鞋底灼烧了她的双脚。在另一次徒步旅行中,她被困在一个峡谷里,差点儿没爬出来。之后,1936年在阿尔卑斯山独自出行时,她从陡峭的岩壁上摔了下来,所幸没有大碍,只是有几处擦伤。

萨特则不一样。波伏娃会说服他和自己一起去徒步,但他从来不会享受那种疲劳感。《存在与虚无》曾绝妙地记述了跟随一位未具名的同伴一起爬山的经历,这位同伴被人们想象成了波伏娃(不过场景似乎更像彼特拉克著名的冯杜山攀登)。尽管同伴玩得似乎很愉快,但萨特的体验却是,这种活动很讨人厌,是某种侵犯他自由的东西。他很快便放弃了,扔下背包,瘫倒在了路边。另一个人也累,但认为坚持爬上去很快乐,感受着脖子后面晒伤处的红热,享受着每一下沉重的脚步都在重新展现山路的崎岖。对他们两个人而言,眼前的一切风景大相径庭。

萨特更喜欢滑雪，而这种体验同样被写入了《存在与虚无》中。他指出，在雪地上行走是件苦差，但滑雪却是件乐事。从现象学上来讲，雪本身在你脚下变化，不将自己展现为黏滞和附着的东西，而是变得坚硬与顺滑。雪托着你，而你在上面流畅地滑过，像《恶心》里那首爵士歌曲的音符一样轻松。他补充道，他对滑水橇很好奇，这是一种他听过但未曾试过的新发明。即使在雪上，你也会在身后留下一道滑过的痕迹；但在水上，你留不下任何痕迹。那是萨特能够想象的最纯粹的欢愉。

他的梦想是毫无负担地在这人世走一遭。给波伏娃带来快乐的财物，让萨特感到毛骨悚然。他也喜欢旅行，但不在旅行中带任何东西回家。他的书读完之后就会送出去。他一直带在身边的只有两件东西，他的烟斗和笔，但即使这两件也并非是因为喜欢才带在身边，而且经常会把它们弄丢，他曾写道："它们是我手中的流亡者。"

但对人的话，他的慷慨又几乎到了痴迷的地步。他的钱一到手就会给出去，目的是让钱离他远点儿，仿佛钱是手榴弹一样。即便钱花在自己身上时，他也不太喜欢拿来买东西，而是更愿意"花在夜间娱乐上：去某个舞厅，大笔花钱，打车去各处转悠，等等——简而言之，在金钱的位置上，除了回忆外什么也不能留下，有时候甚至连回忆都没多少"。他给服务生小费时非常阔绰，会拿出随身携带的一大叠现金抽几张付账。他同样不吝辞章，无论谁提出请求，他都会送出论文、演讲或序言。就连文字也不必紧紧抓着不放或者精打细算地施舍。波伏娃也很慷慨，但她的大度是双向的：她喜欢搜集，也喜欢分发。也许在他们俩迥异的风格中，人们可以看到现象学存在主义的两个方面：一方面是观察、搜集和钻研现象，而另一方面是在胡塞尔式的悬搁判断中，丢弃累积的先入之见，以便获得自由。

尽管有这些分歧，但他们之间有一种外人难以撼动的默契。当波伏娃的传记作者迪尔德丽·贝尔（Deirdre Bair）与她的朋友们交谈时，柯莱特·奥德里（Colette Audry）对此总结道："他们之间的关系是一种新型的关系，我以前从来都没见过。我无法描述和这两人在一起时的样子。他们的关系太热烈了，以至于有时候会让目睹这种关系的人很遗憾自己不能拥有。"

这也是一段极其长久的关系，从 1929 年一直持续到 1980 年萨特去世。在五十年的时间里，这段关系是存在主义在现实中的哲学演绎，由自由和友谊两个原则定义而成。虽然这么说听起来过于郑重其事，但就像在任何一场长久的婚姻中那样，他们共同的记忆、观察和玩笑，将他们绑在了一起。他们相识后不久，便有了一个他俩的典型笑话：参观动物园时，他们看到一头特别胖、样子也惨兮兮的海象，海象叹了口气，一边抬眼看看天空，就仿佛在恳求一样，一边让饲养员把鱼塞进它嘴里。从那以后，萨特每次闷闷不乐时，波伏娃都会提醒他想想那只海象。他就翻翻白眼，滑稽地叹息一声，他们俩都会感觉好些。

后来,萨特因为工作缠身,逐渐疏远了他们的私人二人组,但他仍然是波伏娃不变的参照点,是在她需要的时候,可以沉迷其中的人。她明白自己总是倾向于这么做:学生时代,在伊丽莎白·勒·可因身上发生过,跟梅洛-庞蒂在一起时,她也曾试过,但一直都很挫败,因为他的微笑和讽刺式的举止会让她分心。而跟萨特在一起时,她可以很容易地让自己沉迷在他身上,而用不着**真的**失去她在现实中作为一个女人或作家的自由。

这是其中最重要的元素:他们的关系是一种作家间的关系。萨特和波伏娃都无法控制自己的交流欲望。他们写日记,他们写信,他们告诉彼此每天的每一个细节。在 20 世纪的 50 年间,他们之间流转的书面和口头文字的数量,就连想想都会令人不知所措。萨特总是第一个阅读波伏娃著作的人,他的批评深得她的信任,而他也会督促她写更多。要是逮到她稍有惰息,他就会斥责她:"但是,河狸,你为什么要停止思考,你为什么不工作?我以为你是想写作的呀?你不想变成一个家庭主妇吧,你想吗?"

情绪的起伏来了又走,工作一如往常。工作!在咖啡馆工作,旅行时工作,在家工作。任何时候,当他们在同一个城市时,他们就会一起工作,无论生活里有什么其他事情发生。1946 年,萨特(和他母亲)搬进一间位于波拿巴大街 42 号的像样公寓之后,波伏娃每天都会到那里同他见面,这样他们就可以整个上午或下午并排坐在两张桌子旁工作了。在一部1967年为加拿大电视台摄制的纪录片里,你可以看到,他们大口地抽着香烟,除了钢笔疾书的声音外,非常安静。波伏娃在一本练习本上写作,萨特在审阅一页手稿。我觉得这就像某种不断循环播放的纪念影像,也许可以在他们在蒙帕纳斯公墓的合葬墓上播放。虽然想象无论是夜晚公墓关闭时,还是白天游人穿梭时,他们都在那里整日整夜地写作,确实够诡异——但总比一个白色的坟墓或任何静止图像更适合他们。

第六章
我不想吃了我的手稿

本章中发生了一场危机，
两次英勇的营救，以及战争的爆发。

从书名上来讲，胡塞尔未完成的遗作《欧洲科学的危机与超越论的现象学》，不如《恶心》那样引人注目。但起首的那个词"危机"，完美地总结了20世纪30年代中期的欧洲。从1922年开始，墨索里尼及其法西斯分子已经在意大利掌权超过十年。在苏联，随着列宁在1924年去世，斯大林到1929年已经掌握了苏联的领导权。而希特勒则在1933年巩固了第一次选举的胜利果实，使得他的扩张野心日益清晰。1936年，西班牙内战在左翼共和军与弗朗哥领导的法西斯主义国民军之间爆发。一切似乎都在密谋分裂欧洲人，把他们引向另一场战争。这是一个相当可怕的前景，尤其在法国，第一次世界大战中，光是战壕里就有大约140万名法国士兵战死。由于很多场战役都是在法国土地上打的，可以说，这个国家真的已经伤痕累累，因此，没有人想看到战争重演。

法国的确有些极右组织——法兰西行动战线（Action française）和更新、更激进的火十字团（Croix-de-Feu）——但和平主义风气让这些组织的影响有限。小说家罗杰·马丁·杜·加尔（Roger Martin du Gard）在1936年9月写信给一位朋友时，表达了一个普遍的看法："什么都行，绝不要战争！什么都行！……甚至是西班牙的法西斯主义！不要逼我，因为我会说：是的……'甚至是法西斯主义出现在法国'！"波伏娃的看法也类似，她对萨特说："战争下的法国必定会比纳粹治下的法国更糟吧？"但萨特不同意，因为他曾近距离地见过纳粹。像往常一样，他用想象力写下了耸人听闻的细节：

"我不希望被逼着吃了我的手稿。我不想让纳粹用茶匙把他的眼睛挖出来。"

但到 1938 年时,已经没有几个人敢对和平再抱希望。那年 3 月,希特勒吞并了奥地利。9 月,他开始对高度德意志化的捷克斯洛伐克苏台德地区虎视眈眈——胡塞尔的故乡摩拉维亚就位于其中。英法两国领导人张伯伦(Neville Chamberlain)和爱德华·达拉第(Édouard Daladier)同意了希特勒最初的要求,捷克斯洛伐克别无选择,只能接受。希特勒视之为更进一步的鼓励,因此在 9 月 22 日,他要求行使全面军事占领的权利,而这将会有效地为侵略捷克斯洛伐克其余领土开启大门。随之而来的便是所谓的"慕尼黑危机":一个礼拜期间,人们无时无刻不在听收音机和看报纸,唯恐随时宣战。

对于一位具有个人主义倾向的年轻存在主义者来说,战争是终极的冒犯。战争,就像从桌子上扫落玩具一样,威胁着要清除所有个人的想法和关怀。英国超现实主义诗人大卫·盖斯科因(David Gascoyne),当时正担惊受怕地生活在巴黎,他在那一周的日记中写道:"战争最可恨之处在于,它让个体变得毫无意义。"盖斯科因一边听收音机,一边试着想象轰炸机飞过天空,许多建筑倒塌。眼前灾难的类似景象,也像幽灵一样徘徊在乔治·奥威尔出版于次年的小说《上来透口气》(*Coming up for Air*)里:广告业经理乔治·鲍林走在郊区的街道上,想象着房屋被炮弹炸得粉碎。一切熟悉的事物似乎都要消失了;鲍林担心,在那之后,将会只有无止尽的暴政。

萨特在《延缓》(*The Reprieve*) 中试图捕捉危机中的情绪，这本书是他《自由之路》系列的第二卷——直到 1945 年才出版，但故事设定在了 1938 年 9 月 23 日—30 日的那个关键一周。书里的每个人物都在努力去适应他们可能没什么未来，而一切也将不复从前的想法。萨特用从约翰·多斯·帕索斯（John Dos Passos）和弗吉尼亚·伍尔夫的小说中借来的意识流方法，从一个人的思想滑入另一个。年轻人鲍里斯（原型是萨特先前的学生雅克-洛朗·博斯特）算计着开战后他在军队里能活多久，然后推测了他还能指望在死前吃上多少煎蛋卷。在一个关键时刻，当大家聚在一起用收音机听希特勒讲话时，萨特从这个场景退出来，向我们展示了整个法国，然后是整个德国和欧洲。"一亿个自由的意识，每一个都知道墙壁、雪茄一明一灭的烟蒂、熟悉的面孔，而每个都在自己的责任上构建着它的命运。"

书中的尝试并非全都有效，但萨特抓住了那一周的怪异特质，千千万万的人试着习惯开始一种不同的方式来思考他们的人生——用海德格尔的话来说就是，他们的工程或操劳。这本书也显示了萨特思想转变的第一个迹象。在未来的几年里，他越来越感兴趣的是，当人们被巨大的历史浪潮席卷时，每一个人仍然可以保持自由和独立。

对于萨特个人来说，令人意外的是，他在 1938 年竟然通过读海德格尔为自己的焦虑找到了答案。他爬上了《存在与时间》的山麓缓坡，不过直到两年后，他才登上更陡峭的山坡。回头来看时，他回忆道，在那一年里，他渴望"一种哲学，而这种哲学不仅仅会是沉思，更是智慧，是英雄精神，是神圣"。他将此比作了古希腊的一段时期，也就是亚里士多德大帝去世后，雅典人远离了亚里士多德科学的冷静推理，转向了斯多葛学派和伊壁鸠鲁学派更个人化和"更直接"的思想方式——"教他们生活"的哲学家。

*   *   *

在弗莱堡，胡塞尔已经无法目睹那个秋天的事件，但他的遗孀马尔文娜仍住在郊区的房子里，守着他的图书馆和汗牛充栋的遗稿、文书及未发表的著作。她当时已经78岁，独自一人生活，虽然信仰基督新教，但却被官方列为了犹太人，因此，她极为弱势，但她靠着刚烈十足的人格力量，暂时把危险挡在了外面。

在那个年代初期，也就是她丈夫还活着，而纳粹刚掌权之后，他们曾经讨论过把他的文件运到布拉格，因为看起来，它们在那里似乎可能更安全些。胡塞尔曾经的学生、捷克现象学家扬·帕托什卡，愿意协助安排这件事。但幸运的是，事情没办成，因为如果真那么做的话，文件将会一点儿都不安全。

在20世纪早期，布拉格已经发展成一个现象学的中心，部分原因是托马斯·马萨里克——捷克斯洛伐克总统、胡塞尔的朋友，他曾说服胡塞尔去跟随弗朗兹·布伦塔诺学习。马萨里克死于1937年，所以没有看到灾难降临到他的国家身上，但在此期间，他做了很多事来促进现象学的发展，还帮助布伦塔诺之前的其他学生在布拉格市档案馆搜集老师的论文。1938年，随着德国入侵的威胁，布伦塔诺的档案危在旦夕。唯一让现象学家们感到宽慰的是，胡塞尔文稿不在这里。

但弗莱堡也不安全。这座城市靠近法国边境，如果战争到来，可能会率先看到战火。马尔文娜·胡塞尔本来就已经只能任由纳粹摆布：如果他们决定杀进她的房子，那她更无力保护里面的东西。

胡塞尔的《遗稿》及其遗孀的处境，引起了比利时的哲学家兼方济各会修士赫尔曼·范·布雷达的注意。他拟定了一份建议，敦促鲁汶大学的高等哲学研究所支持重要弗莱堡文稿的誊录工作——只能由可以阅读胡塞尔速记文字的前助手来做。鉴于伊迪丝·施坦因已经成了卡梅尔派修女，海德格尔也与他分道扬镳，所以，能做这项工作的人，便只有近几年与胡塞尔一起工作过的两人：欧根·芬克，来自附近的康斯坦茨，但现在住在弗莱堡；以及路德维希·朗德格雷伯，目前在布拉格。

范·布雷达最开始建议就在弗莱堡当地资助这个项目，但在战争可能爆发的情况下，这看起来不太可取。他指出，马尔文娜·胡塞尔坚定地继续生活，"就仿佛纳粹政权不存在一样，也丝毫没有表现出她就是纳粹的受害者"，这确实令人钦佩，但可能会对文稿不利。1938年8月29日，当捷克危机开始酝酿，范·布雷达去弗莱堡会见了她和欧根·芬克；他们一起向他展示了文稿集。他惊叹于手稿带来的纯粹视觉冲击：一排一排的文件夹，装着胡塞尔的约4万页速记手稿，外加一万页已经由他的助手转抄出来的打印或手写稿,而在图书馆里,还有在近六十年里收集到的约 2700 卷书和数不胜数的论文翻印,胡塞尔用铅笔在上面记满了笔记。

范·布雷达说服马尔文娜·胡塞尔必须有所行动。但回到鲁汶后,他还有另一件说服工作要做:要说服他的同事同意转移并保存那里的文稿集,而不只是远程资助一个项目。做完这一切后,他返回弗莱堡,路德维希·朗德格雷伯现在也到了,把布拉格令人紧张的局势甩在了身后。时间已是9月中旬:战争似乎有可能会在数周甚至几天内爆发。

最紧要的问题是**如何**转移这批东西。手稿比书更便于携带,而且更重要。但带着几千页纸开车去边境,肯定也不安全,因为所有文稿是用一种看起来不可读的密码写成的。

一个更好的办法是把它们带到比利时大使馆,然后装在外交邮袋里带出德国,这样就能拥有不受干预的豁免权。但距离最近且有豁免协议的部门在柏林,方向正好相反,得走不少冤枉路。范·布雷达询问了弗莱堡附近一座方济各会修道院的修道士,看他们是否能隐藏手稿或帮忙偷运出来,但他们不太情愿。后来,一个本笃会修女出面介入:修女安黛儿根迪丝·耶格施米特(Adelgundis Jägerschmidt)。她来自附近的一个吕贝女修院(Lioba Sisters convent),之前也是一名现象学的学生,时常无视禁止与犹太人交往的规定,在胡塞尔晚年生病期间去拜访他。现在,她主动提出可以把手稿带到她在康斯坦茨的修女姐妹拥有的一所小房子里。房子靠近瑞士边境,从那里，她说，修女们可以把手稿一小包一小包地逐渐带到瑞士去。

这是个让人心惊肉跳的计划。如果行动期间战争爆发，这些手稿可能会随着边界关闭而最终分散于两处，一部分甚至可能会在战争期间遗失。修女们面临的危险也显而易见。不过，这看起来似乎是最可行的选择，所以在9月19日，英勇的修女安黛儿根迪丝把4万页手稿装进三个沉重的手提箱中，乘火车前往康斯坦茨。

不幸的是，尽管她的姊妹愿意暂时存放这些手稿，但她们认为将其偷运过边境太过冒险。结果，安黛儿根迪丝只得把手提箱留在她们那里，回去告诉范·布雷达这个坏消息。

他又想到了那个把手稿带到柏林的比利时大使馆的主意。这就意味着，得绕到康斯坦茨去取手稿，而这一次，他亲自过去了。9月22日——同一天，张伯伦与希特勒举行了会见，并得知希特勒提高了对捷克领土的要求——范·布雷达前往女修院。他拿到这些手提箱后，继续乘夜间列车去柏林。你可以想象一下这有多紧张：战争迫近，三个重重的手提箱里装着看起来像是加密过的文件，一列在黑夜里呼啸飞驰的火车。9月23日星期五早晨，范·布雷达抵达柏林，并把这些箱子委托给了市中心外的一座圣方济各修道院，然后去了大使馆——但得知大使不在，也没人能拍板决定。不过，下级官员同意在此期间帮助照管这些箱子。

因此，事情又落到了圣方济各修会修道士们的身上，又回到了大使馆里的手提箱上。最终,9月24日星期六,范·布雷达看着它们被锁进大使馆的保险箱后,回到弗莱堡,接着又离开德国,到了鲁汶。他随身带了少量文本,以便尽快启动誊录项目。令他大松一口气的是,边境卫兵连看都没看这难以理解的手迹,就摆手示意他通过了。

* * *

几天后,这场欧洲危机得到了解决——但只是暂时。9月29日,本尼托·墨索里尼在慕尼黑安排了一次会面,与会者是希特勒、达拉第和张伯伦。9月30日凌晨,当达拉第和张伯伦向希特勒提出的更高要求让步时,房间里没有一位来自捷克斯洛伐克的人。次日,德军进入苏台德地区。

张伯伦得意扬扬地飞回英国;达拉第则充满羞愧和恐惧地飞回了法国。下飞机时,欢呼的人群迎接他,但据说他却咕哝着说了一句:"一群白痴!"——反正萨特听到的似乎是这样一个故事。最开始的宽慰感一旦过去后,法国和英国的许多人又开始怀疑协议能否持久。萨特和梅洛-庞蒂都很悲观;波伏娃更愿意寄希望于和平会占上风。针对这件事,他们三人进行了长时间的辩论。

但和平协议有一个副作用,那就是它削弱了把胡塞尔的文件运出德国的迫切性。直到1938年11月,其中的大部分才从柏林运到鲁汶。当手稿到达,被放在大学图书馆后,图书馆还自豪地举办了一场展览。没有人知道,两年之后,德军将会入侵比利时，而这些文件也将再次面临险境。

那年11月，范·布雷达再次回到弗莱堡。现在，马尔文娜·胡塞尔已决定申请签证，准备去和她在美国的儿子和女儿团聚，但这花了很长一段时间，所以在此期间，范·布雷达安排她搬去了比利时。1939年6月，她抵达鲁汶，最终与春天时已经搬去那里并开始工作的芬克和朗德格雷伯会合。她带来了一大批物件：她的家具，胡塞尔的全部藏书（装了六十个箱子），他的骨灰瓮，以及一幅他的画像——由弗朗兹·布伦塔诺和他的妻子艾达·冯·李本（Ida von Lieben）共同绘制，是胡塞尔结婚之前送给他的订婚礼物。

与此同时，布伦塔诺的文稿——仍存放在布拉格的一间档案馆——也经历它们自己的冒险。1939年3月，当希特勒在从苏台德地区向前开进，占领捷克斯洛伐克的剩余领土时，一帮档案工作者和学者搜集了大部分论文，并秘密乘坐最后一班离境民用飞机，将它们带出了这个国家。最终，这些论文到达了哈佛大学的霍顿图书馆，而且直到今天仍然存放在那里。少数落下的文件，被德国士兵扔到了办公室的窗外，基本上都遗失了。

胡塞尔的档案在战争中幸存了下来，现在，大多数仍然与他的藏书一起存放在鲁汶。这些文档已经让研究人员忙了七十五年以上，并以《胡塞尔全集》（*Husserliana*）为题出版了一个选编版。迄今为止，这部文集包括了42卷著作选、9卷的附加"材料"、34卷各种文件和信函以及13卷的官方英文译本。

*　　*　　*

率先去鲁汶看档案的是对胡塞尔的早期作品十分熟悉的莫里斯·梅洛-庞蒂。他在《国际哲学期刊》(*Revue internationale de philosophie*) 的一篇文章里读到有关这些未发表手稿的消息之后，于1939年3月写信请求与范·布雷达神父一会，继续研究他特别感兴趣的知觉现象学。范·布雷达热情欢迎了他，而梅洛-庞蒂则愉快地在鲁汶度过了4月的第一周，沉浸在胡塞尔曾打算加到《纯粹现象学和现象学哲学的观念》和《欧洲科学的危机与超越论的现象学》中去的那些未编辑和未发表的部分。

胡塞尔晚期的这些作品，与早期作品在精神上十分不同。对于梅洛-庞蒂来说，它们显示了胡塞尔在晚年中，开始远离他对现象学那种内在、唯心的解释，转而朝向了一幅不那么孤立的图景：人如何跟其他人一起存在于世界中，沉浸在感官体验里。梅洛-庞蒂甚至怀疑，胡塞尔吸收了一些来自海德格尔的思想——这种解释不是每个人都同意。当然，他也可能受了别的影响：有可能来自社会学，也可能来自雅各布·冯·于克斯屈尔 (Jakob von Uexküll) 对不同物种如何体验各自"环境"(Umwelt) 的研究。但不论来源是什么，胡塞尔的新思想，包含了对他所说的 Lebenswelt（生活世界）的反思——也就是社会、历史和现实语境，虽然我们在其中进行活动，但却常常将其视为理所当然，很少注意它们。虽然我们的身体很少需要有意识的关注，但那种"被具身"（being embodied）的感觉几乎是我们所有体验的一部分。当我四处走动或伸手去抓东西时，我会感觉到我的四肢以及我的身体自我在世界上的位置。我从内就能感受到我的手和脚，而不必照镜子去看它们是如何摆放的。这就是所谓的"本体感受"（proprioception）——感知到自身——这是经验的重要一方面，但我往往只在出差错的时候才会注意到。当我遇到其他人时，胡塞尔说，我也无疑会认为他们是存在者，有着"他们自己的周围世界，围绕他们活着的身体周围"。身体、生活世界、本体感受和社会环境，都被整合进了现世存在的肌理之中。

难怪梅洛-庞蒂会在胡塞尔的新研究兴趣中看到海德格尔"在世存在"哲学的迹象，以及一些其他的关联之处。比如，胡塞尔的后期作品表明，他曾思考过文化和历史的漫长进程，就像海德格尔一样。但他们之间有一个巨大区别：海德格尔论存在的历史时，他的著作中泛着一种对家园时光的渴望，哲学可以被追溯到这个失落的时代或地方，并且可以从那里开始重建。海德格尔常常在脑海中浮现的梦想家园，是他孩提时代有着茂密森林的日耳曼世界，以及其中的手工技艺和沉默的智慧。在别的时候，它又让他想起了古老的希腊文化，认为这是最后一段对人性进行过正确哲学思考的时期。当然，海德格尔并不是唯一一个被希腊迷住的人，这在当时，是一种德国人中的狂热。但其他德国思想家往往会重点关注公元前 4 世纪时哲学与学术的繁荣，也就是苏格拉底和柏拉图的时代，而海德格尔却把那段时期视为一切开始误入歧途的时刻。对他来说，真正与存在建立联系的哲学家，是前苏格拉底哲学家，诸如赫拉克利特、巴门尼德、阿那克西曼德。不管怎样，海德格尔书写德国和希腊的那些著作，都有一种共同的情绪，那就是这个人渴望回到森林深处，回到童年的天真之中，回到思想纷乱的弦音最初被搅动起来的黑暗水域中，回到那种每个社会都简单、深刻和诗意的时代。

胡塞尔没有寻找这样一个失落的简单世界。他写历史的时候，会被更为复杂的时代吸引，尤其是那些各种文化通过旅行、移民、探险或贸易产生碰撞的时代。在这样的时代，他写道，生活在单一文化或"熟悉世界"（home-world/Heimwelt）里的人，遇到了来自"陌生世界"（alien-world/Fremdwelt）的人。对另外一些人来说，他们的世界是熟悉世界，而其余的则是陌生世界。相遇后的震撼是相互的，而这会让每一种文化都领悟到一个惊人的发现：他们的世界绝非毋庸置疑。一个希腊旅人发现，希腊的生活世界只不过是一个希腊的世界，之外还存在着印度和非洲的世界。明白了这一点，每种文化的成员就会理解，一般来说，他们是"世界内的（worlded）"人，不应该认为任何事是理所当然的。

因此，对于胡塞尔来说，跨文化接触一般都是好的，因为这可以激起人们去反思自我。他猜测，哲学之所以起源于古希腊，并非像海德格尔想象的那样，是因为希腊人与他们自己的存在有一种深刻、内省的关系，而是因为他们是商人（尽管有时候颇为好战），可以经常遇上各种各样的陌生世界。

这种差异，凸显了胡塞尔和海德格尔的看法在 20 世纪 30 年代的深层次对立。那十年间发生的许多事情，让海德格尔日益转向复古、守旧和内省，正如他在关于不去柏林的那篇文章中所预示的那样。回应同样的事件，胡塞尔则是转向外在。他用世界主义精神描写了他的生活世界——而且这在一个"世界主义"逐渐被当成某种侮辱的时代里，经常会被认为是"犹太人"的暗号。他在弗莱堡与世隔绝，但却用他 20 世纪 30 年代去维也纳和布拉格所做的最后几次讲话，向国际学术界发出了大声疾呼。看着他周围的社会和思想"危机"，他敦促他们团结起来，反对日益崛起的非理性主义和神秘主义，反对只崇尚本地主义，以拯救共同理性和自由研究的启蒙精神。他并不希望任何人回过头去相信一种天真的理性主义，但他主张欧洲人必须保卫理性，因为如果失去了理性，那这片大陆及其更广阔的文化世界，也将随之迷失方向。

在他 1933 年的文章《论本体论之谜》（*On the Ontological Mystery*）中，加布里埃尔·马塞尔提供了一幅美丽的图景，很好地概括了胡塞尔关于"陌生的"遇见以及国际交往能为我们带来什么的观点。他写道：

我从自己的经历中明白了，在陌生人偶然遇见时，会有一种不可抗拒的吸引力随之而来，就像一阵风可能会吹落舞台布景上的镶嵌物一样，颠覆那些习以为常的观点——曾经看来切近的东西变得无限遥远，而曾经看来遥远的东西似乎触手可及。

舞台布景的掉落和观念的突然重整，是本书到目前为止描述过的许多相遇的共同特点：海德格尔在少年时期发现布伦塔诺，列维纳斯在斯特拉斯堡发现了胡塞尔，萨特通过雷蒙·阿隆在煤气灯酒吧发现了胡塞尔（和列维纳斯）——接下来还会有很多。梅洛-庞蒂在1939年发现胡塞尔的晚期著作，是这些发现时刻中成果最丰硕的一次。多亏了在鲁汶读书的那一周，他才能发展出他有关人的具身化与社会经验的一套微妙而丰富的哲学。反过来，他的著作又会影响此后一代又一代的科学家和思想家，将他们与胡塞尔连接起来。

胡塞尔完全明白他未发表的著作对后人的价值，虽然它们尚未完成、混乱不堪且字迹很难辨认。1931年，他写信给一个朋友："我真的相信，我毕生研究中最大、最重要的部分仍在我的手稿里，因为卷帙浩繁，几乎无法整理。"《胡塞尔全集》中几乎本身就是一种生命形式：传记作家鲁迪格·萨夫朗斯基（Rüdiger Safranski），将其比作斯坦尼斯拉夫·莱姆（Stanislaw Lem）的科幻小说《索拉里斯星》（*Solaris*）中巨大的意识海洋。这个比喻用得很好，因为莱姆的海洋，会通过在人脑中唤起思想和图像，来和那些靠近它的人交流。胡塞尔的档案也以相同的方式发挥着它的影响。

要是没有范·布雷达神父的英雄精神和精力，全部手稿就可能会遗失。要是胡塞尔在许多人认为他早已退休并隐居起来了很久之后，没有坚持提炼和发展自己的思想，这些根本就不可能存在。此外，如果没有一点运气的话，手稿也无法幸存下来：这提醒我们，即便在管理最有序的人类事务中，偶然性也会扮演角色。

* * *

梅洛-庞蒂访问鲁汶时，正值1939年最后几个月的和平时期。正如波伏娃后来所描述的，这一年，历史会抓住他们所有人，并且再也不放他们走。

那年8月，波伏娃与萨特跟保尔·尼赞和雅克-洛朗·博斯特一起，在胡安莱潘（Juan-les-Pins）的别墅度了整整一个月假。他们看报纸、听收音机，在担心和厌恶中听到了8月23日的纳粹-苏联协约，这意味着，苏联将会提升自己的军事力量，并且不会反对德国是否进犯其他国家。这对任何一个一直支持苏联，将之视为纳粹制衡力量的人来说，都是巨大的打击，尼赞绝对有这种感觉，在某种程度上，萨特和波伏娃也一样。如果苏联不站起来反抗纳粹，谁来呢？战争似乎又一次随时可能爆发。

他们在别墅里晒日光浴时，一个话题再次支配了朋友间的谈话。"从前线回来，是瞎了更好，还是打烂了脸更好？是丢了胳膊更好，还是没了腿更好？巴黎会被轰炸吗？他们会使用毒气吗？"类似的争论，也在法国南部的一个别墅里发生过，那里住的是匈牙利作家阿瑟·库斯勒和朋友埃托雷·科尔尼里昂（Ettore Corniglion）；后者说，那年8月的情绪转变，让他想起了奶奶"过去常常让他交替着把脚放进一桶冷水和一桶热水里，来治疗他的冻疮"。

萨特知道自己因为眼睛有毛病，不会上前线。年轻时，他曾在一个气象站里服过兵役，这意味着现在他也会被布置做类似的工作——就像海德格尔在第一次世界大战期间那样。（雷蒙·阿隆也会在那年被派往一个气象站；这似乎是哲学家的岗位。）这个角色不用参与战斗，但仍然很危险。不过对博斯特和尼赞来说，危险就更大了，因为他俩体格健全，都可能会被征召去打仗。

法国的假期结束于8月31日，许多巴黎人都在那一天结束乡间度假，回到家里。萨特和波伏娃也回到了巴黎，萨特已经准备好收拾存放在旅馆房间里的军用包和军靴，去他的部队报到。他和波伏娃在图卢兹换乘，却发现去巴黎的火车十分拥挤，根本挤不上去，于是不得不跟一群焦急的人一起，在黑暗的车站和末日的气氛中，又等了两个半小时。另一列火车来了；他们艰难地上了车，成功在9月1日抵达巴黎——那一天，德军入侵了波兰。萨特收拾好他的装备后，第二天一早，波伏娃在巴黎东站目送他离开。9月3日，英法两国对德国宣战。

* * *

马尔文娜·胡塞尔一直拿不到美国签证，所以战争打响时，她仍在鲁汶。她后来也没走，一直小心翼翼地躲在海伦特（Herent）附近的一座修道院里。1940年1月，胡塞尔的文稿集从大学的主图书馆转移到了高等哲学研究所——时间赶得正好。四个月后，德国开始入侵，鲁汶大学图书馆大部分被炸弹炸毁。这已经是这个图书馆第二次被毁：一座老建筑、一批价值连城的图书和手稿的原始藏品，已在第一次世界大战期间被毁。

1940年9月16日，存放于安特卫普的那些装着马尔文娜财物的货柜，在一次同盟国的炸弹袭击中被击中。令人难以置信的是，根据他自己的说法，向来足智多谋的范·布雷达设法在废墟中找回了一件宝贵的东西——胡塞尔的骨灰瓮，在战争余下的岁月里，他一直将其保存在他修道院的房间里。其他所有东西都炸成了碎片，包括布伦塔诺画的肖像。为了减轻马尔文娜的痛苦，范·布雷达没有马上告诉她发生了什么事。他把胡塞尔的文稿藏到了鲁汶的不同地点，以防万一。

战争爆发时，另一个被困在低地国家的人，是胡塞尔的前助理伊迪丝·施坦因。完成了论移情的学位论文后，她皈依基督教，担任卡梅尔派修女，成为特丽莎·本尼迪克特修女，1938年，她同姐姐罗莎从科隆的一个社区，搬到了荷兰的埃赫特（Echt），因为当时那儿看起来似乎更安全。

1940年，德国人占领了荷兰和该地区的其他国家。1942年，他们开始驱杀犹太人。卡梅尔修会试图把这姐妹俩转移到瑞士的一个社区，但这一次根本拿不到出境签证。在一个很短

I Don't Want to Eat my Manuscripts

的时期内，改宗基督教的人可以被免于驱逐，但情况很快就变了，7月，纳粹开始袭击荷兰修道院团体，搜寻任何非雅利安人。在埃赫特，他们发现了伊迪丝和罗莎。这两个女人和许多其他犹太血统的改宗者一起，先是被抓到一个中转营，随后被送入了韦斯特博克集中营。8月初，她们被送往奥斯维辛。在路上，她们的火车经过了家乡弗罗茨瓦夫（Wroclaw）。在车站工作的邮政雇员回忆说，曾看见一列火车停了一会儿，一个身着卡梅尔派修女服的女人看了看外面，说这是她的家乡。红十字会的记录显示，两姐妹于1942年8月7日抵达奥斯维辛。8月9日，她们在比克瑙毒气室被杀害。

在修道院的那些岁月里，伊迪丝·施坦因一直坚持继续她的哲学研究，所以她也留下了一些论文和未出版的著作。修女们竭尽所能地保护了这些东西。但是，1945年1月，撤退的德军经过该地区时，她们在混乱中不得不仓皇逃离，未能一起带走这些论文。

3月，在德军离开后，几个修女返回了修道院，和她们同行的还有赫尔曼·范·布雷达。他们发现许多论文仍然到处散落着，于是，在当地市民的帮助下，他们收集了所有能找到的施坦因的论文。范·布雷达将这些论文纳入了胡塞尔档案。20世纪50年代，学者露西·盖尔伯（Lucy Gelber）把它们带到自己的家里，殚精竭虑地把零散的文本拼凑起来后，分期出版了这些文章，最后组成了一套选集。

1987年，教宗若望·保禄二世为伊迪丝·施坦因施行了宣福礼，并在 1988 年把她封为了圣人。2010 年，在一次重新定义日耳曼式"英雄"概念的运动中，她的一尊大理石半身雕像被添入了路德维希二世的巴伐利亚瓦尔哈拉殿堂，这是一座英雄的殿堂，与她一同矗立在森林中俯瞰多瑙河的人，包括了弗里德里希大帝、歌德、康德、瓦格纳等人，以及另一个反纳粹者索菲·斯库勒（Sophie Scholl），她在 1943 年因抵抗运动而被处决。

在整个战争期间，马尔文娜·胡塞尔都在鲁汶度过。直到战争结束后，86 岁的她才在 1946 年 5 月，成功与在美国的孩子团聚，度过了人生的最后几年。她在 1950 年 11 月 21 日去世后，遗体被运回德国，葬在了弗莱堡外的古特施泰尔（Günterstal）墓地。在美国时一直保存在她身边的埃德蒙德·胡塞尔的骨灰，此时也与她一同下了葬。如今，他们仍旧安息在那里，身边还多了 1973 年去世的儿子吉尔哈特，以及一块他死于第一次世界大战期间的弟弟沃夫冈的纪念碑。现在，人们仍然可以绕着墓地旁边绿色、安静的小路散步，用一个挂在附近钩子上的小水罐来给坟墓洒水。

第七章
占领，解放

在本章中，
战争还在继续，
我们见到了阿尔贝·加缪，萨特发现了自由，
法国解放了，哲学家们投身到了社会运动中，
而每个人都想跑到美国去。

1939年，在巴黎东站目送萨特带着军用包和靴子离开后，波伏娃只能等待着他的消息；很长一段时间，她甚至不知道他被派往了何处。在宣战后的第一天，她曾在巴黎四处走了走，惊讶地发现一切看起来竟然还是很正常，只有几处异样：警察会带着装在小袋子里的防毒面具上街，而当夜晚降临时，很多车的大灯像蓝宝石一样在黑暗中发着光，因为作为灯火管制的预防措施，所有车灯的灯罩都被涂上了颜色。

这种怪异的状况，还会在"假战争"（phony war）期间持续数月，这是英语中的说法。对法国人来说，是"滑稽的战争"（drôle de guerre），对德国人来说，是"静坐战"（Sitzkrieg），而对于被入侵的波兰人来说，则是"奇怪的战争"（dziwna wojna）。局势很紧张，但没什么战斗，没有可怕的毒气或炸弹袭击。在巴黎，波伏娃在她教书的莫里哀高中（Lycée Molière）拿到了一个防毒面具，不停地写日记，疯了一样地收拾了自己的房间："萨特的烟斗，他的衣服。"她和奥尔加·科萨凯维奇住在同一家酒店（瓦温大街的丹麦酒店——现在仍然在那儿）。她们一起涂黑了窗户，用的是一种由蓝色染料、油和防晒霜混合起来的东西，听起来就很恶心。1939年底的巴黎，是一座有很多昏暗蓝光的城市。

波伏娃继续着她的工作，依然在反复修改《女宾》。闲暇之余，她还和两个学生发生了关系：娜塔莉·索罗肯（Nathalie Sorokine）和比安卡·比嫩费尔德（Bianca Bienenfeld）——这两个年轻女人后来也与萨特有染。对于波伏娃这种看上去很像是

137

无耻"培养"以及违反职业道德的行为,传记作家们一直十分苛责。不过,是什么促使她这么做的,却很难看出来,因为在大部分时间里,她对两个女人似乎很冷漠。或许,原因在于巴黎在假战争期间充盈的那种紧张和衰弱的气氛,很多人都因此出现了奇怪的行为。在城市的另一个地方,阿瑟·库斯勒则发现,一切似乎都在变灰,就像一场疾病侵袭了巴黎的根基。从老家阿尔及利亚来到这座城市的记者兼短篇小说作家阿尔贝·加缪,躲在房间里,听着窗外街上的声音,很纳闷他为什么会在这儿。1940 年 3 月,他在笔记本里这么写道:"异国,我承认,我发现一切都很陌生,很异国。"在一条未标注日期的笔记中,他又写道:"没有未来。"不过,他并没有让这种情绪妨碍他投身于自己的文学写作计划:一部小说《局外人》(*L'étranger*),一篇长文《西西弗神话》(*The Myth of Sisyphus*),以及一个剧本《卡利古拉》(*Caligula*)。他把这些作品称为他的"荒谬三部曲",因为它们都在处理人类存在之无意义或荒诞,一个在那段时间里似乎顺理成章的主题。

与此同时,萨特原来是被安排到了阿尔萨斯地区的布吕马特(Brumath),在这个靠近德国边境的地方,他发现自己除了阅读和写作外,根本无事可做。在发送气球和用双筒望远镜观察的间隙,或坐在营房里听他战友们打乒乓球的声音时,他每天设法投入了长达十二个小时的时间来做自己的事情。他坚持写日记,而且每天写很长的信,其中许多流露出对西蒙娜·德·波伏娃的深情——因为通信渠道终于被打通,他们又联系上了。他草草写下了后来将会成为《存在与虚无》的那些笔记，还创作了系列小说《自由之路》的第一稿。第一卷于1939年12月31日完稿后，他马上又开始了第二卷。他告诉波伏娃："如果战争继续以这种缓慢的节奏进行，到和平时期，我可能已经写出3部小说和12部哲学论著。"他恳求她给他寄书：塞万提斯、萨德侯爵、埃德加·爱伦·坡、卡夫卡、笛福、克尔凯郭尔、福楼拜，以及雷德克利芙·霍尔的女同性恋小说《孤寂深渊》(*The Well of Loneliness*)。他对后者的兴趣，可能是由波伏娃的经历引发的，因为按照他们的协议，她告诉了他一切。

萨特肯定会乐意继续像这样再过几年——但滑稽的战争是一个笑点很残忍的玩笑。1940年5月时，德国突然占领了荷兰和比利时，并开始进攻法国。博斯特在前线的战斗中负伤，被授予法国军功十字章（Croix de Guerre）。萨特的老朋友及近期的度假同伴保尔·尼赞，则同同盟国军队从这里大撤退之前不久的5月23日，战死在敦刻尔克附近。梅洛-庞蒂曾作为步兵军官被派往隆维（Longwy）前线。他后来回忆道，在某个漫长的夜晚，他和他的部队听见了一个德军中尉的呼救，他被击中并卡在了铁丝网里："法国士兵，快来救救这个要死的人。"他们被命令不得接近他，因为呼救可能是一个计谋，但第二天，他们发现他死在了铁丝网上。梅洛-庞蒂永远不会忘记所看到的情景："在接近零度的严寒中，军装几乎难以遮住那个人瘦弱的胸膛……灰金色的头发，娇嫩的双手。"

战斗英勇而短暂。第一次世界大战的记忆历历在目，所以法国军官和政客们倾向于早早投降，避免生命的无谓伤亡——一种理性的观点，尽管就像纳粹时代其他看似合理的考量一样，这同样付出了精神上的代价。雷蒙·阿隆的部队连敌人都没见过，便和正在路上逃难的平民一起撤退了；因为是犹太人，他知道自己面临着来自德国的危险，所以他很快就想办法去了英国，整个战争期间，他都在那里以记者的身份为自由法国军队工作。其间，梅洛-庞蒂曾被俘虏，并在一家位于圣伊里耶（Saint-Yrieix）的军队医院里被关押了一段时间。而萨特也被抓了起来。

波伏娃再次与他失去联系，并且在很长一段时间里，都无法获得更多有关他或其他任何人的消息。她也加入了难民的行列，一同逃往西南方，但除了躲避从东北方朝他们推进的德军外，人们并没有明确的目的地。与她一同离开的是比安卡·比嫩费尔德一家，乘坐的则是一辆载满了人和行李的汽车。这辆超载车顺着车流缓缓前行，车头的灯光被一辆绑在前面的自行车遮挡着。出了市区后，他们便分道扬镳了。波伏娃搭了一辆公共汽车，去昂热（Angers）和朋友住了几个星期。但随后，她和许多其他人一样，又回到了巴黎，而在回程中，有一段路她甚至还搭了一辆德国卡车的便车。

她发现这座城市正常得都有些离奇——现在只是多了四处巡逻的德国士兵，其中一些看起来很傲慢，另外一些则显得迷茫或局促。不过，即便在半年后的1941年1月，日记作者让·盖埃诺（Jean Guéhenno）还写道："我好像能从占领军的脸上读出他们的尴尬……他们不知道该在巴黎街上做什么，也不知道该看谁。"波伏娃恢复了她在咖啡馆写作的习惯，但不得不开始习惯一种新的景象：身穿制服的纳粹，成群结队地在旁边桌子上享受着咖啡和柯纳克白兰地。

她还努力让自己学着适应了那些对巴黎人而言变得很必要的小挫败和小妥协。为了保住她在学校教书的饭碗，她签署了一份文件，申明她不是犹太人或共济会会员。这"令人反感"，但她做了。而城市里的供给在逐渐减少，寻找黑市产品和燃料，为即将来临的冬天做准备，几乎成了一项全职工作。像她一样在农村有朋友的人，都会感激涕零地靠着他们寄来的一包包新鲜食品过活。然而有时候，这些包裹得花很长时间才能到达：波伏娃收到的第一个包裹，装着一块煮好的带骨猪肉，但已经爬满了蛆虫。她刮掉了上面的蛆虫后，尽可能地将其变废为宝。后来，她还想出用醋清洗臭肉，然后和浓烈的药草一起炖几个小时的办法。她的房间里没有暖气，所以只能穿着滑雪裤和一件羊毛衫睡觉，有时候，她甚至会穿着同样的装束去班里上课。为了省去理发的费用，她戴起了头巾，然后发现这其实很适合她。"我旨在简化生活的方方面面。"她在回忆录中这样写道。

一项必要的调整，是学会忍受傀儡政府每天发出的愚蠢道德说教——提醒人们尊重上帝，尊敬家庭的原则，遵循传统美德。这让她想起了童年时就十分厌恶的"中产阶级式"说教，但这次却以暴力威胁为后盾。啊——但也许这样的谈话总是有隐藏的暴力威胁来支持？后来，她和萨特把这种信念变成他们政治理念的核心：对他们来说，动听的中产阶级价值观，永远不能信任或轻信表面那套。他们可能是在这个鬼话连篇的政权占领法国期间，学到这种态度的。

波伏娃仍然不知道萨特是否还活着。为了让自己保持冷静（和暖和），她在完成上午的教学或写作后，每天下午会去国家图书馆或索邦大学图书馆。在那里，她通过阅读黑格尔的《精神现象学》找到了自己的路。这种持续专注的努力很令人宽慰，同样令她宽慰的，还有黑格尔的宏大远见：在他看来，人类历史的进程经由一系列必然的正题、反题与合题，最终在绝对精神中上升。每天下午离开图书馆时，她都会感受到一种熠熠生辉的万事万物之正确感——大约能维持五分钟，之后便被城市的肮脏现实摧毁了。这个时候，克尔凯郭尔能给她提供更多。她也阅读了他——这个尴尬、痛苦、无礼的反黑格尔人士。同时阅读这两位哲学家，肯定会让人迷失方向，但不知何故，这反倒像是某种兴奋剂、镇静剂的正确组合，恰恰满足了她所需要的东西。后来，两种哲学都融入到了她逐渐成形的小说《女宾》当中。对于她的存在主义和一般的存在主义来说，他们二人会成为两种关键资源：克尔凯郭尔坚持着自由与选择，黑格尔则看到了历史如何史诗般宏大地行进，吞噬无数个人。

同时，在莱茵地区靠近卢森堡边境的特里尔（Trier），萨特还活着,并被关押在德军的12D战俘营中。他自己也正沉迷于一本很难读的书中:《存在与时间》。海德格尔的著作,在1938年时就曾经满足过他寻求慰藉的需要。现在,当萨特以一种更深入、持久的方式来阅读时,发现海德格尔对于战败国而言有着一种完美的启示。海德格尔哲学能发展起来,部分是因为德国在1918年遭受的屈辱;现在,对1940年6月之后受尽屈辱的法国来说,这种哲学很有吸引力。萨特一边读这本书,一边也在致力于自己的哲学笔记——这份笔记正在变成一本书。在此期间,他试着给波伏娃寄过许多信,其中1940年7月22日的那封,他在附言中写道:"我已开始写一本形而上学的专著。"也就是后来他最伟大的作品《存在与虚无》(*L'être et le néant*)。令人欣慰的是,他在提到此事的这天,一下子收到了七封积压的波伏娃来信。他的信也开始逐封到达她手中,两人终于恢复了联络。但接着,萨特逃跑了。

这不是一次值得吹嘘的逃跑,但它很简单,也很成功。因为大量的阅读和写作——基本上只能靠一只眼来做——眼疾一直让他痛苦不已。两只眼睛很疼的时候,他还试图闭着眼睛写作,结果他的笔迹在纸上画得乱七八糟。但他的眼睛给他提供了逃跑途径。他提出需要治疗的请求后,得到了一张去战俘营外面看眼科医生的就医通行证。令人惊讶的是,他出示通行证之后,便被获准出去了。这一走,他就再也没有回去。

萨特的眼睛实际上救过他好几次。首先,它们让他免去了上前线作战,之后让他无须参加纳粹的强迫劳动;现在,它们又给了他离开战俘营的门票。当然，往长远看，这种好事也有其代价：外斜视会让他在集中注意力时感到一定程度的疲劳和困难，而这可能就造成了他后来使用兴奋剂和酒精来自我麻痹的危险偏好。

不过在这个时刻，他自由了。他动身前往巴黎，到达后感到既高兴而又无所适从。几个月以来，他整日整夜地与其他俘虏待在一起，而惊奇地发现，能如此团结和一致地融入他的同胞，让他备感宽慰。战俘营里不可能争取到个人空间。正如他后来写的，他自己的皮肤就是他所拥有的空间边界，即使睡着后，他也总能感觉到某人的胳膊或腿正在抵着自己的胳膊或腿。不过，这没有烦扰到他：那些他者是他自身的一部分。他以前就从不觉得与人身体接触是件易事，因此这其实成了一个启示。现在到巴黎后，他发现自己在拖延时间，不太想立即回到他以前常去的地方：

在我自由之后的第一个晚上，我成了家乡陌生人，我还没有联系昔日的朋友，而是推开了一家咖啡馆的门。突然，我经历了一种恐惧的感觉——或者某种接近恐惧的感觉。我不明白这些矮胖、隆起的建筑物如何能隐藏这样的荒漠。我迷失了；不多的几位酒客似乎比星星更遥远。他们每个人都有权占据长凳的很大一块地方，有权占据一张大理石桌子……如果这些人舒适地待在他们的小圈子里微微发光，让我感到自己似乎无法接近他们，那是因为我不再有权把我的手放在他们肩上或腿上，或称呼他们其中一个为"肥头"。我又回到了中产阶级社会。

看来当过战俘以后，萨特似乎很难再放松和快乐起来。

*　　*　　*

波伏娃看到萨特后，开心了没一阵子，就真的被惹恼了，因为萨特开始对她为了生存所做的一切品头论足。他质问她：你在黑市上买东西吗？"偶尔买点茶叶。"她说。那证明她不是犹太人或共济会会员的文件又是什么？她不该签那个。对于波伏娃来说，这只能表明，萨特在战俘营的生活变得有多与世隔绝。他很享受睡觉时和他的同志们摩肩擦腿地挤在一起，发誓他们之间的兄弟情永不灭，但是巴黎的生活变了——不是他设想的那般"中产阶级"，也更折磨人的精神。回忆录中的这个地方有些异乎寻常，因为波伏娃看起来似乎对萨特持批评态度。不过，他很快屈服了，开心地吃起她从黑市买来的炖菜，并且自己也做了必要的调适，以便能继续生活，甚至是在纳粹的审查下出版作品。

另一方面，他很坚定地说，他回来是为了**做**些什么。他召集了十几个朋友，成立了一个新的抵抗小组，名为"社会主义与自由"（Socialisme et liberté），并为他们撰写了一份宣言。这个小组绝大部分时间都在写作，或讨论宣言和论辩性的文章，但即使这样也已经够危险了。他们曾经有过一次可怕的恐慌，当时，成员让·布翁（Jean Pouillon）弄丢了一个公文包，里面装着足以使他们获罪的小册子，以及组员的姓名和住址，这就意味着，他们都有可能面临逮捕、酷刑、死亡。幸运的是，捡到公文包的人把它交给失物招领处。这种不协调之处——盖世太保酷刑的威胁与失物招领处这个体面的公民传统并存——体现的正是被占领之下的生活到底有多奇怪。

这个小组最终解散了——后来，萨特写道："原因是不知道该做什么。"但能参与其中，就和其他的抵抗企图一样，对他们的士气还是有一种正面作用，而且就连那看起来古怪或徒劳的企图也是如此。很多小规模的反抗同样能让人受到鼓舞，例如让·波朗——小组中的一员——曾在咖啡馆桌子或邮局柜台上留下了很多反对卖国者的短小诗篇，署着他姓名的首字母。其他巴黎人亦采取了类似姿态：比如，由于禁止在法国国庆日悬挂三色旗，人们就以各种方式把红色、白色和蓝色的东西组合在一起，也许戴着一条彩色围巾，或者穿一件红色外套，搭配蓝色钱包和白色手套。这一切都很重要。

梅洛-庞蒂这时也回到巴黎，他创立了一个抵抗小组，名为"在压迫之下"（Sous la botte），随后，这个小组与萨特的小组合并。1940年底，梅洛-庞蒂与苏珊·柏特·约里波瓦（Suzanne Berthe Jolibois）结婚，两人的女儿出生后，他们给她取了一个很爱国的名字玛丽安（Marianne）——一个在占领期间出生的婴儿，象征着未来的希望。他去了卡尔诺高中（Lycée Carnot）教书，尽管他自己从事着反抗活动，但在学校里，他还是让学生要小心谨慎。有一天，当他发现当局强制悬挂的贝当元帅（Marshal Pétain）画像从墙上被摘下来之后，又命令他们挂了回去，这并不是出于任何通敌情绪，而是为了保护他们的安全。在顺从与反抗之间，以及在寻常的活动与不寻常的潜在现实之间，日常生活需要不断地协调这种平衡。

他们甚至还有机会外出度假，躲开德国人：波伏娃和萨特曾到法国南部由维希傀儡政府掌管的"自由"地带，骑着自行车旅行了几次。他们把自行车提前运过去，然后由向导带领，穿着黑衣服，在晚上穿越森林和原野，偷偷越过边境。在普罗旺斯公路上骑行了几个星期，以及拜访了他们隐约希望劝说其为抵抗运动效力的几位作家（包括安德烈·纪德和安德烈·马尔罗）之后，呼吸到局部自由空气的他们，会神清气爽地穿过边境回来。南方至少吃的更多，不过他们买不起多少。缺乏营养使他们虚弱不堪，很容易发生事故。有一次，萨特骑车时摔了个四脚朝天，而波伏娃则撞上了另一辆自行车，脸上被狠狠磕了一下，一只眼睛肿了起来，还撞掉了一颗牙。回到巴黎几周后，波伏娃挤下巴上的一个疖子时，感觉到了一个坚硬的白色小块被挤了出来。原来她被撞掉的那颗牙，后来嵌进了下巴的肉里。

回到巴黎后，时刻铭记占领军有多危险，尤为重要——毕竟，如果你不在他们的直接目标之列，这件事会很容易被忘记。萨特写道，德国人"在地铁上会给老太太让座，会表现出对儿童的喜爱，轻抚他们的脸颊"。除此之外，他补充道："但别幻想法国人会对他们报以严重鄙夷的神情"——虽然在可能的时候,为了维护仅存的自尊,他们会冒险做些无礼的小举动。让·盖埃诺在日记中记下了,他有几次曾故意没给德国人指路,或者指路时很粗鲁——在正常情况下,他绝不会这样。梅洛-庞蒂注意到,不遵守从小就学会的那些礼貌准则,对他来说有点儿困难,但作为一种爱国责任,他同样强迫自己变得粗鲁了一些。对于很多像他一样天生友善和教养良好的人来说,这无疑得费点儿力气。

犹太人和任何被当局怀疑参与抵抗运动的人,对于占领真正意味着什么,则有一种更可怕的体会——但他们同样也乐观过了头。1942 年 5 月 29 日,当犹太人必须佩戴黄色大卫之星的规定开始实行时,萨特和波伏娃的许多犹太朋友没有在意。他们还违反禁令,出入餐馆、电影院、图书馆和其他公共场所。每条新规定一公布,总会有一些人将其视为逃离的信号——如果可以的话——通常是经由西班牙前往英国或美国,但是其他人留了下来。在侮辱和威胁下生活,似乎是可行的——直至不可行。

在最意想不到的时候,可怕的洞会出现在事物的结构上。萨特用他一贯的电影感描述道:

> 某天,你打电话给一个朋友,电话铃声在空空的公寓里一遍又一遍响起;你去按他家的门铃,他不会出来开门;如果门房破门而入,你会发现,走廊上有两把椅子靠在一起,椅子腿

之间散落着德国香烟的烟头。

他写道，城市的人行道仿佛会偶然间打开，然后一只长着触手的怪物爬了出来。总是充满熟悉面孔的咖啡馆，也成为衡量失踪人口的一个迹象。波伏娃写道，花神咖啡馆的常客中两个迷人的捷克女人，突然有一天，她们都没去，后来也再没有回来。看着她们空荡荡的座位，让人很难受："那正是一种虚无。"

* * *

像花神这样的咖啡馆，仍然是巴黎人生活的中心。首先，它们是取暖的最好去处，显然好过很多人住的那些简陋、廉价的旅馆，没有暖气或像样的烹饪设备。不过，即使到20世纪50年代，也就是战争结束后，美国作家詹姆斯·鲍德温仍然发现："我住进法国旅馆的时候，才明白法国咖啡馆的必要性。"咖啡馆也成为谈话、搞小阴谋和保持头脑活跃的场所。它们当然支配了波伏娃和萨特的社交生活，在这里，他们看着日益壮大的圈子里加入了越来越多的新朋友：诗人、剧作家、记者，以及巴勃罗·毕加索和贾科梅蒂那样的艺术家，还有米歇尔·莱里斯、雷蒙·格诺和让·热内等先锋作家。这里面的热内，之前曾是小偷和男妓，现在以作家的身份声名鹊起，有一天，他在花神咖啡馆时，大步走向萨特，说了声"你好"。这是在战时咖啡馆的桌子旁建立起来的很多关系之一。

他们和阿尔贝·加缪的相遇，同样有些唐突，只不过地点是在莎拉·伯恩哈特剧院（Théâtre Sarah-Bernhardt），1943年的一天，萨特的戏剧《苍蝇》（*The Flies*）正在排练时，他主动结识了萨特。两个人其实已对对方有了相当的了解：加缪为《恶心》写过书评，而萨特则刚刚写了一篇关于加缪《局外人》的文章。两人一见如故。波伏娃后来说，她和萨特发现，加缪"是一个简单、快乐的灵魂"，他在谈话中总是有趣而粗俗，并且十分情绪化，甚至会在凌晨两点时坐在下雪的街道上，倾诉他的爱情烦恼。

自从1940年在巴黎的那段孤独逗留后，加缪往返了阿尔及利亚几次。他的妻子弗朗辛（Francine）仍然在那儿——在阿尔及利亚被同盟国攻下时，她被困在了那里，而当时阿尔贝正在里昂附近治疗让他终生痛苦的结核病。现在，他已经完成了三年前开始写作的"荒谬三部曲"；这些作品主要讲述了他作为一个法属阿尔及利亚人，卡在两个国家之间，对于两者都没有归属感的错乱经历，同时也反映了他早年的贫穷经历：加缪的家庭一直不宽裕，父亲吕西安（他被招进一个阿尔及利亚军团，穿着由一条漂亮的红裤子和一件亮蓝色背心组成的殖民地制服上了战场，这在法国北部的灰色污泥里不合时宜到了致命的程度）在第一次世界大战的第一年去世后，全家的处境变得更悲惨，出生于1913年11月7日的阿尔贝，当时还不到一岁，此后，他在阿尔及尔一间肮脏的公寓中慢慢长大，而陪伴他的只有哥哥，悲恸欲绝、目不识丁的聋人母亲，以及同样不识字，还很暴力的祖母。

因此，当中产阶级出身的年轻萨特做他的文学英雄梦，梅洛-庞蒂在无条件的爱中享受着幸福，波伏娃有她的书和糖果店橱窗时，加缪却在一个沉默和匮乏的世界里长大。家里没有电，没有自来水，没有报纸，没有书，没有收音机，几乎没有客人来，也感觉不到其他人广阔的"生活世界"。他虽然设法逃了出去，上了阿尔及尔的一所高中，之后又当上了职业记者和作家，但他的童年造就了他。22岁时，他在自己第一本日记中的第一篇写下了这样一句话："一穷二白地过上若干年，就足以创造全部的敏感性。"

加缪在法国度过了一生的大部分时光，但他总觉得在那里是个局外人，没有了明媚的地中海阳光这个他早年生活中的唯一补偿，他感到不知所措。在他的小说中，太阳几乎成了一个人物，尤其是在他的第一部小说《局外人》中。小说讲述了一个姓默尔索（Meursault）的法裔阿尔及利亚人（没有给出名字），在海滩上与一名持刀的阿拉伯人发生了冲突——后者连名字都没有给出。默尔索碰巧拿着一把朋友的枪，在被海面和刀锋反射的光芒晃到眼睛时，几乎下意识地朝那人开了一枪。被逮捕后，他在审判时困惑地告诉法官，他开枪的原因是太阳。诚如所示，默尔索并没有很好地为他的案子辩护，他的律师也一样。法庭的关注点因而从命案本身，转移到了默尔索对此明显缺乏悔意，甚至对任何事情，包括他母亲最近的离世，都缺乏适当的情绪反应上。法官判他有罪后，他被送上了断头台：这次的杀戮，就像默尔索自己所犯下的罪行一样，冷漠而毫无人性，但没有人对法官指出这一点。小说以默尔索在牢房里等死结尾——他很害怕，然而，当他抬头仰望天空，让自己敞开地接受"世界温柔的冷漠"时，却找到了一种反常的慰藉。

这可能看上去很奇怪，一个被波伏娃描述为温暖、有趣、热情的人，竟然能如此传神地描写出一个冷酷麻木的人——或者说，至少是一个不能以这个社会所期待的方式表达情感的人。但可能的原因，在他的背景中不难找到：父亲无意义的死亡，他自己常年复发、危及生命的疾病，以及整个家庭的沉默和疏离。不过，小说也在总体上捕捉到了战时法国的某些经历；同样，在看似平淡的表面下，隐藏着无尽的深渊。

《局外人》出版的同一年，也就是1942年，加缪在《西西弗神话》中进一步丰富了他的思想。这本书也不厚——虽然原本可以更厚一点，但因为审查者不接受关于犹太人的材料，他最终同意删除了论弗兰兹·卡夫卡的那一章。像萨特和其他许多人一样，加缪也学会了妥协。后来，在1955年的一篇英译本前言中，他指出，在法国战败期间写作这本书时，他发现"即使在虚无主义的边界之内，也有可能找到超越虚无主义而继续前行的方法"，《西西弗神话》能成书，在很大程度上都要归功于此。

这本书的标题取自荷马史诗《奥德赛》中的一个故事。国王西西弗傲慢地违抗诸神，结果被判罚永无休止地推一块巨石上山。但每次石头接近山顶，就会从他的手中滑落，然后又滚下去，所以他不得不艰难地返回，再重新开始。加缪问：如果我们发现生活其实就像西西弗的工作一样徒劳，如何回应？

如同萨特在《恶心》中一样，他指出，我们不明白人生的根本问题，是因为我们没有停下来思考它。我们起床，上班，工作，吃饭，工作，下班，睡觉。但偶尔，我们会突然精神崩溃，出现一个"钱多斯时刻"，心突然一颤，关于目的的问题出现了。在这样的时刻中，我们一边体验着某种"略带惊愕的疲乏"，一边直面那个最基本的问题：我们究竟为什么要继续活着？

在某种程度上，这是加缪版的海德格尔的存在问题。海德格尔认为，当一个锤子坏了的时候，存在的可疑本性就出现了；而加缪同样认为，日常事务中类似的基本崩溃，可以让我们追问生命中最重大的问题。和海德格尔一样，他认为答案是一种决定，而不是一种说辞：对于加缪来说，我们必须决定是放弃，还是继续前进。如果继续下去，我们就必须建立在这样一个基础之上：接受我们所做的事并没有什么终极的意义。加缪在书的结尾，让西西弗无奈地接受了这种荒诞，重新恢复了他无尽的劳作。因此，"你必须把西西弗想象成很开心"。

但加缪所受的主要影响，不是来自海德格尔，而是克尔凯郭尔，尤其是1843年的论文《畏惧与颤栗》。这篇文章也通过一个故事阐明了"荒诞"：克尔凯郭尔选择的是《圣经》中的一个故事——上帝命令亚伯拉罕用他挚爱的儿子以撒献祭，而不是通常的山羊或绵羊。但亚伯拉罕毫无怨言地带着以撒前往祭坛时，上帝似乎有些惊讶。于是，在最后一刻，上帝放过了他，亚伯拉罕和以撒便回家了。不过，让克尔凯郭尔震惊的，既不是顺从，也不是撤销献祭，而是亚伯拉罕和以撒似乎还能像没事儿人似的回到从前的样子。他们被迫彻底离开了正常人性和父爱保护的领域，但不知何故，亚伯拉罕仍然信心满满地认为他很爱儿子。在克尔凯郭尔看来，这个故事要表明的是，为了在生活的缺陷暴露后继续生活，我们必须做出这种不可能的跳跃。正如他写道的，亚伯拉罕"无限地放弃了一切，然后又靠荒诞的力量，把一切都夺了回来"。这正是加缪认为他的现代读者需要去做的事，不过在他看来，这无关上帝。而且在这里，我们也可以看到加缪的观点与被占法国的生活之间具有的联系。一切都在妥协，一切都迷失了——但一切似乎都还在。业已消失的是感觉。但没有感觉，你该怎么生活？加缪和克尔凯郭尔提供的答案，很像是英国鼓舞士气的海报上的那句格言：保持冷静，继续前进（Keep Calm and Carry On）。

* * *

加缪的"荒谬三部曲"经久不衰，不过其中的第三部《卡利古拉》，在今天不太为人所知。这是一个剧本，通过再现1世纪时腐化堕落的罗马皇帝苏埃托尼乌斯（Suetonius）的故事，研究了被推到极限程度的自由和无意义。《局外人》和《西西弗神话》仍然是畅销书，吸引了后来的一代代读者——包括那些要面对的并非无法承受之事，只是对城郊生活有所不满的人。我第一次读这两本书的时候，就是属于这一类，大约在同一时间，我还看了萨特的《恶心》，而且我读他们的时候，心境都很类似，不过我觉得自己更像局促不安的罗冈丹，而不是冷酷麻木的默尔索。

我当时没有意识到的是，加缪和萨特的作品之间，有许多重要的哲学分歧。尽管萨特和波伏娃私底下很喜欢加缪，但并没有接受他对荒谬的看法。在他们看来，即使是站在宇宙的尺度上来说，生活也不是荒谬的，而且这么说也不会有任何收获。对他们而言，生活充满了真实的意义，虽然这个意义对我们每个人来说都不尽相同。

正如萨特在1943年评论《局外人》时指出的那样，基本的现象学原则表明，在我们经历之前，经验本身就已经充满了意义。钢琴奏鸣曲本来就是一种对渴望的忧郁唤起。如果我看一场足球比赛，我就会把它看作是一场足球比赛，而不是一个毫无意义的场景，许多人跑来跑去，轮流用他们的下肢去触碰一个球形物体。如果我看到的是后者，那我看到的并不是什么更本质、更真实的足球比赛，而是我根本没能正确地将其当作足球来观看。

萨特很清楚我们会忽视对事物的感觉。如果我对球队的做法感到足够恼火，或者我正在历经一次整体世界观的危机，那我可能会绝望地盯着那些球员，仿佛他们确实就是一群随意奔跑的人一样。《恶心》一书中曾有过许多这样的时刻，比如罗冈丹发现自己对门把手或啤酒杯感到困惑之时。但和加缪不同的是，对萨特来说，这种崩溃揭示了一种病理状态：它们是意向性的失败，我们从中无法窥见更伟大的真理。因此萨特在他对《局外人》的评论中写道，加缪"声称在提供原始经验，但实际上，他却狡猾地过滤掉全部有意义的联系，但这些联系同样也是经验的一部分"。他说，加缪受到了太多大卫·休谟的影响——休谟宣称，"他在经验里所能找到的东西，只有孤立的印象"——萨特认为，只有当什么事出了岔子时，生活才会看起来像点画作品。

对萨特而言，觉醒的人，既不是在咖啡馆和公园盯着东西看的罗冈丹，也不是像汤姆·索亚粉刷篱笆一样假装快乐地把石头推上山的西西弗，而是一个有目的地去做事，而且对所做之事的意义充满信心的人，是一个真正自由的人。

* * *

自由是萨特的哲学中最重大的主题，尤其是在法国失去自由期间——这绝非意外。自由是他那时几乎所有作品的核心：《苍蝇》（就是这部话剧在排练的时候，他遇到了加缪），《自由之路》小说三部曲，他的许多文章和演讲，尤其是他的杰作《存在与虚无》——这本书从他多年的笔记中脱胎，并于1943年6月出版。一本主要讲自由的665页皇皇巨著，能在暴虐的政权中出版而没有引起审查人员的不满，似乎很不寻常，但事实就是如此。或许书名让他们懒得去仔细审查吧。

当然,这个书名是在向海德格尔的《存在与时间》致敬,而且全书的规模和重量跟《存在与时间》也很相似。(美国评论家威廉·巴雷特后来形容此书在出版后将近700页的版本,是"一本300页的好书的初稿"。)无论如何,这是一部内容丰富、激动人心的作品,将萨特对胡塞尔、海德格尔、黑格尔和克尔凯郭尔的阅读,与大量逸事和例子结合起来,而且这些例子往往来自与西蒙娜·德·波伏娃、奥尔加·科萨凯维奇和其他人有关的真实事件。战时巴黎的氛围也贯穿始终,一幕幕小场景,不但发生在酒吧和咖啡馆,还有巴黎的广场和花园,以及肮脏的旅馆楼梯间里。人与人之间的紧张、欲望或不信任构成了全书的氛围,而许多关键事件则很像黑色电影或新浪潮电影中的场景。

《存在与虚无》跟《存在与时间》的另一个共同点是:它们都没有写完。这两部作品的结尾,都吊人胃口地提出,将会在第二部分中完成对全书的论证。海德格尔承诺要证明他的终极观点:存在的意义是时间。萨特则承诺要为存在主义伦理学奠定基础。两个人都没有遵守诺言。我们最终从《存在与虚无》中获得的,是以一个简单的愿景为基础,通过精准的论证,对人类自由所进行的广泛审视。萨特指出,我们害怕自由,但无法逃避它,因为我们**就是**它。

为了说明这一点,他在开始论证时,把全部的存在分成了两个领域。一个是自为(pour-soi / for-itself),仅仅依据它是自由的这个事实来定义。这就是我们，是我们发现人类意识的地方。另一个是自在（en-soi / in-itself），是我们发现其他一切事物的地方：石头、小刀、子弹、汽车、树根。（萨特没有谈论太多其他动物，但它们也是，从海绵到黑猩猩，似乎大多都属于这一类。）这些实体不需要做任何决定：它们唯一要做的就是做它们自己。

对于萨特，自在与自为就像物质与反物质一样截然相反。海德格尔至少把此在描写为了一种存在，但对于萨特来说，自为根本不是某种存在。马塞尔曾令人难忘地将萨特的虚无形容为一个存在之中的"气窝"。这是一种"虚无"，世界中一个像真空一样的洞。不过，它是一种活跃、具体的虚无——那种可以出去并踢足球的虚无。

具体的虚无这种概念听起来很古怪，但萨特用一个有关巴黎咖啡馆生活的例子做了进一步的解释。他说，让我们来想象一下，我与朋友皮埃尔四点在某个咖啡馆见面。我迟到了十五分钟，并焦急地环顾四周。皮埃尔还在吗？我感知到了很多其他的东西：顾客、桌子、镜子和灯、咖啡馆烟雾缭绕的气氛、碗碟碰撞的声音和人们交头接耳说话的声音。但皮埃尔不在那儿。在这个其他事物构成的场景中，一个事实响亮而清晰地凸显出来：皮埃尔的缺席。这让人联想到了那两个从花神咖啡馆消失的捷克女人：与惯常出现在咖啡馆相比，她们的缺席更加清楚、显眼。

萨特还举了一个更轻巧的例子：我看了看我的钱包，里面有1300法郎。这似乎很不错。但是，如果我原本是想找到1500法郎的话，那么从钱包里凸显在我面前的问题，变成了那不存在的200法郎。一个从恩斯特·刘别谦的电影《异国鸳鸯》（*Ninotchka*）里的老笑话改编而来的笑话，很好地说明了这一点。（在此要向改编者道歉，我追查不到是谁。）让·保罗·萨特走进一家咖啡馆，侍者问他要点什么东西。萨特回答说："我要一杯加糖的咖啡，但别放奶油。"服务员离开一会儿之后，回来道歉说："对不起，萨特先生，我们的奶油用完了。不加牛奶可以吗？"这个笑话依赖的是这样一个概念：没有奶油和没有牛奶是两种明确的否定性，就像奶油和牛奶是两种明确的肯定性一样。

这是奇怪的想法，但萨特想要说明的，是胡塞尔的意向性结构——把意识仅仅定义为了一种虚幻的"关涉性"（aboutness）。我的意识很明确是我的，但它没有真正的存在：除却它伸向或指向事物的倾向性，它什么都不是。如果我审视自己，似乎看到了大量稳固的特质，大量的个性特征、倾向、局限和过往伤痛的遗迹等等，全都将我指向一种特性时，我却忘记了所有这些其实都不能定义我。通过反转笛卡儿的"我思故我在"，萨特指出，实际上，"我什么都不是，故我是自由的。"

毫不奇怪的是，这种激进的自由让人紧张。认为自己根本上是自由的，就已经相当困难了；但萨特更进一步地说，除了我决定要成为的人，我真的什么都不是。要意识到我的自由程度，就是被抛入海德格尔和克尔凯郭尔所谓的"忧虑"之中——或者说 Angst（忧惧），法语为 angoisse。这不是对任何特定事物的恐惧，而是对自己和自身的存在充满忧虑。萨特借用了克尔凯郭尔的眩晕意象：如果我从悬崖望下去时感到眩晕，这种眩晕往往会表现为一种恶心的感觉，觉得我可能会情不自禁且莫名其妙地跳下悬崖。我拥有的行动自由越多，这种焦虑就会越严重。

理论上，如果有人把我牢牢地绑在悬崖边，我的眩晕感就会消失，因为我知道我**不能**跳下去，因而便放松了下来。如果我们可以试着用类似的技巧来对付生活中的一般焦虑，那么一切似乎会变得容易得多。但这是不可能的：无论我做出什么样的决定，它们都无法像真正的绳索那样牢牢绑住我。萨特举了个例子，有一个嗜赌成瘾的人，虽然他老早就下定决心不会让自己染上赌瘾，但如果这个人不巧在赌场附近，感到了诱惑的引力，他就得再次重申他的决心，而不能仅仅只是想一下最初的决定。在我的生命中，我可以选择遵循某些总的方向，但我不能强迫自己始终坚守。

为了避免这个问题，我们许多人会把长期的决定转变为某种现实世界的限制。萨特举了一个闹钟的例子：闹钟响起，我乖乖下床，仿佛我无法自由地考虑自己是否真想起床，所以除了服从它之外，没有别的选择。近来的一些软件应用程序，其背后也是类似的想法，比如，它们可以在你想要工作时，屏蔽掉小猫小狗的视频，以防你不可救药地看下去。你可以将其设置为限制你在特定网页上停留的时间，或让你完全上不了网。

颇具悖论意味的是，这类程序中最流行的一款名叫"自由"。

所有这些方法之所以能起作用，是因为它们让我们假装自己是不自由的。我们很清楚，闹钟总是可以被重置，软件也可以被禁用，但我们会设置一些障碍，好让这一选项看起来并不是那么唾手可得。如果不诉诸这样的手段，我们将不得不在每一刻都要应对自由的广阔无边，而这将让生活变得异常困难。因此，我们大多数人才纠缠于各种微妙的方法中。萨特举了几个例子："我今晚与皮埃尔有约。我一定不能忘了给西蒙回复。我没有权利向克劳德再隐瞒真相。"这样的短语暗示的是我们身不由己，但在萨特看来，它们是我的选择的"投射"。或者用他令人眩晕的措辞转换来说就是，它们是"许多对抗痛苦的护轨"。

为了展示这种假装在日常生活中到底有多么寻常，萨特描述了一个服务员——某个熟练、傲慢的巴黎服务员——在桌子之间穿梭往来，平衡地举着他的托盘，"通过胳膊和手的细微动作不断调整，把托盘放在了一个永远不稳定、永远不平衡的位置上"。作为一个人，他像我一样，是一个自由的"自为"，但他行动时，就仿佛是一个设计精密的机制，正在出演一个预定角色或游戏。他在玩什么游戏？"我们用不着看太久就能解释清楚：他在一家咖啡馆扮演**做**服务员。"他做得很高效，就像切斯特顿（G. K. Chesterton）的神父布朗探案故事《奇怪的脚步声》中的那个窃贼一样，当绅士俱乐部里的成员在场时，他就像服务员一样穿梭来去，丝毫没有引起注意。一个扮演服务员的服务员，行动如此优雅，以至于效果就像是《恶心》中的拉格泰姆歌曲的一串音符：似乎是绝对必然的。他试图成为一件叫"服务员"的艺术品，但事实上，像我们其他人一样，他是一个自由、容易出错、充满了偶然性的人。就这样，在否定他的自由后，他进入了萨特所谓的 mauvaise foi 之中，也就是"自我欺骗"（bad faith）。这没有什么特别之处：毕竟，大多数时候，我们中的大多数人都在自欺，只有这样，生活才能得以维系下去。

大多数自欺是无害的，但也造成更为阴险的后果。在1938年的短篇故事《一个领导者的童年》中，萨特考察了一个名叫吕西安的角色，他为自己立了一个反犹主义者的身份，目的是不想做一个无名小卒。所以，他听到别人说"吕西安不能忍受犹太人"，他就会很高兴。这给了他一种错觉，认为自己就是这样的人。在这里，自欺从非实体中制造了一个实体。萨特在《犹太问题的反思》（*Reflexions sur la question juive*）中——1944年开始写，1946年出版，英译本名为《为反犹分子与犹太人》（*Anti-Semite and Jew*）——进一步发展了这一思想。他并不认为所有的反犹主义都源于自欺（这会是一个很难辩护的命题），但他用自欺概念，在此前人们从未将其并举的两件事之间建立了一种联系：对自由的恐惧和责怪、妖魔化他人的倾向。

在萨特看来，只要我们认为自己是被种族、阶级、民族、历史、工作、家庭、遗传、童年影响、事件，甚至是潜藏在我们声称自己无法控制的潜意识中的内驱力所造就的时候，我们就是在自欺。倒不是说这类因素不重要。他承认，阶级和种族尤其在人们生活中扮演了强大的力量，而西蒙娜·德·波伏娃还将很快把性别因素添加到这个名单上。他的意思也不是说特权集团有权自以为是地向穷人和被压迫者宣扬要自己"承担责任"的必要。这是对萨特观点的荒唐误读，因为在任何情况下，他总是更同情受压迫的一方。但对我们每一个人而言——对我而言——不自欺，就意味着不为自己找借口。我们不能说（再从萨特1945年的演讲中引用一些例子），"我不曾拥有过伟大的爱情和伟大的友谊，但那是因为我从来没有遇见过一个配得上伟大爱情或友谊的男人或女人；如果我没有写出好书，那是因为我没空。"我们确实会经常说这种话；但我们这么说的时候，就是在自欺。

当然，这些全都不是在说，我是在一个完全开放的领域或虚空中做选择。我总是处于某种预先存在的"境遇"中，为了摆脱这种处境，我必须行动。我确实需要这些"处境"，或者说是萨特所谓的"事实性"（facticity），才能做出充满意义的行动。没有它，我的自由只会是浮在半空中的某个人所拥有的那种无法令人满意的自由——或许就像一个跳高运动员，纵身一跃，却发现她自己漂流在零重力中，她的这一跳不算数。自由并不意味着完全不受约束地行动，当然也不意味着随意行动。我们常常误以为，那些能够使我们自由的事物——语境、意义、事实性、境遇、我们生活的大体方向——是定义我们并夺走我们自由的事物。但其实，只有依靠所有这些，我们才能获得真正意义上的自由。

萨特把他的观点拉扯到了极端，坚称即便是战争、监禁或即将死亡，也不能带走我存在的自由。它们构成了我的"境遇"的一部分，这可能是一种极端和无法忍受的处境，但仍然为我接下来选择做什么，提供了仅有的一种背景。如果我要死了，那我可以决定如何面对死亡。在这里，萨特恢复了古代的斯多葛派观念：我或许不能选择我会遭遇什么，但从精神上来说，我可以选择如何看待它。不过，斯多葛派面对可怕的事情时，养成了冷漠的态度，但萨特却认为，我们应该激昂地，甚至是疯狂地，参与到我们遭遇的事和我们可以实现的事当中。我们不应该指望自由不是一件极端艰难的事。

* * *

自由的艰难，是加缪向萨特自我引见时，萨特正在排练的戏剧《苍蝇》的主题。这部剧首演于1943年6月3日，是萨特第一部真正意义上的戏剧，如果不包括他为12D战俘营的狱友创作的小品的话。他后来说，这部戏剧"讲的是自由，我绝对的自由，我作为一个男人的自由，以及最重要的，被德国人占领之下的法国的自由"。但这些又一次未能惊扰到审查人员。或许是因为这次他为戏剧设置了一个古代的背景——其他作家在这段时期也采用过这种手法。评论家对其中的政治信息没发表什么评论，但是有一个人，《巴黎晚报》的雅克·伯兰

(Jacques Berland），倒是抱怨说，萨特似乎太像散文家，当剧作家还不够格。

加缪有他的西西弗；萨特则从俄瑞斯忒斯（Orestes）的故事中获得了他的寓言，这是埃斯库罗斯的戏剧《俄瑞斯忒亚》（*Oresteia*）中的英雄。俄瑞斯忒斯回到家乡阿尔戈斯后，发现母亲克吕泰墨斯特拉和情夫埃癸斯托斯，合谋杀死了她的丈夫、俄瑞斯忒斯的父亲阿伽门农国王。现在，埃癸斯托斯以僭主的身份统治着受压迫的公民。在萨特的版本中，民众因为屈辱而灰心丧气，根本无力反抗。一大群苍蝇在城市上空盘旋，代表着他们的堕落和耻辱。

但现在，英雄俄瑞斯忒斯出场了。与原来的故事一样，他杀死了埃癸斯托斯和（在短暂的顾虑之后）自己的母亲，成功地为父亲报了仇，解放了阿尔戈斯——但他也做了可怕的事情，并且必须承担愧疚的包袱，以取代市民身上耻辱的包袱。俄瑞斯忒斯被苍蝇撵出了城市，现在，苍蝇代表了经典的复仇女神。宙斯出现了，表示愿意把苍蝇赶走，但萨特的俄瑞斯忒斯拒绝了他的帮助。作为一个反抗暴政和担起个人责任重担的存在主义英雄，他更喜欢自由且单独地行动。

显而易见，这很类似于法国在1943年时的局势。萨特的观众会认出他们大部分人不得不做出的妥协所产生的那些负面影响，以及生活在暴政之下的耻辱。至于愧疚的因素，每个人都知道，参加抵抗运动可能将朋友和家人置于危险境地，因而任何反抗行为都会带来一种真正的道德负担。萨特的剧本可能没有惊扰到审查人员,但其中的确包含了一条颠覆性的消息。此后,这部戏剧在其他国家和其他时代里,一直经久不衰,同样引人振奋。

此时,波伏娃在她的著作中也探索着类似的主题,并创作了平生唯一一部剧本《白吃饭的嘴巴》(*Useless Mouths*)。不过,这部剧直到战争结束后才上演(紧接着恶评如潮)。全剧的背景设定在中世纪时一个被围困的佛兰德城市,城市的统治者最初提出牺牲妇女和儿童,为战士们省下粮食。后来他们意识到,把全体人民团结起来奋战,是一种更好的策略。这是一个笨拙的故事,所以评价不好并不奇怪,虽然萨特的剧本也称不上更巧妙。战争结束后,波伏娃会出版她那本更好一些的"抵抗小说"《他人之血》(*The Blood of Others*)。这部小说权衡了反抗行动的必要性和让他人陷于危险时的愧疚感。

在这段时间里,波伏娃还写了一篇文章,名为《皮洛士与齐纳斯》(*Pyrrhus and Cineas*),这篇文章将战争中的大胆行动原则,带入了更为私人的领地。故事取材于另一个经典源头,普鲁塔克的《希腊罗马名人传》(*Lives*)。希腊将军皮洛士正忙于赢得一系列伟大的胜利,而且明白更多的战斗还将到来。他的谋士齐纳斯问他,赢了所有战争,控制整个世界之后,他打算做什么。这个,皮洛士说,那时候我会去休息。对此,齐纳斯问道:那为什么不现在就休息呢?

这个建议听起来挺合理,但波伏娃的文章告诉我们,要再想想。在她看来,一个想停下来意守丹田的男人,不是好榜样，比不上一个竭尽全力继续向前的男人。她问，为什么我们会认为智慧存在于无为和超然之中？如果一个孩子说"我什么都不在乎"，我们不会认为这孩子很聪明，而是觉得他有问题，很沮丧。同样，置身世界之外的成年人，会很快感到厌倦。即便是恋人，如果窝在自己的私密爱巢中太久，也会失去对对方的兴趣。我们无法在饱足和休憩中成功。人的存在，意味着"超越"，或者说超过，而不是"内在"，或者说被动地憩于内心之中。人的存在，就意味着不断地行动，直到无事可做的那一天——但只要你还在喘气，这一天就不太可能到来。对于波伏娃和萨特来说，这是战争年代给他们上的最重要一课：生活的艺术，在于把事情做成。

一个相关但不相同的信息，出现在了加缪那部也要到战后（1947）才出版的抵抗小说《瘟疫》（*The Plague*）中。故事的背景设置在了瘟疫暴发期间的阿尔及利亚奥兰镇；芽孢杆菌暗示的是这场占领及其所有弊病。随着隔离的实施和幽闭恐惧症及恐慌的增长，镇上每个人的反应都有所不同。有些人惊慌失措地想要逃离；有些人则借机谋取私利。其他人与疾病搏斗，但收效不一。故事的英雄伯纳德·里厄（Bernard Rieux）医生，脚踏实地地治疗患者，并通过强制隔离措施减少了感染，虽然有时候会让人感觉很残忍。不过，里厄医生对于人类可以在长期内克服致命流行病，并不抱有任何幻想。如同加缪的其他小说一样，屈服于命运的调子，仍然萦绕其中——波伏娃或萨特的作品中从来没过。但是，里厄医生仍然在集中精力降低人员伤亡，努力寻求对策，来战胜瘟疫，虽然可能只是局部和暂时的胜利。

比起萨特和波伏娃的作品，加缪的小说刻意淡化了对英雄主义和果敢行动的描写。一个人能做的事总归有限。这虽然听起来像失败主义，但对于真的要完成诸如解放自己国家这类艰巨的任务，到底需要什么，这样的观点却显得更为实际。

*　　*　　*

到1944年夏初时，随着同盟国开始向巴黎进军，每个人都知道自由已经临近。日益强烈的情绪让人难以承受，正如波伏娃注意到的那样，就像是麻木之后感觉恢复时带来的那种刺痛。此外，纳粹撤退时可能会做什么，也让人们忧心忡忡。生活依然艰难：单是找到足够的食物，就已经越来越困难。不过，远方传来的微弱炸弹和大炮音，仍旧带来了希望。

声音越来越近——突然间，在8月中旬一个炎热的日子，德国人离开了。巴黎人一开始不确定发生了什么，尤其是他们还能听到枪声在城市中此起彼伏。8月23日星期三，萨特和波伏娃步行到抵抗运动杂志《战斗》(Combat)的办公室，去见已经当上文学编辑的加缪：他想跟他们约一篇关于解放的稿子。他们必须要经过塞纳河才能到那儿，但走到了桥中间后，他们听到枪声四起，便仓皇逃命了。然而，三色旗此时已在窗外飞扬，第二天，英国广播公司宣布，巴黎正式解放。

第二天，教堂的钟声整整响了一夜。波伏娃在大街上走时，加入了一群围着篝火跳舞的人。其间，有人说看到了一辆德国坦克，于是，大家立即四散逃开了，然后又谨慎地重新聚集起来。正是在这种紧张兴奋的场面中，和平降临到了法国。接下来的一天里，在流亡归来的自由法国领导人夏尔·戴高乐的带领下，官方的解放游行队伍沿着香榭丽舍大街，一直游行到了凯旋门。波伏娃也加入到了人群中，而萨特则站在阳台观看了游行。波伏娃写道，终于，"世界和未来被重新交到了我们手中"。

未来的第一幕是秋后算账。对通敌者的报复开始了，起初是速战速决的残酷惩罚，随之而来的是一波更为正式的审判，不过其中一些审判的结果同样也是死刑。然而，在这个问题上，波伏娃和萨特发现，他们和加缪再次产生了分歧。经过最初的犹豫，加缪后来开始坚决反对死刑。他说，无论罪行多么严重，国家执行冷酷的司法判决总是错误的。1945年初，在一本法西斯杂志的前编辑罗伯特·布拉西拉赫（Robert Brasillach）受审前，加缪签署了一份请愿书，呼吁法庭如果做出有罪判决的话，要对他宽大处理。萨特因为当时不在，故没有牵涉其中，但波伏娃明确地拒绝了签署请愿书，她说，从现在开始，为了纪念那些抵抗纳粹的人，并确保未来能有一个全新的开始，人们有必要做出一些艰难的决定。

不过，她倒是很好奇，所以在1945年1月19日，冒着严寒，踏着巴黎城中厚厚的积雪，去参加了布拉西拉赫的审判。让她印象深刻的是，法庭经过短暂商议后，做出了死刑判决，而布拉西拉赫接受得却很平静。只是这也没有改变她的观点，在她看来，判决仍然是正确的。最终，那封请愿书没起任何作用，1945年2月6日，布拉西拉赫被执行枪决。

从此之后，每当事关这类问题时，波伏娃和萨特便会站到一起反对加缪。经过在《战斗》和其他地方进行了更大胆和更有效的抵抗活动后，加缪现在更加明确了自己的态度：他反对死刑、拷打和其他国家酷刑，不用再说了。波伏娃和萨特倒不是完全赞成这类事情，但他们喜欢指出复杂的政治现实以及对目的与手段的权衡。他们会问，是否真的会有那种国家实施伤害属于合情合理的案子。如果有什么至关重要的东西岌岌可危，为了广大人民的未来，一些冷酷无情的行为很有必要呢？但加缪只是不停地回归到他的核心原则上：不拷打，不杀害——至少不是在国家的批准下。而波伏娃和萨特则认为，他们自己所持的观点才更微妙、更为现实。

如果问为什么几位与世无争的哲学家会突然变得如此苛刻，他们会说，是因为战争深刻地改变了他们。战争让他们意识到，个人对人类整体要承担的责任，可能比看起来更复杂。萨特后来说："这场战争真的把我的生活分成了两半。"他摒弃了自己在《存在与虚无》中说过的一些话，以及其中从个人主义角度理解的自由概念。现在，他在发展一种更受马克思主义影响的观点，即认为人类生活具有目的性和社会性。这也正是他没有写出有关存在主义伦理的后续作品的原因之一：他对这个主题的想法已经改变了太多。他倒是写过很多草稿——在他死后,被结集为《伦理学笔记》(*Notebooks for an Ethics*)出版——但未能形成连贯的体系。

因战争而变激进的梅洛-庞蒂,同样在拼命地试着少友善一些。掌握了恶劣对待德国人这门技艺后,在撰文主张一种毫不妥协的苏联式共产主义,他的热忱现在已经远超波伏娃和萨特。在1945年的文章《战争已经发生》(*The War Has Taken Place*)中,他写道,战争早已排除了任何只想自己过小日子的可能性。"我们生活在世界里,融合其中,与之妥协。"没有人能超然物外;每个人的手都脏。有一段时间,"脏手"曾是存在主义圈中的一个时髦用语,带来了一个新命令:开始工作,做点儿什么!

因此,现在法国的战争既已安然结束,萨特一帮人便像灵缇犬一样,从赛狗场上敞开的大门里冲了出去。萨特写了一系列文章,主张作家有保持积极和忠诚的义务;这些文章先于1947年发表在期刊上,后又在1948年以《什么是文学?》(*What Is Literature?*)为题结集出版。他说,作家在世界上拥有真正的权力,他们一定不能辜负这一点。他提出了 littérature engagée(介入文学)的概念——即文学要承担政治义务。波伏娃回忆了这类任务看起来到底有多么紧迫:读到一些让她激愤不已的事件后,她会立刻想:"我必须回应一下!"然后,匆忙写一篇文章发表。她、萨特、梅洛-庞蒂以及其他朋友,短时间内迅速地写出了大量文字,于是他们一起在1945年推出了新的文化杂志:《摩登时代》。萨特是杂志的名誉领导,所以很多人以为社论都是他写的,但事实上,梅洛-庞蒂投入的精力比任何人都多,写的很多文章都没有署自己的名字。"摩登时代"这个名字取自查理·卓别林那部讲述工人被剥削和工业化的疯狂电影。这部电影在 1936 年上映时,萨特和波伏娃非常喜爱,连着看了两遍。他们的文学创作速度,赶上了卓别林在电影中讽刺的那种步调,接下来的几十年里,《摩登时代》成了法国内外推动思想辩论的伟大引擎之一,而且至今仍在发行。萨特论"介入文学"的文章,便是首先在《摩登时代》上发表的,并且为杂志的未来岁月定下了基调。

存在主义的小说和戏剧也继续源源不断地涌现出来。1945 年 9 月,波伏娃出版了《他人之血》。萨特出版了《自由之路》小说系列的前两卷——都在几年前就已写完,且故事时间都设定在 1938 年。这两本小说展现了他笔下的主角马蒂厄·德拉鲁(Mathieu Delarue)所抱持的自由观,逐渐从仅仅是"你想做什么就做什么"这种天真的自私自利,转向了一种更好的定义,让他勇敢地直面了历史所提出的要求。到 1949 年出版第三卷《痛心疾首》(*La mort dans l'âme*,英译本有多种译法,如《钢铁灵魂》《失败》或《辗转难眠》)时,我们看到了在法国陷落之时,马蒂厄勇敢地保卫了某村庄的一座钟楼。他现在把自己的自由用到了更崇高的目的之上,但失败似乎成了他的结局。计划中的第四卷,本来要写他终究活了下来,并通过在抵抗运动中与同志的团结,找到真正的自由。但不幸的是,就像萨特为他的写作项目想好一个宏大结局后通常会发生的那样,这一卷从来都没有完成,只流传出来一些片段,而且还是在很多年以后。一如《存在与虚无》中的道德问题悬而未决，《自由之路》中的自由问题也被晾到了一旁。不过，这两部作品没写完，问题都不是萨特失去了兴趣：而是因为他倾向于不断改变他的哲学和政治理念。

在20世纪40年代的所有这些小说、故事和散文中，主导的情绪与其说是一种创伤后的疲倦，倒不如说是兴奋。世界已经崩溃，但也正因如此，现在几乎可以对它做任何事情。这制造了一种既激动人心又让人害怕的情绪——这样的情绪组合，正是战后存在主义第一波浪潮的总体特点。

这样的组合同样出现在了与巴黎相去甚远的地方。在一项1959年的战争经历研究中，美国的海德格尔学者格伦·格雷回忆道，战争快结束时，他和他的小分队曾路过意大利的乡下地区，一天晚上，他停下来用蹩脚的意大利语，和一位在小屋外抽烟斗的老人聊了几句。这次遭遇让格雷有些悲伤，因为这个传统的世界及其古老的平静似乎要永远消失了。然而，在预感到丧失这些的同时，他又觉得很振奋，有一种希望的感觉。格雷在那天晚上想，不管接下来发生什么，有一件事是肯定的：他在大学学习过的那些哲学家，为战后的世界提供不了什么。即将到来的是一个新的现实，需要的是新的哲学家。

于是，他们来了。

* * *

就这样，存在主义奇迹和疯狂的一年开始了——所有那些疯狂的实验，我们已经在第一章偷偷预览过。萨特在1945年10月发表的那次激情演讲，搞得天下大乱，也搞出了一个大新闻。巴黎内外，到处都在讨论他的哲学。1946年时，加布里埃尔·马塞尔写道："几乎每一天，我都在被追问什么是存在主义。"他补充说，"询问这种信息的通常是某个上流社会的女士，但明天就有可能是我的清洁女工或地铁上的检票员。"每个赶时髦的人都想了解它，每个现有权威机构都担心，而每个记者看起来几乎都在用它来谋生。

萨特的朋友鲍里斯·维昂，在他1947年的小说 *L'écume des jours*（被译为《白日梦的泡沫》或《靛蓝情绪》）中，便恶搞了这一热潮。在这部超现实和戏谑的爱情小说里，有个配角是一位著名哲学家，名叫让-萨尔·帕特（Jean-Sol Partre）。帕特演讲时，会骑着一头大象到达，并登上宝座，陪同的是他的配偶伯爵夫人德·毛伏娃（Countess de Mauvoir）。他纤瘦的身躯散发着一种非凡的光芒。听众们欣喜若狂，以至于他的讲话都被欢呼声淹没了。最后，大厅因为人数太多而坍塌。大家如此踊跃地参与，让帕特看在眼里，喜在心里。现实中的西蒙娜·德·波伏娃很喜欢维昂的讽刺，说这是一部"柔情无边"的作品。

存在主义在左岸的圣日尔曼德佩地区找到了归属，而吹过小号的维昂，则是这场戏中欢庆元素的领导者。占领快结束时，他已经和那些躲避宵禁、被称为"青年爵士音乐迷（zazous）"的青年——为了避开宵禁时间，他们干脆第二天才回家——一起开创了在私人公寓举办爵士乐派对的潮流。战争结束后,维昂去了新的地窖俱乐部里演奏。他还在俱乐部的吧台后面调制奇特的鸡尾酒,并根据心情,迅速创作出或有趣或煽情或超现实主义的小说。后来,他写了一本圣日耳曼德佩"手册",在其中提供了地图,以及对可以在"地下洞穴"中找到的那些怪异"穴居人"的描述和钢笔画像。

在地窖和酒吧里,哲学家真的时常与爵士乐明星勾肩搭背,跳舞到天明。梅洛-庞蒂在左岸的常客中尤为受欢迎,以他的好心情和善于调情的魅力而闻名。维昂观察到,他是"唯一一位会真正邀请女孩去舞池跳舞的哲学家"。梅洛-庞蒂带着朱丽叶·葛瑞科跳舞时,他还会应她的要求,一边和她在舞池中摇来摆去,一边教她一点儿哲学。

如果能在知名的消遣场所成功躲开新的逢迎者和记者的话,萨特和波伏娃也会跳舞。他们非常喜欢爵士乐。朱丽叶·葛瑞科最成功的歌曲《白衣大街》(*La rue des Blancs-Manteaux*),便是由萨特作的词。她的另一首歌《马赛的存在主义者》(*Marseillaise existentialist*),歌词则由梅洛-庞蒂、鲍里斯·维昂和安妮-玛丽·卡扎利斯联合创作。这首歌讲述了一个遗憾但很押韵的故事:有一个人太穷,没法在花神咖啡馆赊账;虽然读了梅洛-庞蒂,但还是太过自由;尽管读了让-保罗·萨特,可还是会陷入同样的灾难。

*　　*　　*

20 世纪 40 年代后期的存在主义文化,对于任何外围的旁观者来说，似乎非常巴黎，但其实，它的动力还来自对所有美国事物的热爱，或者说至少是一种迷恋。巴黎本身依然遍地美国人，不但有解放军队遗留下来的军人，还有新来的人。没有几个巴黎的年轻人能抵住美国服装、电影或音乐的诱惑。而所有这一切都被占领当局禁止，更是增加了它的吸引力——"青年爵士音乐迷"早已在美国爵士乐的伴奏下，秘密地跳了好几个月的舞。朱丽叶·葛瑞科讲过的一个故事，便很好地总结了美国音乐对这一代人的重要性。1943年，她被盖世太保逮捕、收押，随后又出乎意料地被释放了。在寒冷的大街上，她穿着一条薄薄的棉布裙，走了近三十千米才到家，而在途中，她一边走，还一边扯着嗓子，挑衅地唱了一首美国歌曲：《彩虹之上》（Over the Rainbow）。

战争结束后，为了配合爵士、蓝调和拉格泰姆音乐，人们会跑到跳蚤市场，搜罗现成的美式服装；其中，格子衬衫和夹克尤为受人追捧。如果21世纪的时间机器可以立刻带你回到战后巴黎的某家爵士乐俱乐部，你不会发现自己身处一片存在主义黑色的海洋，而是更有可能会以为你走进了一个伐木工人的集体舞会。在雅克·贝克（Jacques Becker）拍摄于1949年的电影《七月的约会》（Rendezvous de juillet）中，你可以找到对这种影响的模仿。电影中有一个在罗里昂黛俱乐部发生的盛大舞蹈场景：克劳德·卢特的乐队在狭窄的舞台上演奏，穿着格子衬衫的人群则在舞池里来回蹦。时髦的黑色高领毛衣后来才出现——而当美国人反过来也开始赶这种时尚后，很少有人意识到，他们其实是在回敬一种服饰上的赞美。

与此同时，人们在电影院里津津有味地看着美国的犯罪电影，从塞纳河沿岸的旧书摊上购买着美国的小说。最受欢迎的是那些冷硬派作家：詹姆士·凯恩（James M. Cain）、达许·汉密特（Dashiel Hammett）和霍勒斯·麦考伊（Horace McCoy）——麦考伊那本充满绝望的大萧条时代小说《孤注一掷》（*They Shoot Horses, Don't They?*），在1946年由伽里玛出版社翻译出版。加缪在《局外人》中模仿了美国黑色小说的风格，萨特和波伏娃也是这种流派的粉丝。他们也喜欢那些难以区分流派的美国作家，如欧内斯特·海明威、威廉·福克纳、约翰·斯坦贝克和约翰·多斯·帕索斯——按照萨特的说法，帕索斯是这个时代最伟大的作家。许多美国书籍都被法国出版商拿来翻译出版："翻译自美国（traduit de l'americain）"成了封面上最喜欢印的一句话。不过，也不是所有看起来像翻译的书都是真的。一本名为《我唾弃你的坟墓》（*I Spit on Your Graves*）的书，表面上是"弗农·沙利文"（Vernon Sullivan）所写，并由鲍里斯·维昂翻译，但其实是维昂自己写的。这本在某种程度上算是因为一个打赌而写的书，讲述了一个暴力、煽情的故事，一个黑人为了给被私刑绞死的兄弟复仇，杀死两名白人妇女，但他遭到了追捕，并最终被警察击毙。维昂从中赚到了钱，但在第二年时也惹上了麻烦，因为蒙帕纳斯有个男人在掐死女朋友后吞枪自尽，他床边留下的正是这本小说，其中有关掐死的描述，还被钢笔圈了出来，好像生怕会没人注意到二者的相似之处一样。

五年以来第一次有机会以游客身份访问巴黎的美国人,又像20世纪20年代那样,再次爱上了这座城市。他们会坐在花神和双偶咖啡馆里,会冒险走下地窖的楼梯,到夜总会去。他们会聆听存在主义和存在主义者的演讲,然后再转述给国内的友人。有文化的纽约人开始追逐那些真正的存在主义者:萨特、波伏娃和加缪。一个接一个,都收到了跨过大西洋来纽约访问和发表巡回演讲的邀请。他们都接受了。

第一个去的是萨特,时间是1945年1月中旬:在加缪的建议下,他作为《战斗》和《费加罗报》(Le Figaro)的代表,加入了一个受邀访问的法国记者代表团。(这就是为什么他没有参加布拉西拉赫的审判。)他去旅行了两个月,会见了无数人,其中有一个叫多萝丽丝·费奈蒂(Dolorès Vanetti)的女人,成了他的长期情人。他的英语很蹩脚,所以不能像平常喜欢的那样自由说话,但他仔细观察并做了笔记,回来之后写了很多文章。他主要关注的是社会主义问题,例如美国工人如何应对美国工厂迅猛的自动化。当时,几乎没有人认为技术设备、消费主义或自动化生产技术会成为现代生活的广泛特征:相反,这些被认为是美国独有的东西,而且在很多欧洲人心里,更加凸显了美国那种魅力无穷但也令人担忧的形象。真的有人能适应所有这些技术吗?这会对一个人造成何种影响?萨特惊讶地观察到,尽管成了卓别林电影中那种工业机器的齿轮,一直被老板逼着要转得越来越快,可美国的工人似乎很快乐。整个美国似乎就是这样一台机器，而萨特很好奇的是，它是否可能这样一直运转下去。

20世纪40年代后期，他又来访问了几次，与人沟通起来也越来越自在，不过他的英语水平依然有限。1948年，萨特第三次来访时，莱昂内尔·阿贝尔（Lionel Abel）——在《党派评论》（*Partisan Review*）的晚宴上遇到了他——惊讶地发现，英文不怎么好的萨特话真多：他能说的不多，但嘴就是闭不上。

阿尔贝·加缪是第二个去的，在1946年3月至5月期间周游了美国。他在旅行时比萨特还紧张，老觉得自己是个陌生人，而且总被层出不穷的小麻烦——比如搞明白这是怎么回事，那又是怎么回事，他应该做什么——搞得很苦恼。不过，他的不安，也让他成了一个明察秋毫的观察者。他注意到：

> 早晨的果汁，全国都爱喝的苏格兰威士忌和苏打水……反犹太主义和对动物的喜爱——从布朗克斯动物园的大猩猩，到自然历史博物馆的原生动物，都爱——在殡仪馆，死亡和亡者以最快的速度被打扮好（"死吧，把剩下的事交给我们"），你在凌晨三点都可以到理发店去刮胡子……

时代广场的广告牌尤其给他留下了深刻印象：一个巨大的美国大兵抽着骆驼牌香烟，吐着真正的烟气。唯一让他感到熟悉和安心的地方，是纽约的包厘街，当时，这里还是一个废弃的地区，到处是廉价的酒吧和破败的酒店，高架铁路线就在二层楼的高度经过，深深的阴影盖住了下面的一切。"欧洲人会想说：'终于，这才是现实啊。'"就像萨特观察工人一样，加缪既被这里吸引，也对它感到厌恶。不过最重要的是，美国表面上看起来缺乏痛苦，让他完全无法理解。这里没有什么真正悲剧的东西。

1947年，西蒙娜·德·波伏娃开始了她的美国之旅。与萨特不同的是，她可以用英语交流和阅读；像加缪一样的是，她也惊讶于各种奇奇怪怪的设备和发明。她在旅行日记中记录了很多让她困惑不已的现象，比如住的酒店寄送信件的方式：每层楼的电梯旁边都有一个小滑道，你把信封塞进去后，它会滑到底下的一个盒子里。她第一次看到这种白色的东西一闪而过时，还以为是幻觉。接下来，她去了一个报刊店，想看看怎么从里面的机器上买邮票，但被硬币搞糊涂了。不过，她还是交了很多朋友，而熟悉纽约之后，她开始到全国各地做巡回演讲，其间消遣娱乐时，则去爵士乐俱乐部，或者去电影院看"惊悚片"和"滑稽片"。在芝加哥时，她认识了纳尔逊·阿尔格伦，一位硬汉小说家，作品主要写的是瘾君子、妓女和美国生活的阴暗面。两人开始了一段暧昧关系，她也坠入了爱河；之后，他们继续做了三年情人，不过，只能隔很久才可以在美国或法国见上一面。

她对美国的反应，是那种现在已经司空见惯的警惕和欣喜交织的情绪。她被诱惑了：美国"物资充裕，有着无限的视野，是一台放着传奇影像的疯狂幻灯机"。美国是未来——或至少是未来的一个可能版本。苏联提供的那个对立版本,也同样吸引她,但目前来说,美国无疑更强大。因为它更自信,不但富足,还有原子弹。

但是,美国生活中,也有一面着实让萨特、波伏娃和加缪感到震惊,那就是种族不平等,而且不只是在南方。第一次旅行后,萨特在《费加罗报》写道,"不可接触"和"不可见"的黑人,在街头出没时,从不会与你目光相对;就仿佛他们看不见任何人,而你也不应该看到他们。在后来一次访问的启发下,他创作了一部探讨美国种族主义的戏剧——《恭顺的妓女》(*The Respectful Prostitute*),这个故事取材于真实事件,两个黑人被判强奸两名白人妓女,虽然证据不足,但他们还是遭到了处决。波伏娃也一样,不过与其说是被她遭遇的人而震惊,倒不如更确切地说,是对没有遇见什么人而惊讶,因为这两个世界很少会产生交集。她自己去了黑人聚居的哈莱姆,丝毫没有理会白种纽约人担忧的警告,说她去那儿会有危险。其他法国游客也拒绝习惯这种对很多美国白人来说似乎再自然不过的种族分隔。1949 年,朱丽叶·葛瑞科与爵士音乐家迈尔斯·戴维斯(Miles Davis)开始了一段暧昧关系,在去纽约拜访他时,他不得不警告她说,他们不能像在巴黎一样公开出门。人们会骂她是"黑人的妓女",她的事业有可能毁于一旦。

与此相反的是,许多美国黑人来到战后的巴黎后,非常感激这种被当作一个基本的人来尊重的经历。不只是尊重,他们还经常被视为偶像,因为法国年轻人很喜欢美国黑人的音乐和文化。有些人决定就此留在这里，有几个甚至还对存在主义产生了兴趣，在它的自由哲学中发现了值得认可的东西。

这方面一个很好的例子是早已在美国凭借小说《土生土长》（*Native Son*，1940）和《黑人男孩》（*Black Boy*，1945）成名的理查德·赖特。仍然在纽约时，赖特便认识了萨特和加缪，后在1947年，波伏娃住在他家时，他和妻子又与西蒙娜·德·波伏娃成了特别好的朋友。他在那一年的日记中写道："这些法国男人和女人太会想，太会写了；这在世界任何地方都看不到。他们对于人类困境的感受，实在太敏锐了。"同样，他的法国访客也很欣赏他那些真实讲述黑人在美国成长经历的半自传作品。加缪安排伽里玛出版社的人翻译了他的书；萨特则委托他为《摩登时代》撰稿。赖特费尽力气搞到签证，亲自去了法国之后，也立即爱上了那里。正如美国的很多细节让法国人惊讶一样，巴黎的怪异之处同样让赖特感到高兴："门把手竟然在门中央！"他安排了更长时间的居留，最终定居在了这座城市。

虽然欧洲人对美国人的方式感到困惑，但也很享受如此热烈的欢迎：美国是（现在依然是）一个非常欢迎新观念和潜在名人的国家。萨特那张以"女人被迷晕"为题的照片出现在《时代》杂志上一年之后，波伏娃被《纽约客》誉为了"你见过的最漂亮的存在主义者"。关于存在主义的文章，出现在各种报纸和文化期刊上：《纽约邮报》《纽约客》《时尚芭莎》以及《党派评论》——知识分子最喜欢的读物——纷纷发表介绍萨特、波伏娃和加缪的文章，还附带了各自著作的节译。法国流亡者让·瓦尔（Jean Wahl）为《新共和》的1945年10月刊撰写了《存在主义：前言》的文章。不过，伴随这些入门指南和前言一同出现的，还有一些温和的讽刺。1948年，《纽约时报杂志》转载了英国《观察家》周刊的保罗·詹宁斯（Paul F. Jennings）一篇对存在主义的恶搞，名为《事物的物性》（*Thingness of Things*）。文章描述了一个叫皮埃尔-玛丽·温彻（Pierre-Marie Ventre）的人所倡导的"抵抗主义"哲学，这种哲学致力于理解为什么事物老是会阻碍和挫败人类，比如它们在地上绊倒我们，或者丢了之后拒绝被找到。温彻的口号是"Les choses sont contre nous"——"事物在反对我们"。

关于存在主义者，有一件事严重地困扰着美国的知识分子，那就是他们对美国文化的品位很差劲——比如热爱爵士乐和蓝调，或者对南方腹地那种耸人听闻的谋杀案感兴趣，或者喜欢描写杀手和精神病人的拙劣作品。但即便他们选择的那些层次更高的美国小说，也值得怀疑，因为美国文化人不太欣赏他们自己的现代小说家，而是更喜欢普鲁斯特的细腻曲折——虽然萨特对他深恶痛绝。早期的存在主义普及者威廉·巴雷特在《党派评论》中写道，萨特的小说可以作为"可怕的提醒：你不可能把斯坦贝克和多斯·帕索斯当作伟大小说家来读而丝毫不受他们的毒害"。所有这类书里面那些"乏味而无意义的对话，在酒吧和舞厅进进出出的人物"，会造成不好的影响。评论家杜披（F. W. Dupee）在这个问题上也总结道，法国人对福克纳的喜好，与其说是在恭维美国文学，不如说是表现了"法国的品位和理性正在经历一场可怕的危机"。

美国人和法国人对存在主义的思考方式，也出现了分歧。对于20世纪40年代的法国人来说，存在主义往往被视为崭新、奔放、性感、大胆的思想。对美国人来说，它却让人想起了肮脏的咖啡馆和阴暗的巴黎式街道，而这就意味着旧欧洲。因此，虽然法国媒体将存在主义者描述为有着骇人性生活的叛逆青年，但美国人经常把他们视为苍白、悲观的灵魂，被克尔凯郭尔式的恐惧、绝望和焦虑困扰着。这一形象深入人心。即使到了现在，特别是在英语世界，"存在主义者"这个词，也会让人想起一个黑色的人物形象，紧盯着一杯浓缩咖啡的底部，太过沮丧而痛苦，甚至都没法翻看一本书角已经皱皱巴巴卷起来的《存在与虚无》。理查德·赖特是很早就开始质疑这种形象的少数派之一，在第一次见到存在主义者后，他写信给朋友格特鲁德·斯坦说，他不明白为什么美国人要坚持认为这是一种阴郁的哲学：对他来说，存在主义意味着乐观和自由。

早年的美国读者如果不会法语的话，想自己去评判存在主义，很少会有什么原创资料可以参考。截至那时，只有一些萨特和波伏娃作品的片段被翻译过来，而且其中既不包括《恶心》，这本书最早到1949年才由劳埃德·亚历山大（Lloyd Alexander）翻译过来，以《安托万·罗冈丹的日记》出版；也不包括《存在与虚无》，这本书要到1956年时，才会由黑兹尔·巴恩斯翻译过来。

如果说有关法国存在主义的准确信息很难获得，那么学习任何有关开启这一切的德国思想家们就更难了。少数试图纠正这种不平衡的人之一，是海德格尔的前学生兼情人汉娜·阿伦特，她当时已经身在美国，为一些犹太难民组织工作。1946年，她分别为《国家》(*The Nation*)和《党派评论》写了两篇文章。其中的《法国存在主义》(*French Existentialism*)，解开了一些关于萨特和其他人的谜团。另一篇《存在主义哲学是什么？》(*What is Existenz Philosophy?*)，则总结了雅斯贝尔斯和海德格尔的思想，试着把存在主义追溯到它的德国根源之上。

但是，这个时候要告诉人们，你见到过的那位最漂亮的存在主义者和能把人迷晕的萨特，他们的思想其实承继自德国人，是一件难事。就连在法国，也很少有人愿意承认这一事实。更何况，海德格尔还不是普通的德国人。如果这位梅斯基尔希的魔术师能用法术抹掉他自己的过去，估计每个人都会更快乐些。

第八章
破坏

在本章中,
海德格尔发生了转变,也遭到了反对,
以及几次尴尬的见面会发生。

1945年的德国，是一个无人想去的地方。幸存者、孤独的士兵和各种流离失所者，在城市和乡村中游荡。难民组织努力帮着人们回家，占领军则在基础设施几乎完全毁坏殆尽的情况下，努力维持着秩序。成堆的废墟经常因埋于其中的尸体而散发着一股股的恶臭。人们到处搜罗食物，在临时开垦的田地上种植蔬菜，在露天生火做饭。除了那些被杀死的人之外，大约有1300万至1500万德国人因轰炸和被破坏而无家可归。英国诗人斯蒂芬·斯彭德在战后到德国旅行，看到那些在科隆等地的废墟边游荡的人们时，把他们比作了那些踉跄着走过失落的城市遗迹的沙漠游牧民。但人们，尤其是一群群的Trümmerfrauen（废墟女人），已经开始在占领士兵的监督下，清除石头和砖块。

集中营里那些流离失所的人们，经常要等待很长一段时间，才能去别的地方。许多德国士兵依然音信杳无；有些人徒步穿越了整个国家，蹒跚着往家走。与他们同行的，还有1200多万被波兰、捷克斯洛伐克和其他中东欧国家驱逐的德意志民族同胞；他们同样只能推着装满身家财产的小货车和手推车，走回德国。这一时期，在欧洲徒步跋涉的人，数量非常令人吃惊。我有一个朋友的祖父，就是从丹麦的战俘营走回到了匈牙利。在埃德加·莱兹（Edgar Reitz）1984年的系列电影《故乡》（*Heimat*）中，有一个年轻人曾徒步从土耳其走回了他在莱茵兰的村庄，这个场景其实并不像看起来那么不可思议。不过，其他许多人仍然在遥远的地方滞留了多年，亲属们根本不知道他们到底在哪儿。

1945年所有那些失联的人中,包括了海德格尔的两个儿子约尔克和赫尔曼。两人都是苏德战场上的士兵,当时都在苏联的战俘营。他们的父母不知道他们是死是活,只能在惴惴不安中等待。

自从1934年辞去弗莱堡大学校长一职后,马丁·海德格尔基本上一直保持低调。让他在一战期间免于服役的心脏状况,继续在第二次世界大战的大部分时间里,免去了他受召服任何兵役的义务。他仍然在大学教书,但由于觉得自己遭到了误解和恶劣的对待,所以只要有时间,他就会跑到托特瑙山上的小屋里。1941年,朋友马克斯·科默莱尔(Max Kommerell)曾去看过他,据他描述,海德格尔晒得很黑,眼睛中有种迷惘,"淡淡的笑容中带着那么一点点的小疯狂"。

1944年底,随着同盟国军队的迫近,纳粹政权下令德国全民动员,包括那些以前被免除兵役的人。当时55岁的海德格尔,被派去与其他人一起在阿尔萨斯附近挖战壕,以抵御法国的先遣部队。虽然这只持续了短短几个星期,但与此同时,他也采取预防措施,把手稿藏到了更安全的地方,以备入侵。有一部分已经存放到了梅斯基尔希银行的保险库里,他的兄弟弗里茨在那里工作;其余的则被他藏在附近毕廷根(Bietingen)的一座教堂塔楼里。1945年4月,他甚至写信给妻子,提出了一个计划,说要把数卷手稿放进一个秘密洞穴,然后将其封上,再把记录洞穴位置的宝藏图委托给少数几人保管。如果他真这么做过的话，我们没有找到证据，但他确实曾把手稿搬来搬去。海德格尔的预防措施并非毫不理智：弗莱堡在空袭中受损严重，托特瑙山上的地方不够大，也不够保险，无法安全存放太多东西。况且，他也可能担心有些资料会证明他有罪。

他只随身保留了一小部分手稿，包括最近写的关于弗里德里希·荷尔德林的著作。海德格尔非常痴迷于阅读荷尔德林，这位多瑙河地区伟大的本地诗人，1770年在劳芬（Lauffen）出生，终生患间歇性癫狂，他的许多富有远见的诗歌，其背景都是当地的风景，同时也唤起了古希腊的理想化形象——这种结合一直让海德格尔着迷。另外一个对他如此重要的诗人，是更为躁动不安的格奥尔格·特拉克尔（Georg Trakl），这位奥地利人是个精神分裂症患者和吸毒者，在1914年去世时年仅27岁，他的怪诞诗歌里充斥着猎人、年轻女人和在月光下穿过静谧森林的蓝色怪兽。海德格尔如痴如醉地沉浸在两位诗人的作品里，笼统地探讨了诗性语言如何能召唤出存在，并为它在世界上打开一个位置的问题。

1945年3月，同盟国军队抵达了弗莱堡，而海德格尔则离开了这里。他安排了系里的哲学家和学生到威尔顿斯坦（Wildenstein）避难，这座壮丽的城堡耸立在波隆（Beuron）附近多瑙河边的悬崖上，离梅斯基尔希不远（碰巧也离锡格马林根城堡不远，维希政府的成员逃离法国后，德国人把他们赶到这里，进行了一场《十日谈》一般怪诞的避难）。威尔顿斯坦的所有者是萨克森-迈宁根（Sachsen-Meiningen）的亲王和王妃；王妃是海德格尔的情人。这也许是埃尔芙丽德·海德格尔没有一起去的原因；她留在了弗莱堡，照看他们位于柴林根郊区的家。同盟国军队到达后征用了房子，因此，有一段时间，她会和西里西亚的难民及一位法国中士的家人一起住在这里。

与此同时，一小群大学难民——大约十位教授和三十名学生，大多是女性——已经骑车穿过黑森林，随后，海德格尔骑着儿子的自行车也追上了他们。他与王妃及其丈夫一起住在附近看林人的小屋里，把这里当成了家，而其余的人爬上了童话般的城堡。整个1945年5月和6月，即使在法国人抵达该地区后，哲学家也帮着从周围的田地里带回干草，并在晚上用演讲和钢琴独奏来娱乐彼此。6月底，他们在看林人的小屋里举行了告别派对；海德格尔给他们讲了讲荷尔德林。愉快的几个月结束后，快活的一帮人回到了弗莱堡，毫无疑问，全都面色红润，身体健康。但海德格尔到达弗莱堡时，却发现家里住满了陌生人，城市已处在法国的管辖之下，而他也被全面禁止授课。他的敌人把他举报了，说他是一个有嫌疑的纳粹同情者。

* * *

1945年春天住在多瑙河附近时，海德格尔又写了几部新作品，包括一部哲学对话，他标注的日期是1945年5月8日——德国正式投降的日子。对话的题目是《夜间对话：

在苏联战俘营中的一个年轻人和一个年长者之间》(Evening Conversation: in a prisoner of war camp in Russia, between a younger and an older man)。这两个人物是战俘营中的德国囚犯,对话开始时,他们在森林里被强制劳动了一天,刚刚回来。

年轻人对年长者说,"今天早上我们去工作场所的时候,在沙沙作响的浩瀚森林中,我突然强烈地感受到了某种治愈的东西。"他很疑惑,这个治愈的东西是什么?年长的人说,这可能是来自那浩瀚中的某种"无穷无尽"的东西。他们继续聊了下去,听起来非常像两个海德格尔在对谈:

年轻者:你的意思可能是在浩瀚中盛行的宽广,给我们带来了一些使我们自由的东西。

年长者:我不仅是在说浩瀚中的宽广,也是在说这个浩瀚引领我们走出来后继续前进。

年轻者:森林的宽广向外摆荡了一段隐蔽的距离,但同时又向我们摆回来,且没有到我们这里便停下。

他们继续试着去定义这种治愈力量,想搞清楚它如何把他们从年长者描述的那种"笼罩在我们的土地上及其不知所措的无助之人身上的破坏"中解放出来。

"破坏"(Devastation / Verwüstung)成了他们谈话中的关键词。原来,他们指的不仅是最近发生的事件,还指一种侵蚀了地球几个世纪,把一切变成"荒漠"(Wüste,与 Verwüstung

同源）的破坏。它在某个工人阶级的天堂，和那片工于算计、技术先进、"为了物尽其用一切都可供监督、安排有序、去向明晰"的敌方土地上，收获最大。后者当然说的是美国；与同时代的萨特和其他欧洲人一样，海德格尔也很自然会把美国与技术及大规模生产联系在一起。对话结束时，年轻人说，不用徒劳地试图去"解决"如此规模的大破坏，唯一能做的就是等待。因此，他们继续待在那里，就像德国版的弗拉季米尔和爱斯特拉冈，在荒凉的景致中等待着。

这是典型的海德格尔式文本，充满了对资本主义和图谋不轨的外邦的牢骚——显然流露出了汉斯·约纳斯所谓的"某种'鲜血与土地'的立场"。不过，文字中也包含了一些动人和美丽的画面。读的时候，你很难不联想起海德格尔两个失踪的儿子，也不知他们到底身在东方的何处。这篇对话，生动地描绘了德国的破坏状况，以及废墟之上的德国心态：混杂着经历创伤后的悲痛、木然、怨恨、苦涩和谨慎的期待。

* * *

1945年夏天，重新回到弗莱堡那种前途未卜的生活中后，海德格尔在11月时，偷偷驱车到梅斯基尔希和康斯坦茨湖附近的乡下，取回了先前藏匿在那里的手稿。为他提供帮助的是年轻的法国哲学爱好者弗雷德里克·托瓦尼基，他曾去过海德格尔的家里，并和他成了朋友。当时，德国平民未经官方允许，仍然不能旅行，因此以防万一被拦截下来，托瓦尼基找了个司机,还弄来了一份看着很官方的文书。海德格尔则拿着一个空包坐在后座上。半夜时,在乌云密布和电闪雷鸣中,他们出发了。

可车还没开出20千米,车头的一盏灯便闪了一下,灭掉了。在滂沱大雨中,要看清黑乎乎的树林间的道路非常难,不过他们依然继续前进。接着,一支举着三色旗的法国巡逻队,在黑暗中出现了;几位旅人不得不停下来,做了一番解释。警卫仔细检查过他们的文件,又指出他们的后车灯也坏了之后,摆摆手放了他们。重新上路后,他们依旧小心前行。海德格尔两次要求司机停在荒郊野外的两座房子前,而且两次都拿着包下了车,走进房子,然后又满面笑容地背着装了文件的包走出来。

第二盏车头灯也闪了。托瓦尼基试着拿手电筒照路,但没什么用。突然间,汽车猛地冲下道路,撞到了路堤上。检查过受损状况后,司机说轮胎破了。他们都从车上下来,等着司机换备胎,但备胎跟这辆汽车根本不匹配。海德格尔饶有兴致地在一边看着——在所有的新哲学话题中,他最喜欢的就是技术。他没有去帮忙,而是带着顽皮的神情,摇着一根手指说:"技术啊。"他显然很享受。但无论如何,司机还是修好了车轮,他们便坐上车,驶往最后一站毕廷根。

这时已是早晨,海德格尔在朋友家里安顿下来,打算休息休息。备受折磨的托瓦尼基,则搭车回弗莱堡,重新安排了一辆车。但回到弗莱堡时,迎接他的却是埃尔芙丽德圆睁的怒

180

目：他把她丈夫弄哪儿去了？不过，大家最后还是达成了共识，他没有辜负自己的朋友：海德格尔后来回想起这次帮忙，心中满是感激之情，并把他翻译的索福克勒斯《安提戈涅》中歌队合唱（里面有论人的奇特性那段话）的一份副本，送给了托瓦尼基。他在上面写道："纪念我们去康斯坦茨的探险。"

但海德格尔的好心情没能维持多久，因为现在，他要不得不经历一段漫长的等待，才会收到去纳粹化委员会和弗莱堡大学的裁决。到他获准再次执教时，四年已经过去了，1949年3月，他最终被宣布为Mitläufer（同路人），之后，从1950年起，他重新恢复了教学工作。这充满了未知数的五年很艰难，而且第一年时，他的心里还一直牵挂着不知所终的两个儿子。结果，1946年初，他的心理彻底崩溃了，于2月时被送往巴登维勒的巴斯疗养院静养康复。有好一阵子，看起来海德格尔仿佛要步他的偶像荷尔德林和特拉克尔之后尘。但是，在熟悉他哲学语言和思想风格的精神病医生的治疗下，他慢慢有了好转。3月，两个儿子在苏联还活着的消息传来，也对海德格尔的恢复十分有益。不过，他们最终回到家之前，还有一段更加漫长的等待。1947年时，赫尔曼因染病而被释放，但是大儿子约尔克，到1949年时仍然在押。

1946年春天，海德格尔出院，转到了托特瑙山的小屋中继续恢复。1946年6月和1947年10月，记者史蒂芬·西曼斯基（Stefan Schimanski）分别见了他两次，据他描述，海德格尔显得沉默寡言、孤孤单单，并且虽然当时是夏天，但出来迎接他时，海德格尔却穿着沉重的滑雪靴。他似乎不愿被人打扰，只想独自待着写作。西曼斯基第二次来拜访时，海德格尔已经半年没有去过弗莱堡了。"他的生活条件很原始，书也很少，与世界的唯一联系是一摞信纸。"

* * *

其实早在战争之前，海德格尔的哲学思考就已经发生了改变。他放弃了决断性、向死而在以及其他令人振奋的对此在的个人需求方面的写作，把笔锋转向了有关体贴和接纳、等待、敞开心扉的需要——也就是贯穿于战俘对话中的那些主题。这一变化，被称为海德格尔的 Kehre（转向），不过，这个转向并非像单词本身所暗示的那样是一种突然的翻转，而是一个慢慢调整的过程，就像站在麦田里的人慢慢察觉到微风从他背后的麦子中间吹过，进而转过身去聆听一样。

海德格尔转向的过程中，越来越关注语言、荷尔德林和希腊人，以及诗歌在思想中的作用。他还反思了历史发展和他所谓的 Machenschaft（谋制）或 Technik（技术）的兴起，也就是与过去的传统相比，那些对待存在的现代行为方式。他这里的"谋制"（machination），指的是所有东西都被制造得像机器一样，即工厂自动化、环境开发、现代管理和现代战争中体现出的态度。秉承着这种态度，我们开始肆无忌惮地挑战地球，让地球乖乖交出我们想要从它那儿得到的东西，而不是像农民或工匠那样，耐心地把东西雕琢或哄诱出来。我们欺压万物，逼着它们交出东西，而最残酷的例子就是在现代采矿业中，一块土地要被迫交出它的煤或石油。更过分的是，我们很少会立即把所攫取的东西一下子用光，而是将它转换成一种抽象的能量形式，储存在发电机或仓库里。到20世纪四五十年代，随着原子技术制造的能量被存储在发电站，就连物质本身也受到了这种方式的挑战。

有人可能会指出，耕种土地的农民同样是在迫使土地产出谷物，然后再把谷物储存起来。但海德格尔认为，这种活动完全不同。在最初草拟于20世纪40年代末的演讲论文《关于技术的问题》（*The Question Concerning Technology*）中，海德格尔说道，农民是"把种子置于成长力量的照管中，然后监督它增长"。或者说，至少在现代农业机械带着提高产量的许诺，喷着热气、烧着燃料到来之前，农民是这么做的。在现代的这类迫使-交出中，大自然的能量不是经过播种、照料后，最终被收获，而是被解锁和转换后，以某种不同的形式存储起来，等待着被分配出去。海德格尔使用了一些军事意象："一切都被命令要处于待命状态，要立即就可以使用，事实上，就让它站在那里，好能随时等待进一步的命令。"

这是一个骇人的逆转。在海德格尔看来，人类已经变得十分骇人。人是可怕的：可怕在希腊语中是 deinos（这个词还是 dinosaur——恐龙——的词根，dinosaur 直译过来是"可怕的蜥蜴"），索福克勒斯在写那段合唱，说到人类独有的奇怪或离奇特质时，用的就是 deinos。

这一过程甚至威胁到了意向性的基本结构：心灵伸向作为其对象的事物的方式。海德格尔说，当某个东西处于"随时待命"或"准备就绪"的状态时，它便失去了成为一个合适对象的能力。它不再区别于我们，也无法抵抗我们。结果，现象学本身受到了现代人那种占据地球的挑战性、破坏性方式的威胁。这可能导致终极灾难。如果我们独自"处于无对象性之中"，那么我们自己将会丧失我们的结构——我们也将被一种"准备就绪"的存在模式吞没。我们甚至会吞噬自己。海德格尔引用了"人力资源"一词，来作为这种危险的证据。

在海德格尔看来，技术的威胁超过了战后年代的实际恐惧：机器失控、原子弹爆炸、辐射泄漏、流行病、化学污染。相反，这是一种针对现实、针对人类本身的存在论威胁。我们害怕灾难，但灾难可能已经在路上了。不过，还有希望。海德格尔祭出了他的荷尔德林：

但在有危险的地方，
亦生长着拯救的力量。

如果我们适当地关注技术，或者更确切地说，关注对于我们及我们的存在，技术可以揭示出什么，我们就能窥见人类"归属"的真理。从此处开始，我们或许能找到一条前进的道路——海德格尔老是这个样子，他的意思其实是——倒退回历史的源头，在过去中寻找一个长期被遗忘的复兴之源。

随后的多年里，他继续致力于这一研究。以上大多数想法都包含在了《关于技术的问题》的完整讲稿中。1953年，他在慕尼黑发表了这份演讲，而听众中在座的，就包括原子物理学家维尔纳·海森堡（Werner Heisenberg）——这个人当然很懂物质能量的迫使 - 交出。

与此同时，海德格尔还在修改从20世纪30年代开始撰写的其他著作，其中一些为人类在地球上的作用提供了一个更积极的视野。一篇是《艺术作品的起源》（*The Origin of the Work of Art*），经过修订后，收录在了1950年出版的《林中路》里。在其中，他利用了从中世纪德国神秘主义者艾克哈特大师（Meister Eckhart）那里借来的一个概念：Gelassenheit，可以翻译成"放开"或"泰然任之"。

"泰然任之"是海德格尔后期最重要的概念之一，指的是用不插手的方式来关注事物。这听起来很简单。海德格尔问道："有什么能比让一个存在是其所是更容易呢？"但是，这一点都不简单，因为它不仅仅是指默然转身离开，让世界自生自灭，而是我们必须**转向**事物，但要以一种不会"迫使"它们的方式。相反，我们要允许每个存在都"依赖于其自身的存在"。

这是现代技术做不到的地方，但有些人类活动确实具备这个特点，而其中最重要的便是艺术。海德格尔笔下的艺术，是一种诗歌形式，他认为这是最高的人类活动，不过，他使用的"诗歌"一词是广义上的，远不止把字词排列成诗行。他把这个词溯源至其希腊词根 poiēsis——制作或手工——并在此引用荷尔德林，说："人诗意地栖居于大地之上"。诗是一种存在的方式。

诗人和艺术家"听任事物存在"，但他们也让事物出来，并显示自身。他们协助事物慢慢进入"无蔽"状态（Unverborgenheit），这是海德格尔对希腊词 alētheia 的翻译，这个词通常被译为"真理"。不过，这是一种更深层次的真理，而不仅仅是表述与现实之间的一致，比如我们说"猫在垫子上"，然后指着一块上面有只猫的垫子。早在我们能这么做之前，猫和垫子都必须要"从遮蔽中出来"。它们必须不再隐藏自身。

让事物不再隐藏自身，是人做的事：这是我们独特的贡献。我们是一片"林中空地"（clearing），是疏朗处（Lichtung），是一块敞开、亮堂的林中空地，存在者在这儿可以像树林里的小鹿一样，腼腆地站出来。或者，你也许应该把这想象成存在者就像一只园丁鸟在灌木丛中清整出来的场地上那样，来到林中空地上跳舞。虽然把林中空地等同于人类意识有些过于简单化，但差不多是这个意思。我们通过意识到它们，来帮助事物出现在亮光之下，而且我们是以诗意的方式意识到了它们，也就是说，我们是带着尊重去关注它们，允许它们展现自己本来的面貌，而不是屈从于我们的意志。

海德格尔在这里没有使用"意识"一词——他在早期著作中也一样——因为他想让我们以一种截然不同的方式来思考自身。我们不要把心灵想成一个空旷的洞穴，或者是一个充满事

Devastation

物表象的容器。我们甚至不该像布伦塔诺的早期现象学中说的那样，把它想成是射出意向的"关涉性"之箭。相反，海德格尔把我们带入他的黑森林深处，要求我们想象阳光从一道缝隙透过来。我们留在森林里，但我们提供了一个相对开放的地方，可以让其他的存在者在上面晒会儿太阳。如果我们不这样做，一切会依然待在灌木丛中，甚至对自身都是隐藏状态。或者换个比喻，就不会有地方让存在者从他们的壳里出来。

在1980年的电视节目《宇宙》中，天文学家卡尔·萨根（Carl Sagan）开头便说道，人类虽然与星星一样，都是由同一种东西构成，但人类有意识，因而是宇宙用来"了解自身的一种方式"。与此类似，梅洛-庞蒂引用他最喜欢的画家塞尚的话，说道："风景在我之内思考它自身，我就是它的意识。"这很类似于海德格尔认为的人类对地球的贡献。我们不是由属灵的虚无构成的；我们是存在的一部分，但我们也带来了一种独特的东西，虽然不是很多，只是一小块空地，上面或许还有小路和长凳，一条类似于海德格尔小时候坐在上面做作业的那种长凳，但通过我们，奇迹发生了。

学生时代的我在阅读海德格尔时，最吸引我的正是这类东西——虽然他很难理解，但我尤其对这个"转向"后的海德格尔钦佩不已。《存在与时间》时期中，那些关于锤子和设备的更务实的研究相当不错，但没有现在这种更深刻、更令人困惑的美。晚期的海德格尔是在自己书写诗歌的一种形式，不过，他像任何一个哲学家那样，继续坚称事物本来就是如此；这可不仅是一种文学把戏。但如今再次阅读他，一半的我会说："简直一派胡言！"可另一半的我，又会再次被迷住。

除了美之外，海德格尔的晚期写作也同样令人感到困扰，因为其中关于"人的本质"的概念，越来越偏向神秘主义。如果把人说成是一块空地或者说林中空地，或一种"泰然任之者存在"和诗意地栖居于大地上的方式，那么，这似乎说的根本不是任何我们认识的**普通人**。曾经的"此在"，现在已经变得比以往任何时候都更不像人，而是呈现出了一种森林的特征。把自己想成是植物或地质的构成物，或者景观中的空地，确实有诱惑力——但是，这样的此在还能打造一套书架吗？在萨特愈发关注世界上的行动和参与的问题时，海德格尔几乎完全放弃了对这些问题的思考。自由、决断和忧虑，不再对他有太大影响。人类本身已经变得难以分辨，而且尤其令人不安的是，生出这种想法的哲学家，尚且还没有令人信服地撇清他与那些犯下20世纪最严重反人类罪行的人之间的关系。

话说回来，即使是那些最热衷于海德格尔的人，也必定会偷偷感觉到，时不时地，他在胡说八道吧（he talks through his hat）。《艺术作品的起源》中经常被提及的部分，与帽子（hat）无关，而是关乎一双鞋。为了说明"艺术是一种诗歌（poiēsis）"是什么意思，海德格尔描述了凡·高的一幅画。他声称，画中的鞋子属于一个农妇。他异想天开地谈起了这幅画诗意地"提出"了什么：穿鞋者每天蹒跚着走过遍布犁沟的土地，田野里成熟的粮食，冬天里土地的萧索，以及这个女人对饥饿的恐惧和对分娩痛苦的回忆。但在1968年,艺术评论家梅耶·夏皮罗(Meyer Schapiro)指出,那鞋子可能根本不属于农民,而是凡·高自己的鞋。夏皮罗不断地进行调查,最终在1994年发现了证据,证明了那是一双时髦的城市休闲鞋,很可能是凡·高从别人那里买来的二手货,刚买到时很干净,只是到了后来,他穿着鞋在泥泞中走了很长一段路,把它们弄脏了。他引用了海德格尔自己的一个注释为他的研究作结,承认说:"我们不能确定这双鞋子在哪里站过或者属于谁。"也许这无关紧要,但海德格尔似乎在没有什么根据的情况下,便过于牵强地解读了这幅画,似乎是显而易见的,而他解读的根据,则是一种对农民生活高度浪漫化的观念。

这可能是一个私人好恶的问题:海德格尔对凡·高画作的想法,要么会引起你的共鸣,要么不能。对我来说,没有共鸣。不过,同一篇文章中的其他几段话,倒是很让我动容。我一直喜欢他对一座似乎唤出了大地与天空的古希腊神庙的描述:

> 这座建筑矗立在岩石之上。而它的这种矗立,从那块岩石中引出了岩石本身笨拙但自然的支撑之奥秘。建筑物矗立在那里,坚守着它的阵地,对抗上方肆虐的暴风雨,因而首先使暴风雨在其暴力中显现自身。石头的光泽和光芒,尽管它本身能发出光芒显然承蒙了太阳的恩宠,但首先揭示了白天的光亮、天空的宽广和夜晚的黑暗。神庙那种牢牢的耸立,使得空气那看不见的空间变得可见了。

有人很可能会认为这很乏味，甚至讨厌——这一点我有心理准备。但海德格尔这种人类的建筑结构甚至可以使空气以不同的形式展现自身的理念，自从我第一次读到这篇文章后，便影响了我对建筑和艺术的认知。

我很乐意承认的是，它可能更多是作为一篇文学作品——而非哲学作品——影响了我。但如果是这样的话，那我必须得说，这不是海德格尔的本意。他不希望读者把他的著作当作一种美学体验，或是像参观者离开画廊时那样，说着"我喜欢这座神庙——但不太看得上那双鞋子"。用卡尔·雅斯贝尔斯在年轻时说的话来讲就是，他的作品理应把我们带向"一种不同的思考方式，在掌握过程中，这种思考方式会提醒我、唤醒我、带我回到自身、改变我"。此外，海德格尔现在既然将所有语言视为了诗歌，甚或是"存在的居所"（house of being），所以他肯定会认为，担心一门特定的语言最好被归到诗歌里还是哲学中，非常有失身份。

阅读海德格尔的晚期著作，需要"放弃"自己惯常的批判性思维方式。许多人认为，尽管愿意为艺术家这么做，但哲学家提出这种要求，就无法让人接受了。要欣赏瓦格纳的《尼伯龙根的指环》或普鲁斯特的小说，人们必须暂时同意创作者的准入条款，不然就别欣赏了。海德格尔的晚期作品也可能是如此——而且，我在这里引用的还只是一些相对容易理解的部分。

更大的困难，可能是过后还能从中全身而退。海德格尔本人就发现他很难离开自己的哲学世界。汉斯-格奥尔格·伽达默尔曾说，他发现海德格尔依然在自我封闭着，在别人"采用他准备好的那种思考方式"之前，似乎根本不乐意，也不能沟通。这是一个极其受限的对话基础。不过，伽达默尔补充说，在正式课程结束后，他变得放松许多，和大家一起享受一杯当地出产的美酒。

* * *

几位曾经追随过海德格尔的倾慕者，对他的纳粹过往和晚期哲学的特质都大感惊骇，所以现在已经纷纷离他而去。1949年，身在美国的汉娜·阿伦特写信给雅斯贝尔斯，把海德格尔"转向"后关于尼采的讲座，形容为一堆"相当糟糕的胡说八道"。她也反对他躲在托特瑙山上抱怨现代文明，和那些懒得爬上山去谴责他的潜在批评者远远地保持着安全距离。"谁会爬1200米的山路去大吵大闹一场啊。"她说。

还别说，真有几个人就爬上去闹了。一个是海德格尔曾经的学生赫伯特·马尔库塞，他以前是激情澎湃的海德格尔主义者，现在则成了马克思主义者。1947年4月，他去了一趟托特瑙山，希望海德格尔能解释一下他与纳粹有牵连一事，然后道个歉。但他两样都没得到。8月时，他再次写信问海德格尔，那么多人都在等着，只想听到他的几句话，可他为什么还是没有明确地否定纳粹的意识形态。"你真的想要以这种方式被载入思想史册吗？"他质问道。但海德格尔拒绝回答。1948年1月20日，他回信感谢了马尔库塞送来的包裹——大概是急需的补给品——并补充说，他把里面的东西只分给了"那些既不属于纳粹党，又与国家社会主义没有任何联系的昔日学生"。然后，他转向了马尔库塞的问题，说道："你的信，恰恰表明了和1933年以来就没有在德国待过的人交流起来有困难。"他解释说，他不想发表一份轻率的否认声明，因为1945年时，许多真正的纳粹都忙不迭地这么做过，"用一种最令人厌恶的方式"，言不由衷地宣布他们已经改变了信仰。海德格尔不愿意让自己的声音与他们的搅在一起。

这种回应只得到了少数几个人的支持，而其中之一就是伟大的解构主义哲学家雅克·德里达（Jacques Derrida）：在1988年的一场演讲中，谈到海德格尔的沉默问题时，他反过来问道，如果海德格尔沿着"奥斯维辛集中营是绝对的恐怖，我从根本上谴责它"这个思路，发表一份简单的声明，会怎样。或许这样的声明能满足大众的期望，合上海德格尔的案卷，如果可以这么形容的话。讨论和困惑是会少些。但那样的话，德里达说，我们会觉得"摆脱了责任"，不用再去把这个问题想清楚，也不用再去追问海德格尔的拒绝对他的哲学来说意味着什么。通过保持沉默，他留给了我们一条"命令，去思考他自己没思考的东西"——对德里达而言，这更有成效。

马尔库塞可不甘心接受这么一条复杂费劲的理由，更何况，海德格尔也没有努力说服他。在写给马尔库塞的最后一封信的结尾，海德格尔就像是在故意挑衅，拿犹太人大屠杀和东欧地区在战后驱逐德国人相提并论——虽然当时的很多德国人都这么比较过，但海德格尔这里显然也是在挖苦马尔库塞对苏联的支持。马尔库塞差点儿恶心死，在写给海德格尔的回信中，内容几乎全是针对的这一点。如果海德格尔能够提出这样的论点，这难道还没有说明他只能被认为"活在人与人之间有可能进行对话的那个维度之外"？如果海德格尔既不能交流，也缺乏理性，那马尔库塞也找不到同他交流和理论的途径。这句话说完后，另一场沉默降临了。

* * *

海德格尔的哲学"转向"，也引来了早已失联多年的故交卡尔·雅斯贝尔斯的批评。

在整个战争期间，卡尔既没有教书，也没有出版作品，和格特鲁德·雅斯贝尔斯一起小心翼翼地在海德堡活了下来。这事儿很险，因为后来发现，在一份原定要于1945年4月被递解至集中营的人员名单上，他俩的名字赫然在列，但3月时，美军夺下了海德堡，及时解救了他们。眼下，这对夫妇仍然住在海德堡，不过在1948年，他们终于后知后觉地得出结论，认为他们已经无法在德国感到自在，于是便搬到了瑞士。

1945年，弗莱堡大学的非纳粹化当局找到雅斯贝尔斯，征求他的意见：海德格尔应该获准恢复大学的教学工作吗？那年12月，雅斯贝尔斯提交了一份如他本人一样深思熟虑和公允平衡的报告。他的结论是，海德格尔是一位极其重要的哲学家，他继续做研究所需要的支持，学校应该全力以赴地提供给他——但现在还不能允许他恢复教学。他写道:"我认为,从根本上来说,海德格尔的思维模式很不自由,很独裁,也很难于沟通,目前会对学生造成极其有害的影响。"

起草这份报告时,雅斯贝尔斯重新联系上了海德格尔,这是自战争之前失联后,二人第一次取得联系。之后在1949年,他意有所指地给海德格尔寄了一本自己在1946年写的书《罪责问题》(*Die Schuldfrage*,英文翻译为 *The Question of German Guilt*)。这本书写于纽伦堡审判期间,探讨了德国人应该如何接受过去、迈向未来这个棘手的问题。在雅斯贝尔斯看来,各种审判和去纳粹化讯问的结果,都不如德国人自己想要幡然悔悟来得重要,而他们首先要做的,就是完全承认对所发生之事该负的责任,而不是像许多人给他的感觉那样,扭头回避或寻找借口。他写道,每一个德国人都应该扪心自问:"我有罪吗?"他认为,就连那些曾经反抗纳粹或者试图帮助纳粹受害者的人,也会深深陷入一种"形而上学"的愧疚感,因为"如果事情发生了,如果我在那里,如果我活了下来,而别人被杀死了,那我的内心声音会让我知道:我还活着就是罪过"。

雅斯贝尔斯所谓的内心"声音",让人想起了海德格尔"此在"的真实声音,从内在呼唤,并要求答复。但是,海德格尔现在却拒绝答复,把所思所想都憋在心里。他告诉马尔库塞,他不想成为那种人,一边慌慌张张地找借口,一边又继续若无其事地生活。雅斯贝尔斯同样认为缺乏诚意或虚伪的借口没有用,但他也不会接受海德格尔的沉默。他所认为的必要话语，不是例行公事的否认，而是真正的沟通。雅斯贝尔斯感觉，德国人在12年的躲避和沉默中，已经忘记了如何沟通，必须要重新学习。

但这对海德格尔不起作用，因为在他看来，沟通在语言的功能列表中要远远排在后面。因此，在给雅斯贝尔斯回信时，他对《罪责问题》的内容没有置评，不过作为礼尚往来，他也给雅斯贝尔斯寄了一些自己的近作。但这让雅斯贝尔斯很是反感，他单独拎出了海德格尔那句说语言是"存在居所"的口头禅，回信道："我很气，因为我觉得所有语言似乎都只是一座桥梁"——人与人*之间*的沟通桥梁，不是住所或家。但海德格尔的下一封信——写于1950年4月——留下的印象更糟，里面充斥着需要等待什么东西"来临"，来接管或占有人类的说辞——来临和占有的说法，也是海德格尔转向后提出的概念。这一次，闭口不应的人成了雅斯贝尔斯。而当他在1952年最终又写信给海德格尔时，说的则是他的新写作风格让自己想起了那些愚民已久的神秘主义废话。他说，这是"纯粹的做梦"。1950年时，他曾在信中把海德格尔称作"做梦的男孩"。如果说那还是在宽宏大量地为海德格尔的失败找理由的话，到现在，他显然已经感觉海德格尔是时候醒过来了。

雅斯贝尔斯毕生都笃信沟通的力量，也身体力行地贯彻着这一信念，又是参与火爆的电台谈话节目，又是撰写时评，尽可能地覆盖最广泛的受众。但是，海德格尔也会对非专业听众发表演讲，尤其是在他被禁止教学期间，这成了他唯一的宣泄途径。1950年3月，作为盖尔哈德·斯特鲁曼（Gerhard Stroomann）医生组织的周三晚间系列讲座的一部分，他在黑森林北部的布勒尔霍赫（Bühlerhöhe）疗养院，为住院病患和当地人举办了两场讲座。后来与他成为朋友的斯特鲁曼，随后用热情洋溢的海德格尔式语言写道，讲座大获成功，但问答环节却难以预料："讨论开始时，包含了巨大的责任和终极的危险。实践往往欠缺。你得耐着性子听那个观点……即便它只是一个问题。"

海德格尔继续尝试着。他甚至还向不来梅俱乐部的成员——主要是商业和航运业巨头，俱乐部所在地位于参加了汉萨同盟的城市不来梅——发表了早期版本的那篇谈论技术的演讲。这个讲座系列，安排者是他住在不来梅的朋友比采特（Heinrich Wiegand Petzet），而且显然收效甚好。或许，海德格尔发现，和普通公众沟通起来要比哲学家更容易，因为如果他的观点听起来讲不通的话，哲学家们会大惊小怪，而不是让自己被那种兴奋的情绪席卷。

就这样，在海德格尔固执地抗拒沟通的那段时间里，他的影响力范围反倒在逐渐扩大。1953年，他在慕尼黑发表经过修改后的技术演讲时，朋友比采特注意到，听众们尽管听得一脸茫然，但在演讲结束时，却报以了热烈的欢呼声，就好像是"一千个不想停止喊叫的喉咙在咆哮一样"。（他没有考虑他们有可能是在鼓掌欢呼演讲总算结束了。）

但即便时至今日，雅斯贝尔斯这位虔诚的沟通者，也远不如海德格尔那样被人广泛阅读，海德格尔的影响，遍及建筑师、社会理论家、批评家、心理学家、艺术家、电影制作者、环保活动家以及无数学生和支持者——甚至后来的解构主义者和后结构主义学派，都是以他的后期思想为起点。在20世纪40年代末期做了几年局外人，接着又被恢复名誉后，海德格尔自此开始成了欧洲大陆各地的大学哲学研究中绕不开的人物。1955年，富布赖特学者卡尔文·施拉格（Calvin O. Schrag）来海德堡研究哲学时，惊讶地看到了许多讲其他当代哲学家的课程，唯独没有讲海德格尔的。但随后，他的疑惑就消失了。诚如他所写的那样："我很快就明白了，其实所有课程都是在谈海德格尔。"

那么，归根结底，谁才是更好的沟通者？

*　　*　　*

互相无法理解对方的海德格尔和雅斯贝尔斯再也没有见面。不是说有谁做出了最终决裂的决定，而是事情就这么发生了。1950年，海德格尔听说雅斯贝尔斯要经过弗莱堡，便向他询问火车时刻，想在月台上见见他，至少握握手也好。但是，雅斯贝尔斯没有回复。

不过，他们倒是恢复了很不经常的正式通信。1953年，雅斯贝尔斯七十岁时，海德格尔向他致信祝贺。雅斯贝尔斯在回复中，深情地回忆起了过去，比如他们在20世纪20年代和30年代初的那些谈话，还有海德格尔的声音和手势。但是，他补充说,如果现在见面的话,他会不知道该说什么。他告诉海德格尔,他很后悔当初没有强势一些——没有强迫他好好地把自己解释清楚。"我本该抓着你不放,可以这么说吧;我本该不懈地质问你,逼着你注意。"

六年半之后,海德格尔自己的七十岁生日到来时,雅斯贝尔斯也给他送去了祝福。在那封短信的结尾,他回忆了自己十八岁时的某个下午,当时,他正在费尔德贝格(Feldberg)过寒假——这个滑雪胜地距离海德格尔的那片森林不太远。他是个身体孱弱之人,不像海德格尔那样,是个健壮的滑雪者,所以他一直就在宾馆附近,踩着滑雪板慢慢滑,不过,他仍然对大山的壮美惊叹不已,发现自己陶醉在"夕阳下的暴风雪中",注视着山坡上光与色的变幻。他用以前那种亲昵的方式结束了这封信,"你的雅斯贝尔斯"。雅斯贝尔斯的滑雪故事把他描绘成了一个谨小慎微的人,犹豫而狐疑地意识到了远处风景的魅力,但不愿意冒险接近。他暗示说,海德格尔比较大胆,但他可能走在错误的道路上,处于危险之中,并且由于走得太远而叫不回来了。

雅斯贝尔斯是在自谦。在现实中,他才是那个思想广泛地跨越了文化与时代,不断进行融会贯通和类比对照的人——而海德格尔,却从来不喜欢远离他的森林之家。

*　　*　　*

另一个与海德格尔翻脸的旧友,是 1929 年那个曾在达沃斯嘻嘻哈哈地嘲笑恩斯特·卡西尔的年轻人：伊曼努尔·列维纳斯。

在战前移居法国并获得公民身份后，列维纳斯上前线打过仗，但在法国陷落时被俘虏，并囚禁在了马格德堡附近福林博思特（Fallingboste）的11B战俘营中专门关押犹太战俘的区域。随后的五年中，他过得异常悲惨，每天只能和狱友靠着稀汤和蔬菜皮过活，同时还要在当地森林中累死累活地伐木。他们的守卫嘲弄说，他们随时都有可能被运往死亡集中营。不过，事实上，待在战俘营中可能救了列维纳斯的命。因为这在某种程度上为他提供了一种未被捕的犹太平民无法获得的正式保护，不过话说回来，他的妻子和女儿，倒是借着朋友的帮助，躲在法国的一座修道院里活了下来。但在家乡立陶宛，他的其他家人就没能幸免于难了。1941年，立陶宛被德国占领之后，列维纳斯的所有亲属与其他犹太人一起，都被关进了考纳斯城（Kaunas）的犹太隔都。一天早晨，纳粹把包括列维纳斯的父亲、母亲和两个兄弟在内的一大群犹太人集结到一起，带到郊外后，一顿机枪扫射，把他们全杀了。

像萨特在战俘营时一样，列维纳斯在被关押期间，也写了不少东西。他可以接收信纸和书籍，所以读了普鲁斯特、黑格尔、卢梭和狄德罗。他所做的笔记，后来孕育出了他的第一部主要哲学著作，也就是出版于1947年的《从存在到存在者》。在其中，他进一步拓展了早期的一些主题，包括"il y a"（"那里存有"），也就是在失眠或疲惫时笼罩在我们身上的那个无定形、未分化、非人的存在。海德格尔的存在，在这里被呈现为了一种可怕的痛楚，不再是一份要在敬畏中等候的神秘礼物。对于海德格尔所谓的本体论差异，也就是存在者与其存在的区别，列维纳斯有着一种特别的恐惧。列维纳斯觉得，如果你为了留下纯粹的存在，而抹去个人的存在者，那么，你到头来只会剩下某种可怕和非人的东西。正如他写的那样，这就是他的反思，尽管最初受到了海德格尔哲学的启发，"但却被离开那种哲学氛围的深切需求所左右"的原因之一。

列维纳斯从存在的迷雾中掉头，朝另一个方向——个人、生活、人类实体——走去。在他最著名的作品、出版于1961年的《整体与无限》（*Totality and Infinity*）中，他把"自我与他者"的关系，设立为了他整个哲学的基础——就像"存在"之于海德格尔一样，这个关系是列维纳斯的核心理念。

他有一次说过，这种思想的转变，源于他在战俘营中的一次经历。和其他囚犯一样，他也习惯了在工作时被狱卒缺乏尊重地对待，就好像他们是非人的对象，配不上同类的感情。但每天晚上，当他和工友们再次被赶回到铁丝网围栏后面时，总会在路上碰到一条不知怎么进到战俘营中的流浪狗。狗一看到他们，就会高兴地叫起来，还围着他们打转。流浪狗那充满爱意的眼神，每天都会提醒这些人，被另外一个存在承认，接受一个生物给予另一个生物的基本认可，到底意味着什么。

列维纳斯对这一经历的反思，引导他走向了一种本质上偏向伦理学，而非海德格尔那种本体论的哲学。他的思想，基本上脱胎于犹太神学家马丁·布伯（Martin Buber）的研究：在出版于1923年的《我和汝》（*I and Thou*）中，布伯区分了我与非人的"它"或"它们"之间的关系，以及我与"你"那种直接的私人性相遇。列维纳斯则更进一步地提出：当我遇见你时，我们通常是面对面相见，而你，作为另一个人，通过你的面部表情，可以对我提出伦理要求。这与海德格尔的 Mistsein 或"共在"非常不同，共在让人想到的是一群人仿佛团结一致、肩并着肩站在一起——或许是某个统一的民族（nation / Volk）。但在列维纳斯看来，我们是真的在与彼此面对面，一次面对一个人，而这种关系，就成了一种沟通和道德期望的关系。我们没有合二为一，而是互相回应。你不是被拉拢过来，在我个人真诚性的戏剧中扮演什么角色，而是你看着我的眼睛——你始终是他者。你始终是你。

这种关系比自我更根本，比意识更根本，甚至比存在更基本——而且它带来了不可避免的伦理义务。自胡塞尔以来，现象学家和存在主义者都曾试图扩展存在的定义，以便将我们的社会生活和关系也包含进来。列维纳斯做了更多：他彻底把哲学翻转了过来，把这些关系变成了我们存在的基础，而不是其附加物。

这样的调整十分激进，以至于列维纳斯不得不像他之前的海德格尔一样，为了避免退回到旧的思维方式中，转而玩起了语言的柔身术。随着时间的推移，他的文字变得越来越晦涩难解，不过，把对他者的伦理关系摆在首位，仍然是他写作的核心。随着年岁渐长，他的孩子们还拿他最有名的思想开起了玩笑。当孙辈们在饭桌上争抢最大块的食物时，有人就会说，得到最大一块的人——也就是那个明显没有优先考虑他人需求的人——"他竟然不践行爷爷的哲学！"

跟列维纳斯开玩笑很需要勇气。年纪再大一些之后，他更是变成了一个令人畏惧的人物，在会议或在课堂上，碰到那种提愚蠢问题或似乎误解了他的他者时，他会很容易冲人家发火。不说别的，单在这方面，他其实依然与他之前的导师有一些共同点。

* * *

其他思想家也在战争年代里做出了激进的伦理转向。其中最极端的是西蒙娜·薇依，她甚至真的身体力行，按照把其他人的伦理要求置于优先地位的原则来生活。1932年，她在游历了德国回到法国后，去了一家工厂工作，想要亲自体验一下这类工作的屈辱性质。1940年，法国沦陷，她的家人（不顾她的反对）逃往马赛，后来又去了美国和英国。但即便在流亡期间，薇依也做出了非凡的牺牲。如果世上还有人不能在床上睡觉，那她也不会这样做，所以，她就睡在地板上。有些人缺少食物，所以她也几乎完全不再吃东西。她在日记中好奇地想，有一天会不会有人发展出一种人类的叶绿素，这样的话，人们单单靠阳光就能生活了。

在自愿挨了几年的饿之后,因为营养不良,薇依的肺结核开始加重,病倒了。1943年8月2日,她因心脏衰竭,最终在米德尔塞克斯医院(Middlesex Hospital)去世。在人生的最后那些年里,她写下了大量有关伦理和社会的哲学研究,探究人类亏欠彼此的性质和局限。她在最后一部作品《对根的需要》(*The Need for Roots*)中提出的主张之一便是,我们没人拥有权利,但我们每个人对别人却都有近乎无限的责任和义务。且不论她的根本死因是什么——似乎与神经性厌食症有关——无人能否认的是,她全身心地践行了她的哲学。在这本书中谈及的所有人生中,她的人生,无疑是艾丽丝·默多克所谓的哲学可以被"栖居"观念最深刻且最具考验性的应用。事实上,默多克就十分崇拜薇依的思想,她早期曾对萨特存在主义很感兴趣,但薇依的思想使她转向了一种基于"善"的更偏伦理化的哲学。

与此同时,基督教存在主义者加布里埃尔·马塞尔,仍然在继续倡导他自20世纪30年代以来便一直坚持的主张,那就是伦理学胜过哲学中的其余一切,我们对彼此的责任是如此巨大,以至于扮演了超验的"神秘"角色。他被引向这一立场,部分也是因为一次战时的经历:第一次世界大战期间,他曾在红十字会的信息服务部门干过一份无人艳羡的差事:回应亲属有关失踪士兵的问询。每当消息传来,他就得转告,而且通常都不是什么好消息。正如马塞尔后来所说的,这项工作,不但永远地给他打了要警惕任何鼓吹战争言论的预防针,也让他意识到了**未知**在我们生活中所具有的力量。

这几位并非我们故事主线的激进伦理思想家之间，有一个显著的联系，那就是他们都有宗教信仰，并且都赋予了"神秘"这个概念一种特殊的角色——所谓的"神秘"就是，不可能被知道、计算或理解的东西，尤其是涉及我们同其他人的关系时。海德格尔与他们不同，因为他抛弃了伴他长大的宗教，对伦理学也没什么兴趣——原因可能是他本身对人类就没有什么兴趣吧。不过，在他晚期的著作中，每一页似乎都在暗示某种不可言说或不可理解的直接体验。所以，他也是一个神秘主义者。

神秘主义的传统，可以在克尔凯郭尔"信仰的一跃"中找到根源，同时在很大程度上还要感谢19世纪伟大的不可能神秘主义者陀思妥耶夫斯基，以及一些古老的神学观念。但它的发展壮大，也要拜20世纪上半叶旷日持久的创伤所赐。自1914年开始，尤其是1939年以来，欧洲内外的人们逐渐认识到，我们无法完全了解或信任自己，我们无法为我们所做之事找到任何借口或解释——可是，我们又必须将自己的存在和关系建基于某种稳固的事物上，因为不这样的话，我们就不可能活下去。

就连无神论者萨特，也表现出了一种对价值思考新方式的渴望。在《恶心》中，他猛烈地抨击了传统伦理，用列维纳斯式的措辞，描述了那些中产阶级人士虽然自诩为动机纯良的人文主义者，但"从不允许自己被一张面孔的意义所影响"。在

《存在与虚无》中,他继续说,单纯基于容忍的那种温和的旧伦理原则,已经不再受用。"容忍"不能再充分满足他人对我们的要求。他认为,让步和仅仅相互容忍是不够的。我们必须要学会给予彼此更多。现在,他更进一步地提出:我们都必须深刻地"参与到"我们共有的世界当中。

* * *

年轻的法国作家托瓦尼基,在陪同海德格尔收齐他的手稿之后,接下来又热心地引见他和萨特认识。托瓦尼基之前已经给海德格尔看过一系列由萨特的法国同胞让·波弗埃谈论萨特存在主义的论文。后来他又来访问时,二人讨论了这些论文,而海德格尔还惊叹地说,萨特竟然又是哲学家、现象学家,又是戏剧家、小说家,还是散文家和记者。同在场的埃尔芙丽德问道:"那,这种存在主义究竟是什么啊?"

再一次来拜访时,托瓦尼基给海德格尔带了一本《存在与虚无》。海德格尔开玩笑地用手掂了掂厚厚的书,说他眼下没空看——那个历史悠久的借口。(这次,在托瓦尼基离开之前,海德格尔给他看了自己桌子抽屉里一个包在层层柔纸中的宝贝:一张尼采的照片。"不是每个人他都给看的。"埃尔芙丽德低声说。)

这可不是什么令人振奋的兆头,但托瓦尼基没有轻易放弃给海德格尔和萨特牵线搭桥的希望,无论是私人会面还是公开辩论都行。他还试着撩拨加缪的兴趣,但加缪不想和海德格尔有任何瓜葛。萨特更感兴趣，但跟海德格尔一样，他也一直告诉托瓦尼基说，他现在太忙了，眼下什么都做不了。不过，他倒是邀请托瓦尼基为《摩登时代》详尽写一下他自己与海德格尔的会面，托瓦尼基照做了。

与此同时，海德格尔最终挪出时间，翻阅了《存在与虚无》。在托瓦尼基又一次来访时，他告诉说，他赞赏萨特心理上的敏锐和他"对具体事物的感觉"。反正托瓦尼基是这么说的；但是他又在为《摩登时代》供稿，所以也有可能是在讨好主编大人。海德格尔让他捎了一封礼貌的信给萨特。信里有一句话，可以用两种方式来理解："你的著作充斥着一种对我的哲学的直接理解，我以前还从未曾遇到过类似的情况。"

对其他人，海德格尔的回应就直言不讳了。美国学者休伯特·德雷福斯在海德格尔的书桌上看到《存在与虚无》后，海德格尔厉声说："我该怎么开始读这种 dreck 啊！"——这种垃圾。他以信的形式写了一篇长文，寄给了让·波弗埃。在信中，他批评了萨特在《存在主义是一种人道主义》讲座中提出的存在主义的人本主义版本，包括对自由和个人行动的赞颂。海德格尔不想与这种哲学有任何关联。他 1947 年时发表的文章《论人道主义的信》(*Letter on Humanism*) 中，充满了对林中空地和泰然任之的呼唤，这是他自己坚决反对人道主义新思维方式的重要文字资料之一。不过，萨特没有回应。

在早些时候写给萨特的信里，海德格尔曾邀请他来托特瑙山："在我们的小屋里，我们可以一起进行哲学思考，一起去黑森林中滑雪。"根据托瓦尼基的说法，萨特在《存在与虚无》中对滑雪的描述，给海德格尔留下了深刻印象——这段描写在书的末尾，也就是说，海德格尔最终还是读完了这堆垃圾。想想就觉得很美好：萨特和海德格尔——也许还有比萨特更善于运动的波伏娃——从山坡飞也似的滑下来，脸颊潮红，说出来的话都被风吹散了，而且毫无疑问，海德格尔为了炫技，会滑得快到让谁都跟不上。因为据麦克斯·缪勒关于和他出去滑雪的回忆来判断的话，他很喜欢这样做："我们滑雪时，他嘲笑了我好几次，在我转弯和沿曲线运动的地方，他却勇猛地直冲了下去。"

可惜，滑雪之旅从未发生。萨特总是很忙；他的日记本里满是各种邀约记录。毕竟，对于1945年时的法国人来说，去黑森林和弗莱堡大学的前纳粹校长一起滑雪，仍然会让人有些难堪吧。

* * *

1948年初，萨特和波伏娃倒是去德国看了萨特1943年那部讲自由的戏剧《苍蝇》在柏林的演出。这部戏的原版使用了《俄瑞斯忒亚》的经典故事，来反映了法国被占领后的形势。现在，导演斐林（Jürgen Fehling）在柏林赫贝尔剧院上演的版本，则把同样的想法用到了战后德国的形势上，用一个冷酷的舞台背景表达了这一观点，而原来的神殿则被改成了地堡形状。这其中暗含的意味是，德国现在也同样因为羞愧而不知所措。萨特的剧本,当初旨在敦促法国摆脱过去,对未来采取建设性的行动;也许这个信息可以被重新诠释,来适应德国的现状。

萨特显然是这样认为的。前一年时,萨特曾写过一篇文章,庆祝该剧曾在德国的法占区的一场小型出演,他写道,德国人与几年前的法国人面临着一个类似的问题:

对于德国人,我也认为悔恨毫无意义。我不是说他们应该简单地把过去的错误从记忆中抹去。不。但我很确信,只是被迫忏悔的话,他们也无法获得他们能从世界上得到的宽恕。只有全面、真诚地承诺一个自由和可行的未来,坚定地想要去创建这样一个未来,以及有尽可能多的人表现出诚意,他们才能获得宽恕。也许这部戏剧无法引领他们走向这个未来,但是可以鼓励他们朝那个方向努力。

202

并非每个德国人都认同这种分析,而围绕这部剧的争论,也引来了诸多关注。不过,这反倒保证了观众场场爆满:西蒙娜·德·波伏娃曾听说,有些人竟然花 500 马克买票——超过当时平均月薪的两倍。有个人甚至用两只鹅来支付票价,在食物稀缺的城市里,这可是个极高的代价。以前在巴黎时,波伏娃曾对德国占领者惧怕了那么久,所以起初,她对这次德国之旅有些紧张,但是看到这个国家受破坏的规模后——无论在海德格尔式语言的意义上,还是在普通语言的意义上——她改变了主意。那时正是寒冬腊月；几个星期以来，温度已经低至零下18℃，然而，许多外出的柏林人都没有穿大衣，波伏娃看到，大家推着小车一边走，一边搜集在路上发现的任何有用之物。人们那么热衷于去剧院，部分原因就是为了在那儿取暖，虽然这有时可能意味着要穿着不保暖的鞋子在雪里走很久。此时的柏林，几乎处于瘫痪状态，被尴尬地分成了分属苏联、美国、英国和法国的行政区——后面三个在几个月之后会合并成为西柏林。这座城市显然已同萨特在1933年和1934年见到它时不一样了。萨特在公开活动之间找了个空当，去看了看他当时住过的房子，发现它还立着没倒，但处于摇摇欲坠的状态。

重头戏是2月4日在赫贝尔剧院举行的辩论。萨特在翻译员的帮助下，直接用法语为自己的戏剧进行了辩护。基督徒和马克思主义者认为，这部戏剧给德国人传达了错误的消息，他们说，剧中有关解放的存在主义哲学，完全适用于1943年的法国人，但现在敦促德国人向前看，是错误的。纽伦堡审判刚刚结束；有些犯罪之人还未被追究责任。一位发言者警告说，许多人可能会利用这部戏，把它作为一个由头，来否认过去真正的罪行，逃避制裁。

萨特能听懂德语的讨论，然后，他通过翻译予以了回应。他主张，存在主义的自由从来不应该用作任何形式的借口：这与自由的本质完全相反。在存在主义中，没有借口。自由伴随着完全的责任而来。

他简短的讲话，导致基督徒作家托伊尼森（Gert Theunissen）

转而开始从总体上攻击萨特的自由概念。托伊尼森说,"存在先于本质"本身就不对。人类**的确**拥有一种本质,但那是上帝赋予的,人要做的就是追随这种本质。根据交流的记录,这句话引来了"房间里的大声赞同、几个口哨、喧闹"。接下来发言的是苏联文化研究学会会长亚方斯·施泰宁格(Alfons Steininger),他从共产主义角度切入,声称萨特的戏剧有被理解为是在"鼓吹琐碎浅薄、虚无主义、悲观主义"的危险——这些都是抨击存在主义的流行说法。总的来说,整场辩论基本上就是在这种水平上下徘徊。这不是萨特第一次夹在两个除了恨他之外几乎再无共同之处的对手之间,也不是最后一次。

当然,他们有一定的道理。虽说存在主义不应该提供借口,但并不意味着人们不会这么拿它来用。不需要什么厉害的诡辩技巧,你就能把《苍蝇》曲解为是在支持选择性遗忘。此外,还有一点也不甚明晰,那就是法国在1943年时的状况与德国在1948年时的状况,实际上有着更多的相似之处,并不仅仅是当时世界上其他国家也拥有的那种感觉:不久之前的恐怖,和对未来(混杂着希望)的忧虑。

不过,《苍蝇》在其他方面,应该能让1948年的柏林人产生共鸣,因为这些方面更多是与当下的苦难有关。舞台上荒凉的景象,看起来很像门外的柏林,甚至那些苍蝇的道具,也可能勾起记忆——因为据说,在1945年那个炎热而可怕的夏天里,德国的城市里到处都飞着恶心的大绿蝇,靠着废墟下的腐烂尸体大量繁殖。

最重要的是，柏林本身就是一座被占领的城市——被焦虑和渴望，被敌对的外国势力，特别是对苏联的恐惧，占领着。萨特和波伏娃离开几个月后，苏联军队突然行动，切断了西柏林的所有物资供应。1948年3月，铁路线被封锁；6月，公路也被切断。正如德国人在战争期间曾用饥饿对付列宁格勒一样，苏联也打算把柏林饿到就范。

西方各国以一个大胆的补救措施，对此予以了回应。他们干脆将这座城市需要的一切都空运过去：食物、煤炭、药品。在一年多的时间里，一切生存所需靠的都是空运——这就是所谓的"柏林空运"行动。有段时间，一天二十四小时中几乎每分钟都有一架飞机在柏林降落。1949年5月，与苏联的协议最终达成，封锁得到了缓解，但飞机还是从西方不断飞来，一直到当年9月底才结束。当时柏林墙还没有竖起来，那是1961年的事。但此时的柏林，已经是一个分裂的城市，而在未来四十年里，都将不得不在这种旷日持久的政治紧急状态下艰难度日。也许归根结底，这部有关担惊受怕、困难重重的阿尔戈斯城的戏剧，确实能告诉柏林人一些东西。

* * *

萨特和波伏娃克服了他们去德国的犹豫，但仍然没有表现出想要去拜访海德格尔的迹象。直到1953年时，萨特才见着他——而且那次会面很不顺利。

见面前，萨特先前往弗莱堡大学发表了一场演讲。大厅人满为患，学生们都很兴奋，但是，萨特用艰深的法语喋喋不休了三个小时后，他们的热情却已大减。到讲座快结束时，他可能也注意到了赞美程度的骤降，因此，甚至还未信步去往海德格尔在柴林根郊区的家，他便已经被搞得戒心重重了。他没去托特瑙山，所以也没有滑雪。

两人的对话是用德语进行的——萨特的德语水平可以勉强应付。会面双方都没有留给谈话内容的一手记述，但海德格尔后来和比采特说起过这次交谈，而萨特跟波伏娃也聊过，而这俩人都做了笔记。根据他们的说法，对话很快就出了岔子。海德格尔提起了《弗洛雷斯坦的维度》（*La dimensions Florestan*），这是加布里埃尔·马塞尔最近写的一部戏剧，嘲弄了一位不具名的哲学家把自己关在一间偏远的小屋里，只是偶尔发出一些无人能解的宣言。这部剧是有人告诉海德格尔的，虽然他自己没看过或听过，但他很容易就认出了那个被嘲笑的对象，而且一点都不觉得好笑。

萨特履行了他作为一个法国人的外交职责，替马塞尔道了个歉。他这么做，还是很大度的，毕竟，他自己也曾数度遭到马塞尔的攻击，先是马塞尔1943年写的一篇《存在与虚无》的书评，接着是1946年的文章《存在和人类自由》（*Existence and Human Freedom*）。马塞尔在这些文章中抨击了萨特的无神论，抨击他缺乏一种伦理哲学，而且在他看来，萨特无法接受"恩典"或他人的馈赠——他暗示说，尤其是来自上帝的馈赠，但也包括来自同胞的。可现在，萨特却表现出了相当的风度，替马塞尔的讽刺作品忍受了海德格尔的非难。

海德格尔发泄完他对这个小尴尬的不满，给对话起了个坏头后，现在该轮到萨特骑上他的爱好之马了。他迫不及待地想要讨论一下政治参与这个问题：他认为，作家和思想家有责任参与到他们所处时代的政治当中。这对海德格尔而言，即使往好了说，也是一个尴尬的话题，所以他根本不想听萨特有什么看法。后来，萨特告诉秘书让·考，他一开始提起这个话题时，海德格尔用"无限遗憾"的眼神看了看他。

但事实上，海德格尔的表情或许更可能是在传达："我们非得聊这个吗？"无论他感觉如何，结果就是，一场本来可能更有趣的对话，被浪费了更多的时间。如果说海德格尔和萨特确实谈论过自由、存在、人道主义、焦虑、真实性或其他这类话题的话，没有任何记录保存下来。他们完全就是自说自话。

弗莱堡，这座影响了萨特的研究达二十年的"现象学之城"，让他失望了，而且无论如何，他自己的思想现在反正也早已与海德格尔的大相径庭。他离开时心情很恶劣，甚至对讲座的组织者大为光火。上火车后，他发现他们体贴地在自己的包厢里放了一束玫瑰花，或许这是他们针对来访名人的标准做法，但他认为这很可笑。他后来对考说："玫瑰花束！两只胳膊才能抱得住！"这肯定有点儿夸张了。等火车一驶出车站，他便把花扔到窗外。

回来以后，他惊讶地向波伏娃描述了海德格尔现今如何如何受推崇："四千名学生和教授日复一日地埋头苦读海德格尔，想想吧！"从那之后，他开始不屑地把海德格尔唤作"山中老汉"。1940年法国落败之后，萨特曾把《存在与时间》当作他唯一的安慰，而这些日子早就一去不复返了。不过，萨特并非唯一一个无法再回头的人。这场战争改变了一切，对每个人来说都是。

第九章
生平考述

在本章中，
存在主义被运用在了真正的人身上。

有一天，大约是在1948年的柏林之旅期间，波伏娃正握笔而坐，盯着一张纸看，阿尔贝托·贾科梅蒂对她说："你看起来好疯狂哦！"她回答："那是因为我想写，可不知道写什么。"站着说话不腰疼的他，"睿智"地说："那就随便写。"

她照做了，而且还真写出了东西。此外，她从最近读到的朋友米歇尔·莱里斯的实验性自传体作品中，也得到了进一步的启发：这些让她萌生了一个想法，尝试用不拘一格的形式来写下她的回忆，而围绕的主题则是成长过程中身为一个女孩对她意味着什么。和萨特讨论这个想法时，他敦促她要更深入地探索一下这个问题。这三个男人，据西蒙娜·德·波伏娃描述，正是她伟大的女权主义著作《第二性》的源起。

或许开端本来是个朴素的想法，还需要男性的鼓励才成，但很快，波伏娃就将其发展为一个从各方面来说都具有革命性的研究项目：她的书颠覆了有关人类存在本质的公认观点，并且鼓励读者要颠覆自己的存在。这本书也是一个自信的实验，或许可以称之为"应用的存在主义"。波伏娃利用哲学处理两个庞大的主题：人类历史——被她重新解释为父权制的历史——以及个体女性整个生命的历史，从出生到老年的进程。这两个故事相互依存，但在书中又独立成章。为了使内容有血有肉，波伏娃把几种要素结合了起来：她自己的经历，从她认识的其他女性那里收集来的故事，以及在历史学、社会学、生物学和心理学方面的广泛研究。

她写得很快。1948年，部分章节和早期版本便开始在《摩登时代》上逐步刊登；1949年，全书出版，引来一片哗然。这个思想自由的女存在主义者，本就因为开放的情感关系、不生孩子和不信神，被认为是一个令人不安的人物。现在，她又写了一本书，里面不但到处是对女性性经验的描写，甚至还包括了一章讲述女同性恋的内容。连她的朋友也避之不及。最保守的回答之一来自阿尔贝·加缪，正如她在回忆录中写道的那样，他"用几个没好气的句子，指责我让法国男性看起来很荒谬"。但是，如果说男人觉得不舒服的话，那阅读它的女人，却常常发现自己开始以一种新的方式来思考人生。1953年，《第二性》被翻译成英语后——比《存在与虚无》早三年，比海德格尔的《存在与时间》早九年——在英国和美国产生了比在法国更大的影响。可以说，这本书是存在主义运动中诞生的影响最为深远的作品。

波伏娃的指导原则是，女性这一身份在成长过程中造成的差异，要比多数人（包括女性自己）意识到的更加巨大。一些差异显而易见，也很实际。法国妇女才刚刚获得投票权（随着1944年的解放），但仍然缺乏许多其他基本权利；直到1965年，已婚女性才有权开立个人银行账户。但法律上的差异，反映的是更深层次的生存差异。女人的日常经验和在世存在，从很小开始便与男人的朝不同方向分化，以至于根本没几个人会觉得它们其实是发展而来的；人们理所当然地认为，这些差异是女性气质的"自然"表现。但波伏娃的看法恰好相反，她认为，这些都是女性气质之迷思（myths）——这个说法，是她从人类学家克劳德·李维-史陀那儿改造而来的,再往前的话,可以追溯到弗里德里希·尼采用来发现文化与道德谬误的"谱系学"方法。照波伏娃的用法,迷思差不多接近胡塞尔的结壳理论概念,也就是累积在现象上的东西需要被刮除,才能触及"事物本身"。

在书的前半部分,波伏娃从历史的角度对迷思和现实进行了粗略的概览,在后半部分,则专门从婴儿期起,讲了一个典型女性的一生,进而展示出——用她的话来讲就是——为什么说"一个人并非生下来就是女人,而是逐渐长成了女人"。

最初的影响始于幼儿期,她写道。男孩被教导要勇敢,女孩则被认为爱哭和软弱。两种性别的儿童听的是类似的童话故事,但在故事里,男性是英雄、王子或勇士,而女性被锁在塔里、陷入沉睡或被绑在岩石上等待救援。听着这些故事,女孩注意到,母亲大部分时间都留在家里,像个被囚禁的公主,而父亲会到外面的世界,就像一个勇士去参加战争。她明白自己的角色将会朝哪个方向发展。

长大一些后,女孩学会了举止谦和、得体。男孩们则跑啊,抢啊,爬啊,抓啊,打啊;他们是真的在抓着物质世界,与之较量。而女孩们则穿着漂亮的连衣裙不敢跑,害怕把裙子弄脏。后来,她们穿上了高跟鞋、紧身胸衣和裙子;她们留了长长的指甲,还老怕弄断。如果硬要说她们做成什么事的话,也就是通过无数微小的方式,学会了犹豫,生怕会伤害到纤弱的自己。艾丽丝·马里昂·杨(Iris Marion Young)后来把波伏娃的分析应用到了更多的细节上，正如她在发表于 1980 年的论文《像个女孩似的扔》(*Throwing Like a Girl*) 中说的那样，女孩们逐渐开始认为自己是"**被放置在**空间里"(positioned in space)，而非用她们的活动去定义或建构周围的空间。

青春期带来了一种更显著的自我意识，在这个年纪，有些女孩会变得倾向于自我伤害，而问题男孩们更容易去和别人打架。性征开始发育，小男孩早已意识到阴茎是个重要的东西，但女孩的生殖器从来不被提及，仿佛不存在一样。早期的女性性经历可能很尴尬、疼痛或吓人，而这些则可能带来更多的自我怀疑和焦虑。接着是对怀孕的恐惧。（这点被写下时，离避孕药的出现还早着呢。）波伏娃说，就算年轻女性享受性爱，但因为女性的性快感可能更强烈，所以会更令她们不安。对大多数女性来说，性通常与婚姻有关，而伴随着性而来的，还有重复和孤独的家务劳动，但这取得不了任何外部世界的成就，不是真正的"行动"。

到目前为止，所有这些因素共同阻碍了女性在更广阔的世界中建立权威和代理。对她而言，世界不是海德格尔那个意义上的"一套工具"。相反，世界"被命运主宰着，充满了神秘、无常的变化"。波伏娃相信，这就是为什么女性很少能在艺术或文学上取得伟大成就的原因——不过她认为弗吉尼亚·伍尔夫是个例外，她在 1928 年的作品《一间自己的房间》(*A Room of One's Own*) 中，展现了假如莎士比亚有个同样才华横溢的妹妹，那么她会遭遇什么样的灾难。在波伏娃看来，女性境遇中的每一个因素，合谋限制了她们，让她们变得平庸不堪，但原因并不是她们天生就低人一等，而是她们慢慢学着变得内向、被动、自我怀疑和过分热衷于取悦他人。波伏娃认为，多数女性作家都令人失望，因为她们没有抓住人类境况，没有把人类境况当成自身境况。她们觉得很难感到要对宇宙负责。一个女人怎么能像萨特在《存在与虚无》中那样宣布，"我独自承载着世界的重量"？

在波伏娃看来，对女性最大的压制，来自她们那种将自我视为"他者"而非一个卓越主体的习得倾向。在这里，她汲取在战争期间读到的黑格尔有关对立的意识如何争夺支配地位的分析。一个意识扮演"主人"，而另一个则是"奴隶"。主人会从自己的视角感知一切，这是自然。但奇怪的是，奴隶也这么做，她绞尽脑汁地试图站在主人的视角来看世界——一个"异化"的角度。她甚至会采用他的视角来看待自己，把自己看成是客体，而他是主体。当奴隶醒过来，意识到她把一切都弄反了，整个关系其实取决于她所做的辛苦工作——取决于她的劳动时，这种让人备受折磨的结构，便最终崩塌了。她开始反抗，并且在此过程中，终于完全觉醒。

波伏娃认为，黑格尔这种将人际关系看作是一场旷日持久的凝视或视角大战的观念，蕴含着丰富的价值。多年以来，她一直在和萨特反复讨论这一点。萨特从20世纪30年代开始，也一直对"主-奴"辩证法颇感兴趣，并且把它变成了《存在与虚无》中的一个主题。鉴于萨特在说明异化的凝视斗争时所举的例子尤为生动，所以我们先把波伏娃稍微放一放，绕道去看一下他的例子吧。

在第一个例子中，萨特要求我们想象在公园里散步。如果我是孤身一人的话，公园会围绕我的视角，来舒舒服服地安排自己：我看到的一切，都会向**我**呈现自身。但随后，我注意到一个人穿过草坪走向我。这导致了突然的宇宙转变。我意识到，这个人也在围绕着自身安排**他的**世界。正如萨特所写的，草的绿色转向了另外那个人的同时，也转向了我，我的一部分世界开始往他的方向流失。我的一部分也流失了，因为就像他是我的世界中的一个对象一样，我是他的世界中的一个对象。我不再是一个纯粹可以感知的虚无。我有一个可见的外在，而且我知道他可以看到这个外在。

萨特随后又加了一个转折。这一次，他把我们放到了巴黎一家酒店的走廊里，正透过某扇门上的钥匙孔偷窥——可能是出于嫉妒、欲望或好奇。我正全神贯注于我看到的东西，并且竭力想看清楚。但这时，我听到走廊里传来了脚步声——有人来了！整个情势骤然改变。我不再全神贯注于房间里的场景，而是意识到了自己是个偷窥狂，这将是我在沿走廊过来的第三方眼中呈现的样子。我的看，现在当我再透过钥匙孔偷窥时，变成了"一个被看的看"。我的"超越"（transcendence）——我全身心地将自己投入到我所感知的事物中的能力——本身被另一个人的超越"超越了"。那个他者有权把我标记为某种对象，给我加诸明确的特征，而不是让我继续自由。我通过控制那个人怎么看待我，来努力抵御这一切——所以，比如，我可能会煞有介事地假装我只是在弯腰系鞋带，这样，他就不会给我贴上下流偷窥狂的标签了。

在萨特的小说和传记，以及他的哲学中，视角竞争的事件一直重复出现。在他的新闻报道中，他回忆了1940年之后那种被视为战败民族一员的不愉快感。1944年，他写了一整部关于它的戏剧：*Huis clos*，被翻译为 *No Exit*（《禁闭》）。剧本描绘了被困在同一房间里的三个人：一个被指怯懦的逃兵，一个粗鲁的女同性恋者和一个轻浮的拜金女。每个人似乎都用评头论足的目光至少看着其中一人，而每个人又都渴望逃离同伴无情的眼神。但他们不能这样做，因为他们死了，去了地狱。正如该剧中被引用过无数次，但也常被误解的最后一句台词所说的那样："他人即地狱（Hell is other people）。"萨特后来解释道，他并不是在笼统地指他人就是地狱。他的意思实际上是，**在死后**，我们被冻结在他人的视野中，再也无法抵挡他们的解释。活着的时候，我们仍然可以做些什么，来控制我们留给别人的印象；一旦死去，这种自由便会荡然无存，而我们只能被埋葬在其他人的记忆和知觉当中。

萨特这种把活生生的人际关系看成是一种主体间的柔术的观点，导引着他写出了一些非常奇怪的性描写。从《存在与虚无》对性的讨论来判断，萨特式的性关系，是一场史诗般的视角争夺，换句话说，就是在争自由。如果我爱你的话，我不会想直接控制你的想法，但我想让你爱我和渴望我，并**自由地**向我放弃你的自由。此外，我希望你看到我，不是和其他人一样，只是一个偶然和有缺陷的人，而是成为你世界里的一个"必要"存在。也就是说，你不要冷静地评价我的缺陷和恼人的习惯，而是要欣然接受我的每个细节，就仿佛它们之间连一丝一毫的差别都没有那样，全盘接受。或者借用《恶心》里的一个表达就是，我想成为你的那首拉格泰姆歌曲。萨特倒是意识到了这种感情状态不可能长久下去。因为这也伴随着一场交易：你同样会想要我无条件地爱慕你。正如艾丽丝·默多克所指出的，萨特把爱变成了一场"两个催眠师在一个封闭房间里的战斗"。

萨特针对爱和其他遭遇得出的这种分析，至少部分得益于波伏娃对黑格尔所做的解读。他们都仔细钻研了主-奴辩证法的含义；萨特搞出了他那些惊人和怪异的例子，而波伏娃则使之成为她的杰作更为牢固的基础。她的解读比他更复杂。比如，她指出，把爱情或任何其他关系当作两个平等参与者之间的互惠相遇这种想法，漏掉了一个关键的事实：真实的人际关系包含了地位和角色的差异。萨特忽视了男女不同的存在状况；在《第二性》中，她用黑格尔的异化概念纠正了这一点。

她指出，女性确实是男性的"他者"——但是男人并不完全是女性的"他者"，或者说至少程度不同。男女两性往往都认同把男性作为典型的案例和一切视角的中心。就连语言也在强化这一点，"人"（man）和"他"（he）在法语和英语中都是默认说法。女人不断地想象着自己在男性眼中的样子。她们非但没有望向世界，看到它本身呈现给她们的样子（就像那个透过钥匙孔窥视的人），反而保持着她们是对象的那个视角（就像那个意识到走廊里传来脚步声之后的人）。在波伏娃看来，这就是女人在镜子前面花那么多时间的原因，也是为什么男人和女人都会含蓄地认为，女性是更感性、更情欲、更性感的那个性别。在理论上，对于异性恋女性而言，男性才应该是性感的那个，为了满足她的凝视而嬉闹着展示自己。然而，她却将自己视为了吸引对象，在男性的眼中散发着性感的光芒。

换句话说就是，女性大多数时候都生活在萨特所谓的"自欺"之中，假装是别人的对象。她们的所作所为，与那个服务员脚步轻快地扮演服务员角色时的所作所为别无二致；她们将自身等同于她们的"内在"形象，而不是她们的"超越"意识，将之视为一个自由的自为。服务员在工作时这么做；女性却是一天到晚都在做，而且程度更甚。太累人了，因为女性的主体性时时刻刻都在试着去完成主体性天生就会的事，即坚持将自身作为宇宙的中心。每个女人的内心中都有一场激烈的挣扎，正因如此，波伏娃才认为，如何成为一个女人的问题，是一个最典型的存在主义问题。

波伏娃起初那些零星的回忆片段，现在已经发展成了一项对异化的大规模研究。她的这项现象学调查，不仅针对女性经验，而且包括了童年、具身化、能力、行动、自由、责任和在世存在。《第二性》得益于多年的阅读与思考，以及和萨特的对话，但绝非如一度被认为的那样，是萨特哲学的附属品。诚然，1972年时，她曾成功地震惊了一位女权主义采访者，非坚持说她写这本书主要是受了《存在与虚无》的影响。但七年后，在另一次采访中，她又坚决说，搞懂黑格尔关于他者和异化凝视的思想，与萨特毫无关系："是我想出来的！绝不是萨特！"

无论影响何来，波伏娃的书在微妙地平衡个人生活中的自由和约束这一点上，做得比萨特成功。她向我们展示了选择、影响和习惯如何在一生中逐步积累，创造出一个越来越难以摆脱的结构。萨特也想到了从长远来看，我们的行动经常会构成一种形态，创造出他所谓的个人存在的"基本筹划"（fundamental project）。但波伏娃则强调了这一点与我们作为性别化、历史性存在者的更广阔境遇之间的联系。她承认要突破这种处境会十分困难——但她坚定不移地相信，即便如此，我们也始终拥有存在的自由。女性可以改变她们的人生，正因如此，才值得写书唤醒她们，让她们认识到这个事实。

《第二性》其实完全可以被列为当代最伟大的文化重估经典之一，可以与查尔斯·达尔文（重新定位了人类与其他动物的关系）、卡尔·马克思（重新定位了高级文化与经济学的关系）和西格蒙德·弗洛伊德（重新定位了意识与潜意识的关系）的著作平起平坐。波伏娃通过展示我们是彻彻底底的性别化存在者，重新评估了人类的生活：重新定位了男性与女性的关系。同其他书一样，《第二性》揭露了一些迷思。同其他书一样，它的主张颇具争议，在细节处也并非无可指摘——

这在任何重要论断中都难以避免。但是，它却从来没有被摆上神坛。

这是性别歧视的进一步证据吗？还是说是由于她的存在主义术语制造了障碍？但是就大部分术语而言，英语国家的读者其实根本没有见过。这些都在1953年时，应出版商的强烈要求，被本书的第一位译者、动物学教授帕什利（Howard M. Parshley）删减掉了。直到编辑后来读了这本著作之后，才要求他不要改得太狠，说："我现在非常确信，这是有史以来谈性的少数几本最伟大著作之一。"不过，问题并不仅仅是遗漏；帕什利把波伏娃的"自为"（pour-soi / for-itself）翻为了"她的本性自在"（her true nature in itself），恰恰颠倒了其存在主义的含义。他还把第二部分的标题"生活经验"（L'expérience vécue / lived experience）改成了"现代女性的生活"（Woman's Life Today）——正如莫伊（Toril Moi）所评价的那样，听起来就像某本女性杂志的名字。更添乱也更有辱本书的是，20世纪六七十年代的英语平装版本，老喜欢在封面上印一个模模糊糊的裸体女人，搞得就像一本软色情作品。她的小说也受到了类似的待遇。但奇怪的是，萨特的书就没遇到过这种事。从来没有哪个版本的《存在与虚无》会在封面上印个肌肉男，还只穿着一件服务生的围裙。萨特的译者黑兹尔·巴恩斯也没有简化他的术语——不过，她在回忆录中倒是提到过，说至少有一个书评人认为她其实应该简化一下。

如果没法怪罪性别歧视和存在主义语言的话，那么《第二性》被知识界边缘化的另一个原因，则可能是它的形式是个案研究：仅仅针对某一特定类型的人生所做的存在主义研究。如同在许多其他领域一样，应用性研究在哲学中也不受重视，往往被认为是对更严肃著作的补充。

但这可从来都不是存在主义要走的路子啊。它意在关注的从来都是真实、个体的人生。如果应用得当的话，**所有存在主义其实都是应用存在主义**。

* * *

同波伏娃一样，萨特也饶有兴趣地想看看存在主义怎么能被应用在特定的人生之上，具体到他自己的话，这种兴趣将他引向了传记。波伏娃追溯的是普通女性从婴儿直到成年的一生，而萨特则以同样的方式研究了一系列个人（而且**都**是男人）：波德莱尔、马拉美、热内、福楼拜和他自己，以及一些短篇文章的主角。在《恶心》中，他让罗冈丹放弃了他的传记项目，以免把一套常规的叙事形式强加到一个人的人生上，但是，萨特自己写的传记，却一点也不常规。他放弃了标准的编年史手法，代之以探寻人生转向的独特形态和关键时刻——也就是一个人在某种情况下做出选择，从而改变一切的那类时刻。在这些关键的节点上，我们可以一窥这个人将存在转化为本质的行为本身。

这类最重要的时刻往往在童年时期。萨特的传记关注的全都是写作对象的早年人生；他自己的回忆录《文字生涯》，同样仅限于早年生活。这种对童年的兴趣,在一定程度上要感谢弗洛伊德,他也写过为人生挑毛病的心理传记,而且经常把问题追溯到某个"原初场景"。萨特同样喜欢寻找原初场景,但与弗洛伊德不同的是,他的场景通常与性无关。萨特认为,性经验会从与我们的特定存在相关的一些更加基本的经验中汲取力量。在他要搜寻的那些经历中,孩子在面对充满挑战的状况时,会主动掌控局势,使之转而对自己有利。换句话说便是,他是从自由的角度来阐释传记对象的人生。这种情况,在他那本写作家让·热内的书中,尤其明显——出版于1952年,也就是波伏娃的《第二性》出版三年之后,而且显然受到了她的影响。

自从在战争期间第一次在花神咖啡馆见到热内后,萨特便一直饶有兴致地关注着他的职业生涯。热内创作的那些充满情欲和诗意的小说、回忆录,均以他在少年感化院、监狱以及在街头当小偷和男妓的生活经历为基础。他最具争议性的作品《葬礼》(*Funeral Rites*),讲述了在占领期最后的日子,一名法国少年见德国人节节败退——或者更确切地说,正因为他们在节节败退——转而跑到德国那边,替他们打仗的故事。在任何情况下,热内都倾向于同情那些被打败者或被鄙视者;而在1944年,这就意味着德国人和通敌者,而不是胜利的抵抗者。此后,他还支持过叛徒、暴力革命者、巴德尔·迈因霍夫派恐怖分子、黑豹党以及任何或多或少算局外人的人。20世纪60年代时,他曾支持过学生激进派,但是又对威廉·巴勒斯（William Burroughs）说过："如果他们赢了的话，我就转而反对他们。"

萨特喜欢热内的故意作对，也喜欢他为现实赋予诗意的方式。所以当出版商伽里玛请他为热内选集写序时，萨特十分高兴。但这序写着写着就到了 700 页。不过，伽里玛非但没抓起手稿，照着萨特的头狂敲一顿，反而同意单独出版书稿，并取了一个突出其"变形"主题的书名：《圣徒热内》（*Saint Genet*）。事实证明，这是一个好决定。在这本既是思想专著，也是传记作品的书里，萨特运用了马克思主义的分析元素，不过，他探究热内的人生，还是着重为了展示他的理论："只有自由才可以从整体上解释一个人。"

在他的解读中，热内首先是一个作家，通过写下生命中的那些偶然事件，从而掌控了它们。但是，热内这种把人生事件转变为艺术的能力又是从何处获得的呢？萨特问，是不是在某个确定的时刻，热内这个被鄙视和被虐待、被他的未婚母亲遗弃、被孤儿院收留的孩子，开始变成了一位诗人？

萨特在热内十岁时经历的一件事中找到了他要找的那个时刻。当时，热内正生活在一个寄养家庭里，按照一般的期待，这样的孩子本该谦卑恭顺、感恩戴德才对，但热内却拒绝照办，反而叛逆至极，老是偷这家和邻居的一些小东西。有一天，他刚把手伸到抽屉里，就被一个碰巧走进来的家庭成员撞见了，对方大喊道："你这个贼！"照萨特的解释，小热内被冻结在了他者的凝视中，成了一个被贴上卑鄙标签的对象。

但是，热内没有感到羞愧，而是接受了标签，通过敢作敢当的承认，改变了标签的意义。你说我是贼？好啊，那我**就要**当个贼！

通过采纳他人的物化标签，来代替他无自我意识的自我，热内像波伏娃在女性中观察到的那样，扭曲了自己的心理。她认为，这种扭曲给女性带来了终身的焦虑，让她们变得犹豫不定，充满了自我怀疑。不过，在萨特看来，热内却挑衅地完成了这项操作，进而将结果逆转：他的异化不但没有压制他，反而给了他一个逃离的出口。从那之后，他担起了自己这种小偷、流浪者、同性恋者和男妓的局外人身份。他把自己所受的压制颠倒过来，进而控制了它，他的书便是在这种倒置中获得了力量。热内的人生经历中最屈辱的那些元素——粪便、体液、臭味、监禁、暴力的性——都被树立为崇高的东西。热内的书把屎变成了花，把监牢变成了神庙，把最凶残的囚犯转变成最温柔的对象。这就是萨特把他称为圣徒的原因：就像圣徒把苦难转化为圣洁，热内将压迫变成了自由。

萨特直觉地知道这些，很大程度上是因为他在思考热内的人生时，至少也同样在思考他自己的人生。虽说他的中产阶级童年与热内的少有共同之处，但他自己也经历过黑暗时期。家人搬到拉罗谢尔后，12岁的萨特一边要面对那位对他恐吓威胁的继父，一边要在一所充满暴力的学校上学，那些男同学对他拳打脚踢，骂他是贱民，还讥笑他长得太丑。在痛苦不堪中，萨特决定要用一种例行公事般的举动，来把他们的暴力变成自己的一部分，转而用它来反抗他们。他的举动是，从母亲的钱包偷零钱，然后买糕点给欺负他的人吃。这看起来似乎是某种趣味的暴力——取决于是什么样的糕点。但对萨特来说，这是一种魔术般的行为，一种彻底的转变：这些恃强凌弱之人夺走了他的东西，那现在他就给他们一些东西。通过这种热内式的盗窃和馈赠，他按照自己的意愿重新定义了整个状况，从中造出了某种艺术品。后来，他告诉波伏娃，自那之后，他便"不再是个可能被迫害的人了"。有趣的是，在此后的人生中，他一直都会忍不住地要送别人东西。

跟热内一样，萨特也有一种更有力的掌控方式：写书。对他们两人而言，身为作家便意味着要为世界的偶然性赋予艺术的"必然"特质，正如《恶心》中的爵士歌手把存在的混乱转变为美好的必要性一样。萨特的所有传记围绕的都是这个主题。在1947年对波德莱尔的考述中，他向我们展示了这位年轻诗人在学校受到欺负，但把他的痛苦转变成了文学。同样的事情也发生在了《文字生涯》中——这本书是他在1953年，也就是《圣徒热内》出版一年后开始写的。在后来的一次采访中，他说驱使他的问题是："一个人为什么会成为作家，想要去谈论那些假想出来的事物？"而《文字生涯》，便是他想搞清楚是什么让他这样的孩子患上"文学神经官能症"的尝试。

事实上，在写《文字生涯》时，萨特便开始担心，这种分析，也就是把自由和自决视为只有作家才能全然享受的存在模式，在意识形态上是错误的。难道为了掌控自己的存在，人要把一辈子都只耗费在艺术上吗？这难道不是自我放纵？也许人的精力应该用在别的途径上——比如和无产阶级并肩作战，为革命效力。创作《文字生涯》时，萨特在里面写下了各种欢乐的自嘲——这使本书成为他最趣味横生的作品之一。接着，他宣布，这本书代表了他"对文学的告别"。

但是，萨特的告别并非像诗人兰波（Rimbaud）告别文学那样，意思是要**停止创作**。事实证明，他的告别意味的是更加疯狂地写更多东西，但同时又放弃了那种修正思想，使之进一步成形的努力。萨特用《文字生涯》告别的，其实是悉心的构思和润色——因为视力恶化，这个过程对他来说可能已经越来越困难。虽然他把这说得好像是某种高尚的放弃一样，但从读者的角度来看，给人的感觉更像是在宣战。

* * *

在接下来的传记写作生涯中，萨特创作了他自认为是他在该体裁方面的最高成就，但实际却是世界上最让人读不下去的书之一——《家庭的白痴》（*The Family Idiot*）。这是讲述福楼拜生平的一套多卷本著作，像以前一样，萨特在书中将到底是什么让作家成了作家这个问题置于了首要位置。但他这次采用了一种不同的方法来处理。萨特将福楼拜的写作方式，追溯到了他在中产阶级家庭里的童年生活，小时候的福楼拜，因为总是长时间地两眼放空、做白日梦或者发呆，被家人斥为"白痴"，受尽漠视。通过给他贴上白痴的标签——中产阶级的典型排斥行为——他们切断了他正常的社会交际。萨特将幼小的福楼拜比作一只家养动物，一部分融在人类文化中，一部分又与之分离，并且被他缺失的东西困扰着。

在他缺少的东西中，最重要的便是亲情。这种家人之间的爱，原本可以带他走进完整之人的国度，但福楼拜拥有的却只剩下了萨特所谓的"他自己的汁液、自我那种刺鼻、植物性的丰盛。蘑菇：初级生物体，被动，被束缚，往外渗着卑贱的充盈"。这种在灵魂蘑菇块中的遗弃，让他对自己的意识，以及对自我和他人之间的界限感到困惑。福楼拜感觉自己是"多余的"，不知道他在世界上应该扮演什么角色。正因如此，他才会"不断地追问"，并且对意识经验之边缘迷恋不已。当某个采访者问萨特为什么想写福楼拜时，他回答，是因为这些边缘："与他在一起时，我站在了边界上，梦的藩篱边上。"

这个项目也把萨特自己的写作带向了边界——意义的边界。他从黑格尔哲学和马克思主义的角度对福楼拜的人生进行了解读，并将二者编织在一起，着重强调了社会和经济的层面，但也引入了一种接近弗洛伊德学说的潜意识概念。他经常使用的一个术语是 le vécu，即"生活的"(the lived)。波伏娃和其他人也使用这个词，但在萨特笔下，它几乎成为"意识"的替代词。这个词指的是一个领域，在其中，像福楼拜这样的作家，能够在没有完全看透自己的情况下设法理解自己——或者如萨特说的，在其中，"意识通过遗忘来玩确定自身的把戏"。

这个想法既充满诱惑又难以理解。也许最好的表述方式是，《家庭的白痴》是萨特的一种尝试，想要展示作家如何在无法拥有充分意识的情况下成为作家。

为了完成这个庞大的写作计划，萨特自己苦苦挣扎。他开始写作时是1954年，但之后便失去了动力，手稿丢到了一边，过了很久，他才又撸起袖子，迅速完成了三卷，并于1971年和1972年出版。这三卷总共有惊人的2800页，可以说，比我们所能预期的最冗长的传记，还要长大约2000页。可即使到这个时候，他也还没写完，只把故事讲到了福楼拜创作《包法利夫人》那儿。第四卷被列入了写作计划，但没有写出来。这着实很不尽如人意，但更大的问题还在于，现有的三卷几乎完全读不下去。

不过，至少有一个人挺喜欢它们。西蒙娜·德·波伏娃阅读了草稿——萨特的所有书她都这么读过——而且读了好几遍。之后，她在回忆录里写道：

我不知道我通读了多少遍《家庭的白痴》，次序混乱地读那些冗长的章节，然后和萨特讨论。1971年夏天，我在罗马又读了一遍，从第一页到最后一页，一读就是好几个小时。在我看来，萨特没有任何一本别的书能这么令人愉快。

我真希望我能看到波伏娃所看到的东西。我试过——我很少会怀着一种非常想要喜欢它的愿望去阅读一本书，但这个愿望落空了。我倒是对译者卡罗尔·考斯曼（Carol Cosman）的成就佩服得五体投地，她花了十三年时间，一丝不苟地把整部作品翻译成了英语。但我对萨特就不太满意了，他显然认定，这部作品的性质，本身就排除了任何修订、润色或任何想清晰明确起来的尝试。

当然，这本书并非毫无亮点。偶尔的闪电也会击中原生汤，只不过没有让其中闪出生命的火花罢了，而且，要想找到其中的那些亮点，你除了在自己所能忍受的限度内，尽可能久地在这片沼泽挖下去之外，别无他法。

其中的一个亮点是，萨特在谈到凝视的力量时，回忆了他曾看到过的一个场景：一群人正在谈论一只狗——列维纳斯描述过类似场景，在他所在的战俘营中，有只狗见到人就很高兴——但这一次，当人们低头看它时，那条狗意识到他们在关注自己，可又不明白为什么，于是它开始焦虑不安，困惑地站起来，朝他们跑过去，接着停住脚步，呜咽了几声，然后吠叫起来。萨特写道，它似乎"从它的角度，感觉到了人与动物之间的关系这种相互作用且奇怪又神秘的现象"。

萨特很少会给别的动物这样的表扬，认可它们所拥有的意识形式。在此之前，他曾含蓄地把它们与树和混凝土板一起全部放在了"自在"的领域中。但现在看来，他的观点已经发生了转变。动物可能无法拥有充分的意识——但或许人类也没有，这可能就是萨特说带我们到梦的边界时想要表达的意思吧。

＊　　＊　　＊

萨特对所谈论对象的潜意识或半意识心理状态的兴趣，早在写福楼拜的传记之前就已发展成形。在《存在与虚无》的结尾部分，他曾探索过这么一个想法：我们的生活可能是围绕那些真的属于我们，但我们又无法充分理解的计划而安排的。他还呼吁建立一种基于自由和世俗存在的全新的存在主义精神分析法。他从未认可弗洛伊德描绘的那幅图景：心理分为一层一层，从潜意识往上被依次排列，仿佛是有待研究的一块果仁蜜酥饼或地质沉积物；他也不认同性的首要地位。但是，他倒是对生命那些无法理解的部分和我们的神秘动机越来越着迷，而且还尤其对弗洛伊德——和他自己一样——在研究过程中不断改变和完善自身理念的方式很感兴趣。弗洛伊德和他一样，其思想有着规模同样宏大的基础；萨特很尊重这一点——当然，最重要的是，他也是一位作家。

1958年，萨特有机会更加细致地探索了弗洛伊德的人生：导演约翰·休斯顿（John Huston）委托他创作一个传记片的剧本。萨特接受这份工作，部分原因是他需要钱：一笔巨大的税金让他捉襟见肘。但是，接受委托后，他又以往常那种能量投入到工作中，导致最后拿出的剧本足足可以拍一部七小时的电影。

休斯顿可不想要一部七小时的电影，便邀请萨特来爱尔兰，住到他家里，两人一起来删减剧本。但萨特是个让人疲于应付的客人，说起话来喋喋不休、语速飞快，休斯顿几乎跟不上他的法语。有时离开房间后，他还会听到萨特继续侃侃而谈，显然根本没有意识到听众早已离开。但其实，萨特对主人的行为同样感到困惑。他写信给波伏娃说："正讨论着呢，他就突然消失了。要是能在午餐或晚餐之前再次见到他，就算走运了。"

萨特乖乖删掉了一些场景，可在写新剧本的时候，他又忍不住在那些地方加了些新的或者把其他场景拉长。最终，他向休斯顿呈上来的剧本，确实不能拍一部七小时的电影了，但是可以拍一部八小时的。休斯顿解雇了萨特，然后请他的两位常用编剧创作了一部更为常规的电影。1962年，这部电影如期上映，蒙哥马利·克里夫特（Montgomery Clift）扮演弗洛伊德，但萨特的名字没有出现在演职人员表上——据说是他自己要求的。很久之后，他的剧本以多版本形式出版，好方便人们（如果愿意的话）仔细研究对照所有改动过的段落，思考萨特为文学传记做出的另一份非标准贡献。

*　　*　　*

福楼拜、波德莱尔、马拉美和弗洛伊德都无法回应萨特对他们的解读，但热内可以，只是他的反应有些复杂。萨特很喜欢讲的一个故事是，热内一开始把手稿扔进壁炉，然后在手稿被火焰吞噬之前又把它抢救了出来——可能是真的，也可能不是。不过，热内倒是跟考克多（Jean Cocteau）说过，被萨特变成一座"雕像",让他很紧张。一部解释性的研究,讲的却是一个人如何拒绝接受别人的解释性凝视,萨特也一定注意到了这其中的讽刺意味吧。而对于喜欢神化自己的热内而言,从一个写作者变成被写者,尤其让他尴尬;他更习惯的是在钢笔的另一端,并且对于自己的艺术伪装被剥掉,他也感到很"恶心"。

但另一方面,能受到如此的关注,他又深感荣幸,更何况,他也确实挺喜欢萨特这个人。说完感到很恶心之后,他接着告诉那位采访者:"和一个什么都理解,喜欢哈哈大笑,不喜欢妄加评判的人在一起,是件很愉快的事……他是一个非常敏感的人。十年前还是十五年前的时候,我见他脸红过好几次。红着脸的萨特很可爱。"

热内和萨特之间的一个主要分歧,是他的同性恋取向。萨特的解释是,这属于热内被贴上贱民标签之后的一种创造性回应——因而,是一种对局外性或对立性的自由选择。但是,在热内看来,这是一种前定事实,就像长着绿色或棕色的眼睛一样。他依此与萨特据理力争,但萨特仍旧固执己见。在《圣徒热内》中,针对热内这种更偏向本质主义的意见,他甚至还放肆地评论道:"在这一点上,我们不能追随他。"

现在,许多人更赞同热内的看法,而不是萨特的,认为且不论其中是否混杂别的因素,我们中有一些人生来**就是**同性恋者,或至少在那方面有强烈的倾向。而萨特似乎觉得,如果我们不能完全选择我们的性取向,我们就不自由。不过,用他自己的话来讲,"在这一点上,我们不能追随他"——反正我不能。既然其他一些特征——如高大或矮小,外向或内向,爱冒险或怕冒险,同情他人或自我为中心——在很大程度上是天生的,那为什么性取向就不能是?这类倾向似乎至少在一定程度上是与生俱来的,可即便是从萨特哲学的角度来看,它们也不会让我们不自由。它们只不过构成了我们的一部分境遇罢了——而存在主义这门哲学所关涉的,从来都是一种**境遇**中的自由。

对待人类生命中这些微妙的中间地带时,波伏娃似乎要比萨特更敏感一些。《第二性》就几乎完全被一个复杂领域占据了,那就是自由选择、生物性、社会性和文化性因素,如何汇聚在一起创造出一个人,并且随着时间的推移,让她的行为方式逐渐固定下来。1947 年,她在短篇论著《模糊性的道德》(*The Ethics of Ambiguity*)中,对这一领域进行了更为直接的探索。她主张,我们的生理限制与我们对自由的坚持之间的关系问题,并不是一个需要解决的"难题"。人类本来就是这个样子。我们的境遇本身**就**是彻底模糊的,我们的任务是学会掌控生活中的变动与不确定性,而不是将其铲除。

她又连忙补充说,但她并不认为我们就该因此而放弃,退回到西西弗那种逆来顺受的听天由命之中。模糊的人类境况意味着不知疲倦地**竭力**掌控事物。我们必须要同时完成两件近乎不可能做到的事情:明白我们会受到环境的掣肘,但又要像一切真的都在我们掌控之中一样,继续追求我们的计划。在波伏娃看来,存在主义深刻地关注着自由和偶然性,因而是最适合帮我们做到这一点的哲学。它既承认我们生活中的自由具有极端到令人害怕的尺度，也认识到了其他哲学往往会忽略的那些具体影响，比如历史、身体、社会关系和环境。

有很多人都描绘过人类身上怪异地混杂着各种不可能性，但波伏娃在《模糊性的道德》中简要勾勒的这些观点，却是我读到过的最有趣尝试之一。正是在这里，她首先为《第二性》以及她的整套小说式人生观奠定了基础。不过，令人失望的是，由于不太符合她的马克思主义社会理论，她后来又否定了《模糊性的道德》中的部分内容。她弱弱地写道："我以为我可以定义一种独立于社会语境的道德，但我错了。"不过，或许在这一点上，我们也不必追随她。

第十章
跳舞的哲学家

在本章中,
梅洛-庞蒂是主角。

在波伏娃的圈子里，有一位思想家也和她一样，认为人类境况具有模糊性，这个人就是她的老朋友莫里斯·梅洛-庞蒂。想当年，在两人还都只有十九岁的时候，这位总是倾向于看到事物不同面向的朋友，曾让她恼火不已，因为她自己是个喜欢迅速做决断的人。但自那以后，他们俩都有了改变。波伏娃虽然还固执己见，但已经对矛盾性和复杂性更加适应。而梅洛-庞蒂则在战争期间，让自己习惯了那种与他的本性背道而驰的不妥协态度。比如，他曾采纳过一种教条式的亲苏联立场，并且在战后又坚持了几年，才骤然放弃。每当思考把他带往一个新方向时，他便经常会这样改变自己的观点。不过在骨子里，他始终都是一名现象学家，一直在致力于尽可能严密、精确地把经验描述出来，再加上他尝试的方式也非常有趣，所以很值得本书专门拿出（短短）一章来讲他。

早年时期的他，我们已经见过了，当时他正在享受快乐的童年。那之后，他走了学术的老路子，没有像波伏娃和萨特那样，成为媒体红人。没有摄影师或美国粉丝在左岸追赶他，也没有记者盘问他的性生活——其实挺可惜的，要是他们深究一下，本可以挖出一些很有趣的故事。相反，他悄无声息地让自己变成了他们所有人中最具革命性的思想家，这一点从他出版于1945年的杰作《知觉现象学》中便可窥知一二。他在现代哲学中一直是一位有影响力的人物，在相关领域如认知心理学中亦是如此。他眼中的人类生活，最好地总结在了《知觉现象学》末尾这段简洁的话里：

我是一个心理的和历史的结构。我随着存在得到了一种存在方式，一种风格。我的所有行动和我的所有思想与这种结构有关，甚至一个哲学家的思想也只不过是一种解释他对世界的把握的方式，他之所是。不过，我是自由的，但并非不考虑或排除这些动机，而是以动机为手段。因为这种有意义的生活，这种我之所是的自然和历史的确定意义，不限制我进入世界，反而是我与世界联系的手段。

这段话值得再读一遍。梅洛-庞蒂说，我们的存在中那些限制我们的方面，同样也让我们与世界产生了联系，给予了我们行动和感知的机会。它们使我们成为我们之所是。萨特也承认这种交易的必要性，但认为接受起来很痛苦。他身上的一切都渴望摆脱束缚，摆脱阻碍、限制和黏滞的东西。海德格尔同样认识到了限制，但随后却在他对存在的神话性解释中寻找某种类似神性的东西。相反，梅洛-庞蒂则相当冷静地看到，只有通过与世界妥协，我们才能存在——而这可以接受。关键在于，不要与之抗争，或者夸大它的意义，而是要真正观察和理解这种妥协如何进行。

他自己的学术生涯，就是妥协艺术的一个研究个案，巧妙地在两个通常被认为互为敌手的学科——心理学和哲学——之间达到了平衡。梅洛-庞蒂致力于把它们融合在一起，是为了使二者都能受益。正因如此，他才在1938年的博士论文中讨论了行为心理学之后，在1945年却成了里昂大学的哲学教授，在1949年接替皮亚杰（Jean Piaget）就任索邦大学的心理学与教育学教授后，又在1952年成为法兰西学院哲学系的主任。通过这些角色的转换，他让他的心理学研究充满了强烈的哲学色彩，同时又把他的哲学建立在了心理学和神经学病例研究的基础之上，包括对脑损伤和其他创伤的影响的研究。他特别受到"格式塔理论"（gestalt theory）的影响，这个心理学派探索了经验如何作为一个整体而非分散的信息而被我们感知。

对于所有这一切，最让梅洛-庞蒂兴奋的不是有关痛苦和真实性的存在主义讨论，而是一系列更简单的问题——但实际上根本不简单。当我们一边听着周围的喧闹声，一边在咖啡馆里拿起一个杯子或者喝我们的鸡尾酒时，发生了什么？用钢笔写字或走过一扇门是什么意思？这些行为几乎不可能被充分描述或理解——但我们大多数人却轻轻松松、日复一日地做着。这才是存在的真正谜团。

* * *

在《知觉现象学》中，梅洛-庞蒂先提到了胡塞尔的概念——我们必须从自己对现象的体验来开始哲学思考——但接着又补充了显而易见的一点，那就是这种经验是通过我们敏感、移动、可感知的身体来让我们意识到的。即使想象某样眼前没有的东西，我们的头脑也会用颜色、形状、味道、气味、声音和触觉特质来构建这个想象的东西。在抽象思维中，我们同样会借用物质比喻或意象——比如，我们会说观点是有分量的，或者说讨论是火热的。即使在最哲学的时候，我们其实也是感性的。

但是，梅洛-庞蒂也赞同胡塞尔和格式塔心理学家的观点，提醒说，我们很少能体验这些感觉经验的"原始状态"。遭遇现象时，我们会基于以往的经验和相遇的大概情况，产生一些用来理解它们的解释、含义和期望，因此，当现象被我们感知时，早已经过了这些解释、含义和期望的塑造。看到桌上有一团五颜六色的东西，我们会直接感知到那是一袋糖果，而不是一堆必须要经过破解和确认的角度、色彩和阴影。我们看到球场上跑来跑去的那些人，**就是**一支足球队。这就是我们被视错觉欺骗的原因：我们看到一个图形时，早已对它是什么形状有了一种预期，直到再仔细看时，才意识到我们上当了。这也是为什么在罗夏克墨迹测验中，当我们看到一张墨迹图时，会觉得那是张什么东西的图片，而非一个毫无意义的设计。

当然，这种解释和预期世界的技能，我们必须从小通过学习才能掌握。所以，梅洛-庞蒂才认为，儿童心理学对哲学而言至关重要。这是一个非凡的洞见。在他之前的哲学家里，除卢梭外，很少会有人把童年当回事儿；大部分哲学家谈论人类经验时，关注的都只是那些具有充分意识、理性和表达能力的成年人，就好像他们是直接从天上被扔到世界里来的一样——可能是被白鹳送来的吧。在波伏娃的《第二性》和萨特的传记作品中，童年也占了相当的比重；萨特在他关于福楼拜的书中写道:"我们所有人,都在不停谈论我们曾经是、现在也是的那个孩子。"但是,他那些严格限定在哲学上的论文,没有像梅洛-庞蒂那样,把童年置于优先位置。

在梅洛-庞蒂看来,如果我们不在一定程度上把自己看作大孩子,就无法理解我们的经验。我们被视错觉所骗,是因为我们以前**学会**了根据形状、对象和与自身利益相关的事物来看待世界。我们最初感受到的知觉,是随着我们最初开始主动地去观察、探索世界而发生的,并且现在也仍然与这些经验有关联。我们在学会认出一袋糖果的同时,也知道了把里面的东西吃下去的感觉有多美好。经过几年的生活后,看到糖果,突然想伸手去抓,期待地分泌出唾液,激动和被告知不行后的沮丧,噼里啪啦剥开糖纸时的快乐,糖果鲜亮的颜色,所有这一切都是构成整体经验的部分。当小时候的波伏娃想要"嚼碎开花的扁桃树,咬下夕阳的彩虹牛轧糖"时,是因为她正发育的头脑早已是一个食欲和经验的联觉旋涡。在所有感官的通力合作下,知觉会继续这种联觉。我们"看见"一块玻璃是易碎和光滑的,或者一条毛毯是柔软的。正如梅洛-庞蒂写的那样:"一只鸟儿刚从树枝上飞走后,我们从树枝的颤动中,看见了它的柔韧与弹性。"

与此同时,知觉与我们在世界中的活动紧密联系在一起:我们触摸、抓拿事物和与之互动,是为了理解它们。为了发现布料的质地,我们熟练地在手指间揉搓它。就连我们的眼睛也在不停移动,很少只盯一眼就能看到东西。以及除非我们像萨特一样有一只眼睛失去了视力，我们还会通过立体视觉来判断距离远近。两只眼睛合作着校准角度——但这些计算，我们是"看"不见的。我们看见的是外面的对象：事物本身。我们很少停下来想到，这在一定程度上是由我们自己不断变换的目光和我们关注或接触事物的方式构成的。

我们的知觉也往往伴随着一种被称为"本体感受"（proprioception）的奇怪感觉——这种感觉可以告诉我们，我们的腿是否交叉，或者我们的头是否歪向一侧。我自己的身体和其他对象不同；它就是我。梅洛-庞蒂说，如果我拿着我的织物坐下，我可能得去找我的织针，但我不会去找我的双手和十指。如果我把胳膊放在桌子上，"我永远不会想到去说，它在烟灰缸旁边，就像烟灰缸在电话机旁边一样"。我们的本体感受是非常敏感和复杂的：

> 如果我站在我的写字台前，把双手依靠在写字台上，那么只有我的双手在用力，我的整个身体如同彗星的尾巴一样拖在我的双手后面。这并不是因为我不知道我的肩膀或腰部的位置；而是因为它们的位置包含在我双手的位置中，可以说，我的整个姿态表现在我的双手对桌子的支撑中。如果我站着，手中紧握烟斗，那么我的手的位置不是根据我的手与我的前臂、我的前臂与我的上臂、我的上臂与我的躯干、我的躯干与地面形成的角度所推断出来的。我完全知道我的烟斗在哪里，并由此知道我的手的位置、我的身体的位置。

本体感受也可以通过我的延伸物来进行。如果我开车，那我会形成一种感觉，知道它需要占多大空间，能通过多大的空当，不用每次都要下车量一下。我开始觉得这辆车好像成了我的一部分，而不是一台由轮子和踏板控制的外部机器。我的衣服或戴着的物品全都成为**我**："不用任何精确的计算，女人就可以让她帽子上的羽毛和可能弄坏它的物体之间保持一个安全距离；她能感觉到羽毛的位置，正如我们可以感觉到我们手的位置一样。"

通常，我们把所有这些奇迹视作理所当然，但它们要是出了差池，就可以在很大程度上揭示出普通经验是如何运作的。梅洛-庞蒂研读了这一领域的很多个案，尤其是在约翰·施奈德（Johann Schneider）身上所做的研究，这个人在脑部受损后，无法再感觉到四肢的位置，或者说，如果你把手放在他的手臂上，他感觉不到你碰他哪儿了。其他一些研究，则涉及了截肢者在肢体原来的位置上体验到的那种不舒服的"幻肢"感受——刺痛、疼痛，或者手臂或腿已经被截去后，仍然感觉它们还在。近来，通过运用其他感官的信息，这种感觉已经被魔法般地消除了：如果截肢者一边看着另一侧相应真肢的镜像，一边"移动"他或她的幻肢，有时会有助于消除幻肢的错觉。奥利弗·萨克斯——曾在《单腿站立》(*A Leg to Stand On*) 中，描述了他在腿受伤之后的本体感受紊乱——曾试着用视频眼镜和假橡胶手臂这类简单的花招，创造出了他有第三只胳膊的感觉，甚或房间另一边的某件东西也成了他身体的一部分。这些实验很有趣，但是腿部受伤可没那么有趣：让萨克斯庆幸的是，正常的本体感受回到他身上，他重新拥有了一具完整、正常的躯体。在被迫用一个在某种程度上只是抽象存在或者说笛卡儿式的"我"凑合之后，他感觉像重新找回了完整的自我。他这个梅洛-庞蒂式的涉身自我，才更像**他**自己。

在梅洛-庞蒂看来，这一切中的另一个因素，是我们的社会存在：没有他人的话，我们无法活得很好，或者没法好太久，我们对此尤为需要。这就使得关于他人真实性的唯我论猜测变得荒唐可笑起来；如果我们没有已经被他们塑造过的话，是永远不可能进行这种猜测的。笛卡儿本可以说（但他没有）："我思，故**其他人**存在。"在我们的成长过程中，别人会跟我们一块儿玩，指明事物，说话，听，让我们习惯于读懂情绪和行为；我们就是这样才成了有能力、会反思、顺利融入整体的存在者。梅洛-庞蒂对婴儿模仿周围其他人的方式特别感兴趣。他写道，如果你嬉戏地假装咬一个 15 个月大婴儿的手指，婴儿的反应是自己也做出咬的动作，和你的动作一模一样。（他可能跟自己的孩子试过这个，他写《知觉现象学》的时候，他的孩子差不多就这么大。）

总的来说，梅洛-庞蒂认为，我们要想把人类经验搞清楚，就必须放弃哲学那个由来已久的习惯性起点，即孤立、封闭、固定的成人自我，隔绝于身体和世界，但接着又必须再次被联系到一起——在周围把这些因素一个个加回去，就跟给洋娃娃穿衣服一样。相反，在他看来，我们从子宫滑落到产道，再滑入一种对世界同样切近和彻底的沉浸中。只要我们活着，这种沉浸就会继续下去，虽然我们也可以培养出时不时在一定程度上逃避这种沉浸的技艺，比如在我们想要思考或做白日梦的时候。

在梅洛-庞蒂看来，意识永远都不会像萨特在《存在与虚无》中提出的那样，是一个与存在完全分离的"虚无"。他甚至也不同意海德格尔的观点，将其视作一块"林中空地"。为了描述他自己如何看待意识，梅洛-庞蒂想出了一个绝妙的比喻：意识就像世界中的一处"折叠"（fold），就好像有人弄皱一块布，做了一个小巢或小洞。它这样保持一阵子后，最终会被展开并捋平。

我的意识自我是世界这块布上被临时折成的一个小袋子，这个想法中有一种诱惑甚至是情欲的东西。我仍然有我的隐私——我的逃避室。但我是世界这块布的一部分，只要我还在这里，就始终由它构成。

* * *

"从那儿开始，阐述一种哲学观念。"梅洛-庞蒂在后来的笔记中匆匆写道——因为《知觉现象学》只是他研究的开始。他写了更多作品，包括一部未完成的著作，后来以《可见的与不可见的》（*The Visible and the Invisible*）为题出版。在这本书里，他再次使用了"折叠的布"这个意象，但他也尝试了一个新意象。

这个观念就是意识是一种"交叉"(chiasm)的观念。Chiasm 或 chiasmus 一词来自希腊字母 chi，写为 x，意思就是交叉缠绕的形状。在生物学中，这个词指的是两条神经或韧带的交叉。在语言学中，它是一种修辞手法，通过把同样几个词顺序颠倒，来逆转句子的意思，比如肯尼迪总统说的那句话："不要问你的国家可以为你做什么，要问你可以为你的国家做什么。"或者是梅·韦斯特（Mae West）的那句话："不是我的生命中的男人们，是我的男人们中的生命。"这个交织的形象，让人想起了两只手抓着彼此，或者一根毛线来回编织的方式。用梅洛-庞蒂的话来说就是："握持之物被握持着"（the hold is held）。

在他看来，这可以完美地解释意识与世界之间的联系。每个都钩住另一个，就好像是被纵横交错的针织链环连在了一起。于是，我可以看见世界上的事物，但我也可以**被看见**，因为我由世界本身的物质构成。当我用手触摸某物时，它也在触摸我的手。若非如此，我根本看不见也摸不着任何东西。我从来不是从外面某个安全的地方窥视这个世界，像猫往鱼缸里面看那样。我遇到各种事物，因为我对于他者而言是可被遇的。他写道："就仿佛我们的视野形成于可见物的中心，或者说好像它和我们之间的关系，如同海和海岸线一样亲密。"

梅洛-庞蒂说，这种"可见性"在传统哲学中没有特定的说法，所以他用了"肉身"（flesh）这个词，但意思可不仅仅是某种物质形式。肉身是我们与世界共享的东西。"它是可见物缠绕在正看的身体上，是可触物缠绕在正触的身体上。"正因为我是肉身，所以我在观察事物的同时，可以走向并回应它们。正因如此，我才能"**用眼睛跟随事物本身的活动和轮廓**"。

到这些研究时，梅洛-庞蒂正把他描述经验的渴望，带往语言表意能力的外围极限。正如晚期的胡塞尔或海德格尔，抑或写福楼拜时的萨特，我们现在又见到了一位哲学家冒险离岸，跑出去很远，以至于我们几乎都跟不上他了。伊曼努尔·列维纳斯也将走向边缘，而最终会变得除了那些最耐心的追随者外，让所有人都一头雾水。

但到梅洛-庞蒂身上，他在神秘中跋涉得越远，反而越接近生活的基本要素，比如拿起一个玻璃杯喝水的行为，或者鸟儿飞走后颤动的树枝。这才是让他震惊的东西，而且在他看来，通过"解开"谜团来将其消除是不可能的。哲学家的任务，既不是将神秘化约至一套整齐的概念，也不是肃然起敬地凝视它，而是遵循现象学的第一命令：回到事物本身，去描述它们，努力"精确地去描述那些通常不会被描述的事物，以及有时候被认为是无法描述的事物"。这样的哲学，可被视为一种艺术形式——借此能做到梅洛-庞蒂认为塞尚通过描绘日常物品和场景而完成的事，即拿起世界，把它变成新的后，再放回去，而它除了已经被观察过之外，几乎毫无变化。在一篇优美的散文中，他这样谈论塞尚："对于这位画家而言，情绪只可能有一种，那就是陌生感，抒情也只可能有一种，那就是对存在不断重生的抒情。"在另一篇文章中，他则谈到了文艺复兴时期的作家蒙田如何"将意识对自身的惊讶而非自我满足的理解，置于了人类存在的核心"。我们也可以用同样的话来说梅洛-庞蒂本人。

*　　*　　*

1952年，梅洛-庞蒂被任命为法兰西学院哲学系主任后，《震旦报》（*L'aurore*）的一位记者借这件事嘲笑了一番存在主义："只是一种大脑跳布基伍基爵士舞的方式罢了。"这是在影射存在主义很受爵士乐酒吧那帮人的欢迎。巧的是，梅洛-庞蒂还真有跳布基伍基舞的天分。在左岸的那些思想家中，他既是学术上最卓有名望的人，也是其中最好的舞者：鲍里斯·维昂和朱丽叶·葛瑞科都曾赞扬过他的舞技。

梅洛-庞蒂的摇摆和旋转动作，一如他举止上的温文尔雅，与交际上的轻松自如。他喜欢好衣服，但不喜欢花哨；当时因高品质而备受推崇的英国西装，是他的最爱。他工作很努力，但每天都会到家附近圣日尔曼德佩大街上的咖啡馆待一会儿，经常跑去喝早咖啡——一般都有些晚，因为他不喜欢早起。

作为一个顾家的好男人，他的夜生活通常都在家里过，日常的家庭生活也和萨特或者波伏娃的完全不同。他唯一的宝贝女儿玛丽安·梅洛-庞蒂，深情地回忆了父亲在她小时候陪她玩闹、大笑或做鬼脸逗她的样子。不过，当一个哲学家的女儿，有时候挺不容易：她回忆说，多年后参加一次口试时，她在某个话题上支吾了一下,结果那个老师说了句让她非常恼火的话:"你应该知道一位叫梅洛-庞蒂的先生曾经写过这个问题吧?"那门科目从来都不是她最喜欢的,但当她不得不重考时,他非常耐心地给她提供了帮助,还在他的那些书里题词,献给"玛丽安,我最喜欢的哲学家"。他似乎比其他哲学家活得更真实,她说——**更在生活中**——但这是因为对他而言,哲学和生活是一回事。

不过,尽管爱玩爱闹,但他身上却仍然保留了一种让人难以捉摸的特质,与萨特那种直白和咄咄逼人的性格截然相反。他那种即使面对最严肃的事情都能一笑置之的镇定自若样儿,正如波伏娃所说的,会让人懊恼不已,但也会很吸引人。梅洛-庞蒂很清楚自己的魅力,也是个众所周知的调情高手,而且有时候还不止于调情,根据萨特写给波伏娃的一封信中报告的二手八卦,喝大之后,梅洛-庞蒂会有些殷勤过头,还一晚上在好几个女人身上碰运气,但通常都会被对方拒绝,萨特注意到——"并不是她们不喜欢他,而是他太猴急了。"

虽然他的婚姻始终安如磐石,但是梅洛-庞蒂确实和别的女人发生过外遇,反正至少和后来嫁给乔治·奥威尔的索尼娅·布朗奈尔有过一腿。1946 年,在西里尔·康诺利(Cyril Connolly)主编的文化评论杂志《地平线》(*Horizon*)做助理编辑的索尼娅向梅洛·庞蒂约稿,二人由此相识。他们先是在信里打情骂俏,接着在 1947 年的节礼日前后,梅洛-庞蒂去伦敦和她待了一个星期,两人正式开始偷情。不过,这一周过得并不太顺，因为索尼娅这个人喜怒无常，而且很容易激动；刚开始时，她这种反复无常的情绪可能对梅洛-庞蒂很有吸引力，甚或还让他想起了很久以前那位情绪同样不稳定的女朋友伊丽莎白·勒·可因。但从他的信件中可以看出，他逐渐从痛苦的困惑不解，转向了明确的感情降温。随后的某天，索尼娅来到巴黎，期望能和他见上一面，但事与愿违，只在酒店见到了一张梅洛-庞蒂的妻子苏珊娜给她留下的字条，客气地告诉她，她丈夫去法国南部了。这之后没过多久，1949年10月13日，索尼娅在医院的病床嫁给了重病的乔治·奥威尔。

早在这段关系之前，梅洛-庞蒂就一直在考虑移民英国，甚至还拜托朋友艾耶尔（A. J. Ayer）帮他在伦敦大学学院找工作。这事儿虽然没成，但他真的喜欢这个国家，也能用流利的英文交流和写作——不过他用英语给索尼娅写了第一封信之后，两人就换成了法语，因为她的法语更流利。他练习英语的方法，是做《遇见你自己》（*Meet Yourself*）里面的问卷调查。这本书是1936年由利奥波德·勒文施坦因·威特海姆-弗罗伊登伯格王子（Prince Leopold Loewenstein Wertheim-Freudenberg）和小说家威廉·吉哈德（William Gerhardie）合编的一本莫名其妙的自助书。这本书应该恰好满足了梅洛-庞蒂对心理学的兴趣：因为它的目的是通过一大堆问题，给读者做性格的"X光检查"，其中的问题就像超文本链接一样，会根据答案的不同，把读者带向不同的答题路线。吉哈德是一位鉴赏力独特的作家，因此这本书的问题有时会显得很奇怪，比如,"米老鼠电影或其他这类卡通片会吓到你吗?"或者,"你有没有曾经感觉周围的世界突然不真实起来,变得像梦一样?先别回答。这些感受很难描述,太复杂了,但它们最典型的特征是,让你有一种仿佛丧失了自己身份的离奇之感。"

事实上,在存在主义圈中,梅洛-庞蒂几乎是唯一一个不怎么容易被离奇感或焦虑侵袭的人。这是他和神经兮兮的萨特之间的重要区别。梅洛-庞蒂没有在街上被龙虾尾随;他不害怕栗子树,也不害怕别人用品头论足的凝视盯着他看这种想法。恰恰相反,对他来说,看和被看是把我们编织到世界中的东西,给予了我们充分的人性。萨特也承认这种交织,承认身体的重要性,但这一切似乎都让他感到紧张焦虑。萨特在他的著作中,总是在做着某种**挣扎**——与事实性做挣扎,与被存在的流沙吞噬做挣扎,与他者的力量做挣扎。梅洛-庞蒂不怎么挣扎,而且似乎不害怕溶解在糖浆或蒸气中。在《可见的与不可见的》一书中,他给了我们一些对情欲的非萨特式描述,比如一个身体如何沿着其体长拥抱另一个身体,"不知疲倦地用双手塑造着奇异的雕像,而雕像则同样会把它得到的一切也给出去;身体迷失在了世界及其目标之外,沉迷于和另一个生命一起漂浮在存在中的独特活动"。

萨特谈起他们在1941年有过的一次关于胡塞尔的分歧时,曾经评论道:"惊讶的是,我们发现我们的冲突有时源自我们的童年,或可以追溯到我们两个生物体的基本差异上。"梅洛-庞蒂在接受采访时也说,萨特的著作在他看来很陌生,不是因为哲学上的分歧,而是某种对感受的"表达风格",尤其是在《恶心》中,是他不能认同的。他们的差异,是一种性情的差异,也是世界向他们呈现自身的整个方式上的差异。

两人的目标也不同。萨特在写关于身体或其他方面的经验时,目的通常是为了提出不同的观点。他老练地描绘了咖啡馆服务员角度一分不差地弯曲着身体,指尖将放满饮品的托盘顶在半空中,优雅地在桌子之间来回穿梭——但他这么做,是为了说明他的自欺观点。而当梅洛-庞蒂谈论娴熟和优雅的动作时,动作本身就是他要说明的东西。这是他想要理解的事。

* * *

除了将"在世界之中存在"置于优先地位之外,梅洛-庞蒂与海德格尔的共同点就更少了。海德格尔很善于描述一些身体经验,例如敲钉子,但他对此在的身体中其他种类的生理感觉,就没有什么可说的了。他避开了总体上模棱两可的那些领域。他认为,此在的存在意义在于时间,但却对发展这个话题完全避而不谈。他没有告诉我们,是否会有一个幼童一样的此在,它的第一个"林中空地"正在敞开,也没有告诉我们会不会有一个患了晚期阿尔茨海默症的此在,对于它来说,森林正在包围上来。而他转而谈论其他动物时,则是为了不屑地说明它们都是无趣的存在者,不能创造它们自己的"世界",或者只是拥有一个贫乏的世界。海德格尔学者理查德·波尔特(Richard Polt)列出了一系列海德格尔没有问过的问题:"此在是如何演变的？胎儿或新生儿什么时候进入此在的状况？大脑要具备何种条件，此在才能发生？其他物种可以是此在吗？我们可以用计算机创建一个人造此在吗？"海德格尔避开了这些模糊的区域，因为他认为这些是"形而下"的问题，只配由心理学、生物学和人类学等学科去考虑——而不是崇高的哲学。

梅洛-庞蒂没有进行这样的区分。学科的边缘和阴影处恰恰是他最感兴趣的地方，他欢迎任何有所贡献的形而下学科研究者。他把自己的哲学建立在了从孩童时代起便在不断变化的人类身上；他想知道，当人们失去了身体机能，或者受伤和受损时，会发生什么。通过把知觉、身体、社会生活和儿童发展置于优先地位，梅洛-庞蒂将哲学那些遥远的边缘主题汇聚到一起，让它们占据了他的思想核心。

1953年1月15日，在法兰西学院的就职演讲中——后以《赞美哲学》（*In Praise of Philosophy*）为题发表——他说，哲学家应该首先关注我们自己的经验中那些模糊不清的东西。同时，他们应该运用理性和科学，来清晰地思考这些模糊的东西。因此，他说："哲学家有一个独一无二的特点，那就是在他身上，对证据的偏好和对模糊性的感觉密不可分。"这二者之间需要有一种持续运动——某种类似来回摇摆的运动，"不停地从知识摇向无知，从无知摆向知识"。

梅洛-庞蒂在这里描述的是另一种"交叉"——一种类似X的交叉，但这一次不是意识与世界，而是知识与疑问的交叉。我们永远无法明确无误地从无知走向确定，因为探寻的线索会不断地带领我们重新回到无知状态。这是我读过的对哲学最诱人的描述，也是为什么即便（或者特别是）在它带着我们又返回原点时，哲学也仍然值得我们去做的最佳论点。

第十一章
像这样交叉

在本章中,
存在主义者们争论未来。

在1951年的一次演讲中，梅洛-庞蒂评论道，比起之前的任何一个世纪，20世纪都更让人们意识到了他们的生活具有怎样的"偶然性"，是如何任由历史事件和他们无法控制的其他变化所摆布的。这种感觉在战后仍然持续了很久。两颗原子弹被投到广岛和长崎之后，许多人开始担心第三次世界大战也不远了，而这一次，战争将会爆发在苏联和美国之间。这两个超级大国的战时联盟，几乎在瞬间便土崩瓦解；现在，他们站在各自那一边，隔着虚弱、贫困和自我怀疑的西欧，愤怒地瞪着对方。

如果再打一场大战的话，这次战争很可能会摧毁文明，甚至生命本身。起初，只有美国拥有原子弹，但苏联工程师和情报机构正在着手攻克这个难题，也是人尽皆知的事，而且，人们很快还了解到辐射和环境破坏的全部危险。正如萨特针对广岛被炸写道的那样，人类现在已经获得了毁灭自身的能力，想要活下去，成了人类每一天都得主动去做的决定。加缪也写道，人类面临着一个任务，那就是要在集体自杀和更明智地使用技术之间——在"地狱与理性"之间——做出选择。但在1945年后，似乎已经没什么理由再相信人类有做出正确选择的能力了。

此后，每一次新的原子弹试验，都会让人们的焦虑水平上升一分。1946年7月，美国人爆炸了一颗更强大的原子弹之后，波伏娃听到广播里的播音员说，这已经触发了连锁反应，让物质开始解体，而这种浪潮将慢慢席卷全球。在几个小时之内，地球上的一切都将不复存在。这才是一种位于存在核心的虚无啊。那一年年末，谣言四起，说是苏联人正密谋将一些装满放射性尘埃的手提箱放到美国的主要城市，里面设置了定时器，可以将密封条炸开，进而杀死数百万人。萨特在他创作于1956年的戏剧《涅可拉索夫》（*Nekrassov*）中，便讽刺过这个故事，但是那个时候，没几个人知道到底该相信什么。辐射本来不可见，还这么容易部署，不让人毛骨悚然才怪；几个手提箱，就能装下宇宙本身的力量。

但是，一些人担心末日的时候，另一些人却在满怀希望地期待着新开始的到来。荷尔德林曾经说过，"在有危险的地方，亦生长着拯救的力量"。有些人认为，或许最近这场战争的浩劫，不会带来灭顶之灾，而是会彻底改变人类的生活，永久性地摧毁战争和其他邪恶。

一个充满理想主义的愿望是，可以出现一个有效的世界政府，来解决冲突、执行条约，使大多数战争变为不可能。加缪就是怀有这种希望的人之一。在他看来，广岛被炸的直接教训是，人类必须建立"一个真正的国际社会，大国不再享有比中小国家更高的权利，而控制这类终极武器的将会是人类智慧，而非各国的欲望和主义"。在某种程度上，联合国实现了这些目标，但它又一直都未能像人们希望的那样具有广泛的效力。

有些人将美国方式视为了前进道路。战后，欧洲对美国感激涕零、好感倍增；而靠着20世纪40年代末的"马歇尔计划"，美国又进一步巩固了这一点，往伤痕累累的欧洲国家注资数十亿美元，助其迅速复苏经济。美国甚至还向苏联等国提出过资金援助，但在莫斯科的要求下，这些国家都拒绝了。西欧的一些国家认为，接受美国的资金是件很丢脸的事，但也不得不承认，它们需要这些钱。

除了国际主义者和亲美者之外，战后的西欧还出现了第三个团体，他们更愿意把希望放在苏联身上。毕竟，在地球上的主要国家中，只有苏联是在真正试着为人类实践伟大的共产主义理想——（在将来的某个时刻，当所有的清理工作完成时，）人类可以通过理性的管理，永远地消除贫穷、饥饿、不平等、战争、剥削、法西斯主义和其他邪恶。在所有改变人类处境的尝试中，这是有史以来最雄心勃勃的一个。但如果它在第一次就失败的话，那么可能以后就再也不会被尝试了，因此，苏联的尝试值得不惜一切代价去维护。

我们这里谈论的只是七十多年前——人类的中等寿命长度——的事件，但是，现在我们已经很难让自己设身处地地站在那个时代的角度，去思考、去搞清楚为什么这个理想曾影响了西方那么多充满智慧和久经世故的人。现在，人们的普遍共识是，苏联的政治制度注定不可能奏效，所以，那些没有从一开始就视其为徒劳尝试的人，都是傻瓜。但是，对那些经历过20世纪30年代和第二次世界大战的艰难困苦的人来说，尽管它被认为难以实现，但似乎是一个值得去信仰的理念。人们没有把它仅仅看成是一个梦想，那种你醒来之后模模糊糊记得你好像看到了什么神奇但不可能之事的梦。他们认为，虽然任重道远，沿途隐患重重，但是这是一个实际可行的目标。

不过，那些隐患并不难发现。与苏联那张美丽、遥远的目标列表对应的，是一张同样长的现实列表：劳动营、监禁、饥荒、物资短缺等等。第一件令人惊愕的大事发生在20世纪30年代，根据传来的有关莫斯科公审的消息，名誉扫地的党员"供认"了蓄意破坏或阴谋行为之后遭到了处决。1946年，更多的消息浮出水面，其中一些来自一本叫《我选择了自由》(*I Chose Freedom*) 的书，由苏联叛逃者克拉夫琴科所著。这本书在1947年被翻译成法语后，亲苏联的《法兰西文学》(*Les Lettres Françaises*) 杂志斥之为美国政府的捏造。克拉夫琴科的律师起诉了该杂志，1949年初，案件在巴黎开审，被诉一方的证人，对苏联的生活极尽赞美，试图推翻作者的说法。严格来说，克拉夫琴科赢了此案，但他只拿到了一法郎的损害赔偿。第二年，另一位作家鲁塞 (David Rousset)，也起诉了《法兰西文学》。鲁塞是一名布痕瓦尔德集中营的幸存者，他呼吁对苏联的劳改营进行调查，结果遭到了该杂志的攻击。他也赢了自己的案子。这两次审判都有争议，但也在很大程度上让人们意识到，苏联或许不是它自诩的天堂——至少目前还不是。

但即便此时，许多人还是认为，它比美国那种极端资本主义模式更值得维护。毕竟，美国也失掉了部分的道德高地：由于对苏联的极度恐惧，美国政府开始打击任何带一点左翼倾向的组织、监视和骚扰本国公民。凡是被怀疑具有"红色倾向"的人，都面临着被解雇、列入黑名单和被拒绝出境的危险。1951年，由于把核武器的秘密给了苏联人，幼稚的夫妇埃塞尔·罗森堡（Ethel Rosenberg）和朱利厄斯·罗森堡（Julius Rosenberg）被判处死刑。处决于1953年最终执行后，震惊了美国内外。萨特在《解放报》上发表了一篇怒气冲冲的文章。身在美国的汉娜·阿伦特则写信给雅斯贝尔斯，说她担心这样的事件可能预示着一场国家性灾难，可以堪比德国那场。"一种无法想象的愚蠢，一定掌控了美国。我们害怕，是因为我们对它很熟悉。"

如果两个大国都未能达成各自的理想，或许在它们之间做选择的唯一办法，就是问问哪个更值得努力去实现。左翼认为，尽管美国代表了爵士乐和自由等等美好的事物，但它也代表着不受约束的个人贪欲、经济殖民主义和工人剥削。至少苏联代表着一种崇高的可能性，为了这个目标，有什么可能不值得做的道德妥协吗？

七十年前，陀思妥耶夫斯基曾在《卡拉马佐夫兄弟》（*Brothers Karamazov*）中用一个简单的问题总结了这种道德两难。伊凡·卡拉马佐夫要他的弟弟阿辽沙想象一下，如果他有能力创造一个世界，让人们从此之后可以享受完美的和平与幸福。但是要实现这一点，伊凡说，你必须现在就折磨死一个小生命——比如那个婴儿。这其实相当于牺牲一个人（希望）拯救很多人的那个"电车难题"在早期的极端变体。伊凡问，那么，你会做吗,阿辽沙的答案是一个明确的不字。在他看来,没有什么可以成为折磨一个婴儿的正当理由,就这么简单。权衡利弊无法改变这一点,因为有些东西是无法被衡量或交换的。

在20世纪40年代的巴黎,阿尔贝·加缪也赞同阿辽沙的立场。在文章《既非受害者,亦非刽子手》(Neither Victims, Nor Executioners)中,他写道:"我永远不会再与为谋杀找借口的人同流,无论他们是谁。"无论结果是什么,他都不会支持为暴力所做的正当辩护,尤其是国家暴力。从那之后,他便一直秉承着这一立场,不过他并未停止对它的思考。1949年,他创作了一部陀思妥耶夫斯基风格的戏剧《正义者》(*The Just*)。在剧中,一群恐怖分子争论了在政治暗杀时,他们是否可以殃及无辜,杀害旁观者。加缪明确表示,他认为这是错的。1954年11月,他的祖国阿尔及利亚爆发独立斗争后,他也依然这样认为。在他看来,起义军埋设炸弹、杀死无辜者,法国当局实施酷刑和极刑,都不正当。人们总会做暴力的事情,但哲学家和国家官员却有责任不去为暴力找借口开脱。这个观点让他饱受争议。1957年,在庆祝他荣获诺贝尔文学奖的讲话中,有人要加缪解释一下他不支持起义军的理由。他说:"现在人们正往阿尔及利亚的电车轨道上放炸弹。我母亲就可能在其中一条车轨上。如果这就是正义的话,那么我宁愿选择我的母亲。"在加缪看来,任何一方的行为都没有客观的正当理由,所以他自己的忠心是唯一可能的引导来源。

萨特后来开始培养自己从不同的角度看问题——或者说，他最终这么做了。但在20世纪40年代中期，他听起来仍然会像阿辽沙本人或加缪。梅洛-庞蒂曾在自己支持苏联的阶段问过萨特，如果必须在两件事之间选择，一件会杀死300人，另一件会杀死3000人，他会怎么选。萨特回答说，从哲学上来看，这有什么差别吗？当然从数学上来讲有差别，但哲学上没有，因为每个个体在自己眼睛中都是一个无限的宇宙，我们没法拿两个无穷来比较，无论是二者中的哪一种情况，生命的损失都是无法估量的灾难。梅洛-庞蒂后来讲起这个故事时，推断说，萨特当时纯粹是站在哲学家的角度来谈论这件事，而不是通过"政府首脑的视角"。

后来，萨特和波伏娃都放弃了这一观点，并且认为，一个人可以甚至必须以审慎的方式掂量和权衡人的性命，而阿辽沙的立场是在逃避这种责任。他们逐渐感到，拒绝做计算——把一个婴儿与未来数百万婴儿做对比——不过是自私或胆小罢了。如果这听起来仅仅就是一个由某些狂热的空想家倡导的观点，早已不合时宜的话，那我们可以提醒一下自己，在我们自己的时代里，一些文明国家显然也在以同样的方式为酷刑、监禁、杀戮和监视做辩解，理由同样是各种情况不明的未来威胁会伤害到数量不明的人口。

萨特、波伏娃和梅洛-庞蒂（他是暂时）觉得，他们比加缪更坚强、更诚实，因为他们看到了"脏手"的必要性——又是这个口头禅。当然了，这个把手弄脏的污渍指的就是其他人的鲜血，而且巧的是，这群人还都远在天边。不过，萨特也坚称，如果必要的话，他会牺牲自己。1956年，在威尼斯召开的一次作家会议上，英国诗人斯蒂芬·斯彭德问他，如果他遭到苏联的不公正监禁，他想怎么办，是希望朋友们发起运动，让他获释，不顾运动是否会损害苏联的声誉和危及它的未来，还是会为了更大的善而认命？萨特想了会儿，回答说，他会拒绝发起运动。斯彭德不喜欢这个答案："可在我看来，唯一向善的运动，一直以来都是为一个人受到不公正监禁而发起的运动。"但萨特反驳道，事情的关键就在这里，或许在现代世界中，"针对个人的不公正"已经不再有意义。对于这个骇人的观点，萨特花了很长时间才说服自己不必感到愧疚，但到20世纪50年代中期，他做到了。

* * *

萨特和斯彭德讨论的这个假想场景，十分类似于阿瑟·库斯勒的小说《中午的黑暗》（*Darkness at Noon*）中的一个情节。这本书取材于尼古拉·布哈林（Nikolai Bukharin）的真实经历，1940年以英语出版，1946年被译成法语，书名被译成了 *Le zéro et l'infini*（《零与无穷大》）。库斯勒将他虚构的人物描绘成了一个对苏联盲目忠诚的人，以至于甘愿签一份假认罪书，并为了国家利益而赴死。如此解读布哈林的真实案例，有些太一厢情愿，因为布哈林并非主动招供。但库斯勒确实给知识分子们提供了一个可以争论的故事：为了保护苏联，一个人可以走多远？他在《瑜伽信徒和人民委员》(*The Yogi and the Commissar*)一文中，也提出了类似的问题，拿准备为远大理想目标做任何事情的"人民委员"，和坚持当前现实的"瑜伽信徒"进行了对比。

梅洛-庞蒂在他的"人民委员"阶段初期，曾在《摩登时代》发表了由两部分组成的批评文章《瑜伽信徒和无产阶级》，来回应库斯勒。他的主要论辩手段，有时会被称为"又该怎么说（what-aboutery）"：是，苏联的目标不完美，那西方的许多弊端又该怎么说？资本主义的贪婪、殖民压迫、贫穷和种族主义又该怎么说？西方国家泛滥的暴力又该怎么说？

库斯勒没理会梅洛-庞蒂的回应，但他的朋友加缪却被激怒了。根据波伏娃的描述，一天晚上，加缪气势汹汹地闯到鲍里斯·维昂家，打断了人家正在举行的聚会，把梅洛-庞蒂骂了个狗血喷头，然后又怒气冲冲地转身走了。萨特追了出去，但事件最后还是以相互指责和怨恨而告终，而萨特和加缪甚至也为此闹僵过一段时间。不过，那一次他们和好了。

萨特、波伏娃、加缪和库斯勒曾经是好朋友，经常在晚上一起饮酒作乐，激昂地辩论政治话题。某个这样的夜晚，大约是1946年，他们在一家俄国侨民的夜总会狂欢时，聊起了友谊与政治承诺的问题。如果你和某个人政治观念相左，还会跟他交朋友吗？加缪说可以。库斯勒说："不可能！不可能！"借着伏特加的酒劲儿，波伏娃站到了加缪的一边："是有可能的；这一刻的我们就是证明啊，尽管我们意见不一，但在一起还是很开心呀。"听到这么窝心的说法,他们都高兴起来,虽然萨特还得准备第二天的一场演讲,而主题又偏偏是"作家的责任"——大家都觉得这实在太好笑了——但他们一直兴致勃勃地痛饮到了天光方亮时,之后,才兴高采烈地与彼此告别。而且,萨特不知用了什么办法,还真把讲稿写完了,几乎没睡觉。

但是,到了1947年的另一次深夜狂欢期间,友谊的问题又出现了,而这一次,气氛就闹得不怎么愉快了。库斯勒最终表清了他的立场,拿起一个酒杯就朝萨特的头上扔了过去——特别是他还感到(可能没错)萨特正在和他的妻子马迈内(Mamaine)调情。(库斯勒自己就是个寡廉鲜耻、爱拈花惹草的人,很多人都知道,而且在这方面可以说是相当争强好胜。)他们跟跄着来到外面后,加缪把手放在库斯勒肩膀上,想让他冷静一下。但库斯勒对着他就是一阵乱打,加缪也打了回去。萨特和波伏娃把这俩人拉开之后,推着加缪上了他的车,把库斯勒和马迈内丢在了街头。回家的一路上,加缪倚在方向盘上哭个不停,把车开得左拐右扭:"他是我的朋友啊!可他竟然打我!"

萨特和波伏娃最终在一件事上和库斯勒取得了共识:**不可能与政治观点相左的人成为朋友**。"如果人们的观点迥异,"萨特说,"怎么一起去看电影呢?"1950年,库斯勒跟斯蒂芬·斯彭德提到,隔了很长一段时间后,他碰见了萨特和波伏娃,并提议一起吃午餐。两人尴尬地缄默了一会儿后,(根据斯彭德的二手消息）波伏娃说："库斯勒，你知道我们道不同。我们的见面似乎已经没有任何意义了。"她把胳膊交叉成一个大大的 X，说："在任何问题上，我们都会**像这样交叉**。"

这次轮到库斯勒抗议了："是，但怎么说我们也还可以像以前一样保持朋友关系吧。"

对此，她以现象学回应道："你自己就是哲学家，肯定明白我们看一块 morceau de sucre（糖块）时，每个人看到的是一个完全不同的对象。我们的 morceau de sucre 现在差别太大了，我们的见面似乎已经没有任何意义了。"

真是一幅令人难过的场景：桌子上的甜蜜糖果；哲学家们从不同的立场窥视它们。糖以不同的方式向他们每个人展现着自身。它从一侧捕捉光芒，但不能从另一侧捕捉。对这个人来说，它看起来明亮而耀眼；对那个人来说，则灰暗且无光。对这个人来说，它意味着咖啡的一种美味添加品。对那个人来说，它意味着蔗糖贸易中的奴隶制的历史罪恶。结论？根本没有什么讨论的必要了。这是现象学主题的一种奇怪扭曲。政见分歧中的这个 X，也在梅洛-庞蒂那个能协调一切的"交叉"形象上拧了一个难分难解的结。整个盘根错节的混乱局面只能以沉默告终——这让人想起了大约在同一时间，沉默也降临到了马尔库塞和海德格尔身上，当时马尔库塞决定，鉴于二人之间的分歧巨大，对话已再无可能。

这场关于友谊的争论，实质上还是在争论为了苏联及其意识形态，值得做出什么样的牺牲。但无论争的是哪个，你都必须把抽象的价值与那些私人、个体和迫切的情况放在一起权衡。你必须得决定什么才最重要：就在你面前的这个人，还是你的选择可能对未来某群人产生的影响。我们的每位思想家在解决这个难题时，角度都大不相同——有时候，同一个人会在不同时期内得出不同的结论。

* * *

萨特是其中最前后不一的一位，无论在苏联还是在友谊问题上，都是如此，有时候，他会期待别人能抛开政治分歧而忠诚于他，比如1947年10月时，他就期望老同学雷蒙·阿隆能对他忠诚，但没有得到，于是他愤怒地与之彻底断绝了来往。

对法国来说，那一年是困难的一年——这或许就是为什么库斯勒的争吵会如此激烈。法国当时由走中间路线的联合政府统治，但遭到了左翼的法国共产党和右翼的法兰西人民联盟的攻击。法兰西人民联盟的领导人是战时法国流亡力量的领导人夏尔·戴高乐将军。萨特认为，戴高乐的党派几乎有一种法西斯主义作风，热衷于群众集会和围绕其领导人搞个人崇拜。但阿隆在伦敦时曾参加过自由法国，和戴高乐很熟悉，对他的做法也更同情，而且已经挪到了萨特右边的立场上。

那年秋天，危机不断加剧，戴高乐主义者的游行和法国共产党的罢工及示威（得到了苏联的支持），都威胁到了中间派政府的稳定。人们开始担心会爆发内战，甚至革命。有些人觉得，这种可能性很令人兴奋。在给梅洛-庞蒂的一封信里，索尼娅·布朗奈尔写道，她刚刚在伦敦和一些法国作家吃了午饭，他们没完没了地讨论着那些他们打算在巴黎街道上发起的战斗和制造汽油弹的最佳办法。

在这场危机的高潮时期，阿隆主持了一场广播辩论，参加者是代表左派的萨特和一帮戴高乐主义者。在直播中，他们对萨特进行了猛烈的抨击，但阿隆并没有干涉，因此萨特对阿隆很失望，认为阿隆竟然都不支持一下老朋友，任由他们那样攻击自己。后来回顾起此事时，阿隆说，他觉得自己是辩论的主持人，不该站队。但萨特怀疑，真正的原因其实是阿隆自己支持戴高乐主义。那之后的好多年里，这两个人都没有再说话。

阿隆可能没有意识到的是，在那段时间里，萨特的人身安全受到了严重威胁。他收到了很多恐吓信，其中有一封信里夹着一张他自己的照片，照片上还涂满了粪便。一天晚上，他听说一群军官正在左岸四处找他后，便跑到了朋友家避风头，好几天都没返回他那间广为人知，就位于拿破仑酒吧楼上的住所。不过，这并不是他那些坦率的政治观点最后一次给他带来危险。

实际上，这个阶段的萨特，既反对戴高乐主义者，也仍然对苏联持批评态度，因此双方都让他感到愤怒。由于存在主义对自由的坚持，法国共产党一直以来都不认同这是一种哲学。1946 年，马克思主义社会学家列斐伏尔编写了一本小册子，将存在主义归结为"一种沉闷、无力的混合物"，会导致过于危险的"开放心态"。人们是自由的，萨特说——但是列斐伏

251

尔要求知道,"一个每天早上在法西斯主义和反法西斯主义之间选择的人代表了什么?"这样一个人,怎么能被认为比那些"一劳永逸地选择了反对法西斯主义,或甚至不用选择就反法西斯的人"要好呢?列斐伏尔的观点听起来很合理,但再想一下它暗示了什么,似乎就不是那么回事了。他这种说法要求的是一种永远不必再去思考的承诺,萨特肯定无法支持——至少目前不能。他一方面支持革命派的政治理念,另一方面又坚持与其背道而驰的存在主义基本原则,后来,他曾试着化解这二者之间的冲突,但把自己搞得更困惑了。

1948年2月,为解决这个难题,他加入了"革命民主同盟"(Rassemblement démocratique revolutionnaire),这是一个独立党派,目标是建立不结盟的社会主义制度,但除了把事情搞得更复杂外,该党并没有太大的作为,结果,一年半之后,萨特便退党了。

与此同时,1948年4月,他又因为一个新剧本陷入了更大的麻烦中。这个剧的名字,理所必然地,叫《脏手》(*Dirty Hands*),讲的是伊利里亚(Illyria)——一个虚构的现代小国,有点儿像战后的匈牙利——的党员们,在理想上做出了道德妥协,一边等着政权被苏联接管,一边努力让自己接受这种可能性。这下,萨特惹恼了苏联,文化委员亚历山大·法达耶夫(Alexander Fadayev)将萨特斥为"一只握着钢笔的鬣狗",萨特一下子便在苏联失了宠。当时正在读大学的捷克作家伊凡·克里玛(Ivan Klíma),就曾聆听过老师们抨击萨特"腐朽不堪、道德堕落"，不过，这反而让他更迫不及待地想读读萨特了。

现在，萨特不但四面受敌，在政治上困惑不已，还为了将这一切都捋顺搞通，把自己弄得比以往任何时候都劳累。他的大部分压力是自己给自己加的，但他可不准备仅仅为了图生活容易，就时不时地保持安静。波伏娃也受到了来自工作、紧张的政治局势和个人危机的压力——她正试着决定如何处理与纳尔逊·阿尔格伦的异地恋关系，因为阿尔格伦不愿意屈居萨特之后，而且想让她搬到美国去。为了消除疲惫，她和萨特不约而同地吃起了药。萨特越来越依赖他最喜欢的科利德蓝（Corydrane），一种苯丙胺和止痛药的组合药物。而波伏娃则服用苯丙胺对抗焦虑，但却把症状搞得更严重了，到1948年夏天，在她和萨特动身去斯堪的纳维亚半岛度假时，波伏娃已经开始产生幻觉，老觉得不是群鸟向她猛扑下来，就是许多手在拽着她的头发往上拉。北方森林的静谧，比药丸对她的帮助更大。她和萨特在那里见识了许多美好的事物："矮树森林，紫水晶色的地上种着矮小的树木，红的像珊瑚，黄的像金子。"波伏娃渐渐找回了往日的生活乐趣。但萨特的灵魂还会被折磨好几年。

* * *

1949年8月29日，经过多年的侦查和研发，苏联爆炸了一颗原子弹。自此之后，彻底毁灭成了一种相互间的威胁。几个月后的10月1日，中华人民共和国成立。现在，西方要面对的共产主义大国成了两个。恐惧与日俱增。美国的中小学生接受了演习训练，听到轰炸警报后，全都要双手抱头，钻到桌子底下。政府投入大量资金，进行下一步的研究，并在1950年1月宣布，他们正在研制一种更强大的武器：氢弹。

那一年，朝鲜战争爆发，中国和苏联在北部支援朝鲜，美国则在南边协助韩国作战。这场战争的后果似乎无人可以预料：会爆炸原子弹吗？战争会扩散到欧洲吗？苏联会像德国那样去占领法国吗？后面这个想法，以极快的速度占据了法国人的头脑。这听起来好像有些奇怪，毕竟战争是在世界另一端打，但这种想法实际上反映了人们对上一次被占领的记忆犹新，以及新冲突的令人惊慌和不可预测的性质。

加缪问萨特，他有没有考虑过如果苏联入侵，他个人会有什么遭遇。也许"一支握着钢笔的鬣狗"不会被准许笑到最后。萨特反问道：那加缪会做什么？加缪说，噢，德国占领期间怎么做的，就还怎么做——意思是他会加入抵抗运动。萨特道貌岸然地回道，他永远不会与无产阶级做斗争。加缪又强调了一遍他的观点："那你必须离开。如果你留下来，被剥夺的不仅是你的生命，还有你的尊严。他们会把你送到劳改营，你会死在那儿。然后他们会说你还活着，用你的名字宣扬顺从、屈服和叛国；而人们会相信他们。"

与雅克-洛朗·博斯特、奥尔加·科萨凯维奇和理查德·赖特（现已定居巴黎）共进晚餐时，波伏娃和萨特在席间再次讨论了这个主题："怎么离开，去哪里，何时走？"纳尔逊·阿尔格伦写信说可以协助他们去美国，但他们不想这么做。如果他们不得不离开法国的话，也应该去一个中立国。波伏娃写道，也许他们可以去巴西，上一次战争期间，奥地利作家茨威格（Stefan Zweig）就曾去那里避难。但茨威格因为忍受不了流亡，在那里自杀了，而且这一次逃离的还是社会主义运动！怎么会这样？

梅洛-庞蒂同样担心要是真打起来，法国会吃败仗，但他也不想逃。萨特注意到，他现在看起来格外轻松——"那种小男孩般的神气，这我太熟悉了，以前每次事态有可能变严重时，他就会装出这种神态。"梅洛-庞蒂开玩笑说，如果法国真被占领的话，那他就去纽约，当个开电梯的小哥。

但其实，梅洛-庞蒂的内心被这些事件搅得要比他表现出来的更不安，而且并不仅仅是出于个人恐惧。朝鲜半岛的冲突逐步升级时，他在蔚蓝海岸的圣拉斐尔小镇碰到了也在那里度假的萨特。两人见到彼此都很高兴，但又争论了一整天：先是一边沿着海岸线散步一边争，接着到了咖啡馆的露台上争，随后在萨特等火车时，又在火车站争。他们必须要在朝鲜问题上为《摩登时代》商讨出一个连贯的社论立场。但是，梅洛-庞蒂逐渐感觉到，他们不应该立即对他们自己尚不理解的局势发表意见。萨特不同意。如果战争迫在眉睫，你怎么能保持沉默？梅洛-庞蒂的看法很悲观："既然野蛮的力量将会决定结果，为什么还要对牛弹琴？"

但他们之间的根本分歧，不仅仅是编辑方针，更是关于一个人应该把自己的信仰坚持到什么程度。梅洛-庞蒂对朝鲜进攻韩国非常震惊，此外，越来越多有关劳改营的报道，也让他十分不安。这表明，虽然直到不久之前，他还是他们所有人里最支持苏联的一个，但现在，梅洛-庞蒂的个人视角已经发生重大变化。而相反的是，曾经警惕的萨特则越来越倾向于选择支持苏联。

朝鲜半岛的冲突并没有引来苏联入侵法国，但这场到1953年才结束的战争，的确改变了全球的政治格局，并且随着冷战局势的渐渐明了，加重了猜疑和焦虑情绪的蔓延。那几年间，梅洛-庞蒂的怀疑有增无减，萨特却从骑着的墙上爬了下来，而让他彻底改变想法的，是法国发生的一场诡异事件。

1952年5月28日晚，一队巡逻警察拦下了法国共产党当时的领导人雅克·杜克洛，并搜查了他的车。他们在一个筐子里找到一把左轮手枪、一部收音机和一对鸽子后，逮捕了他，声称这两只鸽子是给苏联通风报信用的信鸽。杜克洛回答说，鸽子已经死了，因此没法当信鸽来用，他是要把它们带回家，让他的妻子做晚餐。警察说，鸽子余温尚存，身体未僵，因此很可能是杜克洛匆忙把它们掐死的。然后，他们把杜克洛关进了拘留所。

第二天，警方对鸽子进行了尸检，以便搜寻藏在其体内的微型胶卷。随后，他们又举行听证会，请来三名鸽子专家鉴定两只鸽子的年龄。据他们估计，鸽龄分别约为二十六和三十五天，但它们到底是什么品种，专家直言不讳地说，他们无法识别："因为已知鸽种数量庞大、品种繁多，而且业余饲养者一直在培育许多新的杂交品种，鉴定起来很困难。"不过，专家们得出结论，鸽子可能是随处可见的家鸽，而且没有迹象表明，它们被繁殖出来是为了传递信息。然而，杜克洛还是被关了一个月之后才获释。人们发起一场大规模的运动，表达对他的支持，共产党员、诗人路易·阿拉贡（Louis Aragon）还写了一首关于"鸽子阴谋"的诗。

在萨特看来，这件荒谬的事情，似乎是共产党员多年以来在法国受到骚扰和挑衅的高潮。他后来写道："经过十年的反复思量，我已经来到了临界点。"鸽子阴谋迫使他下定了决心。他写道："用教会的语言来说，这是我的改宗。"

也许，用海德格尔主义的语言来说，这是萨特的 Kehre（转向），而这就需要萨特根据新的当务之急，重新去考量他思想的每一个点。海德格尔的转向导致他远离了坚定，转而"泰然任之"，而萨特的转向，现在则让他变得更坚决，更多地参与到政治中，更频繁地公开露面，更不愿意妥协。他当时的感受是"要么写作，要么憋死"，于是他以最快的速度写出了长文《共产主义者与和平》（*The Communists and Peace*）的第一部分。他后来说，这篇文章是用他内心的愤怒写成的——当然，还有血液中的科利德蓝。他几乎觉都没怎么睡，一页又一页地写下了支持苏联的理由和论点，并将结果发表在了 1952 年 7 月的《摩登时代》上。几个月后，他又发表了一篇言辞激烈的文章，而这一次，他的朋友阿尔贝·加缪成了被攻击对象。

*   *   *

萨特与加缪的对峙蓄势已久，而考虑到他们的观点如今之迥异，这几乎无法避免。1951年，加缪发表了长文《反抗者》（*The Rebel*），提出了一个截然不同的反抗与政治行动主义理论。

加缪不太认同萨特的地方主要有两点：一是历史会朝着一个必然的目的地发展，二是人类社会会达到完美状态。他认为，只要人类社会还存在，就会有反抗。每次革命颠覆了一个社会的弊病后，就会制造出一个新现状，并慢慢形成自己的过分行为和不公正。每一代人都有一种全新的责任来反抗这些，永远都会如此。

更重要的是，在加缪看来，真正的反叛并不意味着去追求"山巅上的光辉城市"这种狂热愿景，而是意味着对那些已经变得不可接受的现实状况加以限制。比如，一个一辈子都受人役使的奴隶，突然决定不能再这样了，然后画下界线，说"到此为止，但不会再进一步"。反抗是对暴政的一种遏制。随着反抗者持续对抗新的暴政，一种平衡便被创造了出来，而这种适度状态，必须要不懈地更新与维持。

加缪这种自我调节式的无限反抗是个动人的愿景，但也当然会被视为对苏联及其支持者的攻击。萨特很清楚，在一定程度上，加缪是在针对他，而且让他感到无法原谅的是，加缪竟然会在如此危急的历史关头做出这种正中右翼下怀的事。《摩登时代》不评一评这本书，显然是不行的。但是，萨特不太愿意抨击老朋友，所以他把这项任务交给了他的年轻同事弗朗西斯·琼松。琼松把加缪批判得体无完肤，指责《反抗者》是在为资本主义辩护。加缪写了一封长达十七页的"致编辑的信"——编辑当然是指萨特，不过没有指名道姓——为自己进行了辩护。他谴责说，琼松严重歪曲了他的论点，并补充道："我都开始有点儿厌烦看到自己……被一些只会对着历史空想的评论家没完没了地教训了。"

被这么一挖苦之后，萨特愤而写了一份他自己的回应，对加缪进行了长篇大论的人身攻击，而且情绪异常激动，即便以他近来的标准，也显得有些过分。那就这样吧，萨特说；他们就此绝交。当然，他会想念加缪，尤其是记忆中那个战时抵抗运动时期的加缪。但现在，他的朋友已经成了反革命分子，重归于好已无可能。政治又一次压倒了一切。

对于萨特的回应，加缪没有发表回应，虽然他确实起草过一份。这之后，沉默再次降临。好吧，不完全是，因为自从这次著名的反目发生后，专门研究此事的书籍和文章开始如雨后春笋般地冒出来，把这次冲突分析到了最后一个标点符号。这场被视为定义了整整一个时代和思想环境的争论，经常被夸张成一出扣人心弦的戏剧："做梦的男孩"萨特追逐着一个不切实际的幻想，但在遇到加缪这位不但目光敏锐、还碰巧更酷、更聪明、更帅气的道德英雄后，受到了应有的惩罚。

这么当故事讲是很精彩，但我认为，还可以从一些更加细致的角度来思考这场争论,而且努力了解一下萨特的动机,问一问他的反应为什么如此过激,不无裨益。多年以来,萨特一直因政治观点而饱受压力,被嘲讽为腐朽的资产阶级,但后来,他的思想发生了转变,开始以一种全新的眼光看待整个世界。因此他认为,抛弃对加缪的个人感情,是他的**责任**。个人感情是一种自我放纵,必须被超越。就像海德格尔在他的《存在与时间》阶段那样,萨特也认为,重要的是不惜一切代价地坚决起来:搞清楚必须要做什么,然后去做。在阿尔及利亚战争中,加缪会选母亲而舍正义,但萨特认定,既然他的朋友背叛了工人阶级,那么选择他的朋友就不对了。过去曾经很喜欢加缪的波伏娃,也采取了相同的态度:《反抗者》是在历史关键时刻故意送给他们的敌人的一件礼物,决不能漠然置之。

这场争吵,让加缪心烦意乱,而且还正赶上他人生的一段艰难时期。他的个人生活很快急转直下,婚姻出现了矛盾,写作出现了瓶颈,而他的家乡阿尔及利亚则陷入了战争的恐怖之中。1956年,他借一部中篇小说《堕落》(*The Fall*),表现了自己所经历的危机。这部小说的主角"法官/忏悔者",以前是一位初审法官,但决定坐下来,审判一下他自己。在阿姆斯特丹的一家酒吧里,法官连续几个晚上向一位未具名的叙述者讲述了他的人生,并在一个令人震惊的故事中将他的讲述推向了高潮。某天晚上,他在巴黎看到一个女人从桥上跳了下去,未能出手相救。他无法原谅自己。法官承认他有罪,但另一方面,他似乎觉得这赋予了他指出别人之罪的道德权威。他告诉对话者——毫无疑问就是我们，他的读者——"我越是指责自己，就越有权来审判你。"这句话，在很大程度上说的就是加缪自己。

萨特和波伏娃不是《堕落》中的主角那样的忏悔者，但他们意识到了未来会向他们投来严厉的目光。"我们觉得自己会被蒙着面的后人评判，"萨特在1952年写道，并补充说，"后人会长期审视我们，我们的时代会成为他们眼中的一个对象。"波伏娃在她的最后一卷回忆录中也写道，她曾经觉得自己比以前的作家高一等，因为很明显，她知道的历史要比他们多。但接着，她登时醒悟到了那个再显见不过的事实：有一天，她这一代人也会接受未来标准的评判。她明白，她的同时代人必将面临历史学家汤普森（E. P. Thompson）后来所谓的那种"子孙后代的巨大优越感"。

不过，萨特仍然坚信，人必须要当机立断。如果因为害怕犯错就骑墙的话，那么你绝对会犯错。正如克尔凯郭尔所言：

> 正如哲学家所言，生活只能倒着被理解，这完全正确。但他们忘记了另一个命题，那就是生活必须正着被经历。如果好好思考一下这个命题，你就会意识到一个越来越明显的事实：我们永远都不可能真正地及时理解生活，因为在任何一个特定时刻，我们根本无法找到必要的参考系来理解它。

这种静止和沉思的点，永远不可能存在。在萨特看来，和一切事物一样，在政治中，正确的方向从来都是往前——即使往前的路带着你拐了个一百八十度的大弯儿，即使你走得太快，根本无法完全掌控，也只能向前。

*　　*　　*

1952年时，萨特在《摩登时代》的行为，还惹恼了另一位老朋友：在刊印《共产主义者与和平》的第一篇文章时，他没有拿给联合编辑梅洛-庞蒂看。萨特很清楚这种失礼的行为可能会得罪梅洛-庞蒂，但是他也明白，对方很有可能会反对这篇文章或者建议缓和一下语气，可他萨特正在兴头上，哪能忍受这样的拖延。

到这个时候，梅洛-庞蒂的立场已经更接近加缪，但有一个主要的不同点，那就是他曾经所信仰的是一个乌托邦，而加缪从未有过这种"梦想"。梅洛-庞蒂十分清楚他为什么会成为信仰者，因此在放弃信仰之后，他反过来再去批判它时，见解也更深刻，但是无法让他有更多的能力来挽救与萨特的关系。

两人之间的紧张关系一直从1952年持续到了第二年年初。1953年1月15日，萨特亲临法兰西学院，聆听了履职哲学系主任的梅洛-庞蒂所做的就职演讲。除了其他话题之外，梅洛-庞蒂还在演讲中提醒哲学家要对公共事务保持警惕，对模糊性保持警觉。但演讲结束之后，萨特并没有像一般人那样向他表示热烈的祝贺。根据梅洛-庞蒂的说法，萨特"口气冷淡"地说，演讲"挺有趣儿"，并且挥手指了指法兰西学院，意思是指学院的权威架势，说道："我希望你会稍微颠覆一下所有这些东西。"萨特自己一直都拒绝接受此类授予他的荣誉，此后也一直如此——甚至在十年之后被授予诺贝尔文学奖时，他都没去领。他总觉得，梅洛-庞蒂太愿意做一个惬意的局内人了。

梅洛-庞蒂接受法兰西学院的任命时毫无疑虑，现在虽被萨特的态度搞得很受伤，但也没有再追究。不过，那年夏天，萨特在暑热难当的罗马度假时，两人的分歧还是在信里爆发了。事后，萨特意识到，自己可能是被热浪冲昏了头，而且可能还因为，和往常一样，他当时工作得实在太努力，太纠结于人类的未来了。

开始时，萨特写信告诉梅洛-庞蒂，一个不再"参与"政治的人，不应该去批评那些正参与其中的人。你是对的，梅洛-庞蒂回复道。事实上，他现在已经下定决心，以后不会再对任何正在发生的事做出草率回应了。朝鲜战争后，他得出了一个结论，我们需要从一个更长远的视角去理解历史。他再也不希望"事事都要参与，就好像是某种道德考验一样"——他把这种倾向描述为了自欺。这话很有挑衅意味，尤其还是说给萨特听的。此外，梅洛-庞蒂还耿耿于怀地抱怨了演讲之后萨特对他的冷漠态度。

7月29日，萨特回信说："看在上帝的分上，不要用你这种完全歪曲事实和情绪化的方式来理解我的语调或面部表情。"

至于语气问题,他现在可怜巴巴又振振有词地说:"如果我看起来冷冰冰的,那是因为我在祝贺别人的事情上,从来都有点儿胆怯。我不知道该怎么祝贺,我也知道自己这个毛病。这无疑是一种性格特点,我可以向你这么承认。"

这些话应该平息了梅洛-庞蒂的一些怒气,但萨特的口气仍然让人很不舒服,而且二人的分歧也确实根深蒂固。收到萨特的回信后,梅洛-庞蒂像往常一样,再次一笑了之,结果把萨特搞得更恼火了。正如萨特自己承认的那样,他喜欢把一个问题争论到底,直到他说服别人,或者他被人说服才行。可梅洛-庞蒂却倾向于"从多样化的视角中找到他的安全感,觉得透过它们看到了存在的不同面向"。好气哦!

但其实,这次争吵让梅洛-庞蒂很是困扰。他的女儿玛丽安回忆说,她曾听到父母一连好几个小时都在讨论萨特。此外,梅洛-庞蒂还不得不决定怎么处理《摩登时代》那边的事情。很长一段时间里,大量的实际工作都是由他承担,比如撰写未署名的社论,确保每期能按时出版等等。但萨特是挂名领导,谁想在《摩登时代》工作,都得先和杂志这位大明星搞好关系。据萨特回忆,开编辑会议时,梅洛-庞蒂到得越来越晚,到了之后也不公开参与讨论,而是在一旁交头接耳。萨特质问道,他心里想什么就说出来;但梅洛-庞蒂不想说。

到1953年年底时,《摩登时代》已经处在爆炸的边缘——接着,火花出现了。他们收到一篇强烈支持苏联的稿件后,梅洛-庞蒂为其撰写了一篇编者按,指出文章表达的观点不代表

《摩登时代》的立场。萨特在刊印前看到之后，删掉了这段话，但没有知会梅洛-庞蒂。

梅洛-庞蒂意识到之后，在电话里和萨特进行了一次漫长而焦灼的通话。萨特后来回忆过这件事；玛丽安·梅洛-庞蒂也记得自己在无意中听到过。聊了两个小时后，她的父亲挂了电话，转身对她母亲说："Alors, c'est fini"——哎，一切都结束了。他的意思可能是他在《摩登时代》的工作结束了，但同样可以被理解为是指他们的友谊结束了。从那以后，虽然两个人偶尔还会交谈，梅洛-庞蒂也会礼貌地说"回头给你电话"，但是，萨特说，他从来没打过。

与萨特之间的这场危机，恰好同梅洛-庞蒂人生中一次更大的不幸撞了车：1953年12月，他母亲去世了。梅洛-庞蒂从小在失怙的环境中长大，还要被迫保护母亲，不让她受流言蜚语的侵扰，所以两人的关系异常亲密。萨特后来也意识到，梅洛-庞蒂的快乐童年对他的人生造成了巨大影响，而他母亲正是这种快乐的源泉；她的死意味着他失去了连接他与那个黄金时期的纽带。萨特回忆说，他母亲死后不久，梅洛-庞蒂和波伏娃见过一面，他"强颜欢笑，掩饰住他情感最真挚的时刻，漫不经心地"对她说："但是我已经是多半死，少半生了。"同萨特的决裂，在意义上和痛失亲人相比，有些相形见绌，但这件事发生的时间很糟糕，也夺走了《摩登时代》给梅洛-庞蒂的生活带来的那种规律感和使命感。

同样，对于这场决裂，萨特的内心可能也比他表面上流露出来的要沮丧。因为他的反应有些过激，声称梅洛-庞蒂在《摩登时代》工作期间十分阴险狡诈。他认为他的合作编辑故意保持低调，没有把他的名字放在刊头，是因为不想为任何明确的观点负责。萨特抱怨道，梅洛-庞蒂和他一样都是领导，但始终"优哉游哉得跟空气一样"。如果他不喜欢某事，就可以回避。总的来说，梅洛-庞蒂解决冲突的方式，不是直截了当地行使权力，而是"见风使舵"。这些抱怨听起来似乎有些奇怪，不过对于梅洛-庞蒂来说，其实挺典型的，毕竟他是那么彬彬有礼，那么让人难以捉摸。

1955年，梅洛-庞蒂在《辩证法的历险》(*Adventures of the Dialectic*)中，最终明确地陈述了他不再支持苏联的理由。他在书中批评了乔治·卢卡奇等人，并且用很长的一章《萨特与极端布尔什维克主义》，严厉批评了萨特近期的政治文章不但前后矛盾，还缺乏实用性。波伏娃介入进来，撰文抨击梅洛-庞蒂，认为他误解了萨特思想的某些方面。这下，她与他的旧日交情彻底烟消云散了。不过，萨特和波伏娃的愤恨加起来，都比不上一些法国共产党人在看到这本书后对梅洛-庞蒂产生的深仇大恨。1955年11月29日，他们组织了一次会议，集中批评了梅洛-庞蒂的言论。与会者包括很多学生，而列斐伏尔和其他人则在会议上进行了公开谴责。1956年，这些内容结集出版，书名则套用了梅洛-庞蒂那本：《反马克思主义的不幸历险：梅洛-庞蒂的不幸》(*Mésaventures de l'anti-marxisme：les malheurs de M. Merleau-Ponty*)。

不久之后，梅洛-庞蒂和萨特再次碰面，一起参加了欧洲文化协会在威尼斯组织的作家会议——正是在这次会议上，萨特告诉斯彭德，他可以为了拯救苏联而忍受不公正的监禁。会议让铁幕两边的作家共聚一堂，探讨了苏联的近况——在赫鲁晓夫的领导下，苏联进入了"解冻"期——以及作家要承担政治义务的问题。梅洛-庞蒂和萨特之所以闹翻，恰恰就是因为后面这个问题。主办方以为他们见到对方应该会很高兴，便安排他们并排坐在了讲台上。萨特看到他身旁的名牌后，脸一下子就白了，不过也还好："有人正在讲话呢，他蹑手蹑脚地走到我身后，轻轻地拍了拍我的肩膀，我转过身后，他冲我笑了笑。"会议期间，他们还有过其他相处轻松的时刻：萨特回忆说，听一位英国代表讲话时——很可能是斯彭德，因为他经常会对"介入文学"发表一些无礼的评论——他们还逗趣地看了看对方。不过，仅凭一个心照不宣的微笑，并不能救活一段友谊。

1945 年和 1946 年时，两位哲学家在把手弄脏和对他人性命做出"艰难"决定的必要性上，持有过类似的观点，但现在，他们都已经远离了各自曾采取的立场。他们有过交集，但后来便分道扬镳了——又一个 X。萨特经历了一段怀疑的时光，从中挣脱后，思想发生了彻底转变，并准备好了为理想的国家冒生命危险。梅洛-庞蒂则放弃了原来的思想，认为人类生活不能被迫去适应某种理想的轮廓。按照他的说法便是，他醒了。摆脱这种理想的"乡愁"后，他说，"一个人抛弃了幻想，所有一切重新变得有趣和新鲜起来。"在法兰西学院的演讲中，他同样谈到了哲学家就是那些在别人睡觉时醒着的人。

当然，萨特认为，他自己才是那个醒着的人。后来总结他们的分歧时，他说道："我认为，我在忠于他1945年的思想时，他却抛弃了它。而他则认为，他只是在忠于自我，而我却背叛了他。"

这段话非常公允地描述了两人之间的分裂根源，而且，与更早时那场完全不同的分裂如出一辙。20世纪20年代后期，埃德蒙德·胡塞尔和马丁·海德格尔也是如此，都认为各自正在驶向更令人兴奋的新领域中，把迷失方向、误入歧途或陷于停顿的对方甩在了后面。

* * *

这些戏剧性事件发生时，波伏娃用她一贯不知疲倦的观察和反思精神，记下了许多笔记，并在1954年将这些笔记变成了《名士风流》(*The Mandarins*)。这部史诗般的小说，从战争结束开始，回溯了从对原子弹的恐惧，到对苏联劳改营和审判的讨论，再到政治承诺的利弊，以及诸多的风流韵事和争吵，记录下了这些事件及其带来的不同情绪。她对细节做了一些调整，因此有时会让她的朋友看起来更聪明、更有先见之明，不过，总体来说，小说对于当时的时代和环境进行了非常有力的描写，而且也有着惊人的可读性。后来，小说赢得了龚古尔奖。随着销量的增长，波伏娃用版税在蒙帕纳斯公墓附近的维克多·舍尔薛大街买了一套公寓。虽然这意味着她现在住得离萨特远了很多，因为萨特还和他母亲住在拿破仑酒吧楼上，不过，在大部分日子里，她都会散着步走到圣日耳曼德佩地区——可能是喜欢卢森堡公园里满是落叶的林荫路——去见朋友们，和像以前一样与萨特肩并肩工作。

她的新情人克劳德·朗兹曼，搬进了蒙帕纳斯的公寓和她一起生活。他之所以能赢得她的芳心，是因为他有着狂热的信念和强烈的自我意识：她写道，定义他自己时，"他说：首先，我是一个犹太人"。萨特曾经批评说，这种坚定的身份表态是一种自欺，因为这意味着一个人将他自己呈现为了一个固定不变的自我，而不是一种自由意识。但实际上，她和萨特一直都很偏爱这类对于自己的身份和态度毫不妥协的人。波伏娃钦佩地写道，朗兹曼对于犹太人遭受的苦难，长期保持着一种愤怒状态。他曾经告诉她："我每时每刻都想杀人。"而且像她一样，他的内心感受还会通过身体表现出来，比如，他会因为纯粹的愤怒而哭泣或者呕吐。与正处于名望巅峰的萨特那种高大形象相比，这必定会使人耳目一新，当然，也与她曾经的朋友梅洛-庞蒂形成了鲜明对比——他似乎压力越大，反倒越爱苦笑，越爱嘲讽。

* * *

1954年，重读了一些以前的日记后，萨特在笔记本中平静地列出了最近发生的争吵和分裂：与库斯勒、阿隆和其他几个人，完全决裂；与加缪，只是简单聊几句，"避免本质性的话题"；与梅洛-庞蒂，分道扬镳。（他还补充了一张图表，展示了他们几个相互闹翻的情况。）他以前曾说过，友谊的破裂并不让他觉得困扰："一个东西死了——仅此而已"。但几年后，他却为加缪和梅洛-庞蒂撰写了宽宏大量的讣告。回想起加缪时，他伤感地写道了他们以前一起哈哈大笑时的情景："他的性格中有一点点阿尔及利亚硬汉的味道，非常无赖，非常有趣。"然后又补充说："他可能是我最后一个真正的好朋友。"

但对于雷蒙·阿隆，或许是因为两人在上学时曾非常亲近，但后来却在政治上出现了那样巨大的分歧，所以萨特恨得要更长久一些。1955年，阿隆出版了《知识分子的鸦片》(*The Opium of the Intellectuals*) 一书，直接向萨特和他的盟友发起了攻击，指责他们"对民主政体的缺陷毫不留情，但却准备容忍那些以正当的主义之名犯下的严重罪行"。萨特在1968年5月报了仇，指责反对学生抗议运动的阿隆不适合教书。

20世纪70年代末，年事都已经很高的萨特和阿隆，曾在一场援助越南难民的活动上见过面，还握了手——摄影记者们在一旁狂按快门，兴奋地认为他们抓拍到了一次重大的和解。然而，这时的萨特已经身染重病、精神恍惚，视力和大部分听力也已丧失。或者是因为这个，也或者是要刻意怠慢，当阿隆用过去亲昵的称呼向他打招呼，问他"你好啊，我的小同志"

时，萨特并没有以同样的方式回应，只是说了句"你好"。

有句名言后来同阿隆和萨特联系到了一起，不过，他们两个其实都没说过。1976年，在接受贝尔纳-亨利·莱维（Bernard-Henri Lévy）采访时，阿隆曾指出，左翼知识分子憎恨他，不是因为他放弃了他们的信念，而是因为他当初就没有真正认同过他们的信念。莱维问道："那你是怎么想的？在这种情况下，做萨特好还是阿隆好？错误但胜利的萨特，还是失败但正确的阿隆？"阿隆没有给出明确的答案。但这个问题被人记住了，后来就成了那句简单而感伤的格言：宁可与萨特一起犯错，也不和阿隆一起正确。

* * *

20世纪50年代时，萨特下决心要把时间和精力献给任何他认为需要他的事业，因而曾超负荷地工作，状况十分令人担忧，并且也导致了他人生中一些莫名其妙的时刻。比如1954年5月时，他曾应某个作家组织的邀请前往苏联，随后又发表了一系列文章，暗示说，例如，苏联公民不去旅行，是因为他们忙着建设国家，根本没有意愿这样做。但后来，他却声称，因为回家后非常疲惫，所以他把写作的任务委派给秘书让·考。

考确实记得，这个时期的萨特，因为担心创作量低，经常被逼到精神发狂。"没有时间了！"他会这么大喊。他一个接一个地放弃了他最大的乐趣：电影院、剧院、小说。他想做的只有写、写、写。正是在这一时期，他说服自己相信了文学上的质量控制是资产阶级的自我放纵；只有投身的事业才最重要，修改甚至重读都是一种罪恶。他在一页又一页的纸上疯狂地写，而费尽心思修订自己稿件的波伏娃，则只能在一旁紧张地注视着。萨特炮制出了大量的文章、谈话、哲学著作——偶尔有考的帮助，但大多数都是独自完成。他的书目编辑者米歇尔·龚达和米歇尔·雷巴卡（Michel Rybalka）算了一下，他在一生中平均每天要写二十页，而且这还只包括成稿，没算草稿。（不过到这一阶段，其实已经不存在草稿了。）在爱尔兰时也一样，约翰·休斯顿每天早上吃早餐时，都会惊讶地发现萨特早已起床好几个小时，并且写出了二十五页左右的弗洛伊德剧本。萨特的传记作家安妮·科恩-苏莱（Annie Cohen-Solal）用机舱和涡轮来比喻他在20世纪40年代后期开始的写作情况，而奥利维尔·威克斯（Olivier Wickers）则写道，他把睡眠当作了某种军事需要：一个临时的野营地，或者是中途的维修站，是为了保证机器正常运转而必须要做的事。

同时，他仍然在过量服用科利德蓝。这种药的推荐摄入量是每天一两粒，但萨特却会吃一整管。而且他在吃药的同时，还会大量饮酒，甚至很享受这种组合扰乱他大脑的方式："我很喜欢脑子里冒出一些令人杂乱无章、模模糊糊然后又分崩离析的想法。"而到一天结束时，他又常常会服用镇静剂来助眠。不过，在创作"文学性"作品的时候，他会少用一些科利德蓝，因为他明白，这会导致过度的"才能"——他自己的形容。比如他发现，在为《自由之路》系列小说写一个新的场景时，主人公马蒂厄走过的每一条街道，都可以产生大量的新比喻。1974年，在某次接受采访时，他曾向波伏娃提到了这一点，她打了个哆嗦（感觉应该会），然后回答说："我记得啊，吓死人了。"这种后果严重的"才能"，其实早在1951年他于意大利所做的笔记中就已十分明显，他在采访中告诉波伏娃，那个笔记本里大约有二十页内容，都是"关于贡多拉船弄出的水花声"。当然，也可能只是勤奋的现象学观察。

不过，他在那段时期的过度写作，很少是出于写作者的虚荣或是缺钱——为了支付账单而接受弗洛伊德剧本的工作，是个例外——主要还是因为他对献身的热爱，以及他想帮助朋友们，为他们的写作或者社会运动做宣传。对于萨特，我们很容易忘记他身上这种目的的慷慨性。他期望自己每时每刻都在做一些事情：要积极介入、主动参与到事物中，就算没时间去仔细思考它们也没关系。性格更谨慎些的人会停下来思考，但萨特认为，那也是资产阶级的奢侈品。

梅洛-庞蒂曾在接受采访时说过，关于萨特这个人，有个简单的事实，基本上没多少人知道，在他的书里也很难发现，那就是："il est bon"。他是个好人。不过，他的这种"好"，恰恰也是他的致命弱点，导致了他的过度劳累，而且更重要的是，导致了他一开始就坚信他必须要用苏联的意识形态来协调他的存在主义。这是一个不太可能也颇具破坏性的任务，因为两者本来就很难协调。但萨特却认为，世界上的受压迫阶级需要他这么做。

许多年后，在萨特去世前不久的一次采访中，他的年轻助手班尼·莱维咄咄逼人地追问他，当萨特心中支持苏联的一面最终消失之时，究竟是谁消失了？谁死了？"某个坏蛋，某个傻瓜，某个蠢货，还是一个本质上还算好的人？"

萨特没精打采地回答："我会说，是一个不坏的人。"

* * *

无论在20世纪50年代初支持苏联有什么好，到1956年10月和11月时，这种好已经很难再被看到。

当时，在有关苏联政策"解冻"讨论的鼓励下，匈牙利政府中的改革派展示出了一些对个人和政治自由进行改革的迹象。但在示威者走上街头，要求更多后，作为回应，苏联派出了军队，布达佩斯附近爆发了战斗；示威者控制了城市的广播电台，呼吁匈牙利人起来反抗。随后，停火令正式生效，但只维持了一段时间，11月1日，苏联军队从乌克兰越过边境，再次进入布达佩斯，拆毁了有人躲藏其中的建筑物，还向火车站和公共广场开火，并威胁要摧毁城市的议会大厦。11月4日星期日中午，控制着广播电台的示威者在最后一次广播中宣布投降："我们现在马上要停止广播了。欧洲万岁！匈牙利万岁！"反抗最终失败。

对于那些西方的亲苏人士，苏联的武力干预，让他们大为震惊。许多人撕毁了手中的党员证，而那些仍然支持苏联的人，则焦虑地揉搓着自己的手，想知道该如何把这一新发展纳入到他们的愿景中去。萨特和波伏娃便在这些最困惑的人之列。1957年1月，他们出版了一期《摩登时代》特刊来谴责这场行动，并且给许多匈牙利作家留出了版面，让他们来写相关事件——但私底下，两个人仍然有些不安，而且也很厌恶右翼揪住这次事件来宣传他们自己的意识形态。

匈牙利十月事件后不久，萨特开始写一本新的皇皇巨著：《辩证理性批判》(Critique of Dialectical Reason)。这部作品试图按照《存在与虚无》的规模来创作，不过，围绕的却是他的新社会思想和政治承诺的理想。他不再强调意识、虚无和自由，而是把一切都带回到了世界上的具体境遇和一致行动原则中。波伏娃认为，《辩证理性批判》是萨特对1956年那场事件的最终回应。正如萨特自己在1975年所写的那样，"这是一本针对苏联而写的马克思主义著作"，也可以被看作一部为反对旧的、非政治化的存在主义而写的存在主义著作。

这本书要圆满完成实在不易。1960年，萨特出版了第一卷《关于实践集合体的理论》(Theory of Practical Ensembles)，但单本就达到近四十万字。第二卷——你猜猜！——则从未完成：他做了大量笔记，但没有整理成书。直到他去世后，这些笔记才在1985年最终出版。

在放弃第二卷时，萨特的注意力已经从苏联身上移开，转而对中国产生了兴趣。而且，他也开始把自己看作一个思想的先驱，不过这个思想不是指苏联的政治模式，而是一种与存在主义生活方式更为契合，也更为激进的反抗。

Croisés comme ça

第十二章
在处境最困难的人眼中

在本章中,
我们见见革命者、
局外人和寻求真实性的人。

如果很多利益不相容的人都声称权利在他们那边，你如何在他们之间做决定？在《共产主义者与和平》最后一部分的一段话中，萨特勾勒出了一个大胆的解决方案：为什么不通过询问那些"处境最困难的人"或者"受到最不公正对待的人"怎么看，来决定每一种情况？你只需要找出该情况中最受压迫和处于不利地位的人，把他们对事件的看法采纳为正确的那一个。他们的观点可以被认为是真理本身的标准，是确证"人与社会真实面目"的方式。如果某件事情在处境最困难的人眼中不是真的，萨特说，那它就不是*真的*。

这个令人耳目一新的观点，简单得有些惊人，轻轻一下子便抹去了强势群体肆意用来逃避责任的那种伪善言辞——也就是所有那些省事的借口，比如说穷人就"配"穷人的命，或者富人就是有权得到积累在他们身上的那些比例惊人的财富，或人们应该将不平等和苦难视为生活不可避免的部分。在萨特看来，如果穷人和弱势群体不相信这样的论点，那它们就是错误的论点。这有点儿类似于"热内原则"：弱者总是正确的。从这时起，萨特也像让·热内一样，开始高兴地让自己服从于那些被异化的、被压迫的、被阻挠的和被排斥的人。他试图用局外人的目光，来审视特权阶级——就算特权阶级也包括了他自己。

没人可以说这很容易就能做到，原因不仅是（正如波伏娃在《第二性》中指出的那样）借用别人的视角会对心理造成压力，还因为任何试图这么做的人，都遇到了大量的逻辑和概念难题。分歧不可避免地出现了：谁在任何时候都是处境最困难的人？每次弱者变成强者后，一切都得重新计算，所以必须要对角色的转换进行持续不断的监控——但是要由谁来监控呢？

正如梅洛-庞蒂在他的《萨特与极端布尔什维克主义》中指出的那样，萨特本人并不坚持他自己的原则。面对在苏联监狱中那些处境困难之人的凝视，他在很长一段时间内都不重视他们指责的目光，还给出了为什么他们可以被无视的理由。不过，或许"凝视"这个概念本来也不是为了始终都能说得通。就像列维纳斯或薇依的伦理哲学一样——理论上讲，他者的凝视对我们提出的要求在程度上是无限的——一个理想并不会因为不可能坚持，就变得不那么鼓舞人心。

萨特这个"在处境最困难之人的眼中"的观念，与列维纳斯"面向他者的伦理学"一样激进。在一些人看来，将道德交给众多的人类目光和个人视角来审视，会引发混乱，失去进行真正革命的可能性。萨特忽视了这种路线，表明了他自己还是从前那个独行其是之人。他再努力，也不可能成为合格的共产主义者。

他的这条新路径，更多地吸引了那些不愿加入任何党派，但却积极参与新式解放运动的活动家，尤其是 20 世纪五六十年代反种族主义、性别歧视、社会排斥、贫穷和殖民主义的抗议活动。萨特全力支持这些斗争，并竭力提供了帮助——主要是用他最喜欢的武器：笔。为年轻作家的论战著作撰写前言，给了他可以介入的新主题，并让他感到他的哲学真的做到了一些事情，这种感觉已经很久没有了。

早在1948年时，他就曾写过一篇题为《黑皮肤的俄耳甫斯》(*Black Orpheus*)的文章。这篇文章最初是作为桑戈尔(Léopold Senghor)的《新黑人与马达加斯加诗歌》(*Anthology of New Black and Malagasy Poetry*)的序言发表的，在文中，萨特描述了由黑人和后殖民时代的作家创作的诗歌，如何经常翻转了他们的压迫者那种固定、评判的"凝视"。从现在开始，他说，欧洲白人不能再厚颜无耻地评估和执掌这个世界了。相反，"这些黑人正在看着我们，我们的目光回到了我们自己的眼睛中；反过来，黑色的火炬点亮了世界，我们的这些白色头颅只不过是在风中摇摆的中国灯笼。"（那段时间的萨特，仍然在打磨他的比喻。）

1957年，他为阿尔伯特·梅米的两本书《殖民者的肖像》(*Portrait du colonisé*)和《被殖民者的肖像》(*Portrait du colonisateur*)撰写了序言——被放在一起翻译为《殖民者与被殖民者》——这两本书以波伏娃在《第二性》里分析女性迷思的方式，对殖民主义的"迷思"进行了同样的分析。在此之后，萨特又为一部划时代的反殖民主义著作，弗朗茨·法农出版于1961年的《全世界受苦的人》(*The Wretched of the Earth*)，写了一篇更有影响力的前言。

法农是一个有着雄心壮志的思想家和知识分子，本身就受到了存在主义的影响，在自己短暂的一生中，一直致力于种族、独立和革命暴力的问题。出生在马提尼克、有着非洲和欧洲血统的法农，曾在里昂跟随梅洛-庞蒂等人学习过哲学，但是他并不是很喜欢梅洛-庞蒂那种冷静的风格。1952年，他出版了自己的第一本书《黑皮肤，白面具》(*Black Skin, White Masks*)，探索了在白人主宰的世界中，黑人的"生活经验"被投射到了他者的角色上。这本书充满了激情，一点儿都不冷静，但也具有高度的现象学特征。

接下来，法农搬到阿尔及利亚，并积极参与到了独立运动当中，但也因此在1956年被驱逐出境，去了突尼斯生活。在那儿被确诊为患有白血病后，他去苏联接受了治疗，病情暂时得到了缓解，但在1961年，当他开始写《全世界受苦的人》时，病情再次加重。之后，他拖着发烧和虚弱的病体去了罗马，并在那里经朗兹曼的引见，认识了波伏娃和萨特。

萨特当时就为法农倾倒了，并且高兴地为《全世界受苦的人》撰写了序言。他本来就喜欢法农的作品，见面后，更是喜欢法农本人。朗兹曼后来评论说，他还从没见过萨特像在那次会面时那样被一个男人深深迷住。他们四个人边吃午餐边交谈，然后又聊了一下午、一晚上，最后，到第二天凌晨2点时，波伏娃不得不坚决要求萨特需要回去睡觉。法农受到了冒犯："我不喜欢那些霸占资源的人。"他和朗兹曼继续聊到了早上8点。

这时候，法农已经只剩下几个月的寿命。在生命的最后几个星期中，他被送到了美国去接受最好的治疗，而且（令人惊讶的是），安排这次行程的人、他的朋友奥利·伊瑟林（Ollie Iselin），竟然还是一位中央情报局的特工。不过，一切都已于事无补，1961年12月6日，法农在马里兰州的贝塞斯达去世，年仅三十六岁。不久之后，由萨特作序的《全世界受苦的人》面世了。

波伏娃回忆道，法农在罗马时曾说过，"我们对你们有要求权"——他们就喜欢听这样的话。这种燃烧的激情，以及在必要时提出要求和分配罪责的意愿，正是朗兹曼身上吸引波伏娃的地方。现在，这也让萨特激动不已。或许它把他们带回了曾经的战争岁月：那个一切都很重要的年代。萨特欣然接受了法农斗志昂扬的论点，在这本书中包括了以下观念：反帝国主义革命必然是暴力的，不仅是因为暴力是有效的（虽然这是一个原因），还因为它帮助被殖民者摆脱了压迫带来的麻痹，构筑了一个新的共同身份。法农并非在美化暴力，而是认为这对政治变革至关重要；他对甘地关于将非暴力抵抗作为权力来源的想法不大认同。在他的文章中，萨特对法农的观点给予了热情的支持，以至于超越了法农的原始观点，把重点转移到了赞美暴力本身。萨特似乎把被压迫者的暴力，视为了尼采哲学中的自我创造行为。像法农一样，他也将其与殖民主义隐蔽的暴行进行了对照。而且，就像在《黑皮肤的俄耳甫斯》中那样，他也邀请读者（应该是指白人）想象一下被压迫者反对他们的目光，剥掉他们资产阶级的虚伪，露出他们作为贪婪和利己的怪物的真面目。

萨特为《全世界受苦的人》撰写的序言提供了一帧快照，让我们看到了他在激进岁月里所具有的那些最令人憎恶，也最令人钦佩的东西。他对暴力的迷恋着实令人震惊，但他愿意以这种激进的方式介入被边缘化者和被压迫者的窘境之中，仍然在一定程度上让人钦佩。事实上，萨特已经太习惯采取激进的立场，以至于几乎不知道该怎么走温和路线了。正如他的朋友奥利维尔·陶德所说的，萨特的信念变了，但他的极端主义从来没变。萨特表示同意。1975 年，在被问及他最糟糕的失败时，他回答说，"在我的人生进程中，我自然犯过很多错误，或大或小，出于这样或那样的原因。但归根结底，我每次犯错误，都是因为我还不够激进。"

激进意味着让人们感到不舒服，而这些人中还可能包括其他激进者。弗朗茨·法农的遗孀约茜·法农（Josie Fanon）就是反对萨特的人之一：她痛恨他在这个时期还支持犹太复国主义，认为这让他成了大多数阿尔及利亚人的敌人。萨特这种同时参与两种事业的能力，表明了他慷慨的意图，但是也显示了他的"处境最困难"原则中的另一个悖论。不止一个群体可以被认为在历史上处境最困难，那么，如果他们的要求互不相容，会发生什么？萨特对暴力的赞美还有一个更糟糕的悖论：无论其动机或背景如何，谁的处境能比任何一种暴行的受害者更"困难"呢？

萨特意识到，他对暴力的兴趣，其基础是怪异的个人冲动。他将这类冲动追溯到了他童年遭受霸凌的经历，以及他将欺凌者的侵犯接受为自身一部分的决定。1974 年，他与波伏娃谈起这件事时，曾说他从来没有忘记在拉罗谢尔的学校经历的暴力，甚至认为这让他有了一种将友谊视为随时可能失去之物的倾向："从那以后，我就再没和朋友有过温和的关系。"你不得不怀疑，这或许也助长了他对极端主义的渴望。

在反殖民的暴力活动或针对白人的暴力上，萨特的同胞无疑处于遭受暴力的一方，但他反倒对此赞赏有加。扭转视角、想象他自己站在他人愤怒的正义风暴中，给他带来了一种满足感。同样，波伏娃也庆祝了世界各地反法殖民起义的消息，对20世纪50年代印度支那的反殖民抗争感到欢欣鼓舞。当然，这是一个政治承诺的问题，但她的反应似乎要比知识分子更发自内心。对于一个自己的祖国曾在十年前被占领和压迫过的人来说，这是一种复杂的情绪。事实上，1954年，当阿尔及利亚战争开始时，她发现，在公共场合看到法国的军队制服，就如同当年看到德国制服的时候一样让她感到不安——不同的是，她自己现在也要承担一部分罪责。"我是法国人。"她会对自己说，感觉好像是在承认某种道德缺陷。

从1954年至1962年，阿尔及利亚争取民族自决权的这几年，带来了巨大的痛苦，造成了深重的灾难。而且，流血事件还蔓延到巴黎，导致一些支持独立的示威者在城市中心被杀害。法国针对阿尔及利亚平民的酷刑和处决，引起了广泛的恐惧。加缪虽忠诚于他的母亲，但也反对当局的暴行。萨特和波伏娃在支持阿尔及利亚解放运动方面则更加一心一意，积极地开展活动，并且为讲述遭受酷刑的阿尔及利亚人的书（以及由他们写的书）撰写了雄辩动人的文章。萨特在为亨利·阿莱格（Henri Alleg）的《问题》(*The Question*)所作的序言中写道："任何人，任何时候，都可能发现自己既是受害者，也是刽子手。"这影射的是加缪的早期文章《既非受害者，亦非刽子手》。如果说萨特和波伏娃之前没有跟加缪闹翻的话，现在可能也会因为阿尔及利亚的局势而闹翻了。

我们可以谴责说，萨特和波伏娃是站在安全的边线上为暴力欢呼，但其实，他们这次所处的位置根本不安全。正如1947年时萨特曾收到过死亡威胁一样，1960年10月，一万名法国退伍军人在参加反对独立的示威游行时，其中喊出的一句口号就是："枪毙萨特！"而当他签署了一项非法请愿，敦促法国士兵不要服从他们不赞同的命令后，更是面临着被起诉和监禁的危险，不过后来，据说戴高乐总统用"谁会把伏尔泰抓起来"这句话排除了这种可能。但最终，在1962年1月7日，有人把这些谋杀煽动当真了。在波拿巴大街42号，也就是萨特和母亲一起居住的地方，有人在他们楼上的公寓里放置了一枚炸弹。爆炸破坏了两层楼，炸碎了公寓的门；万幸的是，没有人受伤。加缪曾为他身在阿尔及利亚的母亲担心，但现在面临危险的却是萨特的母亲。随后，他搬到了拉斯拜尔大道222号的新公寓，并在附近为他母亲单独租了一间。萨特现在住得离波伏娃比较近，远离了他以前在圣日耳曼德佩大街上常去而且人尽皆知的老地方。这下，别人找起他来就没那么容易了。

不过，萨特没有让这次袭击中断他的活动：他和波伏娃继续在示威游行上发表讲话,撰写文章,并为那些被控恐怖主义活动的人提供证据,以示支持。根据朗兹曼的说法,他们会在半夜起床,拼命地打电话,为即将被处决的阿尔及利亚人争取缓刑。1964年,萨特拒绝了诺贝尔文学奖,说他不想放弃他的独立性,并强烈谴责委员会只倾向于把奖项颁给西方作家或反对共产主义的侨民,而不颁给那些来自发展中国家的革命作家。

实际上,被授予诺贝尔奖时,萨特在心中请教过"处境最困难的人",就像海德格尔在1934年得到柏林的工作时,曾向托特瑙山的农民寻求智慧一样。在海德格尔的故事中,他的邻居默默地摇了摇头。在萨特心中,处境最困难的人同样给了他一个命令式的摇头:不。不过,海德格尔的拒绝,是要远离和放弃世俗的复杂性,而萨特则是针对遭遇不公正对待之人的要求做出的一种回应——而这就把他与他人的生命比以往更紧密地绑在了一起。

* * *

其实早在萨特之前,就有人写过关于"凝视"在种族主义中的作用。1903年,杜布瓦(W. E. B. Du Bois)在《黑人的灵魂》(*The Souls of Black Folk*)中,曾反思了黑人的"双重意识,也就是那种总在通过他人的眼睛来审视自己,把这个带着蔑视与怜悯,喜滋滋在一边旁观的世界当成了尺子,来丈量自己灵魂的感觉"。后来的黑人美国作家也探索了黑格尔所谓的争夺视角控制权的斗争。1953年，詹姆斯·鲍德温曾描述说，他去一个瑞士小村庄参观时，发现那里的人以前从来没见过黑人，所以见到他之后，惊得目瞪口呆。他反思道，在理论上，他的感觉应该和早期白人探险家在非洲村庄时一样，将他们的注视当作是在赞颂他的神奇。而且和探险家一样，他也比当地人去过更多地方，见过更多世面。但是，他没法有那种感觉；相反，他感到羞愧不安。

作为一个黑人同性恋者，鲍德温在美国遭受过多年的双重边缘化，因为在当时的美国，种族隔离是制度化的，而同性恋是非法的。（1962年，伊利诺伊才成为第一个将同性恋非罪化的州。）他曾在法国定居多年——并在巴黎结识了早已定居在那里的小说家同胞理查德·赖特。

自从20世纪40年代发现了存在主义，并且认识了存在主义者之后，赖特越来越崇拜法国，也越来越信仰存在主义。1952年，他完成了他的存在主义小说《局外人》（*The Outsider*），讲述了一个麻烦不断、名叫克劳斯·达蒙（Cross Damon）的人，在和一位死于地铁撞车事故中的人被搞混之后，选择了逃跑，准备开始新的生活。后来，他搞大了一个未成年少女的肚子，摊上了官司，但是，白人当局无法分辨清楚一个黑人和另一个黑人，于是他利用他们的错误，逃过了诉讼。接着，他又惹上了更大的麻烦，为隐瞒自己的身份而杀人害命。通过自我改造，达蒙感受到了一种巨大的自由，但也发现，决定自己的人生意义，是一种会让人茫然不知所措的责任。故事的结局很惨，达蒙因为他的罪行而遭到追捕，并最终被杀；在他垂死的时刻，他说，他做的一切都是为了自由，并弄清楚他的价值所在。"我们不同于我们看起来的样子……也许更糟，也许更好，但肯定不同——我们都是自己的陌生人。"

赖特将萨特和加缪的哲学应用在了美国黑人的经历上后，带来了一本有趣的书。不过，这部作品也有一些不足之处，而且如果好好编辑一下的话，书中的思想本可以更有力地传递出来，但是赖特的编辑和代理人，更倾向于削弱这本书的思想性，就像波伏娃的《第二性》被翻译成英语时那样。出版界觉得，赖特这样的作家就该写些简单、质朴的东西，而不是再造一本类似《恶心》和加缪的《局外人》的思想性作品。赖特很不情愿地修改了他的著作，削减了其中的哲学性内容。就在他进行这项痛苦的工作时，一本新小说寄到了他的邮箱中：拉尔夫·埃里森（Ralph Ellison）的《隐形人》（Invisible Man）。这本书也讲述了一个感觉异化的黑人从默默无闻到获得真实性的过程，但是风格比赖特的小说轻松，也没有包含法国哲学，所以卖得更好，并且获得了国家图书奖。

赖特大方地写信给埃里森，对他的著作赞不绝口，还邀请他来巴黎——但埃里森粗鲁地说："我已经受够了美国黑鬼跑到国外去待几个星期，回来后就宣称那里是天堂了。"他认为，赖特移居国外，其实伤害了他自己：他在追求现实生活中的自由时，毁掉了他写作的自由。赖特收到过很多这类评论：他的编辑爱德华·阿斯韦尔（Edward Aswell）就认为，他获得了个人的安宁，但也失去了文学创作的动力。就连詹姆斯·鲍德温也曾写道："终于，理查德在巴黎过上了那种如果他是白人的话，本可以在美国拥有的生活。这看起来值得拥有，但我很好奇，是否真的如此。"

我倒是好奇另一个问题：为什么赖特在巴黎的生活会引来这样的谴责？鲍德温本人曾在法国生活过，拉尔夫·埃里森在《隐形人》大获成功之后，用罗马奖金大赛（Prix de Rome）的奖金去意大利生活了两年——不过他的确想念美国，所以后来又回去了。白人作家经常移居国外，可好像没有人会对他们说，如果这么做，他们会失去写作的能力。赖特相信，他的自由对他来说至关重要，是为了获取新的视角："如果我要让自己的思想开阔起来，就必须自由地去生活。"这种说法似乎挺合理吧。我猜测，他们真正反对的不是理查德·赖特搬去了法国，而是他在创作中写到了法国的思想。

确实，这之后，赖特没有再创作小说（埃里森也是），不过倒是写了一些旅行和报告文学方面的书，其中最著名的是《彩色窗帘》（*The Color Curtain*），讲的是 1955 年 4 月由发展中国家举办的伟大的万隆会议；以及创作于 1957 年的《白人，听着！》（*White Man, Listen!*），讲述了亚洲、非洲和西印度群岛那些已经被西化的个人——这些"孤独的局外人，战战兢兢地生存在多重文化的悬崖边缘"。他对那些在生活上与周围格格不入的人所抱有的同情，从未减弱，只是现在转移到了非虚构作品上。

1956年9月19日，赖特在索邦大学举办的第一届国际黑人作家和艺术家大会上发表了演讲。而在所有发言者中，只有他提请人们留意一下与会者中几乎没有女性这个事实。他指出，大会的关键议题，非常接近西蒙娜·德·波伏娃在《第二性》中探讨的主题：权力斗争、异化的凝视、自我意识以及压迫性迷思的结构。女权主义和反种族主义运动者，同样认同存在主义者那种对行动的坚持，那种"敢作敢为"（can-do）的信念：可以从思想上去理解现状，但不应该在生活中接受现状。

* * *

与此同时，《第二性》对世界各地的女性产生了更强大的影响。1989年，纪录片《波伏娃家的女儿们》（*Daughters of de Beauvoir*）及同名图书的创作者，曾搜集了一些女性的故事，讲述了在20世纪50年代、60年代和70年代读过波伏娃的著作后，她们的人生所发生的变化。比如其中的安吉·佩格（Angie Pegg），她是生活在埃塞克斯镇的一位家庭主妇，某天在书店随手拿起《第二性》后，一直读到了凌晨4点。她首先读了关于家务如何将女人与世界隔绝的一章，然后又返回去读完了剩下的内容。在那之前，佩格一直以为，只有她会因为自己每天的生活方式而感到与生命脱节，但波伏娃让她意识到，她不是——并且还让她知道了她为什么会有这种感觉。就像萨特或列维纳斯读到胡塞尔时一样，这也是一个人生因为发现了一本书而被改变的故事。到第二天早上时，佩格已经决定了生活要改变的方向：她丢下拖把和掸子，去了大学读哲学。

除了《第二性》外，许多女性还从波伏娃始于1958年的《端方淑女》、止于1972年的《归根到底》（All Said and Done）的四卷自传中得到了鼓舞。在澳大利亚长大的玛格丽特·沃尔特斯（Margaret Walters），就对书中自信的语调和内容感到激动万分。这套自传讲述的是一个史诗般的故事：一个女人寻找自由，并且找到了自由。生活在传统婚姻中的女性，尤其对波伏娃在书中描述的她跟萨特以及其他恋人间的开放式关系感到好奇。后来自己也成了一名杰出女权主义者的凯特·米利特（Kate Millett），记得她当时曾想："她在巴黎，过着这种生活。她是个勇敢、独立的人，就是我想在这个无名小镇变成的那种人。"她还十分钦佩波伏娃和萨特共同的政治承诺。"他们两个所代表的是一种冒险，试着过上一种有道德的人生，试着依据一种激进的伦理政治观念去生活，这可不仅仅是左翼的《圣经》——你必须要时时刻刻去创造境遇中的道德。这就是一场冒险。"

那几十年中，西蒙娜·德·波伏娃引领着女性在生活中做出了非常巨大的改变，以至于其中一些人不可避免地感觉她们好像放弃了太多。比如其中一名受访者乔伊丝·古德费洛（Joyce Goodfellow）就说，她放弃了自己的婚姻，还辞去了一份虽然乏味但却很稳定的工作。最终，她成了一个彻底自由的女人——但同时也成了一位单身母亲，在贫困和孤独中苦苦挣扎了好多年。"你的阅读真的会影响你的生活。"她苦笑着说。

* * *

你的阅读会影响你的生活：20世纪五六十年代，存在主义在世界各地的传播情况，比任何其他现代哲学都更能证明这一点。通过为女权主义、同性恋权利、阶级壁垒的瓦解、反种族主义和反殖民斗争提供理论支持，存在主义从根本上改变了我们今天的生存基础。与此同时，许多人还受到鼓励，开始寻求更加私人化的解放形式。萨特曾呼吁建立的新存在主义精神分析法，到20世纪50年代时，已被确立起来，治疗师不再把病人当作一组症状来治疗，而是将他们视为在意义和选择问题上挣扎的个体。瑞士精神病医生梅达特·鲍斯（Medard Boss）和路德维希·宾斯万格（Ludwig Binswanger）基于海德格尔的思想，开创了"此在分析法"（Daseinanalysis）；而萨特的思想后来在美国和英国拥有了越来越大的影响力。罗洛·梅（Rollo May）和欧文·亚隆（Irvin Yalom）的工作框架，明显是以存在主义为基础，而类似的观念也指导了莱因（R. D. Laing）等"反精神病学家"，以及"意义治疗师"维克多·弗兰克尔（Viktor Frankl）的工作——弗兰克尔在纳粹集中营的经历，让他认识到：人类对意义的需求，几乎与对食物或睡眠的需求一样至关重要。

这些运动从年轻人（尤其是美国年轻人）对意义和自我实现所具有的更普遍渴望中汲取了能量。战后，许多人都尽可能过上了一种平静的生活，认可了一份稳定的工作和一所位于郊区，有着绿树绿草、新鲜空气的房子的价值。一些退伍军人发现很难适应，但许多人只想享受世界上美好的事物。他们的孩子享受着这种好处慢慢长大，但随后，他们进入了青春期，开始好奇生活是不是还有割草坪和向邻居挥挥手以外更多的东西。他们反感冷战时期的美国那种混杂着舒适和恐慌的狭隘政治秩序。1951年，读到塞林格的小说《麦田里的守望者》后，他们决定，如同书中的主角霍尔顿·考菲尔德一样，他们也不想做一个虚伪的人。

随后的十几年时间，文学、戏剧和电影充斥着所谓的"真实性戏剧"，范围从反复书写躁动不安或成瘾的"垮掉的一代"作家，到对代际冲突不满的电影，如《无因的反叛》(*Rebel Without a Cause*, 1955)，而在法国，则有让-卢克·戈达尔的《筋疲力尽》(*À bout de souffle*, 1960)。存在主义有时会体现其中，不过只是为了讽刺。马塞尔·卡奈 (Marcel Carné) 拍摄于1958年的电影《弄虚作假的人》(*Les tricheurs*，英文被翻译为 *Youthful Sinners*)，是一部寓言，讲述了两个年轻的左岸虚无主义者，既嬉皮又滥情，以至于都没注意到他们爱上了对方，真应该选择资产阶级的婚姻。在《甜姐儿》(*Funny Face*, 1957) 中，奥黛丽·赫本扮演的角色走进巴黎的一家夜总会寻找一位著名哲学家，被那里的音乐吸引后，跳了一支狂野的存在主义舞蹈。但她也妥妥地嫁人了——嫁给了一把年纪的弗雷德·阿斯泰尔。

其他一些电影和小说更加锋芒毕露，拒绝屈从于旧俗。这一类型中的一部小杰作是斯隆·威尔逊（Sloan Wilson）出版于1955年的小说《穿灰色法兰绒西装的男人》（*The Man in the Gray Flannel Suit*）。小说的主角是一个退伍军人，挣扎着想要适应郊区的环境，以及一份需要他每天工作很久，但内容却毫无意义的企业工作。最后，他选择了逃离，拒绝了安稳，转而去寻找一种更真实的生活方式。这本书被改编成电影，并由格利高里·派克出演男主角之后，书名后来还变成了一句流行语。据斯隆·威尔逊回忆，企业的高管们随后开始穿（完全相同的）运动服去上班，不再穿灰色西装——目的是要证明他们不同于其他的顺从者，他们是自由和真实的个人。

乔治·奥威尔出版于1949年的小说《1984》，则在顺从者文化和技术控制之间建立了一种关键联系；现在，其他一些作家注意到了这个主题。戴维·卡普（David Karp）那部少有人知的小说《一个人》（*One*, 1953），就设定在一个强制执行心理一致性的社会中。主角身上被检测到了个人主义的迹象，虽然十分微弱，连他自己都没注意到，但是国家还是逮捕了他，并温和但强制地对他进行了再教育——没有暴力对峙，而是一种舒缓的医疗过程，不过，也才显得更加可怕。

其他影片也将技术恐惧和对人类可能会被变成像蚂蚁一样毫无力量或价值的生物的恐惧联系到了一起。在前面海德格尔那一章中，我提到了一部我最喜欢的电影《不可思议的收缩人》（1957）——这是一部关于技术恐怖的电影，也是一部存在主义电影。在故事的开场,主角在海上接触到了一团放射性尘埃,回到家后,他便开始收缩,身高和尊严不断变小,直到他成了一颗尘埃大小的微粒。他无法阻止这一切发生,尽管为了生存下去,他用尽了所有能用的工具和设备,但最终却成了草地上的一个微小身影,只能仰望着浩瀚的宇宙。其他20世纪50年代的电影,同样充斥着对丧失真实性和离奇技术的海德格尔式恐惧,比如其中的《天外魔花》(*The Invasion of the Body Snatchers*, 1956),不过这部影片更多被简单地认为是在表达冷战时期的反苏情绪。而在《哥斯拉》(*Godzilla*, 1954)和《X放射线》(*Them!*, 1954)这类电影中,鱿鱼、水蛭、蝎子、螃蟹、放射性蚂蚁和其他噩梦般的生物,则从一个已被彻底破坏和蹂躏的地球上一涌而出,准备进行报复。海德格尔在他《关于技术的问题》的演讲中,讨论了人身上的"怪物性"和"可怕性",以及对地球的侵犯和对资源的掠夺,而这篇演讲的文字稿的出版时间,正好是《哥斯拉》上映那年,想想还挺有趣的。

在这些虚构作品出现的同时,另一种新的非虚构作品出现了,而它们的创作者也是一种新类别:作为存在主义叛逆者的社会学家、心理学家或哲学家。1950年,大卫·里斯曼(David Riesman)用他对现代异化性的研究《孤独的人群》(*The Lonely Crowd*)首开先河。1956年,又涌现出了大量作品,包括欧文·戈夫曼(Irving Goffman)的《日常生活中的自我呈现》(*The Presentation of Self in Everyday Life*),威廉·怀特(William

Whyte)的《组织人》(*Organization Man*)和保罗·古德曼(Paul Goodman)的《荒谬地长大》(*Growing Up Absurd*)。不久之后,存在主义非虚构作品中最引人注目的作品也横空出世了,而作者正是保守派中的一员:汉娜·阿伦特。1963年,她在《纽约客》上发表了《艾希曼在耶路撒冷》(*Eichmann in Jerusalem*)一文,后又将其丰富成为一本书。这篇文章主要讲的是犹太大屠杀的组织者阿道夫·艾希曼在耶路撒冷接受审判的事件。在旁听了审判,并观察到了他那种茫然的怪异反应后,阿伦特将他解释为一个终极版的穿灰色西装的人。在她看来,他是一个毫无头脑的官僚,受制于海德格尔所谓的那种"常人",完全失去了人类的全部个性和责任。她将这种现象形容为"恶之平庸"。她的解读,以及书的启发内容,都引发了争议,但也让当时正处于道德恐慌中的读者十分着迷。不过,他们恐慌的不是极端信仰,而是其对立面:面目模糊、毫无头脑的顺从性。在一定程度上为了验证阿伦特的著作,斯坦利·米尔格伦(Stanley Milgram)和菲利普·津巴多(Phillip Zimbardo)等研究人员完善了实验,进一步探索了人们在遵守命令方面可以走多远。结果令人震惊:看起来,如果有一个足够权威的人物命令的话,似乎每个人都愿意给别人施加酷刑。

不过,并不是所有反对不真实性的争论,都经过了这样的深思熟虑。小说家诺曼·梅勒——唯一明确承认自己是存在主义者的重要美国作家——在1957年的文章《白种黑鬼》(*White Negro*)中塑造了一个人物形象,并且将其赞誉为:

美国的存在主义者——嬉皮士，这个人知道我们的共同现状到底是遭遇核战争之下的瞬间死亡，遭遇国家这个宇宙集中营造成的相对快速的死亡，还是在每一个创意和叛逆的本能被压抑后，由顺从性导致的慢性死亡……如果20世纪的人类命运，就是从青春期到未老先衰时，都要与死亡为伴，那么为什么唯一能让人活下去的答案，却是接受死亡的条件，忍受死亡是一种近在咫尺的危险，让自己脱离社会，毫无根基地存在着，踏上那段探寻叛逆的自我必要性的未知旅途。简而言之，无论生命是否罪恶，决定都是要鼓励自己心中的那个精神变态。

梅勒显然决定把这一理念付诸实践。1960年，他本来已经宣布了要以"存在主义者"的候选人身份竞选纽约市市长的计划，但在正式宣布参选的晚宴上，他醉醺醺地捅伤了妻子阿黛尔，最终不得不放弃竞选。1969年，他又一次参加了市长竞选，不过不是以存在主义者的身份。他对存在主义哲学理论的理解，似乎从来都只是浮于表面。英国作家科林·威尔逊曾问过他，存在主义对他意味着什么，但据称，他挥了挥手，说："哦，某种即兴发挥的东西。"他的传记作家玛丽·达尔伯恩（Mary V. Dearborn）也暗示说，他对存在主义的了解，不是像他装出来的那样，来自尚未翻译的《存在与虚无》，而是一部以《禁闭》为基础改编的百老汇剧目，以及对《非理性的人》（*Irrational Man*）的仓促阅读——这是1950年出版的很流行的指南读物，作者是先前曾在《党派评论》中介绍过萨特的哲学教授威廉·巴雷特。

威廉·巴雷特的这本书很好，也很有影响；之后的1956年，沃尔特·考夫曼编辑出版了另一本畅销书《存在主义：从陀思妥耶夫斯基到萨特》(*Existentialism from Dostoevsky to Sartre*)。这本书节选了克尔凯郭尔、陀思妥耶夫斯基、尼采、雅斯贝尔斯、海德格尔、萨特和加缪的著作内容，以及卡夫卡的"寓言"。在导读中，编者将存在主义定义为由一群具有"强烈个人主义倾向"的作家们发起的一系列"针对传统哲学的反抗"。考夫曼和巴雷特的作品都很畅销，引发了人们对原版书籍的好奇心，而现在，译本终于来了。1953年，波伏娃的《第二性》英译本出版。继先前已翻译过来的小说之后，1955年，加缪的《西西弗神话》出版。1956年，又来了一部重磅作品《存在与虚无》，由黑兹尔·巴恩斯翻译，展现了处于最佳状态时的萨特。在这本书之后，巴恩斯写了几本比较存在主义与其他思想传统的书，包括禅宗——那个时代的另一种风尚。1961年，她还主持了一档电视栏目《遇见自我：存在主义的研究》(*Self-Encounter: a study in existentialism*)，借助从存在主义戏剧中节选的一些表演片段，来解释哲学思想。这是一个好主意——不过，巴恩斯在她的回忆录中说，该系列节目中还发生了一件悲剧性事件。在某场戏中，有个演员扮演了一个反思死亡问题的医生。拍摄完后的第二天，这位演员看到一只困在电话线杆上的小猫，便爬上去救它，结果触电而亡。

*　　*　　*

到现在,存在主义已经在美国风靡,但在大西洋另一边,英国就谨慎许多了。长久以来,这两个国家的专业哲学家,因为逻辑实证主义者鲁道夫·卡尔纳普(Rudolf Carnap)的缘故,对存在主义并不关注,这位侨居美国的德国人,曾在1932年写过一篇文章,嘲笑这种海德格尔式的表达是"无无着"(the nothing nothings / das Nichts nichtet)。他的抨击在"英美"和"大陆"哲学之间划下了一道至今仍存在的界线。非专业读者不关心这一点,并且认为存在主义令人兴奋——但在英国,他们还有其他文化障碍要克服。正如艾丽丝·默多克——该国家第一位存在主义普及者——所指出的那样,英国人所习惯的那些观念,来自一个"人们玩板球、做蛋糕、做简单决定、记得他们的童年和去马戏团"的世界,但存在主义者却来自一个人们犯下大罪、陷入爱情和加入政党的世界。不过,随着20世纪50年代向前发展,英国年轻人逐渐发现,罪恶和政治确实可以比蛋糕更有趣。

艾丽丝·默多克鼓励了他们。她自己第一次接触到萨特后,便激动不已。1945年,她在布鲁塞尔为难民组织联合国善后救济总署(UNRRA)工作时,曾去城市里听了他的讲座,还请他为她买的《存在与虚无》签了名,她写信给一位朋友说:"太兴奋了——自从小时候发现济慈、雪莱和柯勒律治以来,还不记得我有这么兴奋过。"虽然后来她基本上抛弃了存在主义，不过眼下，她却做了很多事情来宣传它。她发表过相关演讲，在1953年写了第一本关于萨特的书，把存在主义的辞藻用在了她自己的第一部小说《网之下》（*Under the Net*）中，甚至还亲自做表率，以双性恋者的身份纵情地沉浸在自由性爱中。

不过，艾丽丝·默多克在牛津的学术生涯以及上流社会的语调（她总是在谈论"phlossofeh"[哲学]和"litch-cha"[文学]）限制了她的吸引力，因为在当时，传统的英国社会结构正自下而上地受到那些态度冒失莽撞和说话带地方口音的愤怒年轻人的动摇。自命不凡的巴黎人很难竞争。但随后，在存在主义奇迹之年的1956年，一位非常与众不同的英国存在主义者横空出世了。

他叫科林·威尔逊，来自英格兰中部的莱斯特，没有上过大学。他的书被取名为《局外人》——向加缪致敬——带着读者踏上一场狂野之旅，领略了现代文学中异化的陌生人或"局外人"类型，从陀思妥耶夫斯基、威尔斯、托马斯·爱德华·劳伦斯和不安的舞蹈家尼金斯基（Vaslav Nijinsky）的感情爆发，到萨特的罗冈丹和加缪的默尔索，不一而足。其来源兼容并蓄，语气大胆，思想宏大，清楚无误地挑战了传统学术界。英国图书业大为震动。

而且，威尔逊本人也是每个图书营销人员梦寐以求的那种作者。当时还不到二十五岁的他，看上去英俊帅气，浓密的头发遮在一条眉毛上，长着坚毅的下巴，厚厚的嘴唇，穿着厚实的存在主义高领毛衣。他的背景真实艰辛，很早就已离开莱斯特，与50年代伦敦的诗人和"垮掉的一代"混在一起。1954年的整个夏天，身无分文、只有一个小帐篷和两个睡袋的威尔逊，晚上睡在汉普特斯西斯公园里，白天则骑自行车去大英博物馆的图书馆，把他的野营背包扔在衣帽间，然后在圆形的阅览室里写小说。那年冬天，他在新十字车站租了一个房间，读着加缪的《局外人》过了一个孤独的圣诞节。默尔索那种"吸烟、做爱和慵懒地躺在阳光下"的生活，让他印象深刻，于是，他决定写一本书，讲讲现代生活中的"局外人"——所有那些在哲学和艺术的边缘忧思着寻找意义，或者就在荒谬中找到意义的年轻人。博物馆重新开放后，威尔逊借了一堆书，在涌动的灵感中完成了手稿。他得到了出版商维克多·格兰茨（Victor Gollancz）的认可，双方谈妥后，格兰茨带威尔逊去吃午饭庆祝，并说（据威尔逊回忆）："我认为你可能是一个天才。"威尔逊听了很高兴："这个结论我在多年前就已经得出了，不过听到它能被证实，还是很让人高兴。"

出版方听到汉普特斯西斯公园的故事后，更加高兴，也很乐于去宣传一个如此诱人的概念：某个年轻帅气的流浪者晚上睡在树下，白天去博物馆庄严的穹顶下写作。所以，当记者们误以为威尔逊是在露宿街头的情况下写出这本书时，没有人去纠正他们——事实上，他现在其实住在诺丁山的一间公寓里。首印的5000本几个小时内迅速卖光。评论家们赞不绝口。《笨拙》周刊登了一篇幽默文章，展现了借着"从我们读过的书和一些还没写出来的书中频繁引用的语录",路易斯·卡罗尔的艾丽丝如何钻入镜中世界,从局外人变成了局内人。她这么做之后,"存在主义变成了不存在主义,用斯瓦米先生的话说便是,多数人变成了更多数人"。

接着,反对和抵制来了。一位记者写信给《泰晤士文学增刊》,指出了威尔逊的众多引语中存在着 86 个重大错误和 203 个小错误。而《每日邮报》则搞到了他的部分私人日记,其中有一句话是:"我是我们这个世纪最重要的文学天才。" 英国公众或许偶尔会敞开双臂,拥抱一个知识分子,但他们也期待对方能以优雅的自嘲作为回报。接下来的情景甚是令人难堪,一个局外人被严厉地提醒了他的局外性。正统的批评家喝着倒彩把威尔逊赶回旷野中,逼着他躲到了乡下一个安静的地方。

《局外人》当然是一本古怪的书,暴露了对原始内容仓促和片面的解读。然而,它却有着独特的风格和坚定的信念,深刻地影响了很多读者——特别是那些像威尔逊本人一样,未能有幸接受正规教育,但聪明而自信,渴望去探索文化观念和质疑世界的人。这是一本为局外人写的关于局外人的书。我父亲便是这样的一位读者,他当时也是一个英格兰中部的男孩,而且和威尔逊出生在同一年,与他有着同样的好奇心和乐观精神。父亲告诉我,在战后英国的灰暗时期里,《局外人》是为数不多的光源之一。

威尔逊鼓励他的读者从个人角度去理解他的写作。他把自己的思想称为"新存在主义",并为它赋予了一种积极向上甚至欣喜若狂的倾向。在他的自传中,少年时代,他有一次曾差点儿自杀,但最终决定不能这样。在选择活下去的那一刻,他感受到了一种强烈到令人不知所措的体验:"我瞥见了现实那种奇妙和巨大的丰盈,延伸到了遥远的地平线。"他试图在他的书中传达生命这种纯粹的**价值性**,认为以前的存在主义者犯了一个错误,不该把生命看得那么阴郁。在后来的书中,这种人类可能性的视野引领他走向了一系列主题,如谋杀、神秘、性,而这些主题的共同点就是它们全都缺乏思想上的体面性。这一切虽然对他的声誉没有帮助,但确实给他带来了读者。他还写过惊悚小说和科幻小说,不过,他最吸引人的小说,仍然是自传性质的《在苏荷区漂泊》(Adrift in Soho, 1961),讲述的是一个单纯的青年结交了伦敦一群放浪形骸的文化人,他们带着他去他们的派对时,会说出这样的话:"我可没空告诉你每个人的名字。见男的就叫伙计,见女人就叫宝贝吧。"

威尔逊很长寿,也很多产,即便在出版商也加入评论家的行列,不再青睐他的时候,他也未曾放弃写作。后来,他成了一个愤怒的老男人,会冲着任何怀疑他的人大喊大叫——汉弗莱·卡彭特(Humphrey Carpenter)便是其中之一,他曾在写一本关于"愤怒的年轻人"的书时采访过威尔逊。对此,在接受对他有所同情的记者布拉德·司布真(Brad Spurgeon)采访时,威尔逊声称,那是因为他在谈论现象学时,卡彭特却在沙发上睡着了。这似乎不可能;讨论现象学的时候,怎么会有人睡着啊？

科林·威尔逊的故事是一个前车之鉴。如果把年轻人的虚荣心和差劲的社交能力从故事中去掉，那么剩下的便只有潜在的窘境了：一个人对思想的热情，导致他在书写他所热爱的东西时兴奋得过了头。不过，凭借着他的胆大妄为、克尔凯郭尔式的窘迫和"强烈的个人主义"，科林·威尔逊或许比任何人都更好地捕捉到了20世纪50年代后期那种存在主义反抗的精神。

《局外人》出岔子后，仍然在一定程度上同情威尔逊的评论家为数不多，艾丽丝·默多克算是其中一个。当然，她也认为他是一头蠢驴，但是在《曼彻斯特卫报》发表的文章中，她写道，相对于资深哲学家那种学究式的"枯燥"，她更喜欢威尔逊的"鲁莽"。而且，她自己也经常在词语和观念多到往外溢的情况下写作。1961年，她写了一篇类似宣言的东西，题为《反对枯燥》(Against Dryness)，敦促作家抛弃一直以来流行的那种精致写作方式中的"小迷思、玩意、水晶"，重新回到作家真正的任务上，也就是去探索我们怎样才能在一个复杂的世界中、在生命的"稠密"中活得自由和表现良好。

虽然存在主义者会走得太远，写得太多，修改得太少，提出不切实际的主张，或使自己丢脸，但必须要说明的一点是，他们一直都没有与生活的稠密失去联系，而且他们问出了那些重要的问题。要我的话，我也宁愿选择这些，把那些雅致的微型复制品留在壁炉架上吧。

＊　　＊　　＊

到20世纪60年代时，大学里的老师们意识到了一种变化。在科罗拉多学院教哲学的海德格尔主义者格伦·格雷，在1965年5月为《哈珀斯杂志》撰写了一篇文章，题为《校园里的救赎：为什么存在主义会俘获学生》(Salvation on the Campus: why existentialism is capturing the students)。他注意到，近来的学生们似乎比以往更着迷于代表反叛和真实性的哲学家，比如为了思想自由而牺牲的苏格拉底。他们特别喜欢存在主义者，尤其是萨特的自欺概念。有一天，一个学生慨叹道："我受够了我的虚伪。"而且，他们中最优秀的那些，往往也最有可能辍学，会从学校消失，去寻找一条更有意义的道路。这让格雷很担心，比如有个聪明的年轻人在申请读研时拒绝所有帮助，后来干脆离开了学校，最后听到他的消息是，他正在全国四处漂泊，以做临时工为生。

格雷非常理解对自由和"真实"的渴望：早在战争期间的意大利乡下，他就预言过，旧的哲学为战后的世界提供不了什么，一切都必须被重新改造。然而，近三十年之后，当人们开始按照这个想法来行动时，他的庆祝冲动却被对他们未来的担忧压倒了。

格雷是最早一批注意到存在主义的通俗标签如何影响了日益壮大的反文化运动的人之一。存在主义把它的术语和变革能量注入到了后来接踵而至的巨大社会变化中，激进的学生、流浪的嬉皮士、拒服越战兵役的人，以及那些沉溺于致幻药物和完全开放的性试验精神中的人越来越多。而这类生活方式中，渗透的是一种广阔和充满希望的理想主义：这些人不"枯燥"，默多克可能会这么说。无论他们有没有把加缪、波伏娃或萨特的书塞进口袋，他们都采纳了萨特对个人自由和政治活动的双重承诺：1968年5月，当占领索邦大学的学生抗议者朝萨特欢呼时（当然，肯定也夹杂着些无礼的嘘声），他们在致意的就是这个。

20世纪60年代的学生游行、罢工、占领、友爱大聚会和静坐集会，构成了一个加长的历史性时刻，人们可能会指着它说，存在主义已经完成了自己的使命。解放已经到来，存在主义可以退休了。确实，新的哲学家已经登场，他们反对的是存在主义个性化的思想风格。新小说家也来了，他们要反对它的文学审美：1964年，阿兰·罗伯-格里耶（Alain Robbe-Grillet）在他的宣言《为新小说辩护》（*Pour un nouveau roman*）中，驳斥了萨特和加缪的"人味"太重了。1966年，米歇尔·福柯预言，作为一个相对晚近的发明，"人"可能很快被"抹去，就像在海边沙滩上画的脸"——这个意象让人想到了李维-史陀那个用研究"把人消解掉"的呼吁。后来，在20与21世纪之交，后现代主义者让·鲍德里亚（Jean Baudrillard）则将萨特哲学贬斥为一种属于历史的好奇心，就像20世纪50年代的那些经典电影，其老式的心理剧和清晰的人物刻画，"非常好地表达了——已经陈腐的——主体性的后浪漫主义垂死挣扎"。

没有人需要这种"存在主义的装束"了,鲍德里亚写道,"今天还有谁在乎自由、自欺和真实性啊?"

* * *

哈,但是这些事情,确实有人在关心,在那些自由和真实性受到威胁的地方就可以找到他们。其中一个这样的地方是1968年及之后的捷克斯洛伐克。当巴黎学生将萨特看作一个珍贵的老古董时,年轻的捷克人和斯洛伐克人正在阅读他,就好像他的作品刚刚从出版社发行。当时正值"布拉格之春",杜布切克(Alexander Dubček)政府正试图变得更自由和开放。但正如十二年前的匈牙利,这场实验被苏联的军队阻止了。而这也最终让萨特和波伏娃不再支持苏联。

但即使在这之后,萨特两部最具煽动性的戏剧也仍然继续在布拉格上演:《脏手》和《苍蝇》,两者都是反专制主题。布拉格版的《苍蝇》是对萨特这部自由和行动主义寓言令人惊讶的最新再创造。1943年时,这个故事讲的是战时的法国,1948年时,他在德国找到了新观众,而现在,它似乎看起来又与捷克斯洛伐克公民息息相关。

"他过时了吗?"1968年时,捷克小说家米兰·昆德拉这样谈到萨特,"我在法国听人这么说。"他继续说,在布拉格,罗伯-格里耶这类作家的文学和思想只是游戏,与他们相比,萨特能提供更多的东西。另一位持不同政见者、剧作家瓦茨拉夫·哈维尔则认为,作家的言辞在捷克斯洛伐克仍然具有分量和价值：它们在人们的生命中被衡量着，而在西方，它们却没有实质内容，太轻而易举了。菲利普·罗斯（Philip Roth）后来访问布拉格时也注意到，在西方，"一切都可以，所以没有什么是重要的"，而在捷克斯洛伐克，"什么都不可以，所以一切都重要"。萨特的存在主义恰恰是一种关于重要事物的哲学：他呼吁读者做出决定，就仿佛人类的整个未来取决于他们做了什么。

而且，不光是萨特的存在主义具有这种道德重量；对于一些捷克人和斯洛伐克人来说，现象学也一样。捷克的现象学传统可以追溯到该国第一位现代总统、布伦塔诺的学生和他的档案保护人托马斯·马萨里克。胡塞尔自己就来自摩拉维亚，他的几个同事也与捷克这片土地有着联系。到了20世纪六七十年代，捷克斯洛伐克现象学的引人注目，则主要归功于胡塞尔主义者中的一位：扬·帕托什卡。

与许多其他人一样，1929年，帕托什卡听到这位伟大的人在巴黎演讲之后，首次发现了胡塞尔的哲学。1933年，像萨特去柏林一样，他也转学到弗莱堡，并成为胡塞尔圈子中最受欢迎的人之一，而且还跟着海德格尔学习过。胡塞尔甚至给了帕托什卡一个马萨里克最初送给他的诵经台，帕托什卡写道，这使他感到被指定为这一传统的继承人。回到布拉格后，他竭尽全力使大学成为现象学研究的中心。

但从1948年开始，帕托什卡越来越受到当局的骚扰。1972年，被迫中止了大学的教学工作，他开始在家里举办私人研讨会，详尽无遗地推敲文本。他的学生常常花一整晚研读几句《存在与时间》。他还去布拉格剧院给演员和作家讲课——瓦茨拉夫·哈维尔就在他们之列。哈维尔回忆说，帕托什卡能让文字在大家面前变得鲜活起来，并鼓励他们寻求"事物的意义"和点亮"一个人的自我，以及他世界之中的境况"。他谈到了自己的"被震动者的团结"观念，这是一种可以把每个生活被某些历史巨变从无须思考的"日常性"中震出来的人团结在一起的纽带。这种团结可以成为反抗行动的基础。帕托什卡的现象学很有政治倾向。

事实上，我们可以说，帕托什卡只是揭示了一直潜伏在现象学之中的颠覆性倾向。胡塞尔回到"事物本身"的呼吁，就是要求人们忽视意识形态，是在召唤人们把所有的教条放在"悬搁判断"中，回到关键性的自力更生上。我们甚至可以将这种反教条的精神，追溯到年轻的弗朗兹·布伦塔诺身上，他拒绝接受教皇无谬误这一点，结果受到了剥夺教职的惩罚。布伦塔诺把怀疑的拒斥精神传给了胡塞尔；胡塞尔把它传递给帕托什卡，帕托什卡现在把它传递给哈维尔和其他许多人。

更直接的是，帕托什卡自己就成了一个活动家。1976年，虽然他年近七十、身体虚弱，但还是跟哈维尔和其他人一起，签署了《七七宪章》这份著名政治反对声明。这几乎可以被称为哲学家的宪章：在接下来十三年里，其主要代表将近三分之一（38人中有12人）都是哲学家或学习过哲学的学生，许多人跟随帕托什卡学习过。

捷克政府立即开始抓捕宪章的签署人。1977年1月至3月期间，他们把帕托什卡带到卢津监狱进行定期讯问。对他的审讯并不是暴力性质的，但更折磨人，因为审讯通常会持续一整天，目的是故意使他疲惫不堪，毫不体谅他的虚弱身体。哈维尔曾在囚犯等候室里看见过他一次。在审讯开始前，他们要在这里坐着等，目的在于加重他们的焦虑，但帕托什卡似乎不为所动，仍然和他畅谈哲学。

在同一天，审讯之后，哈维尔被关押起来。帕托什卡虽然被释放了，但在随后的几个月里却一次又一次地被召回。这个时期快结束时，他写了一份"政治遗嘱"，在其中说道："我们需要的是人们在任何时候都有尊严地行动，不要让自己受到惊吓和恐吓，并说真话。"这听起来是那么简单；又一次关于如其所是、纯粹地去谈论事物的号召。

3月初的一天，帕托什卡受到了尤其漫长的审讯，持续了11个小时。原因是他最近拜访了荷兰外交大臣马克斯·范·德尔·斯图尔，寻求他对《七七宪章》的支持，这让政府非常愤怒。受审后的第二天，帕托什卡倒下了。被送往医院后，他于1977年3月13日病逝在那里。

他的葬礼在布拉格的布莱诺夫（Brevnov）墓地举行时，有数千人参加。当局没有阻止葬礼的进行，但他们想办法扰乱了整个过程。当时在场的伊凡·克里玛回忆说，当局派摩托车骑手在附近的路上狂转发动机，还有直升机在头顶盘旋，导致墓边的演讲根本无法被听清。现场的警察背对着坟墓。其他人则招摇地拍摄着人群中的面孔。

葬礼之后,紧接着发生了另一次在现象学历史上颇具传奇色彩且占有重要地位的档案偷运活动。一群帕托什卡之前的学生和同事,在克劳斯·内伦(Klaus Nellen)、伊凡·赫瓦季克(Ivan Chvatík)与波兰哲学家克日什托夫·米哈尔斯基(Krzysztof Michalski)的领导下,安排西方学者和外交官把他的论文复印件轮番带出国,每次往返布拉格时就带一些出来,就这样,复制的档案一点点地在维也纳的人类科学研究所重新组合到了一起,而原件则仍然藏在布拉格。帕托什卡的记忆今天仍然保留在这两个城市的研究所中。与维也纳那家研究所所有工作联系的学者保罗·利科(Paul Ricœur)这样总结他的遗产:"对这个人的无情迫害证明,倘若发生人民身陷绝境的情况,在哲学上呼唤主体性,就成了公民对抗专制者的唯一依靠。"

这个观念也是哈维尔 1978 年向帕托什卡致敬的著名文章《无权者的权力》(*The Power of the Powerless*)的中心思想。哈维尔写道,在专制国家,人们会不知不觉中被收编。他举了一个例子:一个蔬果零售商从公司的总部领到一块印着标准信息的告示牌,按要求,他要把它放在窗口,而他也这样做了,虽然他根本不在乎其信息,但他知道,如果他不这么做,接下来就可能会发生各种不便。看到这条布告的客人,并不会有意识地去注意它,反正在他自己的办公室也有一个同样的牌子。但这是否意味着布告牌是无意义的和无害的?不,哈维尔说。每块布告牌都促成了一个让思想和个人责任的独立性被悄悄吞噬的世界。实际上，这些布告牌来自海德格尔的"常人"，而他们也在帮助将其维持下去。在全国各地，即使在最高层人物的办公室里，人们既受到体制之害，又在延续着它，同时告诉自己，这一切都不重要。这是一个彻头彻尾的自欺、平庸的巨型结构。每个人都"参与并被奴役着"。

在哈维尔看来，反抗者必须从此处介入，来打破这一模式。哈维尔说，反抗者要求回到"此时此地"——回到胡塞尔所说的事物本身。他实行了一次"悬搁判断"，言不由衷的话被放到了一边，每个人看到的就是他或她眼前的事物。最终，结果将是一场"存在主义革命"：人们与"人类秩序"的关系被彻底翻修，他们可以回到对事物的真实经验中去了。

1989年，一场革命确实到来了；哈维尔成为这个国家的第一位民选总统。他所处的这个角色，不会让每一个人都高兴，而这场革命，也没有像他本来希望的那样具有现象学或存在主义的特征。无论如何，几乎没有人会这么去看待它了。但彻底的翻修确实有。比起萨特较为明显的激进主义，现象学提出的直接去经历现实的观念，必然在这里有更持久的影响。也许，现象学才是真正激进的思想学派，甚至超过了存在主义。布伦塔诺这位最初的现象学反叛者，应该可以名正言顺地为自己的长期影响感到自豪了。

第十三章
一旦品尝了现象学

在本章中，
有人离去。

"向前，总是向前！"是存在主义者的呼喊，但海德格尔早已指出，没有人会永远向前。在《存在与时间》中，他把此在描述为在"向死而在"中寻找真实性，也就是说，在对死亡和界限的肯定中寻找真实性。他还着意证明存在本身不会出现在一个永恒、无变化的层面上，而是经由时间和历史显现出来。因此，无论在宇宙层面还是在我们每个人的生活中，一切都具有时间性和有限性。

萨特对这种认为存在或人类生存具有一种内在有效期限的观念从不满意。他在原则上可以接受，但他个性中的一切都在反抗着，不被任何东西限制住，更不用说死亡了。正如他在《存在与虚无》中写的那样，死亡是一种暴行，从外向我攻来，摧毁了我的计划。我无法为死亡做准备，或者将其为我所有；我无法对死亡坚决果断，也无法将其纳入和驯服。它不是我的可能性之一，而是"对我来说不再有任何可能性的那种可能性"。波伏娃曾在她的小说《人都是要死的》（*All Men Are Mortal*）中指出不朽令人无法忍受，但她也同样将死亡视为一个外来入侵者。1964年，她在《一场毫不费力的死亡》中，通过记述她母亲的最后一场病，展示了死亡如何"从别处，陌生且非人地"走向她母亲。对于波伏娃来说，人不能与死亡发生关系，只能与生命发生关系。

英国哲学家理查德·沃尔海姆（Richard Wollheim）则换了一种表达方式。他写道，死亡是我们的大敌，不仅仅是因为它剥夺了我们将来可能做的所有事情和会经历的所有快乐，而是因为它永远地剥夺了我们经历任何事物的能力。它让我们无法再继续做海德格尔所谓的那块让事物显现于其中的林中空地。因此，沃尔海姆说："它把现象学从我们身上夺走了，可一旦品尝过现象学之后，我们已经对它产生了一种无法放弃的渴望。"有过对世界的经验，有过意向性之后，我们想永远将其继续下去，因为对世界的经验就是我们的本质。

但不幸的是，这就是我们能得到的待遇。我们之所以可以品尝现象学，就是因为它有一天会从我们身边被带走。我们腾出我们的空间，而森林则再次将其收回。唯一的安慰是，我们曾透过树叶看见了光，我们竟然曾拥有过这种美好：有一点儿总比什么都没有强。

* * *

曾在我们故事里这个生气勃勃、叮叮当当、忙忙碌碌、吵吵闹闹的存在主义咖啡馆中出现过的一些最可爱的人，也是最早离开的人。

1959年6月23日，鲍里斯·维昂因心脏病发作去世，年仅39岁。当时，他正在一家电影院出席一部电影的首映式，但他很不喜欢这部根据他的小说《我唾弃你的坟墓》改编而成的电影，便坐在座位上开始抗议，接着他便晕倒了，最终在去医院的路上逝世。

六个多月之后，1960年1月4日，阿尔贝·加缪与出版商米歇尔·伽里玛（他开的车）在车祸中丧生。汽车撞向一棵树后，翻滚着撞到了另一棵树上，发动机被抛到了树的另一侧，而加缪则从后窗中被甩了出去。在不远处的烂泥中，人们找到了一个公文包，里面有加缪的日记和一部未完成的手稿——《第一个人》(*The First Man*)，这是一部自传体小说，讲的是他在阿尔及利亚的童年生活。

波伏娃从克劳德·朗兹曼那里得知了加缪的死讯。当时她正在萨特的公寓，颤抖着放下电话后，她告诉自己不要难过。好了，她自言自语道，你和加缪早就没那么亲近了。接着，她站在萨特家的窗口，望着夕阳徐徐落在了圣日耳曼德佩教堂后面，但她既无法好好地哭一场，也没能让自己好受一些。她认为，她哀悼的不是刚刚去世的 46 岁的加缪，而是战争年代那位年轻的自由斗士———位他们早已失去的朋友。萨特也这么觉得：对他们俩而言，真正的加缪是抵抗组织和《局外人》时期的那个加缪，不是后来那个。因为他的政治观点，他们一直都没有原谅他，不过萨特倒是在《法兰西观察家》(*France-Observateur*) 上发表了一篇充满了溢美之词的讣告，将加缪归结为法国伟大的 morolistes 传统的继承人——这是一个不好翻译的词，意思既包含了英语中的道德主义者，也指人类行为和性格的好奇观察者。萨特说，他用身上那种"顽固的人道主义，那种严格又纯洁、朴素又感性的人道主义，向这个时代的事件发起了一场胜负未决的战斗"。同年，波伏娃在接受斯特兹·特克尔（Studs Terkel）为美国某电台所做的采访时，总结道，加缪是伦理思想家，不是政治思想家——但她也承认，年轻人从这两种途径中都能获益。

那一年，还有一个人也英年早逝了。1960 年 11 月 28 日，在巴黎，理查德·赖特因心脏病发作，不治身亡，时年 52 岁。他的一些朋友以及他女儿，怀疑他有可能是被中央情报局暗杀的：因为他死前不久，有人曾看到一个神秘女人从他的房间走出来。多年以来，美国政府确实曾一直骚扰和阻挠他，但自从 1957 年因感染阿米巴痢疾而导致肝脏出问题之后，赖特的身体状况便一直很糟糕，而更于事无补的是，他还在一直服用铋盐——这本来是一种替代性疗法，没承想却导致了他金属中毒。

虽然赖特后来几乎已经不再写小说，但仍会写一些随笔和辩论性文字，并且喜欢上了日本的俳句。他的晚期作品中，有一系列曼妙的小诗，写的是桃树、蜗牛、春雨、暴风云、雪、被雨淋湿后看起来更小的鸡仔——还有一个黑人男孩的卷发中粘着的一颗小小的绿苍耳。

* * *

一年之后，1961 年 5 月 3 日，看起来还和以前一样纤瘦、健康的梅洛-庞蒂，因突发心脏病去世，享年 53 岁。当时，他正和朋友们在他位于圣米歇尔大道上的家里聊天，聊了一会儿之后，因为第二天要发表一篇有关笛卡儿的演讲，梅洛-庞蒂把他们丢在客厅，自己起身去了书房，想把一些笔记弄完。他再也没有回来。

萨特又一次为一个和他闹翻的朋友写了篇讣告，并刊登在了《摩登时代》的特刊上。这篇同样周到而大度的讣告，成了我们了解二人之间的友谊和分歧的基本来源。萨特提到，不久前他在巴黎高等师范学校发表演讲时，曾和梅洛-庞蒂见过一面。梅洛-庞蒂来听他的演讲，过后还说希望他们可以继续保持联系，让萨特很是感动。但他的反应有些迟缓（据他说是因为患了流感，脑子昏昏沉沉的），让梅洛-庞蒂大吃一惊，"他没有说感到失望，但有一瞬间，我觉得他脸上的表情有点儿难过。"不过，萨特感到很乐观："'一切还跟以前一样，'我告诉自己，'一切都将重新开始。'"几天后，他听说梅洛-庞蒂去世了。

梅洛-庞蒂长眠在了拉雪兹神父公墓的家族墓地中，与他母亲以及妻子苏珊娜（2010 年去世）葬在一起。这座公墓位于巴黎的另一端，与安葬着萨特和波伏娃的蒙帕纳斯公墓遥遥相望。现在，我们还可以在公墓最安静也最少有人经过的角落里，找到周围树木环绕的梅洛-庞蒂墓。

* * *

有位哲学家曾被认为在年轻时便会死于心脏病，但并没有，这个人就是卡尔·雅斯贝尔斯。结婚时，他警告格特鲁德说，他们不能期望长久地在一起，也许只有一年左右。但事实上，他活到了 86 岁，于 1969 年 2 月 26 日去世——这天正好是格特鲁德的生日。海德格尔随后给她发了一封简短的电报:"心怀敬意与同情,纪念早年的岁月。"她在同一天回复道:"对于早年岁月,亦有同感,我感谢您。"她活到了1974年。

也许纪念卡尔·雅斯贝尔斯离世的最好方式,是重温一下1966年到1967年的一个系列广播节目中,他谈论自己人生的一次讲话。他回忆了他在北海边上度过的童年,特别是与他父母到弗里西亚群岛上度假的情景。某天晚上,在诺德奈岛上,他的父亲牵着他的手,一起走到了海边。雅斯贝尔斯说:"潮退了,我们在新鲜、干净的沙子上散着步,对我来说,那真是不可思议,太难忘了,再走远一点,再走远一点,潮位非常低,我们走到海边后,那里躺着水母、海星——我着了魔。"从那时起,海便总会让他想到生命本身的尺度,没有任何稳固或整体的东西,一切都处在永恒的运动之中。"所有那些牢固的东西,所有那些井然有序的东西,比如有一个家,比如不受风雨侵袭:绝对必要!但是另一个东西的存在,海洋的无限性——这个事实解放了我们。"雅斯贝尔斯继续说,对他而言,这就是哲学的意义:要超越那些坚固和静止的东西,走向更浩瀚的大海中,那里的一切都在恒常运动着,"哪儿都没有陆地"。这就是为什么对他来说,哲学总是意味着一种"不同的思考方式"。

雅斯贝尔斯逝世四年多后,1973年10月8日,同样将人生视为一段不断超越熟悉事物之旅的哲学家加布里埃尔·马塞尔,也去世了。对于他和雅斯贝尔斯来说,人类本质上都是流浪者。我们永远不会拥有任何东西，永远无法真正在某个地方安定下来，即使一辈子都待在一个地方也一样。我们，正如他某部散文集的名字所说的那样，一直是 Homo viator——旅者人。

* * *

1975年12月4日，汉娜·阿伦特因心脏病发作去世，享年69岁。她留下了一部厚度堪比萨特作品的遗稿，后经她的朋友玛丽·麦卡锡（Mary McCarthy）编辑，最终以《精神生活·思维》（*The Life of the Mind*）为题出版。在海德格尔这个谜团上，阿伦特从未做出一个决断。有时候，她会谴责这位曾经的情人和导师；有时候，她又努力为他的声誉平反或者帮助人们了解他。去欧洲访问时，她曾见过他几次，并且试着帮他和埃尔芙丽德在美国出售《存在与时间》的手稿来筹钱（但失败了）。不过，他的一些思想要素，始终在她的哲学中占有重要地位。

1969年时，她曾写过一篇文章，两年以后以《八十岁的马丁·海德格尔》（Martin Heidegger at Eighty）为题发表在了《纽约书评》上。她在文中提醒新一代的读者，20世纪20年代，海德格尔在马堡那个"迷雾的洞穴"中对思考的呼唤，曾让人们兴奋不已。但她又问道，为什么他在1933年以及之后却没能适当地对他自己进行思考。不过，她没能回答自己提出的问题。正如雅斯贝尔斯曾用海德格尔是个"做梦的男孩"这个理由轻易将他放过一样,阿伦特也以一个过于宽容的评价结束了文章,说他就像古希腊哲学家泰勒斯,这位不谙世事的天才之所以掉到井中,是因为他太忙于看星星,没有注意到面前的危险。

* * *

虽然比阿伦特大 17 岁,但海德格尔却比她多活了五个月。1976 年 5 月 26 日,他在睡梦中平静地去世,享年 86 岁。

四十多年来,他一直耿耿于怀,认为世界待他很不好。他的追随者希望他有一天能斩钉截铁地谴责纳粹主义,可他从来都无动于衷,就好像他一点儿都不清楚人们需要听到什么一样。不过,他的朋友比采特说,海德格尔完全明白大家在期待什么,但这只让他感觉自己被误会得更深了。

他没有让自己的怨气耽误他的研究工作,在晚年继续沿着他思想的山路上上下下。他大部分时间都待在托特瑙山上,接待朝圣者的来访,但有时也会接待一些更多持批评态度的访客。犹太诗人、集中营幸存者保罗·策兰(Paul Celan)的来访就属于后者。1967 年 7 月,他从所在的精神病诊所获准暂时离开,到弗莱堡做了一次朗读会,而会场正是海德格尔发表纳粹校长就职演说的那个礼堂。

海德格尔十分欣赏策兰的作品,所以竭力让策兰在弗莱堡有种宾至如归之感。他甚至还请一位书商朋友走访城里的所有书店,确保他们把策兰的书摆在橱窗前面,好让诗人在步行穿过城里时能看到。这是个动人的故事，而考虑到这是我找到的有关海德格尔做过友善之事的唯一有据可查的例子，就更感人至深了。他参加了朗读会，第二天还带策兰去了小木屋。诗人在宾客簿上签名留言，并针对这次拜访写了一首谨慎、费解的诗，名字就叫《托特瑙山》。

海德格尔喜欢接待旅行者，但他自己从来都不是什么"旅者人"。他对大众旅游非常蔑视，认为这是现代"沙漠般"存在方式的症状。不过，在后来的人生中，他逐渐喜欢上了去普罗旺斯度假，并且曾焦灼地考虑过是否应该访问希腊的问题——考虑到他对神庙、裸露的岩石以及赫拉克利特、巴门尼德、索福克勒斯的长期痴迷，希腊是个显而易见的目的地，不过这也恰恰是他很紧张的原因：因为这关乎太多东西了。1955年时，他都准备要和朋友凯斯特纳（Erhard Kästner）一起去了，连火车票和船票都已经订好，但在最后一刻，他却打了退堂鼓。五年后，两个人又计划了一次希腊之旅，但海德格尔又退出了。他写信给凯斯特纳，说事情可能以后也还会是这个样子。"不看到希腊，我才有可能去思考这个国家的某些事情……只有待在家里，才最适合专注思考。"

不过最后，他还是去了。1962年，他乘船游览了爱琴海，同行的有埃尔芙丽德和一个名叫路德维希·赫尔姆肯（Ludwig Helmken）的朋友——这位律师兼立场中间偏右的政客，曾在1937年加入纳粹党，因而有着至少和海德格尔一样尴尬的历史。他们的游览从威尼斯起航，沿亚得里亚海南下，去了奥林匹亚、迈锡尼、伊拉克利翁、罗得岛、得洛斯、雅典和德尔菲，最后返回意大利。

起初，海德格尔的恐惧得到证实：希腊没有一处让他满意。他在笔记本上写道，奥林匹亚成了一大片"供美国游客住宿的酒店"，搞得这里的风景都无法"释放其土地、海洋和天空中的希腊元素"。克利特岛和罗得岛也没好到哪里去。因此，他不愿混在一群度假者中到处闲逛，而是更愿意待在船上读赫拉克利特。初见雅典时，他讨厌极了这个烟雾弥漫的地方，不过倒是挺喜欢一大早被朋友开车送到雅典卫城上，因为那会儿游客们还没有抱着相机出现。

后来，吃完午饭、看完酒店的民间舞蹈表演后，他们去了苏尼翁岬角上的波塞冬神庙——海德格尔终于找到他一直在找的那个希腊。泛着白光的遗迹坚定地耸立在岬角上；海角上光秃秃的岩石将神庙推向了天空。海德格尔注意到，"这片土地的这种单一姿态，暗示了神圣的无形切近"，然后又评论说，尽管希腊人是伟大的航海者，但他们却"知道如何在这个世界中定居和划界，来提防那些非希腊人"。即使是现在，被大海包围着的海德格尔，也自然而然地想到了封闭、束缚和约束的意象。他从来没有像胡塞尔那样，从贸易和开放性的角度去思考希腊。他还继续被现代世界的入侵连同其他游客按快门的可憎声音搞得恼火不已。

阅读海德格尔对这次乘船游览的描述，我们可以瞥见当世界不符合他的先入之见时，他是如何回应的。他听起来很不满，并且只选择看到那些他准备看到的东西。当希腊让他惊讶时，他就进一步把自己写入他对事物的私人愿景中；当它符合这个愿景时，他就谨慎地予以赞同。他对来希腊旅行感到紧张是对的：因为这没有带出他最好的那一面来。

稍后还有一个惊喜而美丽的时刻。船从杜布罗夫尼克海湾出发，返回意大利时，一群海豚迎着夕阳，在船边嬉戏着游来游去。海德格尔看入了迷。他想起了在慕尼黑文物博物馆看到的一个杯子。那个杯子出土于埃克塞基亚斯（Exekias），年代为公元前530年左右，杯子的侧面上绘有狄俄尼索斯乘坐一艘缠绕着葡萄藤的船航行，海豚从海中跃出的情景。海德格尔匆忙拿出他的笔记本——但他写下这一景象时，惯常的那种封闭语言又冒了出来。就如杯子"停留在它被制造出来的边界中"一样，他总结说："西方和现代文明的发源地也是如此，在其如岛屿般的本质中安全牢靠，保留在旅居者的回忆性思维中。"就连海豚也得被赶到一片聚居地当中。

在海德格尔的写作中，我们从来找不到雅斯贝尔斯那种广阔无边的海洋；也不会遇到马塞尔那种不停游走的旅行者，或者他"偶然遇到的陌生人"。1966年，《明镜》（*Der Spiegel*）周刊的记者曾问海德格尔，他怎么看待人类有一天可能会离开地球去别的星球这种想法——毕竟，"哪里写着人就该待在这儿了？"——海德格尔听罢，惊骇不已。他回答说："根据我们的人类经验和历史，至少在我看来，我知道的是，一切至关重要和伟大的东西，都起源于这样一个事实：人类有一个家，并且植根在一种传统中。"

在海德格尔看来，所有的哲学都与归家有关，而最重大的回家之旅就是死亡之旅。在去世前，他与神学教授魏尔特（Bernhard Welte）有过一次谈话。他提到说，尽管他早已不再信教，但他的愿望是被埋在梅斯基尔希教堂公墓里。他和魏尔特都说过，死亡首先意味着回到家乡的土地上。

海德格尔实现了他的愿望。他现在就长眠于梅斯基尔希郊外的天主教堂墓地中，不过他的墓碑是世俗风格的，上面原本该雕刻十字架的地方，被一个小星星代替了，埃尔芙丽德在1992年去世后，同他合葬在了一起。另外两个海德格尔的家族坟墓分别位于他们的左右，墓碑上都有十字架。三块墓碑并列在一起，加上马丁和埃尔芙丽德的墓碑比两边的又大，制造出一种怪异的效果，让人联想起了耶稣被钉死在十字架上的情景。

我参观的那天，刚刚有人在三个坟墓上摆放了水仙花，马丁和埃尔芙丽德的墓碑上还有少量鹅卵石。而在他们的墓碑和马丁父母的墓碑之间，立着一尊神气活现的小天使石雕——一个盘着腿、闭着眼，正在做梦的小男孩。

* * *

马丁·海德格尔旁边的另一个坟墓里，埋葬着他的弟弟弗里茨。战争期间，他曾保护过马丁的手稿，而且还和埃尔芙丽德一起，在一生中为海德格尔提供了许多文秘工作和其他方面的支持。

弗里茨做到了海德格尔只从哲学上思考过的那些事情：他一辈子都住在梅斯基尔希，工作也在同一家银行，从未远离过自己的家。他还保持了家族宗教的信仰。当地人眼中的他是一个活泼和幽默的人，尽管有点儿口吃，但在梅斯基尔希一年一度的"愚人周"（Fastnacht week）上——四旬节前的一个节庆活动，特色是用各种好笑的方言双关语发表演讲——他可是固定的主角。

弗里茨的睿智，从他和哥哥的对话中可以窥知一二。比如他会开玩笑地说"此 - 此 - 此在"，既是在拿马丁的术语开涮，也是自嘲他的言语障碍。从来没有声称能理解哲学的他曾经说过，马丁的研究只有21世纪的人才能懂，那时候，"美国人早已在月球上开了家巨大的超市了"。不过，他仍然兢兢业业地用打字机打出了他哥哥的作品，为这个对打字机感到不舒服的哲学家提供了很大帮助。（海德格尔认为打字毁掉了书写："它从人身上收回了手的根本地位。"）在这个过程中，弗里茨会温和地提出一些修正建议，比如为什么不把句子改短些？或者一个句子不是应该只传达一个清楚的想法吗？不过，他哥哥做何反应，没有被记录下来。

弗里茨·海德格尔于1980年6月26日去世，但直到最近几年，他的生活才渐渐为人所知：一位传记作者对他产生了兴趣，并将他视为一个反马丁式的人物——一份关于不是20世纪最杰出和最受憎恨的哲学家的个案研究。

*　　*　　*

与此同时，在 20 世纪 70 年代，萨特的身体官能进入了一段漫长而又令人沮丧的衰退，逐渐影响了他的工作能力。在他的文件中一页未标日期的纸上（可能写于 1969 年 7 月登陆月球后不久，因为头两个字是"月亮"），他言简意赅地记录了他已经有五个月没写过东西的悲哀事实，并列出了他仍然想完成的计划：福楼拜的书，一篇关于丁托列托（Tintoretto）的传记文章，以及《辩证理性批判》。但他不想写，而且担心他再也不会想写了。对于萨特来说，不写作就跟没活着一样。他写道："好些年以来，我都没有写完任何东西。我不知道为什么。好吧，我知道：因为科利德蓝。"

对科利德蓝和酒精的长期成瘾，确实给他造成了很多困难，但他的写作之所以停滞，还因为用那只好眼看了那么多年东西后，这只眼现在也快瞎了。不过，他仍然可以看电视，能看到晃动的影子，能听清对话。1976 年，他看了一个很长的纪录片节目，讲的是一个非常有趣的主题：让-保罗·萨特。为庆祝这部以几年前拍摄的采访为基础制作的《萨特自述》(*Sartre par lui-même*)，米歇尔·龚达又对萨特进行了一次采访，以配合其播出。萨特告诉龚达，不能写作夺走了他存在的理由，但他拒绝为此伤心。

其他的健康问题也越积越多：他中了风，记忆开始衰退，牙齿也有了问题。有些时候，他的精神似乎已经完全恍惚。一次神志不清时,波伏娃曾问他在想什么。他回答说:"什么也没有。我不在这儿了。"他总是把意识描述为一种虚无,但实际上,他的脑袋里总是挤满了言语和观念。以前的他每天都在往外倾倒工作,就仿佛他已经满了,需要卸货一样。可现在,虽然他还有很多话要说,但用来说话的能量似乎已经快要耗干了。那些照顾他的人心里开始暗暗希望,他可以迅速而没有痛苦地死去——或者如他的朋友奥利维尔·陶德说的,像加缪那样。看着他这样慢慢垮下去太让人难过了,陶德写道:"萨特,小伙伴,不要这样对我们啊!"但萨特还在继续战斗着,用他伟岸的公众形象,继续撬动着那具倔强、瘦小的身躯。

在他的最后几个月里,伴侣、恋人和门徒们轮流照料着他:西蒙娜·德·波伏娃,他的年轻伴侣阿莱特·埃凯姆-萨特(Arlette Elkaïm-Sartre,为给予她法定权利,他把她收作了女儿),和他的长期恋人米雪尔·维昂。他还有了一个年轻的新秘书兼助理班尼·莱维,此人主要是协助他的写作,但也可能对他施加了过分的影响——至少,有些人相信这一点。因为莱维是一个有着坚定看法的人,并且他对自己的犹太人身份也十分狂热。他可不是那种愿意不露锋芒之人,甘愿当个默默无闻的抄写员。

在萨特生命的最后几个星期里,《新观察家》(*Le nouvel observateur*)刊发了他和萨特间的一系列对话,后来它们又以《现在的希望》(*L'espoir maintenant / Hope Now*)为题单独结集出版。这些对话中展示出的萨特,罕见地对他早期支持苏联的观点，对他写于1946年的那本反犹太主义的书（莱维认为其有瑕疵），以及对他早期的暴力迷恋，表达了歉意。这个新萨特虽然还不信仰宗教，但似乎对宗教信仰的态度更为宽容。他还承认说，在政治方面，他是个爱做白日梦的人。他的语气中充满了悔过与挫败感。一些与萨特关系亲密的人认为，《现在的希望》展示的并非真正的思想转变，而是一个脆弱的男人，在疾病和伤残折磨下，变得很容易被人诱导。或许是预见会出现这类驳斥，在采访中，莱维问萨特，他们的关系是否影响了他的思想。萨特没有否认，但又补充道，他现在只能与人合作，不然根本工作不了。起初他认为，两害相权的话，这总比不工作要好些，但现在，他却认为这有积极意义，"两人共创一种思想"。

萨特很习惯与西蒙娜·德·波伏娃那种亲密的写作合作关系，但现在，波伏娃却首先站出来，认为莱维对萨特施加了过多影响。雷蒙·阿隆也说，《现在的希望》中的那些思想，合理到了连他都可以认同的地步——他是在暗示，这个迹象可以确凿无疑地表明，它们不是萨特真正的想法。

萨特生活的最后阶段，至今仍然谜团重重。他表达的似乎都是一些明智和动人的观点，不是赞美和睦的关系，就是在颂扬非暴力——然而，这个普通的新萨特身上，似乎缺了些什么。《现在的希望》可以被解读为某种提醒，让我们想起他早期作品中那些令人振奋（和令人震惊）的东西——错误、彻底的漠然、好斗的态度、书写狂及其他一切。不过，也许我正在做的恰恰就是他和波伏娃对加缪做的事：哀悼旧版本的他，而把更新版的他贬斥为了错误。或许，他是意识到了自己的衰微，所以才开始用更温和的眼光来看待这个世界。

西蒙娜·德·波伏娃曾认为，人类的生活就是一出有关自由和偶然性的戏剧，无法言明、模棱两可。如果说有什么可以证明她这种看法中所蕴含的真理，那就是萨特的晚年。我们回溯他的衰弱过程，可以看到一个感情炽热、喋喋不休的人是如何慢慢变成了他昔日的影子，他的全部视力和一些听力、他的烟斗、他的写作、他对世界的参与，全被剥夺了——到最后，如沃尔海姆所说，连他的现象学也被剥夺了。所有这一切都由不得他掌控。然而，他从来没有把自己固化为一尊雕像：他一直在改变着他的思想，直到生命的最后一刻。

1980年3月19日晚上，有好几个小时，他都独自一个人待着——这种情况很少发生——结果在这期间，他开始呼吸困难，最终昏了过去。被送往医院后，他在那里又挺了将近一个月。不过，即使在他弥留之际，记者和摄影师也不放过他，有的记者还冒充护士，进入了他的房间，有的摄影师跑到对楼的屋顶上，用变焦镜头隔着窗户拍到了他。4月14日晚，他因肾脏衰竭和坏疽陷入昏迷后，于第二天最终逝世。

波伏娃痛不欲生，但她思想上的正直，禁止她改变自己的终身信念：死亡就是结束，是入侵的和可憎的事物，不是生命的一部分，没有任何超越的可能。她写道："他的死亡确实把我们分开了。我的死不会让我们再相逢。事情就是这样。我们能够和谐地一起生活这么久,本身就已经美好至极。"

*　　*　　*

1929年,萨特在离开巴黎高等师范学校前,和阿隆约定,后死的那个人要在学校的校友杂志上为先死的那个人写一篇讣告。阿隆比萨特活得更久,但他没有写那篇讣告,而是在《快报》(*L'express*)发表了一篇有关萨特的文章,解释了他为什么选择不再遵守他们的约定:时间已经过去太久,他认为,承诺已经失效了。后来在一次采访中,他又评论道,尽管在加缪和梅洛-庞蒂去世的时候,萨特都为他们写了"感人的文章",但他很怀疑,如果他要是比萨特早死,萨特会为他写讣告。他为什么这么想,我们无从得知。确实,由于迥异的政治观点,二人的关系比其他那些都恶化得更厉害。但我想,不管怎样,萨特一向不吝辞章,他总应该能找到些好话,在讣告中表达一下对阿隆的赞赏。

事实上,阿隆差一点儿就比萨特早死了:1977年时,他曾发作过一次心脏病。虽然逃过一劫,但此后他都一直感觉身体再未完全康复。1983年10月17日,他的心脏病第二次发作了。当时,他刚为朋友伯特朗·德·茹弗内尔(Bertrand de Jouvenel)在法庭上做完证——茹弗内尔被一名记者指控在战争期间包庇纳粹同情者。阿隆上庭为他做证,主张指控不仅不实,而且罔顾历史,未将法国人的生活在被占领期间的道德复杂性考虑在内——从法院大楼走出来后,他突然倒在地上,当场死亡。

* * *

萨特去世后,西蒙娜·德·波伏娃活了整整六年,几乎一小时都不差。

在这些年间,她继续担任着《摩登时代》编辑委员会的领导,开会地点就在她的家里。她不但继续阅读手稿、书写信件,还帮助了很多年轻作家,尤其是很多女权主义者。其中之一是美国人凯特·米利特(Kate Millett),她每年都会去波伏娃的巴黎公寓拜访,根据她的描述,这间公寓里,摆满了书和朋友们的照片("萨特、热内、加缪和其他人"),以及"一些模样可笑的沙发,50年代的那种风格,上面摆着天鹅绒的垫子,在她买来和装饰的那一年,这些很可能是爆款吧"。米利特评论道,波伏娃的卓越之处,在于她不折不扣的正直,在于她"有一种令人难以想象的特质,一种道德威信"。

和萨特领养阿莱特·埃凯姆-萨特一样,波伏娃也收养了她的伴侣和继承人、与克劳德·朗兹曼和其他朋友一起照顾她的西尔葳·勒庞·波伏娃(Sylvie Le Bon Beauvoir)。波伏娃饱受肝硬化的折磨,这与多年的重度饮酒不无关系。1986年3月20日,她因相关的并发症住进了医院,但在术后的恢复过程中,肺部又出现了瘀血,经过几个星期的抗争,她最后陷入昏迷,于1986年4月14日离开了这个世界。

她被葬在了蒙帕纳斯墓地的萨特旁边。而且和萨特一样,为方便日后的火化,她的遗体也被安放在了大棺材里的小棺材中。成千上万的人涌上街头,注视着她的灵车驶过,而一如当初萨特的灵车那样,上面也高高地堆满了花束。这场葬礼或许不如萨特的盛大,但仍有大量的哀悼者聚集在公墓入口处,造成了交通堵塞。守卫担心太多人挤进来,不得不关上了大门,但一些人还是从栅栏和围墙上翻了过去。在墓边,朗兹曼朗读了她自传的第三卷《时势的力量》(*Force of Circumstance*)中一段反思死亡、生命和失去的文字。她是这样写的:

我悲伤地想到了所有我读过的书,所有我看过的地方,所有我积累的知识,而以后都不会再有了。所有的音乐,所有的绘画,所有的文化,那么多的地方:突然间便烟消云散了。这些东西,它们不能酿出蜂蜜来,也不能给任何人提供营养。如果我的书还有人读,读者顶多会想:她见识过的还真不少啊!但是,这些事物的独特总和,我的人生经历及其全部的有序与无序——京剧、韦尔瓦竞技场、巴伊亚的坎东伯雷舞、瓦德的沙丘、瓦班西亚大道、普罗旺斯的黎明、梯林斯、卡斯特罗对着五十万古巴人讲话、云海上硫磺色的天空、紫色的冬青、列宁格勒的白夜、解放的钟声、比雷埃夫斯港上空的橙月亮、沙漠里升起的红太阳、托切罗岛、罗马、我谈过的所有事情、我还没说的那些事情——再也没有什么地方可以让它们重生了。

写这个总结那会儿——书最终完稿于1963年3月——她

仍然有23年的活头。但波伏娃老容易过早地去思虑这些告别之词。这类思考构成了她写于1970年的研究性作品《老年》（*Old Age*），以及1972年那部果真成了最后一卷的自传《归根到底》。

然而，这些书虽然有着更浓重的忧郁色彩，但也展示了她在"对生活惊奇"方面具有的卓越天分。在《老年》中，她写到了一张摄于1929年的老照片，看着照片中那个站在香榭丽舍大街上，"戴着钟形帽、穿着翻领上衣"的自己，她惊讶地感到，曾经一些似乎自然而然的东西，现在再看时却是那样陌生。在《归根到底》中，她描述了午睡醒来后，感到一种"孩童般的惊讶——为什么我是我自己？"每个人的每一个细节都似乎难以置信——为什么那个特定的精子遇上了那颗特定的卵子？为什么她生来就是女性？有太多的事情本可以大相径庭："我本有可能没遇到萨特；什么事情都本可能发生。"

她又继续说，一个人的真实人生中，有盘根错节的关系，有难以历数的经历，与这种丰富多彩的混乱相比，传记作者在研究这个人时发掘出的任何一条信息，都只是九牛一毛。此外，取决于视角的不同，这些要素中的每一条都可能有不同的意涵：一句简单的陈述，比如"我出生在巴黎"，就对每个巴黎人有着不同的意义，而这完全取决于他或她的背景和确切的处境。在这个复杂的视角网络中，一种共享的现实被编织了出来。但永远不会有人理解这种神秘，她说。

* * *

在我们的主要出场人物中,最长寿的是伊曼努尔·列维纳斯,他去世于 1995 年 12 月 25 日,距离他的 90 岁生日还有不到三个星期。从 1928 年第一次发现胡塞尔,到他自己的职业生涯晚期,列维纳斯在一生中基本上见证了现代现象学的大部分故事。不过,他在晚期时把哲学带入了一片异常晦涩的领地,在继续研究伦理学和与他者之间关系的同时,对传统的犹太学术研究和《圣经》的文本释义产生了越来越浓厚的兴趣,搞得连他的拥护者也觉得他十分费解。

列维纳斯的思想对班尼·莱维有所影响,所以这可能就是为什么《现在的希望》中有很多思想听起来有列维纳斯的味道。如果确实如此,那么这可以算是列维纳斯和萨特之间又一次有趣的间接接触了。他们几乎不认识对方,想法也常常有着云泥之别,但他们的人生轨迹却在一些重要节点上交会过。差不多半个世纪以前,在煤气灯酒吧聊完杏子鸡尾酒后,萨特在巴黎买了一本列维纳斯的书。随后,在 20 世纪 30 年代中期,他们曾就恶心和存在写下过极其相似的著述。现在——或许在他们谁都不曾承认或反思过这个事实的情况下——通过莱维,他们的思想又再次被拉近了,而且近得甚至有些出人意料。

* * *

英国的"新存在主义者"科林·威尔逊,一直活到了

2013年12月5日，也一直愤怒到了最后，但在世界各地，他依然拥有许多忠实的读者，被他的书激励或启迪着。一个人能留给世界这样的遗产，已经很不错了。

另外两位伟大的传播者比他先去世：翻译过萨特的黑兹尔·巴恩斯（2008年3月18日去世），以及最先让英语读者品尝了存在主义的艾丽丝·默多克。

默多克去世于1999年2月8日。在此之前的几年中，她患上了阿尔茨海默症，而她的最后一部小说《杰克逊的困境》(Jackson's Dilemma)，就展示了这种疾病出现的端倪。在写作这部小说时，她决定放弃一本已耗费六年心血的哲学著作《海德格尔：对存在的追求》(Heidegger: the Pursuit of Being)。遗留下来的打字稿和手稿版本，基本上是一堆毫无关联的章节，在她死后，只有一部分最终被出版。

对很多人来说，海德格尔似乎是一个谜，对她来说，也是如此。毫无疑问，海德格尔这个人让她很感兴趣，比如在她的小说中，很多主角就都是那种魅力四射、时而还很危险的大师型人物。不过更重要的是，她对萨特失去兴趣很久之后，她的注意力还一直被他的哲学吸引着。海德格尔将心灵比作林中空地的意象尤其让她着迷，她觉得这很美（我也是）。

在《杰克逊的困境》中，她笔下的角色贝内特（Benet）也在写一本关于海德格尔的书，而且和默多克一样，他进行得也很吃力。他猜测，这种艰难是不是源于他无法确定自己对海德格尔的真实看法。他的有些方面很吸引他，但另一些方面又让他厌恶：比如纳粹主义，对荷尔德林的盗用，以及无情地"将哲学诗意化，丢弃了真理、善良、自由、爱、个人，而这一切，恰恰是哲学家应该去解释和捍卫的"。他怀疑，是不是海德格尔身上危险的某一面吸引了他，而他贝内特的灵魂中事实上也深深地掩藏着这一面，所以他才无法审视甚或除掉它。当他思考海德格尔时，他是在思考什么？后来，他再次翻阅了他的海德格尔笔记，并说道："我很渺小，我无法理解。"

作为一辈子的默多克迷，我曾故意选择不去读《杰克逊的困境》，因为我觉得书中流露出的疾病征兆，会让我很难过。但现在读来，我却惊讶地在其中发现了这样一段熟悉到离奇的描写，这说的不正是我自己对海德格尔的感受吗？确实，我发现整本书都很动人，也发人深省。在这最后一部小说中，默多克让我们窥见了一个正在失去其一致性和联结性的心灵（或此在），却依然拥有——竭尽人力之所能——去将它的经验转化为文字的能力和这么做的强烈渴望。这是萨特、波伏娃、梅洛-庞蒂及本书中的每个人，甚至包括海德格尔，都共有的现象学渴望。

在《杰克逊的困境》的最后一幕中，书名中的角色，也就是贝内特的仆人杰克逊，坐在桥边河岸的草地上，看着一只蜘蛛在草叶之间结网。他仿佛与贝内特融为了一体，也突然产生了那种一切都在悄然溜走的感觉。他说，有时候他会感觉到某种转变，或者是呼吸和记忆的丧失。难道他只是误解了正在发生的事？这是一个梦？"对于什么是必要的，我已经走到了尽头，一个已无路可走的地方。"

他站了起来，但起身时，他感觉到了什么：是那只蜘蛛在他的手上爬。他把蜘蛛放回到它的网上，向河走去，然后过了桥。

第十四章
无法估量的繁盛

在本章中,
我们沉思繁盛。

现在，那些著名的存在主义者和现象学家都已远去，而自年轻的艾丽丝·默多克在1945年读到萨特，并惊呼"这种兴奋——从不记得我有这么兴奋过"以来，几代人也已长大。最初的那种激动，已经越来越难以再现。虽然我们仍能从一些黑白照片中——比如，在桌旁抽着烟斗的萨特，戴着头巾的波伏娃，衣领竖起、神情忧思的加缪——找到怀旧的浪漫，但他们永远再不会像当初看起来那样质朴与危险。

但话说回来，存在主义的观念和态度，已经深深地融入了现代文化之中，我们几乎都不再把它们视为存在主义的东西。人们（至少在那些相对繁荣、没什么更迫切需求干扰的国家中）会谈论焦虑、不诚实和对承诺的恐惧。他们会担心处在自欺之中，虽然他们不用这个词。他们会因过多的消费选择感觉到应接不暇，但同时也感觉自己能掌控的事情比以往更少了。对一种活得更"真实"的模糊渴望，让许多人——比如——去报了周末静修班，允许自己的智能手机像儿童的玩具一样被人带走，然后花两天时间在乡间美景中散步，重新找回彼此和被遗忘的自己。

此处这种未命名的渴望对象是真实性。就像20世纪50年代一样，这个主题也同样困扰着现代的娱乐业。在电影中，比如雷德利·斯科特的《银翼杀手》、沃卓斯基姐妹的《黑客帝国》、彼得·威尔的《楚门的世界》、米歇尔·贡德里的《美丽心灵的永恒阳光》和亚历克斯·加兰的《机械姬》，存在焦虑比以往任何时候都更紧密地与技术焦虑纠缠到了一起。而在萨姆·门德斯的《美国丽人》、科恩兄弟的《严肃的男人》、史蒂文·奈特的《洛克》和数量众多的伍迪·艾伦电影，包括标题取自威廉·巴雷特同名书的《非理性的人》中，更为传统的那些与意义和决定做斗争的存在主义英雄成了主角。在大卫·拉塞尔（David O. Russell）2004年那部《我爱哈克比》中，两位互为死对头的存在主义侦探，则在阴郁生活观与积极生活观之间的差异中互相较量着。在森林的另一边，我们找到了泰伦斯·马利克很多迷狂的海德格尔式电影，他在研究生阶段曾研究过海德格尔，在转向电影制作之前，还翻译了他的一些作品。所有这些风格迥异的影片，围绕的问题都是人的身份、目的和自由。

而在所有这些主题中，自由或许会成为21世纪早期的最大谜团。出生在20世纪的我，曾在成长过程中天真地认为，在自己的有生之年中，我会看到这种朦胧的东西，无论是在个人选择方面，还是在政治方面，都出现恒常、稳定的增长。在某些方面，这的确实现了。但在另一些方面，任何人都没能预见的是，在自由的基本概念上，出现了各种极端、激进的指责和争论，我们现在的自由是什么，我们需要自由来做什么，多少自由可以被容许，在多大程度上自由能被解释为冒犯或越界的权利，以及为了换取舒适和幸福，我们又准备把多少自由拱手送给高高在上的企业实体这类问题上，已经无法达成一致。我们已经无法再把自由视作理所当然。

我们对自由的许多不确定感，其实是我们对自身根本存在的不确定感。科学书籍和杂志用消息轰炸着我们,说我们是失控的:所谓有意识、有掌控能力的头脑,不过是一个假象,下面掩盖的是一堆不合理但在统计上可预测的反应,而我们就是这些反应的总和。他们说,当我们决定坐下,或伸手拿一杯水,或去投票,或选择在"电车难题"中救谁时,不是在真正地选择,而是在对倾向和联想做出反应,但这两者都不是理性和意志可以控制的。

读到这样的报道,你会觉得好像我们很享受这种想法,喜欢把自己视作一群失控的机械傀儡,只受自身生理习性和环境的影响。虽然口头上会说这让人不安,但实际上我们却可能从中获得一种确证——因为这样的想法替我们省了事儿,让我们不必再有那种伴随着认为我们是自由之人,要为自己所做之事负责而来的存在焦虑。萨特把这称作自欺。此外,最近的研究表明,那些被鼓动认为自己不自由的人,更容易做出不道德的事,而这又进一步表明,我们会把这种想法当作借口。

那么,我们真的想要这样,就仿佛我们既没有真正的自由,而我们的存在也没有真正的人类基础一样,来理解我们的人生和管理我们的未来吗?也许,我们比自己想象的更需要存在主义者。

* * *

把自己辩论到这个点上之后,我必须要立即补充的是,我并不认为存在主义者为现代世界提供了某种简单、神奇的解决方案。作为个人和哲学家，他们无可救药地有着缺陷。每个人的思想都有一些主要方面可能会让我们不舒服。一部分原因是，他们是复杂的存在，有着自己的困扰，就像我们大多数人一样。而且，还因为他们的思想和生活根植于一个充满了道德妥协的黑暗世纪中。他们那个时代的政治动乱和狂野概念是他们的印记，正如我们身上也将留下 21 世纪之动荡的印记。

但这也正是要重读存在主义者的一个原因。他们提醒我们，**人类存在**困难重重，人们经常会做出骇人之事，但他们也展示了我们的潜力有多大。他们不断地反复提出那些我们不断试图忘记的自由与存在的问题。我们可以在不把存在主义者当作榜样人物，甚至是榜样思想家的情况下，探索他们指示的方向。而且，他们是非常**有趣**的思想家，我觉得，凭这一点，他们就更值得我们去费心了解。

三十年前时，我第一次发现他们很有趣，而现在，我依然这么认为——但原因不同。回顾他们是一次令人眩晕和振奋的体验，就像在哈哈镜里看到熟悉的面孔。一些我以前几乎没注意到的特征现在变得愈加显眼，而其他一些以前看起来很漂亮的，却获得了一种怪诞的色调。写作本书的过程，一直给我带来各种惊喜，尤其是故事中的两位巨人海德格尔和萨特。

我二十出头第一次读海德格尔时，就倒在了梅斯基尔希魔法师的咒语之下。我看待世界的整个方式，都受到了他的影响，比如那种原始的惊叹——那儿有什么，而不是什么都没有，比如他观察景观和建筑物的方式，比如人类作为"林中空地"的这个概念——在其中，存在进入了光以及更多东西中。

再次阅读海德格尔，我感觉到同样的引力。但当我不知不觉陷入他那个林中路纵横交错和钟声此起彼伏的昏暗世界里时，我却发现自己在挣扎着想要逃出来，原因与他的纳粹主义无关——但也相关。在这个满是植物的世界中有一些如坟墓般的东西。我现在想，还是给我雅斯贝尔斯那辽阔的大海，或是马塞尔的旅行者经常光顾的高速公路吧，因为那里充满了人与人的相遇和谈话。海德格尔曾经写道："思考就是把自己局限于单一的思想中。"但我现在感觉，这与思想的本质恰恰相反。思考应该慷慨大度，并且要有个好胃口。在如今的我看来，生命太过宝贵，不该将它的种种排除在外，而只选择去深入挖掘——并且如汉娜·阿伦特描述的海德格尔式研究方法那样，一直留在那儿。

我还发现自己想到了阿伦特和萨特对海德格尔"个性"离奇缺位的评价。他的生活和研究中缺失了什么东西。艾丽丝·默多克认为这东西是良善，因此，他的哲学缺乏一个伦理中心或**心脏**。事实上，你永远不能像梅洛-庞蒂说萨特那样，说海德格尔"是个好人"。你可以把这个缺失的元素称为"人性"，这可以从多个角度去理解：海德格尔反对人道主义哲学；他自己的行为很少是人性化的；他不看重任何人生活的个人特征和细节，尤其不看重他自己的。毫不意外的是，海德格尔是本书所有的哲学家里，唯一拒绝认为传记有意义的人。他在早期针对亚里士多德做一个系列讲座时，开场是："他出生在一个这样的时候,他工作,他死了"——说得好像对一个人的一生而言,只需要知道这些就够了。他还坚持说,自己的生活也很无趣;如果真是这样,那这个观点对他来说倒是很便利。而这样的结果就是,尽管海德格尔有对家的迷思,但他的哲学却给人一种不适宜栖居的感觉——再次借用默多克"栖居"思想的概念。海德格尔的研究令人兴奋,但说到底,在他的哲学中,我找不到栖居之所。

* * *

这个领域中的另一位巨人——萨特——也令我惊讶,但方式不同。我知道这位最初用《恶心》诱惑我走进哲学的作家,会在我的故事中成为一个强大的存在,但令人惊讶的是,我竟然对他越来越尊重,甚至变得喜欢起来。

当然,他是可怕的人。自我放纵、苛刻、脾气坏。他是个不享受性爱的性瘾者,是个一边说着毫无遗憾,一边与人绝交的人。他放纵地让自己痴迷于黏滞性和黏稠性,以及痴迷于其他人正在看他和评判他的感觉;他似乎从来不担心一些读者会不认同这些癖性。他曾维护过一些可恶的政权,并制造了一种暴力崇拜。他坚持认为,文学本身是一种资产阶级的奢侈品,作家**必须**参与到世界之中,而修改自己的作品则是浪费时间——所有这些我都不同意。事实上,我在很多方面都与萨特存在分歧。

但是又有那个"个性"问题——萨特是个充满个性的人。

他带着能量、特殊性、慷慨和交际性,从各方各面爆发出来。德国历史学家约阿希姆·费斯特(Joachim Fest)讲过的一件趣事,就很好地囊括了所有这些。20世纪40年代末,他在柏林的一个聚会上认识了萨特,据他描述,三十多个人聚集在萨特周围,缠着他讲讲他的哲学;而他的回应,却是东拉西扯地聊爵士乐、电影和约翰·多斯·帕索斯的小说。当时在场的一个人后来说,萨特的样子,让他联想到了一个正在现象的热带丛林中挥着刀斧开道的南美农民,惊起了一只只色彩斑斓的鹦鹉,拍着翅膀朝各个方向飞去。费斯特说:"他说的一切,在我听来都颇有见地,但也杂乱无章,有一部分还很混沌,不过,又总是能触及我们对这个时代的感觉。每个人都很钦佩他。如果要总结我的反应,那应该是,我通过萨特了解到,一定程度上的头脑混沌也可以非常有趣。"

这也是萨特身上吸引我的地方。海德格尔从来都是在家的周围绕来绕去,而萨特却一直在勇往直前,总是在对事物做出新的(通常是奇特的)反应,或者想办法用新见解来调和旧观念。海德格尔缓缓地说着人必须要思考,但萨特却是真的在思考。海德格尔有他的大 Kehre——他的"转向"——但萨特却是转向、转向、再转向。正如他曾经说过的那样,他一直在"与自己针锋相对"地思考,并且遵循着胡塞尔的现象学指令,当下那一刻最艰难的议题是什么,他就去探索什么。

无论是在生活中,还是写作中,他都践行着这一切。他为自己选择的事业不知疲倦地付出着,甚至不惜自身的安全。他认真地对待着他的"约定"——他投身的事业,有些不明智,而且还带来了破坏,但相应地,也有很值得的事业,如他反对政府在阿尔及利亚胡作非为的抗争。无论萨特如何努力,他都没能在任何事情上完全服从政党的路线。或许他在1968年说过的一句话,能最好地概括他的政治观点:"如果有人重新读一遍我所有的书,那他会意识到,我并没有彻底地改变,我一直都是一个无政府主义者。"他是无政府主义者,是因为他永远都不会停止使用他的大脑。此外,再次引用梅洛-庞蒂的话,他是个好人——或者说,他至少**想要**做些好事。他在竭尽全力去这样做。

我还对他那种激进的无神论越发感到敬佩,因为他的不信神,和海德格尔的有着迥然之别,海德格尔放弃自己的信仰,只是为了追求更强大的神秘主义,而萨特是个彻底的无神论者,是个彻底的人道主义者。他甚至比尼采更甚,勇敢而认真地秉承着没有来生的信念,坚信不管什么样的神圣补偿,都永远不可能比得上这个地球上的任何事物。对他来说,我们拥有的,只有此世**这份**人生,因而我们必须物尽其用。

在他和波伏娃众多被眷写出来的对话中,他曾在其中一份里对她说:"在我看来,一个伟大的无神论者、真正的无神论哲学,正是哲学所缺乏的东西。所以,我们现在应该努力朝这个方向去研究。"波伏娃回答说:"简单来说就是,你想要做一种人的哲学。"

接着,她问他是否想在对话中再加几句最后的评论,他说，总体而言，他们两个人在生活中并没有怎么留意过上帝。她同意这种说法。然后，他又说："但我们还是活过；我们觉得，我们对我们的世界充满了兴趣，而且也努力地发现并了解过它。"能如此充满精力和（大部分时候）智慧地把这件事做了七十年，绝对是一项很值得庆贺的成就。

*　　*　　*

在海德格尔对世界的参与中，有一面很值得 21 世纪的读者关注，那就是他对技术和生态学的双重兴趣。1953 年，他在题为《关于技术的问题》的演讲中主张，我们的技术不仅仅是精巧设备的聚合，更是揭示了我们的存在中某种根本性的东西。因此，我们不仅需要从技术的角度，还要从哲学的角度来思考它。如果我们只问我们的机器能做什么，或者管理它们的最好方式，或者应该用它们来做什么，那么我们就无法理解我们的生活。他说，技术的本质与技术并没有关系。要正确地探究技术，就要考虑更深层次的问题，诸如我们如何工作，如何占据地球，以及与存在**有着**怎样的关联。

当然，海德格尔在这儿想的是打字机、胶片电影放映机、老旧的大汽车和联合收割机。没有几个存在主义者（或任何其他人）预见到了计算机技术将会在我们的生活中发挥的作用——虽然在 1954 年的《存在主义与现代的困境》（*Existentialism and the Modern Predicament*）一书中，德国作家弗里德里希·海涅曼（Friedrich Heinemann）警告说，即将到来的"超级快速计算机"会引发一个"真正存在主义的问题",那就是,人类如何还能继续自由下去。

海涅曼简直再正确不过了。后来的海德格尔主义者,尤其是休伯特·德雷福斯,在写到互联网时说,这种技术创新最清晰地揭示了技术的本质,其无限的连接性承诺要把整个世界都变成可存储和可利用的东西,但这样做的结果是,互联网抹去了事物的私密性和深度。所有一切,尤其是我们自己,成了一种资源——果然应了海德格尔的警告。作为一种资源,我们不仅被移交给了像我们一样的其他普通个人,而且还交给了一个我们永不会遇到,也无法找到的不具人格的"常人"。德雷福斯写下这些时,时间还是2001年,但自那以后,互联网甚至变得更具侵入性和普遍性,我们几乎已经无法找到一个能彻底去思考它的角度:互联网成了我们许多人整天呼吸的空气。然而,我们当然应该思考它——关于我们是什么样的存在物,或者在自己的网络生活中想要成为什么样的存在物,以及我们拥有或者想要拥有什么样的存在。

或许很幸运的一点是,到目前为止,我们的计算机技术同时也经常在提醒我们它**不能**做什么,或者至少还不能做到什么。计算机系统在应付有着丰富纹理的生活现实方面——即感知、运动、互动和期望这个复杂的网络,它们构成了最普通的人类体验,例如进入咖啡馆后,环顾四周,寻找你的朋友皮埃尔——表现很差。它们甚至不擅长区分视觉图像中那些位于前景中的形状。换句话说,正如德雷福斯和其他人早已认识到的那样，计算机不是位好现象学家。

对于人类而言，这样的任务易如反掌，因为我们从小就在感知和概念的复杂性中徜徉。我们沉浸在生活和关系那种"无法估量的繁盛"中，慢慢长大——这个短语借自福斯特（E. M. Forster）作于1909年的前瞻性科幻故事《机器停转》(*The Machine Stops*)。故事描述的是一群生活在地球表面之下隔离舱中的未来人类。他们很少能面对面相见，但可以通过远程可视电话系统来交流。住在舱里的一个女人能在澳大利亚跟在欧洲的儿子说话：他们可以在拿着的特制平板上看到彼此的影像。但是儿子抱怨说："我在这块平板上看到了某个类似于你的东西，但我看不到你。我通过电话听到了某个类似于你的声音，但我听不到你。"模拟不能替代真实的他者。正如福斯特对此作的注释："无法估量的繁盛，被声名狼藉的哲学宣称为交往的真谛，但却被机器忽略了。"

这种经验和交流的"繁盛"是人类奥秘的核心：这是使我们这种有生命、有意识、具身的存在者成为可能的东西，也恰是现象学家和存在主义者研究最多的主题。他们努力按照**我们所体验到的**经验，来探查和记录我们本身的质量，而不是根据传统哲学、心理学、马克思主义、黑格尔主义、结构主义或任何其他届时我们的人生的主义和学科所提出的框架。

在这些思想家中，有一个人最直接地着手处理了福斯特的"繁盛"，但是刚开始时，我并没有期待能从他那儿找到任何引人注目的东西，这个人就是莫里斯·梅洛-庞蒂。在《知觉现象学》中,他竭尽全力地完整描述了我们如何从一个瞬间活到另一个瞬间,进而说明了我们是什么——从一个戴着大礼帽走进房间时弯腰闪躲的女人,到一个站在窗口望着那根一只鸟刚刚振翅飞走后仍在颤动的树枝的男人。可以说,梅洛-庞蒂留下了最持久的思想遗产,尤其是直接影响了"具身认知"这门现代学科——把意识作为一种整体的社会和感觉现象,而非一系列抽象过程来研究。梅洛-庞蒂通过研究哲学的外围领域,如身体、知觉、童年、社会性,并将它们带入其在现实生活中早已占据的中心位置,为哲学提供了一个新的方向。如果我不得不在这个故事中选择一个思想英雄,会是梅洛-庞蒂,一位如其所是地研究事物的快乐哲学家。

* * *

还有一个人也和梅洛-庞蒂一样,对于人类经验的模糊性和复杂性有一种直觉,这个人就是西蒙娜·德·波伏娃。除了在女性主义和小说方面的工作,她还致力于用自己的哲学写作来探索随着我们每个人慢慢成为自己,限制和自由这两种力量会在我们的一生中如何变化。

这个主题指导着《第二性》和《模糊性的道德》,也贯穿于她的多卷本自传中,她在其中详述了自己、萨特、无数朋友和同事的事情,记录了他们的思考、行动、争吵、见面、分开,他们的脾气和激情,总而言之,回应着他们的世界。西蒙娜·德·波伏娃的回忆录,让她成了 20 世纪最伟大的知识分子编年史家之一，也是最勤奋的现象学家之一。一页又一页，她观察着自己的经历，表达她对活着的惊讶，关注人们，并对她遇到的一切孜孜以求。

我第一次阅读萨特和海德格尔时，并不认为哲学家的个性或传记的细节有多重要。这是当时哲学这个领域的正统信仰，但也是因为我太年轻，没有多少历史感。我沉浸在概念之中，没有考虑到它们与历史事件的关系，也没有考虑到它们与其创造者稀奇古怪的人生经历的关系。管他什么人生，**理念**才是最重要的。

但三十年后，我得出了截然相反的结论。思想很有趣，但人更有趣。这就是为什么在所有的存在主义作品中，我最不可能厌倦的就是波伏娃的自传，因为它描绘了人类的复杂性和这个世界不断变化的实质，让我们了解了存在主义咖啡馆的全部愤怒和活力，以及"云海上硫磺色的天空、紫色的冬青、列宁格勒的白夜、解放的钟声、比雷埃夫斯港上空的橙月亮、沙漠里升起的红太阳"——还有生命中其余那些美轮美奂、如磷光一般闪耀的繁盛，只要我们有幸能够体验它，它就会继续向人类展示自身。

出场人物表

方便我们了解谁是谁

纳尔逊·阿尔格伦(Nelson Algren,1909—1981):《金臂人》及其他描写美国阴暗面的小说的作者,1947—1950年间西蒙娜·德·波伏娃的恋人(大部分时间异地)。

汉娜·阿伦特(Hannah Arendt,1906—1975):德国哲学家和政治理论家,1933年逃离德国之后居住在美国,海德格尔之前的学生兼情人;《艾希曼在耶路撒冷》及其他作品的作者。

雷蒙·阿隆(Raymond Aron,1905—1983):法国哲学家、社会学家和政治记者;让-保罗·萨特的同学;于20世纪30年代初在德国学习,并对他的朋友说起了现象学。

詹姆斯·鲍德温(James Baldwin,1924—1987):撰写探索种族和性的小说和文章的美国作家,在1948年搬到巴黎,在法国度过了他大部分的时光。

黑兹尔·巴恩斯(Hazel Barnes,1915—2008):美国翻译家和哲学作家,她在1956年翻译了萨特的《存在与虚无》。

威廉·巴雷特(William Barrett,1913—1992):美国的存在主义思想通俗作家;《非理性的人》(1958)的作者。

让·波弗埃(Jean Beaufret,1907—1982):法国哲学家,与马丁·海德格尔通信并进行了访谈,普及了德国的存在主义思想;他的问题促使海德格尔写下了《论人道主义的信》(1947)。

西蒙娜·德·波伏娃(Simone de Beauvoir,1908—1986):重要的法国存在主义哲学家、小说家、女权主义者、剧作家、散文家、回忆录作家和政治活动家。

雅克-洛朗·博斯特(Jacques-Laurent Bost,1916—1990):法国记者,跟随让-保罗·萨特学习,共同创办了《摩登时代》,娶了奥尔加·科萨凯维奇,并与西蒙娜·德·波伏娃偷过情。

弗朗兹·布伦塔诺(Franz Clemens Brentano,1838—1917):德国哲学家和前牧师,

研究心理学并成为首位探究意向性理论的人,这成为现象学的基础。埃德蒙德·胡塞尔从 1884 年 6 月开始在维也纳跟随他学习;布伦塔诺关于亚里士多德对"存在"一词的使用的论述也启发了海德格尔。

索尼娅·布朗奈尔(Sonia Brownell, 1918—1980):英国记者,《地平线》的助理编辑;与莫里斯·梅洛-庞蒂偷过情,后来和乔治·奥威尔结婚。

阿尔贝·加缪(Albert Camus, 1913—1960):法裔阿尔及利亚小说家、散文家、短篇小说作家、剧作家和活动家。

恩斯特·卡西尔(Ernst Cassirer, 1874—1945):德国哲学家和思想史家,专门研究科学、康德和启蒙运动;和海德格尔于 1929 年在瑞士达沃斯举行的会议上辩论。

让·考(Jean Cau, 1925—1993):法国作家和记者;从 1947 年起担任萨特的助理。

安妮-玛丽·卡扎利斯(Anne-Marie Cazalis, 1920—1988):法国作家和演员;是 20 世纪四五十年代圣日耳曼德佩地区的"存在主义缪斯"之一。

费奥多尔·陀思妥耶夫斯基(Fyodor Dostoevsky, 1821—1881):俄罗斯小说家,一般认为是存在主义的先驱。

休伯特·德雷福斯(Hubert Dreyfus, 1929 —):美国哲学家,加利福尼亚大学伯克利分校教授;海德格尔专家,他也写技术和互联网的事。

雅克·杜克洛(Jacques Duclos, 1896—1975):1950—1953 年担任法国共产党领导人;1952 年被捕,被怀疑阴谋策划通过信鸽传送信息。"鸽子阴谋"事件让萨特开始激进化。

拉尔夫·艾里森(Ralph Ellison, 1914—1994):美国作家,小说《看不见的人》(1952)的作者。

弗朗茨·法农(Frantz Fanon, 1925—1961):出生于马提尼克岛的哲学家和政治理论家;关于后殖民和反殖民政治作品的作者,特别是《全世界受苦的人》(1961),萨特为这本书写了序。

欧根·芬克(Eugen Fink, 1905—1975):胡塞尔的主要助手和弗莱堡的同事之一,后来参与了鲁汶的胡塞尔档案馆。

汉斯-格奥尔格·伽达默尔(Hans-Georg Gadamer, 1900—2002):德国哲学家,以其解释学研究最为著名,在弗莱堡跟随胡塞尔和海德格尔短暂学习,并记录了关于这两人的逸事。

让·热内(Jean Genet, 1910—1986):法国小偷、流浪汉、男妓,后来变成诗人、小说家和自传作者,萨特的重要著作《圣徒热内》(1952)的主角,这部作品把生活看作他作品的前言。

阿尔贝托·贾科梅蒂(Alberto Giacometti, 1901—1966):意大利裔瑞士艺术家,因其雕塑而出名;萨特和波伏娃的朋友,他描摹了萨特和其他人。

格伦·格雷（J. Glenn Gray，1913—1977）：美国哲学家，科罗拉多大学教授和海德格尔的译者；也写了《战士》，一部对战争中之人的社会学研究。

朱丽叶·葛瑞科（Juliette Gréco，1927—）：法国歌手和演员；圣日耳曼德佩地区的"存在主义缪斯"之一；梅洛-庞蒂、萨特和其他人的朋友。

瓦茨拉夫·哈维尔（Václav Havel，1936—2011）：捷克剧作家和异见人士；跟随扬·帕托什卡学习现象学，并在1989年到2003年期间担任捷克斯洛伐克及后来的捷克共和国总统。

黑格尔（G. W. F. Hegel，1770—1831）：德国哲学家，他的《精神现象学》和辩证法理论影响了大多数存在主义者。

埃尔芙丽德·海德格尔（Elfride Heidegger，娘家姓为Petri，1893—1992）：马丁·海德格尔的妻子；购买并设计他们在托特瑙山的房子。

弗里茨·海德格尔（Fritz Heidegger，1894—1980）：梅斯基尔希的银行职员，马丁·海德格尔的弟弟；帮助他输入手稿，并试图让他用短句写作。

马丁·海德格尔（Martin Heidegger，1889—1976）：德国哲学家，曾跟随胡塞尔学习；《存在与时间》和许多其他影响深远的作品的作者。

弗里德里希·荷尔德林（Friedrich Hölderlin，1770—1843）：德国诗人，受到海德格尔的仰慕和研究。

埃德蒙德·胡塞尔（Edmund Husserl，1859—1938）：哲学家，出生在德语区的摩拉维亚；现象学运动的创始之父；对于马丁·海德格尔而言是一位令人失望的导师。

马尔文娜·胡塞尔（Malvine Husserl，娘家姓为Steinschneider，1860—1950）：埃德蒙德·胡塞尔的妻子，也出生在摩拉维亚；在1938年帮助救出胡塞尔的档案和手稿。

格特鲁德·雅斯贝尔斯（Gertrud Jaspers，娘家姓为Mayer，1879—1974）：卡尔·雅斯贝尔斯的妻子，以及他大部分研究的合作者。

卡尔·雅斯贝尔斯（Karl Jaspers，1883—1969）：德国存在主义哲学家、心理学家和政治思想家，居住在海德堡大学，直到1948年他和他的妻子搬到瑞士；汉娜·阿伦特的朋友，以及时断时续地，马丁·海德格尔的朋友。

弗郎西斯·琼松（Francis Jeanson，1922—2009）：左翼法国哲学家，《摩登时代》的共同主编；1952年，他写了一篇批评加缪《反抗者》的书评，触发了加缪和萨特的翻脸。

汉斯·约纳斯（Hans Jonas，1903—1993）：德国哲学家，大部分时间居住在美国；海德格尔之前的学生，并写了关于技术、环境和其他主题的作品。

沃尔特·考夫曼（Walter Kaufmann，1921—1980）：德裔美国哲学家和翻译，出生于弗莱堡；畅销作品《存在主义：从陀思妥耶夫斯基到萨特》（1956）的作者。

索伦·克尔凯郭尔（Søren Kierkegaard，1813—1855）：丹麦哲学家，存在主义先驱和逆潮流的宗教主义者，影响了后来的存在主义者。

阿瑟·库斯勒（Arthur Koestler, 1905—1983）：匈牙利小说家、回忆录作者和散文家；萨特和其他人的朋友，但与他们因政治观点而闹翻。

奥尔加·科萨凯维奇（Olga Kosakiewicz, 1915—1983）：被波伏娃保护的人，萨特的情人，嫁给了雅克-洛朗·博斯特。

旺妲·科萨凯维奇（Wanda Kosakiewicz, 1917—1989）：演员，奥尔加的姐妹和萨特的情人。

维克多·克拉夫琴科（Victor Kravchenko, 1905—1966）：去了美国的苏联叛逃者，《我选择了自由》（1946）的作者，这本书在1949年的法国引发了高调的诉讼和争议。

路德维希·朗德格雷伯（Ludwig Landgrebe, 1902—1991）：奥地利现象学家，在弗莱堡做胡塞尔的助理和同事，之后在鲁汶的胡塞尔档案馆工作。

克劳德·朗兹曼（Claude Lanzmann, 1925—）：法国电影制片人，以他九小时的大屠杀纪录片《浩劫》而闻名；西蒙娜·德·波伏娃的情人，1952年到1959年间和她住在一起。

伊丽莎白·勒·可因（Elisabeth Le Coin 或 Lacoin, 1907—1929）：西蒙娜·德·波伏娃的童年朋友；曾与梅洛-庞蒂短暂订婚，但在21岁那年去世，可能死于脑炎。

亨利·列斐伏尔（Henri Lefebvre, 1901—1991）：法国马克思主义理论家，对日常生活社会学感兴趣；最初批判存在主义，之后转为同情。

米歇尔·莱里斯（Michel Leiris, 1901—1990）：法国作家，民族志和回忆录作家，萨特和波伏娃的朋友。他的自传体风格对激励波伏娃写《第二性》有所帮助。

伊曼努尔·列维纳斯（Emmanuel Levinas, 1906—1995）：立陶宛的犹太哲学家，主要居住在法国；曾跟随胡塞尔和海德格尔学习，然后发展了一种非常不同的后存在主义哲学，基于伦理和与他者的遭遇。他早期的一本小书在1933年是萨特的现象学入门读本。

克劳德·李维-史陀（Claude Lévi-Strauss, 1908—2009）：法国结构主义人类学家，梅洛-庞蒂的朋友，但对现象学和存在主义提出过异议。

班尼·莱维（Benny Lévy, 1945—2003）：哲学家和活动家，萨特的助手，以及有争议的系列访谈《现在的希望》的合著者（1980）。

卡尔·洛维特（Karl Löwith, 1897—1973）：德国哲学家和思想史学家，曾跟随海德格尔学习，并就这段经历撰写了回忆录。

乔治·卢卡奇（György Lukács, 1885—1971）：匈牙利马克思主义者，经常批评存在主义。

诺曼·梅勒（Norman Mailer, 1923—2007）：美国小说家和善辩论者，打算以"存在主义政党"候选人的身份竞选纽约市长，但不得不在捅伤妻子后推迟竞选。

加布里埃尔·马塞尔(Gabriel Marcel, 1889—1973):法国基督徒存在主义哲学家和剧作家。

赫伯特·马尔库塞(Herbert Marcuse, 1898—1979):与法兰克福学派有关的哲学家和社会理论家;马丁·海德格尔之前的学生,在第二次世界大战后严厉批评海德格尔。

托马斯·马萨里克(Tomáš Masaryk, 1850—1937):1918年后担任四届捷克斯洛伐克总统;胡塞尔年轻时的朋友,他跟随弗朗兹·布伦塔诺在维也纳学习,后来帮助组织救援他在布拉格的文件。

阿尔伯特·梅米(Albert Memmi, 1920—):突尼斯犹太裔小说家、散文家和后殖民社会理论家;《殖民者与被殖民者》(1957)的作者,萨特为这本包含两个研究的书写了一个序言。

莫里斯·梅洛-庞蒂(Maurice Merleau-Ponty, 1908—1961):法国现象学家和散文家,专长的问题有身体、知觉、儿童发展和与他人的关系;著有《知觉现象学》和其他作品,包括在他人生不同阶段写下的支持和反对苏联的文章。

麦克斯·缪勒(Max Müller, 1906—1994):德国天主教哲学家,曾在弗莱堡跟随海德格尔学习,后来成为那里的一名教授;他写了一篇报告,关于在1937年他因纳粹政权惹上麻烦时,海德格尔如何没有保护他。

艾丽丝·默多克(Iris Murdoch, 1919—1999):英裔爱尔兰哲学家和小说家,萨特和存在主义的早期作家,后来放弃了存在主义,不过她晚年还继续在写一部海德格尔的研究。

弗里德里希·尼采(Friedrich Nietzsche, 1844—1900):德国最早的存在主义语言学家、格言家和哲学家,影响了后来的存在主义者。

保尔·尼赞(Paul Nizan, 1905—1940):法国马克思主义小说家和哲学家,萨特儿时的朋友;在德国侵略法国期间丧生于战斗中。

扬·帕托什卡(Jan Patočka, 1907—1977):捷克现象学家和政治理论家,跟随胡塞尔学习,之后在布拉格教授了许多其他人,包括瓦茨拉夫·哈维尔,持不同政见的"七七宪章"的关键签署人之一。

让·波朗(Jean Paulhan, 1884—1968):法国作家和评论家,第二次世界大战期间在巴黎附近留下了反通敌者的小诗。作为《摩登时代》在1945年的联合创办人之一,他更多地以《新法兰西评论》的长期负责人而闻名。

海因里希·维甘德·比采特(Heinrich Wiegand Petzet, 1909—1997):德国作家,航运巨头的儿子和海德格尔的朋友,他在1983年写下了这段关系的详细回忆录:《与马丁·海德格尔的相遇和对话》。

让-保罗·萨特(Jean-Paul Sartre, 1905—1980):最重要的法国存在主义哲学家、

小说家、传记作家、剧作家、散文家、回忆录作家和政治活动家。

斯蒂芬·斯彭德(Stephen Spender, 1909—1995):英国社会主义诗人和日记作者;战后在欧洲广泛旅行,并在政治参与问题上对萨特提出异议。

伊迪丝·施坦因(Edith Stein, 1891—1942):哲学家,出生于波兰的弗罗茨瓦夫,担任胡塞尔的助手,之后离开去完成她对同情心的现象学研究,然后从犹太教转信天主教,成为卡梅尔派修女;她死在奥斯维辛集中营。

奥利维尔·陶德(Olivier Todd, 1929—):法国传记作家、回忆录作者和记者,萨特的朋友和加缪的传记作者。

弗里德里克·德·托瓦尼基(Frédéric de Towarnicki, 1920—2008):法语翻译、记者,在奥地利出生,20世纪40年代曾多次访问海德格尔,并写下了他们的谈话记录。

赫尔曼·李·范·布雷达(Herman Leo Van Breda, 1911—1974):方济会修士、哲学家,1938年英勇地组织了从弗莱堡抢救胡塞尔的档案和手稿,之后在鲁汶建立和管理胡塞尔档案多年。

鲍里斯·维昂(Boris Vian, 1920—1959):法国爵士小号手、歌手、小说家和鸡尾酒调酒师;战后圣日耳曼德佩圈子中的一个中心角色和存在主义者的朋友。在他1947年的小说《情绪靛蓝》(*L'écumedes jours*)中,他充满感情地嘲笑了萨特和波伏娃。

米雪尔·维昂(Michelle Vian, 娘家姓为 Léglise, 1920—):鲍里斯·维昂的第一任妻子,多年以来也是萨特圈子的一部分。

西蒙娜·薇依(Simone Weil, 1909—1943):法国伦理哲学家和政治活动家;第二次世界大战期间,当其他人还在受苦时,她在英国死亡,拒绝吃或接受任何舒服的东西。

科林·威尔逊(Colin Wilson, 1931—2013):英国小说家、"新存在主义者"哲学和文化史作品的畅销作者,特别是《局外人》(1956)。

沃尔斯(Wols, 全名为 Alfredo Otto Wolfgang Schulze, 1913—1951):德国画家和摄影师,久居法国,和存在主义圈子中的一些人是朋友;过早地死于酒精中毒相关的疾病。

理查德·赖特(Richard Wright, 1908—1960):美国作家,在巴黎旅居多年;作品包括《局外人》(1953),一部关于美国黑人生活的存在主义小说。

致谢

如果没有朋友和专家——其中不少还成了朋友——的慷慨鼓励、建议和帮助,这本书还是一堆白纸。致每一个参与其中的人:由衷地谢谢你们。

最重要的是,这意味着阅读全部或部分手稿的那些人,为我指明新的方向和/或让我避免错误的人(虽然他们对书中仍然存在的错误没有责任):Jay Bernstein、Ivan Chvatík、George Cotkin、Robert Fraser、Peter Moore、Nigel Warburton、Jonathan Webber、Martin Woessner 和 Robert Zaretsky。我不仅感谢他们对本书的阅读,而且感谢在本书写作以来许多次愉快和发人深省的对话。

同时也感谢其他人,你们用友好的对话、好的建议(或两者)提供了重要帮助:Peter Atterton、Antony Beevor、Robert Bernasconi、Costica Bradatan、Artemis Cooper、Anthony Gottlieb、Ronald Hayman、Jim Holt、James Miller、Sarah Richmond、Adam Sharr 和 Marci Shore。

在所有这些人中,我要特别感谢 Robert Bernasconi 和 Jay Bernstein,从一开始就激励我学习哲学。我非常幸运,在 20

世纪 80 年代碰巧接触到他们帮忙在埃塞克斯大学开设的开拓性跨学科项目。

向玛丽安·梅洛-庞蒂表达非常衷心的感谢，她慷慨地与我分享了她对父亲的回忆。

我作为驻校作家待在纽约大学的纽约人文学院期间，写了这本书的其中一部分，我非常感谢学院，并感谢 Eric Banks 和 Stephanie Steiker 在精彩、富有成效的两个月里的热情好客和友谊。

其余大部分写作完成于大英图书馆、伦敦图书馆、博德利图书馆和巴黎的圣日内维耶图书馆。感谢所有这些机构及其工作人员。感谢比利时鲁汶大学哲学研究所和胡塞尔档案馆的 Thomas Vongehr 和 Ullrich Melle。谢谢 Ludger Hagedorn 和 CTS/扬·帕托什卡档案馆的 Ivan Chvatík。感谢金士顿大学的 Katie Giles 帮助我获取艾丽丝·默多克的档案，以及伦敦大学学院的 Dan Mitchell 帮助我获取乔治·奥威尔的档案。

我要感谢 Jenny Uglow 所做的具有深刻洞见的编辑工作，她的友谊和比以往更具价值的建议，她帮助我在树枝里找到树的主干。我非常感谢 Clara Farmer 和 Chatto & Windus 的所有人，特别感谢 Parisa Ebrahimi，在整个出版过程中，他给了我清晰和优雅的指导。谢谢我的文字编辑 David Milner，感谢 Chatto 公司的 Simone Massoni 设计的封面。感谢加拿大企鹅兰登书屋的 Anne Collins。在美国，要特别感谢无与伦比和让我受益终生的出版商 Judith Gurewich，特别是在波士顿阳光明媚的日子里的工作时光；感谢我的文字编辑 Keenan McCracken 和 Other 出版社的所有人，并感谢 Andreas Gurewich 公司设计的封面。

我感谢我的经纪人 Zoë Waldie 和 Rogers, Coleridge & White 公司所有人的不断支持和智慧。还要感谢纽约的 Melanie Jackson，以及帮助本书在其他地方出版的每一个人。

最后，还有两个感谢：一个给我的父母 Jane Bakewell 和 Ray Bakewell，这本书是献给他们的，因为他们鼓励我追寻我在生活中感到好奇的任何事物（也因为他们忍受我的"少年存在主义者"那几年）。另一个是 Simonetta Ficai-Veltroni，她一如既往地支持我研究现象学及其他一切，而这只是开始。

注释

这里没有给出的出版物细节可以在"**参考书目**"部分中找到。如果不是翻译版本的作品，任何翻译都出于作者自己。注释前的页码为原书页码，可在正文旁边的空白中找到。以下是注释中的一些相关缩写：

ASAD：波伏娃，《归根到底》（*All Said and Done*）

BN：萨特，《存在与虚无》（*Being and Nothingness*）

BT：海德格尔，《存在与时间》（*Being and Time*，译者为 Macquarrie & Robinson），本书的注释根据德文原版

FOC：波伏娃，《时势的力量》（*Force of Circumstance*）

GA：海德格尔，《全集》（*Gesamtausgabe*）

MDD：波伏娃，《端方淑女》（*Memoirs of a Dutiful Daughter*）

PP：梅洛-庞蒂，《知觉现象学》（*Phenomenology of Perception*，译者为 Landes），注释根据 2005 年法文版

POL：波伏娃，《岁月的力量》（*The Prime of Life*）

* * * * * * * * * *

第一章　先生，太可怕了，存在主义！

1　存在主义谱系：沃尔特·考夫曼 1956 年的 *Existentialism from Dostoevsky to Sartre* 把存在主义回溯到了圣奥古斯丁；Maurice Friedman 的 *The Worlds of Existentialism*（New York：Random House，1964）把存在主义回溯到约伯、《传道书》和赫拉克利特。

1　鸡尾酒：萨特后来认为他们是在喝啤酒，但他的回忆在那一阶段不可靠；*Sartre By Himself*，25–6。波伏娃说的是杏子鸡尾酒：POL，135，由此出发大部分叙述随之而来。

2 "回到事物本身": 胡塞尔的 *Logical Investigations*, I, 252。这句话成了一个口号, 部分原因归于海德格尔, 因为海德格尔称之为现象学的"准则": BT, 50/27–8。

3 "因为我们一个字也不理解": POL, 79。对于其他先前遭遇的猜测, 参见 Stephen Light 的 *Shūzō Kuki and Jean-Paul Sartre* (Carbondale & Edwardsville, IL: Southern Illinois University Press, 1987), 3–4, Rybalka 撰写的引言, xi。

4 "破坏性的哲学": 萨特的文章 La légende de la vérité, *Bifur*, 8 (1931 年 6 月), 有一篇署名文章称他为"在写作一卷破坏性的哲学著作"。亦见于 POL, 79; Hayman 的 *Writing Against*, 85。

4 "我可以告诉你": *Sartre By Himself*, 26。

4 约翰·济慈, On First Looking into Chapman's Homer, 引自 *The Complete Poems* (John Barnard 编), 第三版 (London: Penguin, 1988), 72。萨特正在阅读的是列维纳斯的 *La théorie de l'intuition dans la phénoménologie de Husserl* (Paris: Alcan, 1930); 后由 A. Orianne 翻译成 *The Theory of Intuition in Husserl's Phenomenology* (Evanston, IL: Northwestern University Press, 1995)。

5 码头、僧侣, 等: MDD, 341。

6 "存在先于本质": Sartre, *Existentialism and Humanism*, 27。

7 国王与王后: FOC, 98。

7 "女人被迷晕": Existentialism, *Time* (28 Jan. 1946), 16–17。关于这次讲座, 参见 George Myerson 的 *Sartre's Existentialism Is a Humanism: a beginner's guide* (London: Hodder & Stoughton, 2002), xii–xiv, 以及 Cohen-Solal 的 *Sartre*, 249–52。

8 "电车难题": 可进一步参见 David Edmunds 的 *Would You Kill the Fat Man?* (Princeton: Princeton University Press, 2013)。

8 学生的故事: 萨特的 *Existentialism and Humanism*, 39–43。这与他朋友兼前学生雅克-洛朗·博斯特的情况有相似之处, 他在 1937 年就参加西班牙内战一事寻求过萨特的意见: 参见 Thompson 的 *Sartre*, 36。在小说 *The Reprieve* 里, 萨特给了他的角色鲍里斯相似的困境, 灵感就来源于博斯特。

10 "没有划定的道路": 见萨特与 C. Grisoli 的采访, 引自 *The Last Chance: Roads of Freedom IV*, 15 (最初刊登在 *Paru* 上, 1945 年 12 月 13 日)。

11 萨特论广岛: 萨特的 The End of the War, 引自 *The Aftermath of War (Situations III)*, 65–75, 此处内容在 65 页。

11 《禁书目录》: J. M. De Bujanda 的 *Index des livres interdits, XI: Index librorum prohibitorum* (Geneva: Droz, 2002) 中包括了萨特的 opera omnia, 808 (Decr. S. Off. 27-10-1948), 和波伏娃的《第二性》和《名士风流》, 116 (Decr. 27-06-1956)。

参见 Thompson 的 *Sartre*，78。

11 "令人恶心地混合"：*Les nouvelles littéraires*，在 Existentialism 一文中有所引述，*Time*（1946 年 1 月 28 日），16–17，这部分在 17 页。

12 "如果你二十岁"：Cazalis, *Les mémoires d'une Anne*，84。

12 "先生，太可怕了！"：马塞尔的文章 An Autobiographical Essay, 48。

12 私人房间：POL, 534。享受咖啡馆的吵闹：Contat 和 Rybalka 编，*The Writings of Jean-Paul Sartre*, I：149，引用了 Roger Troisfontaines 的 *Le choix de Jean-Paul Sartre*, 2nd edn, (Paris：Aubier, 1946)，这反过来引用了萨特 1945 年 10 月 23 日在布鲁塞尔的话。

13 "只要他们是有趣的"：Grégoire Leménager 的 Ma vie avec Boris Vian（par Michelle Vian），引自 *Le nouvel observateur*（2011 年 10 月 27 日）。

13 "溺水者"和"破烂不堪的衬衫"：Michelle Vian 的 *Manual of Saint-Germain-des-Prés*, 46, 48，分别引自 Pierre Drouin 的 Tempête très parisienne，出自 *Le Monde*（16–17, 1948 年 5 月），和 Robert de Thomasson 的 Opéra（1947 年 10 月）。长头发：Gréco, *Je suis faite comme ça*, 81。头巾：POL, 504；亦见于 Beauvoir, *Wartime Diary*, 166（1939 年 11 月 22 日）。你可以在 Jacques Becker 优秀的 1949 年电影 *Rendezvous de juillet* 里的罗里昂黛爵士俱乐部一幕中看到这种"装扮"。

14 沃尔斯：FOC, 248–9。

14 卡蒙贝尔奶酪：Cohen-Solal, *Sartre*, 262。

14 唱歌：MDD, 335。唐老鸭：POL, 324。

14 萨特的脸：阿隆的 *Memoirs*, 23；维奥莱特·勒迪克，*Mad in Pursuit*，由 Derek Coltman 翻译（London：R. Hart-Davis, 1971），45–6；Sartre, 'The Paintings of Giacometti', *Situations [IV]*, 175–92, 此处内容在 184 页。

16 法国荣誉军团勋章和法兰西学院：John Gerassi, 'The Second Death of Jean-Paul Sartre', 出自 W. L. McBride 编辑的 *Sartre's Life, Times and Vision du monde*（New York & London：Garland, 1997), 217–23, 这在 218 页。波伏娃在 1982 年被授予法国荣誉军团勋章，并拒领：Bair, *Simone de Beauvoir*, 606。

16 "我的人生与我的哲学"：Cohen-Solal, *Sartre*, 142（摘自萨特的日记，1949 年 1 月 15 日）。

16 二百万字：M. Scriven, *Sartre's Existential Biographies*（London：Macmillan, 1984), 1。

17 《最后的非学术性附言》：完整的丹麦语标题是 *Afsluttende uviden- skabelig Efterskrift til de philosophiske Smuler. Mimisk-pathetisk-dialektisk Sammenskrift, Existentielt Indlæg*。

18 "总是被他挤到": Garff, *Søren Kierkegaard*, 313。

18 马与激情: Kierkegaard, *Concluding Unscientific Postscript*, 261。

18 "抽象物是客观公正的": ibid., 262。

18 笛卡儿: ibid., 265–6。

19 "忧虑": Kierkegaard, *The Concept of Anxiety*, 61。

19 公交车站: *Sartre By Himself*, 16。

20 "一种不自觉": Friedrich Nietzsche, *Beyond Good and Evil*, R. J. Hollingdale 译 (London: Penguin, 2003), 37 (第一部分第六节)。

21 马丁·路德·金: 'Martin Luther King Jr. Traces His Pilgrimage to Nonviolence', 出自 Arthur and Lila Weinburg 编辑的 *Instead of Violence* (New York: Grossman, 1963), 71。他读了萨特、雅斯贝尔斯、海德格尔和其他人,以及美国存在主义神学家保罗·田立克。亦见于: Eugene Wolters, 'The Infuence of Existentialism on Martin Luther King, Jr.', *Critical Theory* (2015 年 2 月 8 日),这篇文章引用了金的论文 'Pilgrimage to Nonviolence': 马丁·路德·金档案中的笔记。

22 标语: listed on https://libcom.org/history/slogans-68。

22 要求自由: Sartre, 'Self-Portrait at Seventy', 出自 *Sartre in the Seventies (Situations X)*, 3–92, 这在 52 页。

22 索邦: 玛格丽特·杜拉斯咕囔道"我受够了明星体制",根据波伏娃的说法。见 ASAD, 460–62 和 Cohen-Solal, *Sartre*, 462。

23 葬礼: 'Enterrement de Sartre' 见 YouTube: https://www.youtube.com/watch?v=C9UoHWWd214。见于 Hayman, *Writing Against*, 439; Cohen-Solal, *Sartre*, 522–3; Lévy, *Sartre*, 2。

24 朗兹曼: 引自 Ursula Tidd, *Simone de Beauvoir* (London: Routledge, 2003), 160。

25 栗树: Sartre, *Nausea*, 183–4。

27 "女店员的形而上学": Claude Lévi-Strauss, *Tristes Tropiques*, J. 和 D. Weightman 译 (London: Penguin, 1978), 71, 亦参见法语版, *Tristes Tropiques* (Paris: Plon, 1955), 63。"把人消解掉": Claude Lévi-Strauss, *The Savage Mind* (London: Weidenfeld & Nicolson, 1966), 247。

29 "一种自由意识": Michel Contat, 为 BBC 节目 *Human, All Too Human* (1999) 所做采访, 第 3 集: 'Jean-Paul Sartre: the road to freedom'。

30 "生活变为观念"和"讨论并非": Merleau-Ponty, *The Visible and Invisible*, 119。

31 "栖居哲学": Murdoch, *The Sovereignty of Good* (London & New York: RKP, 2014), 46。

33 标签: FOC, 46。

* * * * * * * * * *

第二章 回到事物本身

35 20世纪30年代的弗莱堡人口与徒步旅行者的服装：Martin S. Briggs, *Freiburg and the Black Forest* (London：John Miles, 1936), 21, 31。

36 "现象学之城"和"对于我……见到的那些年轻德国人来说"：Levinas, 'Freiburg, Husserl, and Phenomenology', 出自 *Discovering Existence with Husserl*, 32-46, 这在32和37页。关于列维纳斯自己的发现故事，参见Raoul Mortley的采访，*French Philosophers in Conversation* (London & New York：Routledge, 1991), 11-23, 这在11。

36 "瘦小的佛陀"：Sartre, *War Diaries*, 123。

36 "以胡塞尔为代价"：ibid., 184。

36 金发：他之前同学的回忆，引用自Andrew D. Osborn, *The Philosophy of Edmund Husserl: in its development from his mathematical interests to his first conception of phenomenology in Logical Investigations* (New York：Columbia University/International Press, 1934), 11; 亦见于 Spiegelberg, 'The Lost Portrait of Edmund Husserl', 342, 引用了胡塞尔的女儿和他肖像的再现。

36 "钟表匠"和"手指"：Gadamer, *Philosophical Apprenticeships*, 35, 钟表匠的比喻引用自一位朋友Fyodor Stepun的话。

37 影像：*A Representation of Edmund Husserl*, James L. Adams (1936) 的电影，可在网上看到，http://www.husserlpage.com/hus_imag.html。从佛罗里达大西洋大学现象学高级研究中心的一盘录像带中选取，时间约为1991年。

37 小刀：胡塞尔把这个故事告诉列维纳斯，后者告诉了S. Strasser, *Husserliana* 的编辑 (Hussserliana I:xxix); 故事被重述，是在Karl Schuhmann的 *Husserl-Chronik* (The Hague：Martinus Nijhoff, 1977), 2。胡塞尔的评论，"我在想……"来自波伏娃听来并记在日记里的版本：Beauvoir, *Wartime Diary*, 161 (1939年11月18日)。

37 "常常一上课就睡着"：Andrew D. Osborn, *The Philosophy of Edmund Husserl* (New York：Columbia University/International Press, 1934), 11。

37 布伦塔诺：Husserl, 'Recollections of Franz Brentano' (1919), 出自 *Shorter Works*, 编者为P. Mc Cormick 和F. Elliston (Notre Dame, IN：University of Notre Dame Press, 1981), 342-8。亦见于T. Masaryk 和K. Čapek, *President Masaryk Tells His Story* (London：G. Allen & Unwin, 1934), 104-5, 和Moran, *Introduction to Phenomenology*, 23-59。

38 胡塞尔的悲伤与抑郁：见于 Moran, *Introduction to Phenomenology*, 80-81，及 Kisiel 和 Sheehan, *Becoming Heidegger*, 360（胡塞尔写给海德格尔，1918 年 8 月 10 日），401（胡塞尔写给普凡德尔，1931 年 1 月 1 日）。

39 学前班：Borden, *Edith Stein*, 5。"我会一直留在他身边"：Stein, *Self-Portrait in Letters*, 6 (Stein to Roman Ingarden, 28 Jan. 1917)。

39 "最苦恼和不确定"：Dorion Cairns, *Conversations with Husserl and Fink*, ed. by the Husserl Archives in Louvain（施坦因写给罗曼·英伽登，1917 年 1 月 28 日），11（1931 年 8 月 13 日）。

39 "一种全新的看待问题的方式"和"看到在我们眼前的是什么"：Husserl, *Ideas*, 39。

40 "把我的咖啡递给我"：Moran, *Husserl*, 34，转译自 Gerda Walther 对 1917 年一场研究会的记述，引自 Walther, *Zum anderen Ufer* (Remagen: Reichl, 1960), 212。相比之下，海德格尔更喜欢茶：见于 Walter Biemel, 'Erinnerungen an Heidegger', 出自 *Allgemeine Zeitschrift für Philosophie*, 2/1 (1977), 1–23 页，这在 10–11 页。关于晚近对咖啡的哲学思考，见于 Scott F. Parker 和 Michael W. Austin 编辑的 *Coffee: philosophy for everyone: grounds for debate* (Chichester: Wiley-Blackwell, 2011)，和 David Robson, 'The Philosopher Who Studies the Experience of Coffee'（与都柏林三一学院 David Berman 的采访），BBC Future blog, 18 May 2015: http://www.bbc.com/future/ story/20150517-what-coffee-says-about-your-mind。

42 音乐与现象学：参见，例如 Thomas Clifton, *Music As Heard: a study in applied phenomenology* (New Haven & London: Yale University Press, 1983)。

42 萨克斯的腿：Sacks, *A Leg to Stand On*, 91, 96。关于医疗与现象学，参见如下著作，S. K. Toombs, *The Meaning of Illness: a phenomenological account of the different perspectives of physician and patient* (Dordrecht: Kluwer, 1992)，和 Richard Zaner, *The Context of Self: a phenomenological inquiry using medicine as a clue* (Athens, OH: Ohio University Press, 1981)。关于许多其他的现象学应用，参见 Sebastian Luft 和 Søren Overgaard 编辑的 *The Routledge Companion to Phenomenology* (London & New York: Routledge, 2012)。

44 胡塞尔和雅斯贝尔斯的信：Jaspers, *Philosophy I*, 6–7（1955 年版跋），引用了两者；亦见于 Kirkbright, *Karl Jaspers*, 68-9，援引了雅斯贝尔斯 1911 年 10 月 20 日写给他父母的信。

44 "一种不同的思考方式"：Jaspers, *Philosophy of Existence*, 12。

45 "在爱中，某物被爱"：Brentano, *Psychology from an Empirical Standpoint*, 88。

46 "让自己从潮湿的胃中"和"漂亮温暖的房间"：Sartre, 'A Fundamental

Idea of Husserl's Phenomenology: intentionality', 出自 *Critical Essays* (*Situations I*) 40–6, 这在 42–3 页（原版出版于 1939 年）。

47 萨特已经知道：萨特在下面这本书中进一步发展了他对胡塞尔的分析, *The Transcendence of the Ego*, A. Brown 译, S. Richmond 作序（London：Routledge, 2004, 原版 1934 年在 *Recherches philosophiques* 上发表）。

48 "退回到自己之中"：Husserl, *Cartesian Meditations*, 2。亦见于 Paul S. MacDonald, *Descartes and Husserl: the philosophical project of radical beginnings*（Albany：SUNY Press, 2000）。

48 圣奥古斯丁：Husserl, *Cartesian Meditations*, 157。

49 争论和"老真皮沙发"：Stein, *Self-Portrait in Letters*, 10–11（施坦因写给罗曼·英伽登, 1917 年 2 月 20 日）；另见 Alasdair MacIntyre, *Edith Stein: a philosophical prologue*（London & New York：Continuum, 2006）, 103–5。她的博士学位论文：Stein, *On the Problem of Empathy*。她于 1916 年在弗莱堡被授予博士学位, 而她的学位论文于 1917 年在哈雷市出版。

49 汉堡大学：Stein, *Self-Portrait in Letters*, 36（施坦因写给弗里茨·考夫曼, 1919 年 11 月 8 日）。

49 改变宗教信仰和之后的生涯：Borden, *Edith Stein*, 6–10。

*　　*　　*　　*　　*　　*　　*　　*　　*　　*

第三章　来自梅斯基尔希的魔法师

50 "很显然"：BT, 19/1。引文来自柏拉图《智者》(244A), 这里看起来在讨论词语"to be"。1924—1925 年, 海德格尔在马堡大学开设《智者》的课程, 来参加的学生中有汉娜·阿伦特：见 Heidegger, *Plato's Sophist*, R. Rojcewicz 和 A. Schuwer 译（Bloomington & Indianapolis：Indiana University Press, 1997）。

50 "天是蓝的"和"我是开心的"：BT, 23/4（giving 'merry'）；Heidegger, *Being and Time*, Stambaugh 译, 3（giving 'happy'）。

50 为什么会存在万物？：Gottfried von Leibniz, 'The Principles of Nature and Grace, Based on Reason' (1714), 出自 *Discourse on Metaphysics and Other Writings*, P. Loptson 编, R. Latta 和 G. R. Montgomery 译, P. Loptson 修订（Peterborough, ON：Broadview Press, 2012）, 103–13, 这在 108–9 页（第七段）。

50 "惊异的大师"和"一个闪闪发光的障碍物"：Steiner, *Martin Heidegger*, 158。

51 称赞胡塞尔：BT, 62/38；献词：BT, 5。

51 布伦塔诺的博士论文：Heidegger, 'A Recollection (1957)', 出自 Sheehan 编辑的 *Heidegger: the man and the thinker*, 21–2, 这在 21 页。那篇论文：Franz Brentano, *On the Several Senses of Being in Aristotle*, Rolf George 译（Berkeley：University of California Press, 1973）。

51 海德格尔的亲属：玛丽·海德格尔，生于 1891 年，长大后嫁给一个烟囱清扫工，去世于 1956 年。关于她和海德格尔的母亲，参见 F. Schalow 和 A. Denker, *Historical Dictionary of Heidegger's Philosophy*, 2nd edn（London：Scarecrow, 2010），134。弗里茨出生于 1894 年。

51 钟：Heidegger, 'Vom Geheimnis des Glockenturms', 见他的 GA, 13 (*Aus der Erfahrung des Denkens*, 113–16)；亦见于 Heidegger, 'The Pathway', 出自 Sheehan 编辑的 *Heidegger: the man and the thinker*, 69–72, 这在 71 页；和 Safranski, *Martin Heidegger*, 7。关于其他早年回忆，参见 Heidegger, 'My Way to Phenomenology', Stambaugh 译, *On Time and Being*, 74–82。

52 箍桶匠：列表来自 https://en.wikipedia.org/wiki/Cooper_ (profession)。

52 搜集木块等：Heidegger, 'The Pathway', 出自 Sheehan 编辑的 *Heidegger: the man and the thinker*, 69–72, 这在 69 页。

53 玻璃灯罩等：Heidegger, *Letters to his Wife*, 5（1915 年 12 月 13 日）。

53 小径与长凳：Heidegger, 'The Pathway', 出自 Sheehan 编辑的 *Heidegger: the man and the thinker*, 69–72, 这在 69 页。

53 与人对视：Löwith, *My Life in Germany*, 45。

53 "马丁？"：Gadamer 在 *Human, All Too Human*（BBC, 1999）中的采访，第 2 集。

54 借《逻辑研究》：Safranski, *Martin Heidegger*, 25；Ott, *Heidegger*, 57。

54 赫尔曼·海德格尔：他的信在 Heidegger, *Letters to his Wife*, 317。

55 哲学会饮：Kisiel 和 Sheehan, *Becoming Heidegger*, 357（胡塞尔写给海德格尔，1918 年 1 月 30 日）。

55 "哦，你的青春"：ibid., 359（胡塞尔写给海德格尔，1918 年 9 月 10 日）。

55 附言与话匣子：ibid., 361（胡塞尔写给海德格尔，1918 年 9 月 10 日）。

55 惊讶：参见 Ott, *Heidegger*, 181（胡塞尔写给普凡德尔，1931 年 1 月 1 日）。

55 "现象学的孩子"：Jaspers, 'On Heidegger', 108–9。

55 "我真的有……的感觉"：Kisiel 和 Sheehan, *Becoming Heidegger*, 325（海德格尔写给胡塞尔，1927 年 10 月 22 日）。

55 "迷雾的洞穴"：Ott, *Heidegger*, 125。

55 托特瑙山木屋：参见 Sharr, *Heidegger's Hut*。Sharr 也写了海德格尔城里的

房子；Sharr, 'The Professor's House：Martin Heidegger's house in Freiburg-im-Breisgau', 出自 Sarah Menin 编辑的 Constructing Place：mind and matter（New York：Routledge, 2003），130–42。

56 伐木一样的平静节奏：Arendt 和 Heidegger, *Letters*, 7（海德格尔写给阿伦特，1925 年 3 月 21 日）。

56 "一个人最本己"的打扮：Löwith, *My Life in Germany*, 45；亦见于 Petzet, *Encounters and Dialogues*, 12。伽达默尔描述他穿着滑雪衣（在马堡做了一次关于滑雪的特别讲座），并说学生们称他的平常衣服为他的"存在主义装束"：Gadamer, *Philosophical Apprenticeships*, 49。

56 "高深莫测的"特质：Löwith, *My Life in Germany*, 28。

57 "因为他更难以理解"：Hans Jonas, 'Heidegger's resoluteness and resolve', 出自 Neske 和 Kettering 编辑 *Martin Heidegger and National Socialism*, 197–203, 这在 198 页（广播采访）。

57 "叹为观止的问题"和"乌云"：Gadamer, *Philosophical Apprenticeships*, 48。

57 "梅斯基尔希的小魔法师"：Löwith, *My Life in Germany*, 44–5。

57 思考与挖掘：Arendt, 'Martin Heidegger at Eighty', 出自 Murray 编辑的 *Heidegger and Modern Philosophy*, 293–303, 这在 295–6 页。

57 "一种笨重的装置"：Daniel Dennett 和 Asbjørn Steglich-Petersen, 'The Philosophical Lexicon', 2008edn: http://www.philosophicallexicon.com。

57 "巧妙的安排""我们不是在这里海德格尔化"与"该如何描述海德格尔"：Georg Picht, 'The Power of Thinking', 出自 Neske 和 Kettering 编辑的 *Martin Heidegger and National Socialism*, 161–7, 这在 161 页，165–6 页。

58 "思想再次活了过来"：Arendt, 'Martin Heidegger at Eighty', 出自 Murray 编辑的 *Heidegger and Modern Philosophy*, 293–303, 这在 295 页。

58 "一声不吭又满怀期待"：Safranski, *Martin Heidegger*, 147, 引自 Hermann Mörchen 的手稿 *Aufzeichnungen*。

59 指出存在：参见 Heidegger, *Introduction to Metaphysics*, 35。我自己的解释极大归功于 Magda King 的经典著作 *Guide to Heidegger's Being and Time*, 16。

59 "本体论的区别"：BT, 26/6。Being and beings：英语没有像德语那样方便的成对术语，因此译者要么用"实体"（entity）来翻译 Seiende, 要么用大写的首字母来区分"being"和"Being"。Macquarrie 和 Robinson 两者用，而 Stambaugh 用"being"和"beings", 但常常也会加上德语。

59 对存在模糊、初步、非哲学的理解：BT, 25/6; BT, 35/15。

59 "形而下的"：BT, 71/45ff。

60 科宾与"人的实在":Heidegger, *Qu'est-ce que la métaphysique?*, H. Corbin 译 (Paris:Gallimard, 1938)。

60 马铃薯、老鼠:Günter Grass, *Dog Years*, Ralph Manheim 译(译文有修改), 324, 330。

61 "感觉到的陌生感":Steiner, *Martin Heidegger*, 11。

61 布莱希特:参见 Safranski, *Martin Heidegger*, 155。

61 "尴尬":BT, 63/39。

61 "先于自身……":Heidegger, *Being and Time*, Stambaugh 译, 312/327; Heidegger, *Sein und Zeit*, 327。

61 斯坦:Gertrude Stein, *The Making of Americans: being a history of a family's progress* (Normal, IL & London:Dalkey Archive Press, 1995)。"我总是感觉到": 373。"我总是感觉到,他们每个人":383。"可以是黏糊糊的、凝胶状的":349。 参见 Janet Malcolm, *Two Lives* (New Haven & London:Yale University Press, 2007), 126.(这部小说写于 1902—1911 年,远早于海德格尔。)

63 "日常便装":BT, 37–8/16; 亦见于 BT, 69/43。

63 在世存在:BT, 78/52ff。

63 锤子 - 这物:Heidegger, *Sein und Zeit*, 69。翻译版:BT, 98/69。

63 操劳和操心:BT, 83–4/56–8。

64 "设备":BT, 97/68 把 das Zeug 译为"设备"(equipment),但我更喜欢 Stambaugh 译的"有用之物"(useful thing):Heidegger, *Being and Time*, Stambaugh 译, 68/68。

64 "当下上手状态"vs"现成在手状态":BT, 98–9/69–70。Stambaugh 用了"易上手状态"(handiness)来翻译 Zuhandenheit:Heidegger, *Being and Time*, Stambaugh 译, 69/69。

64 世界可以由最简单的行动来揭示:BT, 149/114。

64 海德格尔的桌子:Heidegger, *Ontology: the hermeneutics of facticity*, 69, 引自 Aho, *Existentialism*, 39。

64 共在:BT, 149/114。共同世界:BT, 155/118。

64 "在大部分情况下,一个人":BT, 154/118。

65 共在的"匮乏"形态:BT, 156–7/120。

65 小船:BT, 154/118。

66 "陈述那些显而易见的事物":Safranski, *Martin Heidegger*, 155。

66 胡塞尔的批注:'Husserl's Marginal Remarks in Martin Heidegger, Being and Time', in Husserl, *Psychological and Transcendental Phenomenology and the Confrontation with Heidegger* (1927–1931), 258–422, 尤其是 283("但那也太荒唐了吧",见 p.12, 1927

版),419,422(疑问惊叹号,见 pp. 424 和 437 ,1927 版)。论胡塞尔的阅读,参见 Sheehan,'Husserl and Heidegger',同前,1–32,尤其是 29 页。"太荒唐了!":Kisiel 和 Sheehan,*Becoming Heidegger*,402(胡塞尔写给普凡德尔,1931 年 1 月 1 日)。

66 "荒唐可笑":Kisiel 和 Sheehan,*Becoming Heidegger*,372(海德格尔写给洛维特,1923 年 2 月 20 日)。"他人生的使命":Heidegger 和 Jaspers,*The Heidegger-Jaspers Correspondence*,47(胡塞尔写给雅斯贝尔斯,1923 年 7 月 14 日)。

66 《不列颠百科全书》:Husserl,'"Phenomenology"(Draft B of the Encyclopaedia Britannica Article),海德格尔写给胡塞尔的信,出自 Kisiel 和 Sheehan,*Becoming Heidegger*,304–28。有修改草稿的完整版本:Husserl,'The Encyclopaedia Britannica article(1927–28)',出自 Husserl,*Psychological and Transcendental Phenomenology and the Confrontation with Heidegger(1927–1931)*,35–196,包括 Sheehan 讲述他们的合作故事的导论。这条由 C. V. Salmon 译,见于 *Encyclopaedia Britannica*,14th edn(London:Encyclopaedia Britannica Co.,1929)。关于不能明晰地表达自己,参见 Heidegger,*Letters to his Wife*,108(海德格尔写给妻子,1927 年 2 月 5 日),和 Kisiel 和 Sheehan,*Becoming Heidegger*,402(胡塞尔写给普凡德尔,1931 年 1 月 1 日)。

66 胡塞尔的希望:Kisiel 和 Sheehan,*Becoming Heidegger*,401–2(胡塞尔写给普凡德尔,1931 年 1 月 1 日)。

67 海德格尔的致辞:Heidegger,'For Edmund Husserl on his Seventieth Birthday'(1929 年 4 月 8 日),Sheehan 译,出自 Husserl,*Psychological and Transcendental Phenomenology and the Confrontation with Heidegger(1927–1931)*,475–7,这在 475 页。胡塞尔的回应讲话:Kisiel 和 Sheehan,*Becoming Heidegger*,418–20。

68 "一位被指派的领袖":Kisiel 和 Sheehan,*Becoming Heidegger*,402(胡塞尔写给普凡德尔,1931 年 1 月 1 日)。

68 "常识":Friedrich Heinemann 引用他在 1931 年说的,"海德格尔在常识层面"(bewegt sich in der die natürlichen Einstellung)。Heinemann,*Existentialism and the Modern Predicament*,48。

68 "人类学":Husserl,'Phenomenology and Anthropology'(1931 年 6 月的演讲),出自 Husserl,*Psychological and Transcendental Phenomenology and the Confrontation with Heidegger(1927–1931)*,485–500,这在 485 页。

69 "存在仅仅是现成在手状态……":BT,103/73。德文版:Heidegger,*Sein und Zeit*,73。

69 "没有牙齿一样咬了下去":Nicholson Baker,*The Mezzanine*(London:Granta,1998),13–14。

69 "烦腻":BT,103–4/74。照亮整个工程:BT,105/75。

70 钱多斯:Hugo von Hofmannsthal,'The Letter of Lord Chandos',Tania 和 James Stern 译,在他的 *The Whole Difference: selected writings*, J. D. McClatchy 编 (Princeton & Oxford: Princeton University Press, 2008), 69–79(初版于 *Der Tag*, 1902 年 10 月 18—19 日)。

70 崩溃:例如, Matthew Ratcliffe 提请注意 James Melton 的经历,他对抑郁症的叙述,形容了一种撤回,在其中他甚至不能解决如何接近一个椅子坐下,因为世界已经"失去了其迎接的品质";海德格尔可能会说他不会操劳事物。参见 Melton 在 Gail A. Hornstein, *Agnes's Jacket* 中的叙述 (New York: Rodale, 2009), 212–13,和 Matthew Ratcliffe, 'Phenomenology as a Form of Empathy', *Inquiry* 55 (5) (2012), 473–95。亦参见 Oliver Sacks, *The Man Who Mistook his Wife for a Hat* 中讨论的例子 (London: Picador, 2011)。

71 海德格尔读《魔山》:Safranski, *Martin Heidegger*, 185。

71 达沃斯:会议从 1929 年 3 月 17 日开到 4 月 6 日,约有 300 名学者和学生参加。参见 Cassirer and Heidegger, *Débat sur le Kantisme et la philosophie*; Gordon, *Continental Divide*; Michael Friedman, *A Parting of the Ways: Carnap, Cassirer, and Heidegger* (Chicago & La Salle, IL: Open Court, 2000), 和 Calvin O. Schrag, 'Heidegger and Cassirer on Kant', *Kant-Studien* 58 (1967), 87–100。另见 Heidegger, *Kant and the Problem of Metaphysics*, 5th edn, R. Taft 译 (Bloomington: Indiana University Press, 1997)。关于康德对胡塞尔和海德格尔的影响,参见 Tom Rockmore, *Kant and Phenomenology* (Chicago & London: University of Chicago Press, 2011)。

72 看到了一个世界的终结:F. Poirié, *Emmanuel Lévinas: qui êtes-vous?* (Paris: La Manufacture, 1987), 79。不是每个人同意这种硬邦邦的解释:参见 Gordon, *Continental Divide*, 1。

72 "笨拙得好像……农民"等:Toni Cassirer, *Mein Leben mit Ernst Cassirer* (Hildesheim: Gerstenberg, 1981), 181–3, Peter Collier 译 自 P. Bourdieu, *The Political Ontology of Martin Heidegger* (Cambridge: Polity, 1991), 48–9。与会的 Maurice de Gandillac 明确比较了海德格尔和希特勒两人的吸引力:Gandillac, *Le siècle traversé*, 134。

72 列维纳斯的恶搞和道歉:Gordon, *Continental Divide*, 326–7, 援引了对 Richard Sugarman 的访谈,后者曾在 1973 年与列维纳斯交谈。

72 "形而上学是什么?":Heidegger, 'What Is Metaphysics?', 出自 *Basic Writings*, 81–110, 这在 95 页。

73 "存在者的全部陌生性":ibid., 109 (论离奇感, 另见 BT, 233/188)。

73 "为什么竟然有存在者":ibid., 112。

73 "世界上的事物":Petzet, *Encounters and Dialogues*, 12。

73 拒斥海德格尔的研究和"我得出了一个令人沮丧的结论":Kisiel 和 Sheehan,

Becoming Heidegger，398（胡塞尔写给英伽登，1929 年 12 月 2 日），和 403（胡塞尔写给普凡德尔，1921 年 1 月 1 日）。

* * * * * * * * * *

第四章 常人，呼唤

74 第一次世界大战之后的海德格尔：参见 Heidegger, *Letters to his Wife*, 55（1918 年 10 月 17 日）。

74 阿隆在德国：Aron, *The Committed Observer*, 26。

74 薇依在德国：Weil, 'The Situation in Germany'，出自 *Formative Writings*, 89–147，这在 97–8 页（初版于 *L'ecole émancipée*, 1932 年 12 月 4 日到 1933 年 3 月 5 日）。

75 薇依论革命的可能性：ibid., 106。

75 信件监控等：Haffner, *Defying Hitler*, 96。

75 波伏娃关于不担心的说法：POL, 146。

75 凶杀或怪诞的心理学事件：POL, 130。

76 罗马的旅行：POL, 153–4。

76 "我重新过上了无须负责的生活"：Sartre, 'Cahier Lutèce'，出自 *Les mots et autres écrits autobiographiques*, 907–35，这在 210 页（1952—1954 年写的笔记本）。

76 波伏娃的两次来访：POL, 180, 184（2 月）；POL, 191–6（6 月）。

76 蛋黄酱上的鲜血：POL, 147。

76 雅斯贝尔斯关于自己犯此错误的说法：Jaspers, 'On Heidegger', 119。波伏娃关于法国学生的说法：POL, 180。至于其他人可参见 Haffner, *Defying Hitler*, 156, 和 Fest, *Not I*, 42。

77 举起胳膊：Bruno Bettelheim, *The Informed Heart* (Harmondsworth: Penguin, 1986), 268。

77 离奇、麻醉、奴役：Haffner, *Defying Hitler*, 112, 126。

77 分裂化和煽动者：Arendt, *The Origins of Totalitarianism*, 317, 478。

77 "恶之平庸"：Arendt, *Eichmann in Jerusalem: a report on the banality of evil*。

77 思考！：参见 Arendt, *The Life of the Mind*, I, 5。

77 Was heisst denken?：英语将其译为 What Is Called Thinking?

78 常人：BT, 164/126。

78 责任 / 答复：Stambaugh 译作 responsibility（责任），M 和 R 译作 answerability（答复）；BT, 165/127；Heidegger, *Being and Time*, Stambaugh 译, 127/124。

78 声音：BT, 313/268。呼唤此在进入自身：BT, 319/274。异化或离奇版本：BT, 321/276-7。

79 席克勒：引用参见 Ott, *Heidegger*, 136。

79 反犹言论：Kisiel 和 Sheehan, *Becoming Heidegger*, 413（胡塞尔写给狄特里希·曼克，1933 年 5 月 4—5 日）。

79 阿伦特：她的提问未能留存，但他的答案保存了下来，在 Arendt 和 Heidegger 的 *Letters*, 52-3（海德格尔写给阿伦特，未标注日期，但写于 1932—1933 年的那个冬天）。

80 焚书：Ott, *Heidegger*, 189, 194。

80 "黑色笔记本"：Heidegger, *Überlegungen*, Peter Trawny 编, GA, 94–6 (2014), 通常指的是 the Schwarze Hefte (Black Notebooks)，包括他从 1931 年到 1934 年的笔记。海德格尔希望它们最后放在他的选辑里出版，它们的出版引发了很多争论。例如参阅 Richard Wolin, 'National Socialism, World Jewry, and the History of Being: Heidegger's Black Notebooks', *Jewish Review of Books* (2014 年 1 月 6 日), Peter Trawny, 'Heidegger et l'antisémitisme', *Le Monde* (2014 年 10 月 9 日), Markus Gabriel, 'Der Nazi aus dem Hinterhalt', *Die Welt* (2014 年 8 月 13 日), G. Fried, 'The King is Dead: Heidegger's "Black Notebooks"', *Los Angeles Review of Books* (2014 年 9 月 13 日), 和 Peter E. Gordon, 'Heidegger in Black', *New York Review of Books* (2014 年 10 月 9 日), 26–8。全书编者的完整评论，见 Peter Trawny, *Freedom to Fail: Heidegger's anarchy* (Cambridge: Polity, 2015)。这一发现使德国马丁·海德格尔协会主席 Günter Figal 教授在 2015 年 1 月辞职，表示他不再希望代表海德格尔。关于更早的背景和海德格尔纳粹主义的证据，参见 Ott, *Heidegger*, 和 Wolin 编辑的 *The Heidegger Controversy*。

80 就职演说：Heidegger, 'The Self-Assertion of the German University' (27 May 1933), William S. Lewis 译，出自 Wolin 编辑的 *The Heidegger Controversy*, 29–39, 引自 34–6 页。亦见于当时的新闻报道，出自 Guido Schneeberger, *Nachlese zu Heidegger: Dokumente zu seinem Leben und Denken* (Berne: Suhr, 1962), 49–57；和 Hans Sluga, *Heidegger's Crisis: philosophy and politics in Nazi Germany* (Cambridge, MA: Harvard University Press, 1993), 1–2。

80 宣布：Heidegger, 'Declaration of Support for Adolf Hitler and the National Socialist State', 11 Nov. 1933, 见于 Wolin 编辑的 *The Heidegger Controversy*, 49–52, 这在 51 页。

80 夏令营：Ott, *Heidegger*, 228–9, 援引海德格尔 1933 年 9 月 22 日写给大学教员的信。

81 胡塞尔的地位：ibid., 176。

81 花和信：埃尔芙丽德·海德格尔写给马尔文娜·胡塞尔，1933 年 4 月 29

日。这封信只以副本形式留存了下来，托瓦尼基在他的 Visiet à Martin Heidegger 中转录，*Les Temps modernes*（1946 年 1 月 1 日），717–24，这在 717–18 页，此处引自 Kisiel 和 Sheehan，*Becoming Heidegger*，411–12。关于胡塞尔的回应，参见 Kisiel 和 Sheehan，412–13（胡塞尔写给狄特里希·曼克，1933 年 5 月 4—5 日），和 Ott，*Heidegger*，174–7。

81 消失的献词：Ott，*Heidegger*，173。

82 "界线境遇"：Jaspers，*Philosophy II*，178–9。活生生的，生存的境况：159，335–6。

82 觉得自己有可能随时会死：Gens，*Karl Jaspers*，50，援引格特鲁德·雅斯贝尔斯写给阿伦特的信，1966 年 1 月 10 日。分配身体能量：24–7。呼吸与停下来喘：113–15。

83 海德格尔大为惊讶：Heidegger 和 Jaspers，*The Heidegger–Jaspers Correspondence*，162（海德格尔，写给雅斯贝尔斯的信的草稿，1949 年 2 月 6 日）。

83 "我想起了你的书房"：Arendt 和 Jaspers，*Hannah Arendt/Karl Jaspers Correspondence*，29（阿伦特写给雅斯贝尔斯，1946 年 1 月 29 日）。

83 "真正的哲学需要交流"和"不交流性"：Jaspers，*Philosophy II*，100。

83 信、拜访和计划：Gens，*Karl Jaspers*，158；Heidegger 和 Jaspers，*The Heidegger–Jaspers Correspondence*，39（雅斯贝尔斯写给海德格尔，1922 年 9 月 6 日），42（雅斯贝尔斯写给海德格尔，1922 年 11 月 24 日）。

84 海德格尔的沉默：Jaspers，'On Heidegger'，110。离奇的感觉：Heidegger 和 Jaspers，*The Heidegger–Jaspers Correspondence*，40（海德格尔写给雅斯贝尔斯，1922 年 11 月 19 日）。

84 需要一场革命：Jaspers，'On Heidegger'，109。关于风格、对质和否认的看法：111–14。

84 '让人疏远'：ibid.，112。

84 "人们必须步调一致"和那次演讲：ibid.，117。

85 "这就像 1914 年"和双手：ibid.，118。

85 "现在我必须告诉自己"：Kirkbright，*Karl Jaspers*，148，引用格特鲁德·雅斯贝尔斯写给她父母的信，1933 年 6 月 29 日。海德格尔的无礼：Arendt 和 Jaspers，*Hannah Arendt/Karl Jaspers Correspondence*，630（雅斯贝尔斯写给阿伦特，1966 年 3 月 9 日）。

85 "惭愧"：Heidegger 和 Jaspers，*The Heidegger–Jaspers Correspondence*，185（海德格尔写给雅斯贝尔斯，1950 年 5 月 7 日）。雅斯贝尔斯的怀疑：Arendt 和 Jaspers，*Hannah Arendt/Karl Jaspers Correspondence*，630（雅斯贝尔斯写给阿伦特，1966 年 3 月 9 日）。

85 "很高兴见到原稿"：Heidegger 和 Jaspers, *The Heidegger–Jaspers Correspondence*, 149（雅斯贝尔斯写给海德格尔, 1933 年 8 月 23 日）。

86 辜负了海德格尔：Jaspers, 'On Heidegger', 118–20。

86 意识到生活不可能继续维持不变：Bruno Bettelheim, *The Informed Heart* (Harmondsworth: Penguin, 1986), 258–63。

86 马塞尔与挛缩：马塞尔的文章 On the Ontological Mystery, 引自他的 *The Philosophy of Existence*, 1–31, 尤其是 27 页。

87 保持清醒：马塞尔的文章 Conversations, 引自他的 *Tragic Wisdom and Beyond*, 217–56, 这部分在 249 页。他在 *Men Against Humanity* 中也表达了类似的观点, G. S. Fraser 译 (London: Harvill, 1952), 81–3。

87 此在的存在之意义就是时间：BT, 39/17。

88 "向死而在"（Sein zum Tode）：BT, 279/235。

88 "先行决心"：BT, 351/304。放弃：BT, 308/264。

88 约纳斯：Hans Jonas, 'Heidegger's resoluteness and resolve', 出自 Neske 和 Kettering 编辑的 *Martin Heidegger and National Socialism*, 197–203, 这在 200–1 页。

89 辞职：Ott, *Heidegger*, 240–41, 辞职信引用于 249 页。

89 恢复献词：ibid., 173, 178。

89 被纳粹党骚扰：Heidegger, 'The Rectorate 1933/34: facts and thoughts', 出自 Neske 和 Kettering 编辑的 *Martin Heidegger and National Socialism*, 15–32, 这在 30–32 页。

89 "任职校长"：ibid., 17。

89 愚蠢：Towarnicki, 'Le Chemin de Zähringen', 125。

89 "做梦的男孩"：Heidegger 和 Jaspers, *The Heidegger–Jaspers Correspondence*, 186（雅斯贝尔斯写给海德格尔, 1950 年 3 月 19 日）。

90 柏林学院提议：Farías, *Heidegger and Nazism*, 197–202, 援引了海德格尔在 1934 年 8 月 28 日写给 Wilhelm Stuckart 的信；亦见于 Safranski, *Martin Heidegger*, 279–81。

90 罗马与纳粹胸针：Löwith, *My Life in Germany*, 59–60。

90 缪勒：Max Müller, 'Martin Heidegger: a philosopher and politics: a conversation', 出自 Neske 和 Kettering 编辑的 *Martin Heidegger and National Socialism*, 175–95, 这在 189–90 页。（与 Bernd Martin 和 Gottfried Schramm 在 1985 年 1 月的采访）。

91 回应海德格尔的纳粹主义：海德格尔参与其中从一开始就是众所周知的。萨特在 1944 年就知道, 战后他所在德国地区的法国占领者也知道。1962 年出版的大量文献揭示了更多事情：Guido Schneeburger 的 *Nachlese zu Heidegger*。当我在 20 世纪 80 年代初研究海德格尔时, 纳粹问题并没有凸显, 部分是因为当时普遍的观点是，生活和个性的问题对于思考其哲学并不重要。1987 年，这一点改变了，智利历史学家 Victor Farías 的 *Heidegger y el Nazismo*（《海德格尔与纳粹主义》）这部作品谴责海德格尔的整个哲学被其纳粹主义污染。随后发生了一个"海德格尔事件"，特别是在法国，有些人认为海德格尔的哲学不受他的政治影响，其他人加入了 Farías 的谴责。反观德国，弗莱堡大学的历史学家 Hugo Ott 写道："在法国，天塌了——哲学家的天空"（Rockmore, *Heidegger and French Philosophy*, 155）。Ott 而后在 1992 年出版了他自己对海德格尔纳粹活动的广泛记录，包括弗莱堡市档案馆的许多资料：*Martin Heidegger：unterwegs zu seiner Biographie* (*Martin Heidegger: a political life*)。这一讨论热度慢慢消退，直到一个新的"海德格尔事件"在 2005 年出现，当时 Emmanuel Faye 的 *Heidegger* 一书在 1933—1934 年的海德格尔的研讨会上发现了进一步的纳粹证据，同样得出结论，其哲学被玷污了。最近的"海德格尔事件"开始于 2014 年，他 1931—1946 年的私人笔记本（GA, 94-6）出版，显示了明确的纳粹和反犹太人的意见。

91 挽救某些部分：例如，美国哲学家 Marjorie Grene 在 20 世纪 30 年代早期参加海德格尔的讲座并阅读《存在与时间》。她为纳粹问题苦恼了六十年，之后在她的 A *Philosophical Testament*（1995）里写下，她本来希望将海德格尔贬斥为不重要的，但不能，因此决定保留他的思想中至关重要的东西，把它吸收到一个"更充分的框架"，并放弃其余的。Marjorie Grene, *A Philosophical Testament* (Chicago & La Salle, IL: Open Court, 1995), 76–9。Grene 的 *Heidegger* (New York: Hillary House, 1957) 是首批专门致力于海德格尔的英语书籍之一。

91 "烦神"：BT, 157–9/121–2。

92 没有个性：Arendt 和 Jaspers, *Hannah Arendt/Karl Jaspers Correspondence*, 142（阿伦特写给雅斯贝尔斯，1949 年 9 月 29 日）。

92 "海德格尔没有个性"：Sartre, 'A More Precise Characterization of Existentialism', in Contat 和 Rybalka 编辑的 *The Writings of Jean-Paul Sartre*, II, 155–60，这在 156。对于更多论萨特的个性概念，参见 Webber, *The Existentialism of Jean-Paul Sartre*。

92 "世界在沉沦"：Heidegger, *Introduction to Metaphysics*, 40。

92 "轻微的口吃"和"多种多样的离奇"：Heidegger 和 Jaspers, *The Heidegger-Jaspers Correspondence*, 151（海德格尔写给雅斯贝尔斯，1935 年 7 月 1 日）。这是索福克勒斯的《人之颂》, *Antigone V*, 332–75，这在 332 页。海德格尔的德文版本是：Vielfältig das Unheimliche, nichts doch / über den Menschen hinaus Unheimlicheres ragend sich regt (GA, 13, 35)。这句话可以更传统地表达为"妙事很多，没有比人更妙"（Wonders are many, and none is more wonderful than man, R. C. Jebb 译），以及"许多事情是强大的，没有比人更强大！"（Many things are formidable, and none more formidable than man!,Hugh Lloyd-Jones 译)。译为 formidable 或 wonderful 的两个词是 deinà（deinos），意思也是 terrible（可怕的）；它描绘了海德格尔后来对技术的讨论。海德格尔的译文 Chorlied aus der Antigone des Sophocles,在 *Aus der Erfahrung des Denkens*,35–6；他私下印制作为埃尔芙丽德 1943 年的生日礼物（GA,13,246n）。

93 转向：这种解释是 1963 年首先由 William J. Richardson 提出的,他是一个非凡的美国学者,正如他所说的那样,他发展出这一思想时,是生活在"一种准隔离状态,作为新翻修的黑森林修道院的一群本笃会修女的牧师"。William J. Richardson,'An Unpurloined Autobiography',出自 James R. Watson 编辑的 *Portraits of American Continental Philosophers*（Bloomington：Indiana University Press,1999）,147,援引了 Woessner,*Heidegger in America*,200。参见 Richardson,*Heidegger: through phenomenology to thought*。从此他的解释是最盛行的,虽然有些人的解释与此不同；例如,参见 Sheehan,*Making Sense of Heidegger: a paradigm shift*。

93 拒绝柏林的工作,以及随后的引用：Heidegger,'Why Do I Stay in the Provinces?',出自 Sheehan 编辑的 *Heidegger: the man and the thinker*,27–30；另见编者注 30n。

93 布兰德：参见 Walter Biemel,'Erinnerungen an Heidegger',出自 *Allgemeine Zeitschrift für Philosophie*,2/1（1977）,1–23,这在 14 页。

94 "所有事物都变得孤独而缓慢"：Heidegger,'The Thinker as Poet',出自 *Poetry, Language, Thought*,1–14,这在 9 页。这一句已被刻在托特瑙山的一条长凳上。

95 "个人命运"：Hannah Arendt,'What Remains? The Language Remains',出自 P. Baehr 编辑的 *The Portable Hannah Arendt*（New York：Penguin,2003）,3–22,这在 5–6 页（与 Günter Gaus 在西德电视台的采访,1964 年 10 月 28 日）。她们的逃跑：Young-Bruehl,*Hannah Arendt*,105–8。

96 胡塞尔不离开德国：Van Breda,'Die Rettung von Husserls Nachlass und die Gründung des Husserl-Archivs – The Rescue of Husserl's *Nachlass* and the Founding of the Husserl-Archives',47。

96 "非常喜欢独自待着"：Max Müller,'Martin Heidegger: a philosopher and politics: a conversation',出自 Neske 和 Kettering 编辑的 *Martin Heidegger and National Socialism*,175–95,这在 186 页（1985 年 5 月 1 日的采访）。

96 胡塞尔的布拉格信件：'Lettre de M. le professeur Husserl: An den Präsidenten des VIII. internationalen Philosophen-Kongresses Herrn Professor Dr Rádl in Prag',出自 *Actes du huitième Congrès international de Philosophie à Prague 2–7 septembre 1934*（Prague：Comité d'organisation du Congrès,1936）,xli-xlv。

97 "理性的英雄主义"：Husserl,'Vienna Lecture',出自 *Crisis*,Appendix I,269–99,这在 290–99 页。

97 "危机"的出版：David Carr, 'Introduction', 出自 Husserl, *Crisis*, xvii。

97 胡塞尔最后的话：Ronald Bruzina, *Edmund Husserl and Eugen Fink: beginnings and ends in phenomenology, 1928–1938* (New Haven: Yale University Press, 2004), 69, 引用了胡塞尔的女儿 Elisabeth Husserl Rosenberg 翻译的笔记, 'Aufzeichnungen aus Gesprächen mit Edmund Husserl während seiner letzten Krankheit im Jahre 1938', 出自胡塞尔档案。关于胡塞尔的病，亦见于 David Carr, 'Introduction', 出自 Husserl, *Crisis*, xvii。

97 "他去世时，像个圣人"：Malvine Husserl 和 Karl Schumann, 'Malvine Husserls "Skizze eines Lebensbildes von E. Husserl"', *Husserl Studies* 5 (2) (1988), 105–25, 这在 118 页。

97 担心坟墓被亵渎：Van Breda, 'Die Rettung von Husserls Nachlass und die Gründung des Husserl-Archivs——胡塞尔遗著的救援和胡塞尔档案馆的成立)', 66。

97 海德格尔缺席葬礼：在 1985 年的一次采访中，麦克斯·缪勒回忆说，海德格尔"错过了胡塞尔的葬礼，就像他的大部分同事，因为他病了"。Max Müller, 'Martin Heidegger: a philosopher and politics: a conversation', 出自 Neske 和 Kettering 编辑的 *Martin Heidegger and National Socialism*, 175–95, 这在 187 页。

* * * * * * * * * *

第五章 嚼碎开花的扁桃树

98 萨特改信胡塞尔：Merleau-Ponty, 'The Philosophy of Existence', 出自 *Texts and Dialogues*, 129–39, 这在 134 页。波伏娃阅读他：POL, 201。

99 "仿佛在一列火车上"：Wilson, *Dreaming to Some Purpose*, 234。

99 萨特的药物体验：Sartre, 'Notes sur la prise de mescaline' (1935), 出自 *Les mots*, 1,222–33; 及 POL, 209–10; 和 *Sartre By Himself*, 38。

99 那不勒斯：Sartre, 'Foods', 出自 Contat 和 Rybalka 编辑的 *The Writings of Jean-Paul Sartre*, II, 60–63。

100 关于偶然性的笔记本：Flynn, *Sartre: a philosophical biography*, 15。关于《忧郁》的历史和在法国国家图书馆的其他版本手稿，参见 M. Contat, 'De "Melancholia" à La nausée: la normalisation NRF de la contingence' (2007 年 1 月 21 日), 摘自 ITEM (l'Institut des texts et manuscrits modernes): http://www.item.ens.fr/index.php?id=27113, 文章的更新版最初发表于 Dix-neuf/ Vingt, 10 (2000 年 12 月)。

100 鹅卵石、门把手、啤酒杯：Sartre, *Nausea*, 9–10, 13, 19。

100 我必须记下：ibid., 9。

101 "我……瘫坐在凳子上"：ibid., 190。

102 《一些那种日子》：ibid., 35–8。萨特写道，这首歌是由一个"黑人女子"演唱的，但 George Cotkin 指出，这更有可能是犹太歌手 Sophie Tucker，这是专辑的第一首歌：Cotkin, *Existential America*, 162。

102 "像钢铁一样美丽而坚硬"：Sartre, *Nausea*, 252。

103 鬼故事：Sartre, *Words*, 95–6。路西安：Sartre, 'The Childhood of a Leader', 出自 *Intimacy*, 130–220，这在 138 页。

103 柏林的树：Gerassi, *Sartre*, 115（1971 年 4 月 23 日采访）。

103 "这不仅仅是长着眼睛的问题"：Sartre, *Words*, 101。

103 "所有事物中总有一部分"：引自 Francis Steegmuller, *Maupassant: a lion in the path* (London: Macmillan, 1949), 60。

104 来自电影的必然性观念：POL, 48。

104 卓别林：POL, 244。基顿：ASAD, 197。

104 "湿答答的存在"：Sartre, *Nausea*, 148。

104 蜂蜜与吮吸：BN, 628–9。关于如何翻译 le visqueux 的一条注释，参见 BN, 625n。

105 马塞尔提供给他这个想法：Gabriel Marcel, 'Existence and Human Freedom', in *The Philosophy of Existence*, 36。

105 水藻的叶片：Sartre 和 Jacques-Laurent Bost，出自 *Sartre By Himself*, 41–2。

106 'Il y a'：Levinas, *On Escape*, 52, 56, 66–7。列维纳斯进一步发展了这个观念，在 'Il y a' 这篇 1946 年的文章被整合进 1947 年的 *De l'existence à l'existant*（《从存在到存在者》）。他的朋友 Maurice Blanchot 也用了这个概念。

106 "就仿佛空虚已被填满"：Levinas, *Ethics and Infinity*, R. Cohen 译 (Pittsburgh: Duquesne University Press, 1985), 48（与 Philippe Nemo 的广播采访，1981 年 2—3 月）。

106 "仿佛已经不再"：Levinas, *Existence and Existents*, 54。

106 通过艺术逃避等：Levinas, *On Escape*, 69, 73。

106 观察到相似性：见 Jacques Rolland, 'Getting Out of Being by a New Path', 出自 ibid., 3–48，这在 15 页和 103 页脚注 4；和 Michael J. Brogan, 'Nausea and the Experience of the "il y a"。Sartre 和 Levinas 论残酷的存在，*Philosophy Today*, 45 (2) (2001 年夏), 144–53。

106 同时阅读胡塞尔和海德格尔：Sartre, *War Diaries*, 183–4。战争期间他回到海德格尔，用德语来阅读。令人惊讶的是，《存在与时间》没有完整的法语翻译出现，直到 1985 年 Emmanuel Martineau 的私人印刷版，之后是 1986 年由 FrançoisVezin 出版的 Gallimard 出版社版本。参见 Gary Gutting, *French Philosophy in the Twentieth Century* (Cambridge: CUP, 2001), 106n。

106 残酷的存在：Levinas, *On Escape*, 73。

106 "一种膨胀,像个气泡":Sartre, *Witness to My Life*, 16(萨特写给西蒙娜·约利维,1926年一封未标注日期的信)。

107 现象学家的小说不无趣:Beauvoir, 'Literature and Metaphysics', 出自 *Philosophical Writings*, 275。

107 波伏娃鼓励加入一些悬念:POL, 106。侦探小说:*Sartre By Himself*, 41。

107 萨特和伽里玛的书名:Cohen-Solal, *Sartre*, 116。

108 沉重的脑袋:Beauvoir, *She Came to Stay*, 164。

109 "但境遇是具体的":引自 Merleau-Ponty, 'Metaphysics and the Novel', 出自 *Sense and Non-Sense*, 26–40, 这在 26 页。

109 "现实不应该再被认为":POL, 365。

109 "这是一张桌子"和这里其他的话:Sartre, *War Diaries*, 83–5。

109 "我不再确定":MDD, 344。

110 在巴黎高师的女人们:Moi, *Simone de Beauvoir*, 49。

111 梅洛-庞蒂的外表:Beauvoir, *Cahiers de jeunesse*, 362(1927年6月29日)。

111 "清澈",以及母亲喜欢他:MDD, 246–8。

111 童年非常快乐:Emmanuelle Garcia, 'Maurice Merleau-Ponty: vie et œuvre', 出自 Merleau-Ponty, *Œuvres*, 27–99, 这在 30 页, 引用了与 Georges Charbonnier 的访谈(1959年5月22日)。梅洛-庞蒂的幸福童年也被波伏娃提及, 在 MDD, 246 和 FOC, 70。

112 "出现时,情绪":Sartre, *The Family Idiot*, I, 141。

112 "性格不激烈"和"我觉得自己":Beauvoir, *Cahiers de jeunesse*, 388(1927年7月29日)。

112 "一小群被上天选中的人"和本段接下来的段落里大部分话:MDD, 246–8。

113 "噢,他真是毫无痛苦":MDD, 260。

113 兄弟:Beauvoir, *Cahiers de jeunesse*, 648(1929年5月12日)。

113 "无懈可击":Lacoin, *Zaza*, 223; MDD, 248。参见 Lacoin——对于整个故事来说是叫 Zaza——的信,尤其是 357、363、369 页。

114 中产阶级的虚伪:Bair, *Simone de Beauvoir*, 151–3; MDD, 359–60。

114 发型:Sartre, *Words*, 66。

115 "偶然性、暴力":*Sartre By Himself*, 20。

115 萨特的小团体:MDD, 336。

116 波伏娃不想步她妈妈的后尘:POL, 77。

116 "那里有一种用作靠背的栏杆":POL, 23。

117 "于是不做了":Beauvoir, *Beloved Chicago Man*, 212(波伏娃写给阿尔格伦,1948年8月8日)。

117 不够诚实：参见 Todd, *Un ls rebelle*, 117；Bair, *Simone de Beauvoir*, 172。

117 必然与偶然的爱：POL, 22。

117 "难以兴奋"和"感觉上相当缺乏强度"：POL, 63。

118 萨特关于他的性的描写：Beauvoir, *Adieux*, 316。

118 "闪烁的光亮"，扁桃树，霓虹灯：MDD, 7。

118 "夹克和裙子"：FOC, 245。

118 在马赛的探险：POL, 89–90。

118 梅藏克山：POL, 217–18。

119 被困在一个峡谷里：POL, 93。

119 阿尔卑斯山坠崖：POL, 301。

119 萨特爬山：BN, 475-7。

119 滑雪：BN, 602-5，尤其是 605 关于滑水。

119 书、烟斗和笔：Sartre, *War Diaries*, 251。

120 "花在夜间娱乐上"：ibid., 244。

120 小费、一叠现金：Sartre, 'Self-Portrait at Seventy', 出自 *Sartre in the Seventies (Situations X)*, 3-92，这在 68 页。

120 "他们……是一种新型的关系"：Bair, *Simone de Beauvoir*, 183。

120 海象：POL, 19。

121 波伏娃迷失自己的倾向：POL, 61。

121 告诉每天的每一个细节：参见 Lanzmann, *The Patagonian Hare*, 265；对比 Beauvoir, *She Came to Stay*, 17，在书里她给她的主角弗朗索瓦的这种冲动。

121 "但是，河狸"：Alice Schwarzer, *Simone de Beauvoir: conversations 1972-1982*, M. Howarth 译 (London: Chatto & Windus/Hogarth, 1984), 110。

121 加拿大的影像：Jean-Paul Sartre 和 Simone de Beauvoir 接受 Madeleine Gobeil 和 Claude Lanzmann 的采访，导演为 Max Cacopardo，1967 年 8 月 15 日在 Radio Canada TV 播出。

*　　*　　*　　*　　*　　*　　*　　*　　*

第六章 我不想吃了我的手稿

122 "什么都行，绝不要战争！"：David Schalk, *Roger Martin du Gard* (Ithaca: Cornell University Press, 1967), 139n.，引用了 1936 年 9 月 9 日的一封信，在小说中也有同样的话。亦见于 Weber, *The Hollow Years*, 19。

123 "我不希望": POL, 358。

123 "战争最可恨之处"和建筑倒塌: David Gascoyne, *Paris Journal 1937–1939* (London: The Enitharmon Press, 1978), 62, 71。

123 炸弹落下和只有暴政: George Orwell, *Coming Up for Air* (London: Penguin, 1989; 初版于 1939 年), 21, 157。

124 意识流: 萨特要归功于伍尔夫和多斯·帕索斯: Sartre, 'Please Insert 1: 1945', 出自 *The Last Chance: Roads of Freedom IV*, 22–3, 这在 23 页。

124 煎蛋卷: Sartre, *The Reprieve*, 192, 232。

124 "一亿": ibid., 277。

124 "哲学不仅仅是一种沉思": Sartre, *War Diaries*, 185。

125 提议把胡塞尔的文稿搬去布拉格: Josef Novák, *On Masaryk* (Amsterdam: Rodopi, 1988), 145。

125 马尔文娜·胡塞尔与文稿的拯救: 关于这一点和下面的记述, 参见 Van Breda, 'Die Rettung von Husserls Nachlass und die Gründung des Husserl-Archivs——胡塞尔手稿的救援和胡塞尔档案馆的建立', 39–69。

128 "Les cons!" (一群白痴): 萨特以达拉第下飞机时说的这句话结束了 *The Reprieve*: Sartre, *Le Sursis* (Paris: Gallimard, 1945), 350; Sartre, *The Reprieve*, 377。

128 关于和平的辩论: POL, 336。

129 芬克和朗德格雷伯: 参见 Ronald Bruzina, *Edmund Husserl and Eugen Fink* (New Haven: Yale University Press, 2004), 522, 和他的 'Eugen Fink and Maurice Merleau-Ponty', 出自 Toadvine 和 Embree 编辑的 *Merleau-Ponty's Reading of Husserl*, 173–200, 这在 175 页。

129 胡塞尔的肖像画: 见 Husserl, 'Recollections of Franz Brentano' (1919), 出自 *Shorter Works*, P. McCormick 和 F. Elliston 编 (Notre Dame, IN: University of Notre Dame Press, 1981), 342–48, 和 Spiegelberg, 'The Lost Portrait of Edmund Husserl', 341–2。(胡塞尔的女儿把它挂在她在弗莱堡的公寓墙上, 一张肖像画的照片被用来重绘这幅画: 参见 Spiegelberg 文章中的插图。)

129 布伦塔诺的文稿: J. C. M. Brentano, 'The Manuscripts of Franz Brentano', *Revue internationale de philosophie*, 20 (1966), 477–82, 这在 479 页。(作者是布伦塔诺的儿子。)

129 胡塞尔档案: 参见 Husserl-Archiv Leuven, *Geschichte des Husserl- Archivs* (《胡塞尔档案的历史》), 和网站 http://hiw.kuleuven.be/hua/, 以及《胡塞尔全集》文卷的列表, 在 http://www.husserlpage.com/hus_iana.html。

129 梅洛-庞蒂的来访: Van Breda, 'Merleau-Ponty and the Husserl Archives at Louvain',

出自 Merleau-Ponty, *Texts and Dialogues*, 150-61, 这在 150-52 页; Bruzina, 'Eugen Fink and Maurice Merleau-Ponty', 出自 Toadvine 和 Embree 编辑的 *Merleau-Ponty's Reading of Husserl*, 173-200, 这在 175 页。这部作品有助于理解二人观点的关系。

130 不被注意的生活世界: Husserl, *Crisis*, 123-4; 亦见于 D. Moran, *Husserl's Crisis of the European Sciences and Transcendental Phenomenology: an introduction* (Cambridge & New York: CUP, 2012), 178-217。胡塞尔的分析与诸如 Max Weber 和 W. I. Thomas 等社会学家有很多共同点, 和 Alfred Schulz 也有共同点, 他后来写了一篇关于对外国陌生人的"世界"的破坏的雄辩论文, 部分基于他自己作为逃离纳粹主义的移民经验 (Alfred Schutz, 'The Stranger: an essay in social psychology', *American Journal of Sociology*, 49 [6, 1944年5月], 499-507)。胡塞尔也可能受到了文学家 Jakob von Uexküll 的影响, 他写了客观世界或不同物种经历的环境。例如, 一条狗拥有一个气味丰富, 但没有颜色的世界。J. von Uexküll, *Theoretical Biology* (London: Kegan Paul, 1926)。

130 本体感受: Husserl, *Crisis*, 107-8; 161-4。

130 他者: ibid., 331-2。

131 熟悉世界、陌生世界和希腊人: Husserl, 'The Vienna Lecture', 出自 *Crisis* (Appendix I), 269-99, 尤其是 279-89。

132 "我从我自己的经历中明白": Marcel, 'On the Ontological Mystery', 在他的 *The Philosophy of Existence*, 27。

133 "我真的相信, 我毕生研究中最大……": Dan Zahavi, 'Merleau-Ponty on Husserl: a reappraisal', 出自 Toadvine 和 Embree 编辑的 *Merleau-Ponty's Reading of Husserl*, 3-29, 这在 7 页, 引用了 Husserl 写给 Adocf Grimme 的信, 出版于《胡塞尔全集》中, Iso Kern 编, *Zur Phänomenologie der Intersubjektivität (Husserliana XV)* (1973), lxvi。

133 《索拉利斯星》的海洋: Safranski, *Martin Heidegger*, 78。

133 历史会抓住他们所有人: POL, 359。

134 "什么更好?": POL, 372。

134 "过去常常……治疗他的冻疮": Koestler, *Scum of the Earth*, 21。

134 去巴黎的旅程: POL, 375; Beauvoir, *Wartime Diary*, 39 (1939年9月1日)。

135 鲁汶大学: Van Breda, 'Merleau-Ponty and the Husserl Archives at Louvain', 出自 Merleau-Ponty, *Texts and Dialogues*, 150-61, 这在 152 页。

135 胡塞尔的骨灰瓮: Van Breda, 'Die Rettung von Husserls Nachlass und die Gründung des Husserl-Archivs——胡塞尔手稿的救援和胡塞尔档案馆的建立', 66。肖像画的损毁: Spiegelberg, 'The Lost Portrait of Edmund Husserl', 342。

135 伊迪丝和罗莎·施坦因, *Edith Stein*, 13-15。

136 施坦因的文稿：ibid., 16。

136 瓦尔哈拉殿堂：'Die heilige Nazi-Gegnerin', *Süddeutsche Zeitung*（2010 年 5 月 17 日）。

136 马尔文娜·胡塞尔的下葬：Van Breda, 'Die Rettung von Husserls Nachlass und die Gründung des Husserl-Archivs ——胡塞尔手稿的救援和胡塞尔档案馆的建立', 66。胡塞尔的骨灰：Herbert Spiegelberg, *The Context of the Phenomenological Movement*（The Hague：Martinus Nijhoff, 1981）, 192n.10, 引用自他女儿 Elisabeth Husserl Rosenberg 提供的信息。

* * * * * * * * * *

第七章　占领，解放

137 防毒面具，车灯：Beauvoir, *Wartime Diary*, 42–3（1939 年 9 月 3 日）。

137 "萨特的烟斗"和防毒面具：ibid., 43–6（1939 年 9 月 3 日）。

137 涂黑窗户：ibid., 58（1939 年 9 月 11 日）。

138 变灰：Koestler, *Scum of the Earth*, 40。

138 "异国"：Camus, *Notebooks 1935–1942*, 170（1940 年 3 月）。

138 "没有未来"：ibid., 176（时间不明，但约在 1940 年初）。

138 萨特整天写作：Beauvoir, *Adieux*, 387–8。乒乓球：Sartre, *Quiet Moments in a War*, 97（萨特写给波伏娃，1940 年 3 月 6 日）。

138 "如果战争继续以这种缓慢的节奏进行"：Sartre, *Witness to My Life*, 312（萨特写给波伏娃，1939 年 10 月 24 日）。

138 寄书：Beauvoir, *Wartime Diary*, 153（1939 年 11 月 4 日），和 Sartre, *Witness to My Life*, 409（萨特写给波伏娃，1939 年 12 月 15 日）。

139 博斯特：Beauvoir, *Wartime Diary*, 295（1940 年 6 月 30 日）。

139 "瘦弱的胸膛"：Merleau-Ponty, 'The War Has Taken Place', 出自 *Sense and Non-Sense*, 139–52, 这在 141 页。

139 阿隆：Aron, *The Committed Observer*, 66。

139 梅洛-庞蒂在医院：Emmanuelle Garcia, 'Maurice Merleau-Ponty：vie et œuvre', 出自 Merleau-Ponty, *Œuvres*, 27–99, 这在 43–4 页。

139 波伏娃离开巴黎的旅途：Beauvoir, *Wartime Diary*, 272–6（1940 年 6 月 10 日）。搭乘一辆德国卡车返回：290（1940 年 6 月 30 日）。

140 "我好像"：Guéhenno, *Diary of the Dark Years*, 51（1941 年 1 月 7 日）。

140 纳粹在巴黎：Beauvoir, *Wartime Diary*, 288（1940 年 6 月 30 日）。

140 "令人反感"：POL, 464。

140 煮东西：POL, 511。

140 在床上穿着滑雪裤：POL, 474。在班上：504。

140 "我旨在简化生活"：POL, 504。头巾：亦见于 Beauvoir, *Wartime Diary*, 166（1939 年 11 月 11 日）。

140 中产阶级说教：POL, 465。

141 阅读黑格尔和克尔凯郭尔：Beauvoir, *Wartime Diary*, 304（1940 年 7 月 6 日）；POL, 468–9。亦见于 Beauvoir, *Ethics of Ambiguity*, 159。

141 阅读海德格尔：Sartre, *War Diaries*, 187（1940 年 2 月 1 日）；Sartre, 'Cahier Lutèce', 出自 Sartre, *Les Mots*, 914。亦见于 Cohen-Solal, *Sartre*, 153。

142 "我已开始写"：Sartre, *Quiet Moments in a War*, 234（萨特写给波伏娃，1940 年 7 月 22 日）。她的信到了：234（萨特写给波伏娃，1940 年 7 月 23 日）。

142 他的眼睛：Sartre, *War Diaries*, 17（17 Nov. 1939）。一只眼睛瞎了：Sartre, 'Self-Portrait at Seventy', 出自 *Sartre in the Seventies (Situations X)*, 3–92, 这在 3 页。逃跑：Cohen-Solal, *Sartre*, 159。

143 他自己的皮肤是边界，和 "在我自由之后的第一个晚上"：Sartre, 'The Paintings of Giacometti', 出自 *Situations [IV]*, 177–92, 这在 178 页。

143 萨特对波伏娃的埋怨：POL, 479–80。

143 吃她的炖菜：POL, 503–4。

144 弄丢了公文包：Cohen-Solal, *Sartre*, 166。

144 "败于不知道该做什么"：Sartre, 'Merleau-Ponty', 出自 *Situations [IV]*, 225–326, 这在 231 页。

144 波朗的诗：Paulhan, 'Slogans des jours sombres', *Le Figaro littéraire*（1946 年 4 月 27 日）。参见 Corpet 和 Paulhan, *Collaboration and Resistance*, 266。

144 三色旗：Guéhenno, *Diary of the Dark Years*, 101（1941 年 7 月 17 日）。

144 梅洛-庞蒂和 "在压迫之下"：Cohen-Solal, *Sartre*, 164；Bair, *Simone de Beauvoir*, 251–2；Sartre, 'Merleau-Ponty', 出自 *Situations [IV]*, 225–326, 这在 231 页。学校与画像：玛丽安·梅洛-庞蒂，个人通信。

144 骑自行车的假期：POL, 490–91。关于他们拜访纪德、马尔罗和其他人，被解释为抵抗运动：Lévy, *Sartre*, 291–2。

145 萨特摔了个四脚朝天：POL, 491。牙：495–6；505。

145 "让座" 和 "但别去幻想"：Sartre, 'Paris Under the Occupation', 出自 *The Aftermath of War (Situations III)*, 8–40, 这在 11 页（初版于 *La France libre*, 1945）。

145 盖埃诺拒绝指路: Guéhenno, *Diary of the Dark Years*, 195 (1943 年 2 月 22 日)。

145 梅洛-庞蒂变得粗鲁: Merleau-Ponty, 'The War Has Taken Place', 出自 *Sense and Non-Sense*, 139–52, 这在 141–2 页。

145 犹太朋友: POL, 512, 525。

146 "你打电话给": Sartre, 'Paris Under the Occupation', 出自 *The Aftermath of War (Situations III)*, 8–40, 这在 15–16 页。

146 "那正是一种虚无": POL, 535。

146 "我住进法国旅馆": James Baldwin, 'Equal in Paris', 出自 *The Price of the Ticket*, 113–26, 这在 114 页。

146 遇见热内: POL, 579–80; 亦见于 Beauvoir, *Adieux*, 272。

146 遇见加缪: POL, 539。"一个简单、快乐的灵魂": 561。有趣、情绪化: FOC, 61。2013 年,发现一封加缪写给萨特的短信,确认了他们早期友谊的温暖: 参见 Grégoire Leménager, 'Camus inédit: "Mon cher Sartre" sort de l'ombre', *Le nouvel observateur* (2013 年 8 月 8 日)。

147 加缪的父亲: 参见那部自传性小说, Camus, *The First Man*, 55; Todd, *Camus*, 5–6。

147 匮乏的世界: Camus, *The First Man*, 158。

147 "过上若干年": Camus, *Notebooks 1935–1942*, 3 (1935 年 5 月)。

148 太阳: 参见 Camus, 'Three Interviews', 出自 *Lyrical and Critical Essays*, 349–57, 这在 352 页。(与 Gabriel d'Aubarède 为 *Les nouvelles littéraires* 所做的采访, 1951 年 5 月 10 日)。

148 《局外人》中的太阳: Camus, *The Outsider*, 48, 51, 53。

149 "世界温柔的冷漠": ibid., 111。小说的灵感来自于加缪在 1937 年在中欧旅行的经历,他感到迷茫,因为他不能说当地的语言或知道如何行事: 参见 Camus, *Notebooks 1935–1942*, 45。

149 "即使在虚无主义的边缘之内": Camus, 'Preface' (1955), *The Myth of Sisyphus*, 7。亦参见 David Carroll, 'Rethinking the Absurd: le mythe de Sisyphe', 出自 E. J. Hughes 编辑的 *The Cambridge Companion to Camus* (Cambridge: CUP, 2007), 53–66, 尤其是 53–7 页。

149 西西弗: Homer, *Odyssey*, Book XI, 593–600。

150 "略带惊愕的疲乏": Camus, *The Myth of Sisyphus*, 19。为什么要继续活着: 11–13。

150 "你必须设想西西弗成开心的": ibid., 111。

150 "无限地放弃了一切": Kierkegaard, *Fear and Trembling*, 45。

151 足球、"声称在提供"和休谟：Sartre, 'The Outsider Explained', 出自 *Critical Essays*, 148–84, 这在 173 页。萨特的例子是橄榄球, 但我改动了它, 以尊重加缪踢足球的事实。

152 "第一稿"：William Barrett, 'Talent and Career of Jean-Paul Sartre', *Partisan Review*, 13 (1946), 237–46, 这在 244 页。

153 "虚无"：BN, 48。"气窝"：Gabriel Marcel, 'Existence and Human Freedom', 出自 *The Philosophy of Existence*, 61。

153 皮埃尔不在：BN, 33–4。

154 不存在的 200 法郎：BN, 35。

154 没有奶油：这个笑话在 http://www.workjoke.com/philosophersjokes.html。

154 "我什么都不是"：BN, 48。

154 眩晕：BN, 53, 56。

155 赌徒：BN, 56–7。

155 闹钟：BN, 61–2。

155 "许多对抗痛苦的护轨"：BN, 63。

155 服务员：BN, 82。

156 《奇怪的脚步声》：Chesterton, 'The Queer Feet', 出自 *The Annotated Innocence of Father Brown* (Oxford & NY: OUP, 1988), 64–83。

156 "吕西安不能忍受犹太人"：Sartre, 'The Childhood of a Leader', 出自 *Intimacy*, 130–220, 这在 216 页。

156 自欺从非实体中：BN, 503。

157 "我不曾拥有过伟大的爱情"：Sartre, *Existentialism and Humanism*, 48。

157 事实性：BN, 501。

157 极端处境：BN, 574。

158 "讲的是自由"：Beauvoir, *Adieux*, 184。

158 "太像散文家"：Hayman, *Writing Against*, 198, 引自 *Paris-Soir* 的评论 (1943 年 6 月 15 日)。

159 为什么不现在就休息呢？：Beauvoir, 'Pyrrhus and Cineas', 出自 *Philosophical Writings*, 77–150, 这在 90 页。

159 孩子和恋人：ibid., 97–8。

160 刺痛：POL, 579。

162 "世界和未来"：POL, 598。随后的事件：595–6。

162 加缪关于处决的说法：Camus, 'Neither Victims Nor Executioners', 24–43。

162 艰难的决定：Beauvoir, 'An Eye for an Eye', 出自 *Philosophical Writings*, 237–60,

特别是257-8页。关于布拉西拉赫的审判，参见Alice Kaplan, *The Collaborator*(Chicago & London：University of Chicago Press，2000)。

163 "这场战争真的把我的生活分成了两半"：Sartre, 'Self-Portrait at Seventy', 出自 *Sartre in the Seventies (Situations X)*，3–92，这在48页。

163 伦理学：BN, 645, 和Sartre, *Notebooks for an Ethics*, D. Pellauer译（Chicago & London：University of Chicago Press，1992）(*Cahiers pour une morale*, 1983)。

163 "我们生活在世界里"：Merleau-Ponty, 'The War Has Taken Place', 出自 *Sense and Non-Sense*，139–52，这在147页。

163 作家必须不辜负他们的权力：Sartre, *What Is Literature? and Other Essays* (Cambridge, MA：Harvard University Press，1988)，184。关于萨特在这个时代如何成为一个强大的公共知识分子的记述，参见 Patrick Baert, *The Existentialist Moment* (Cambridge：Polity, 2015)。

163 "我必须回应一下！"：FOC, 56。

164 《摩登时代》这个标题来自卓别林：FOC, 22。关于连着看了两场和喜欢这部电影：POL, 244。

164 梅洛-庞蒂在《摩登时代》：Vian, *Manual of Saint-Germain-des-Prés*, 141。

164 《自由之路》第四卷：一些片段于1949年在《摩登时代》发表，之后连同未发表的手稿页被收集形成第四卷 *La dernière chance*。关于萨特最终一卷将解决自由之谜的声称：Michel Contat, 'General Introduction for Roads of Freedom', 出自 Sartre, *The Last Chance: Roads of Freedom IV*, 177–97, 尤其是193页，引用了龚达对萨特的采访，*L'express*（1959年9月17日）。龚达的导论（195）还引用了1974年的一次未发表的采访，萨特说，波伏娃的《名士风流》是"1950年时我设想的《自由之路》的真正结束，但是用了另一种视角"。

165 格雷在意大利：J. Glenn Gray, *The Warriors: reflections on men in battle* (Lincoln, NE：University of Nebraska Press, 1998), 19–22,（初版于1959年）。

165 "几乎每一天"：Marcel, 'Testimony and Existentialism', 出自 *The Philosophy of Existence*, 67–76, 这在67页（Underground改成了Métro）。

166 "柔情无边"：FOC, 93。

166 维昂的手册：Vian, *Manual of Saint-Germain-des-Prés*。

167 "唯一一位会真正邀请"：ibid., 141。跳舞和哲学思考：Gréco, *Je suis faite comme ça*, 98–9。

167 《马赛的存在主义者》：Gréco, *Jujube*, 129；亦参见 Cazalis, *Les mémoires d'une Anne*, 125。

167 《彩虹之上》：Gréco, *Je suis faite comme ça*, 73。

168 麦考伊：Horace McCoy, *They Shoot Horses, Don't They?*，最初出版于 1935 年，被翻译为 *On achève bien les chevaux* (Paris: Gallimard, 1946)。

168 多斯·帕索斯：Sartre, 'On John Dos Passos and 1919', 出自 *Critical Essays (Situations I)*, 13–31, 这在 30 页。亦见于他的文章 'American Novelists in French Eyes', *Atlantic Monthly* (1946 年 8 月)，和波伏娃的 'An American Renaissance in France', 在她的 *'The Useless Mouths' and Other Literary Writings*, 107–12。亦见于 Richard Lehan, *A Dangerous Crossing: French literary existentialism and the modern American novel* (Carbondale & Edwardsville, IL: Southern Illinois University Press; London & Amsterdam: Feffer & Simons, 1973)。

168 维昂与模仿犯罪：James Sallis, 'Introduction', Vian, *I Spit on Your Graves*, v–vi。

169 萨特论美国的机械化和工人：Sartre, 'A Sadness Composed of Fatigue and Boredom Weighs on American Factory Workers', 出自 *We Have Only This Life to Live: the selected essays of Jean-Paul Sartre 1939–1975*, Ronald Aronson 和 Adrian Van den Hoven 编 (New York: NYRB, 2013), 108。初版于 *Combat* (1945 年 6 月 12 日)。稍后证实，FBI 也密切注视记者，寻找闹事的倾向。参见 Cohen-Solal, *Sartre*, 242–3。

169 萨特从不闭嘴：Lionel Abel, 'Sartre Remembered', 出自 Robert Wilcocks 编辑的 *Critical Essays on Jean-Paul Sartre* (Boston: G. K. Hall, 1988), 13–33, 这在 15 页。

169 加缪关于旅行的记述：举个例子，参见 Camus, 'Death in the Soul', 出自 *Lyrical and Critical Essays*, 40–51, 描述了一次在布拉格茫然的逗留。

170 "早晨的果汁"和骆驼牌香烟：Camus, 'The Rains of New York', 出自 *Lyrical and Critical Essays*, 182–6, 这在 184 页。

170 "欧洲人会想说"和缺乏痛苦：Camus, *American Journals*, 42–3。

170 波伏娃寄信、买邮票：Beauvoir, *America Day By Day*, 25。关于美国读者通过陌生人的眼睛看到自己，她也发表了 'An Existentialist Looks at Americans', *New York Times Magazine* (1947 年 5 月 25 日), 收录在 *Philosophical Writings*, 299–316。

170 "惊悚片"和"滑稽片"：Beauvoir, *America Day By Day*, 36, 214。

171 "物资充裕"：FOC, 25。

171 "不可接触者"和"不可见者"：Sartre, 'Return from the United States' (T. Denean Sharpley-Whiting 译), 出自 Gordon 编辑的 *Existence in Black*, 83–9, 这在 84 (初版于 *Le Figaro*, 1945 年 6 月 16 日)。

171 波伏娃在哈莱姆：Beauvoir, *America Day By Day*, 1999, 44–5。

171 葛瑞科和戴维斯，*Je suis faite comme ça*, 135。

172 "这些法国男人和女人如何"：Michel Fabre, *Richard Wright: books and writers* (Jackson & London: University Press of Mississippi, 1990), 141 (引自杂志,

1947年8月5日)。亦见于Cotkin, *Existential America*, 162。

172 "门把手": Rowley, *Richard Wright*, 336。签证困难: 328–9。

172 "女人被迷晕": 'Existentialism', *Time*(1946年1月28日), 16–17; "最漂亮的存在主义者": *New Yorker*, 23 (1947年2月22日), 19–20。关于美国人对这个时代的存在主义的总体接受, 参见 Fulton, *Apostles of Sartre*, 和 Cotkin, *Existential America*, 尤其是105–33页。

172 《党派评论》: *Partisan Review*, 13 (1946)。参见 Cotkin, *Existential America*, 109, 和 Cohen-Solal, *Sartre*, 271。

172 《新共和》: Jean Wahl, 'Existentialism: a preface', *New Republic* (1945年10月1日), 442–4。

172 "事物的物性": Paul F. Jennings, 'Thingness of Things', *Spectator* (1948年4月23日), 和 *New York Times Magazine* (1948年6月13日)。见 Cotkin, *Existential America*, 102–3。

173 "可怕的提醒"和"乏味而无意义的": William Barrett, 'Talent and Career of Jean-Paul Sartre', *Partisan Review*, 13 (1946), 237–46, 这在244页。见 Cotkin, *Existential America*, 120–23。

173 "法国品味的危机": F. W. Dupee, 'An International Episode', *Partisan Review*, 13 (1946), 259–63, 这在263页。

173 存在主义者的阴郁形象: 参见, 例如, Bernard Frizell, 'Existentialism: post-war Paris enthrones a bleak philosophy of pessimism', *Life* (1946年6月7日); 以及 John Lackey Brown, 'Paris, 1946: its three war philosophies', *New York Times* (1946年9月1日)。见 Fulton, *Apostles of Sartre*, 29。

173 关于赖特把存在主义看作是乐观的: Rowley, *Richard Wright*, 246, 326–7。

174 阿伦特的文章: Arendt, 'French Existentialism' 和 'What Is Existenz Philosophy?', 均在 Arendt, *Essays in Understanding*, 163–87, 188–93。原版发表于 *Partisan Review*, 13 (1) (1946) 和 *Nation*, 162 (1946年2月23日)。亦见于 Walter Kaufmann, 'The Reception of Existentialism in the United States', *Salmagundi*, 10–11, 两期关于 'The Legacy of the German Refugee Intellectuals' (1969年秋—1970年冬)。

* * * * * * * * * *

第八章 破坏

175 流浪者: Spender, 'Rhineland Journal', *New Selected Journals*, 34 (1945年7月)

(初版于 *Horizon*，1945 年 12 月）。关于德国的破坏状况，亦见于 Victor Sebestyén, *1946: the making of the modern world* (London: Macmillan, 2014)，尤其是 38 页的无家可归人数。

175 1200 多万德意志民族同胞：有 1250 万至 1350 万德国人被驱逐出境或恐吓他们离开其他欧洲国家；参见 Werner Sollors, *The Temptation of Despair: tales of the 1940s* (Cambridge, MA & London: Belknap/Harvard University Press, 2014)，119；关于欧洲整体的情况，参见 Keith Lowe, *Savage Continent: Europe in the aftermath of World War II* (London: Viking, 2012)。

176 迷惘的眼神和"淡淡的笑容"：Petzet, *Encounters and Dialogues*, 193–5，这在 194 页，转译自 Max Kommerell 对 1941 年拜访的记述。参见同一资料来源的 45 页，关于海德格尔感到总体上被误解。

176 弗里茨·海德格尔：Safranski, *Martin Heidegger*, 8。毕廷根：Ott, *Heidegger*, 371。

176 洞穴：Heidegger, *Letters to his Wife*, 188（海德格尔写给妻子，1945 年 4 月 15 日）。

177 威尔顿斯坦：关于这整个故事，参见 Ott, *Heidegger*, 302–5。关于荷尔德林的作品，参见 *Elucidations of Hölderlin's Poetry*。

178 "今天早上我们去"和接下来的引文：Heidegger, 'Evening Conversation: in a prisoner of war camp in Russia, between a younger and an older man'，出自 *Country Path Conversations*, 132–60，这在 132–3 页。

179 Verwüstung 和 Wüste：ibid., 136。

179 "为了物尽其用"：ibid., 138–9。

179 等待：ibid., 140。

180 取手稿的驱车旅行：这里的全部记述来自托瓦尼基, 'Le Chemin de Zähringen', 87–90，还有托瓦尼基转录和翻译的索福克勒斯的歌队合唱, 91–4。

181 崩溃：Safranski, *Martin Heidegger*, 351。关于日期，参见 Heidegger, *Letters to his Wife*, 191（第一封信的时间是 1946 年 2 月 17 日）。他有访客，包括他之前的老师 Conrad Gröber，后者发现他处于沉默寡言的状态，以及托瓦尼基（Towarnicki, *À la rencontre de Heidegger*, 197n.）、心理学家 Viktor Emil Freiherr von Gebsattel 和其他人照看着他。

181 儿子们：Heidegger, *Letters to his Wife*, 194（海德格尔写给妻子，1946 年 3 月 15 日；另见 Gertrude Heidegger 的编者注, 191）。关于约尔克在 1949 年仍没有回来，参见 Heidegger 和 Jaspers, *The Heidegger–Jaspers Correspondence*, 165（海德格尔写给雅斯贝尔斯，1949 年 7 月 5 日）。

181 "他的生活条件": Schimanski, 'Foreword', 出自 Heidegger, *Existence and Being*, 2nd edn (London: Vision, 1956), 9–11。

182 挑战和储存, 'The Question Concerning Technology', 出自 *The Question Concerning Technology and Other Essays*, 3–35, 这在 12–15 页。

182 "把种子置于": ibid., 15。

183 "一切都被命令", 以及 deinos (可怕的): ibid., 16–17。

183 失去了成为一个合适对象的能力: ibid., 17。

183 "处于无对象性之中": ibid., 27。

183 "人力资源": ibid., 18。

183 "但在有危险的地方": ibid., 28。他引用了荷尔德林的赞美诗《帕特莫斯》('Patmos'): 'Wo aber Gafahr ist, wächst / Das Rettende auch.' 关于整首诗, 参见 Friedrich Hölderlin, *Selected Poems and Fragments*, M. Hamburger 译, J. Adler 编 (London: Penguin, 1998), 230–31。

183 "归属": Heidegger, 'The Question Concerning Technology', 出自 *The Question Concerning Technology and Other Essays*, 3–35, 这在 32 页。

184 海森堡: Petzet, *Encounters and Dialogues*, 75。

184 "有什么能比让一个存在": Heidegger, 'The Origin of the Work of Art', 出自 *Poetry, Language, Thought*, 15–88, 这在 31 页。这篇作品起草于 1935 年和 1937 年, 并于 1950 年发表在他的作品集《林中路》中。

184 "人诗意地栖居": Heidegger, 'Letter on Humanism', 出自 *Basic Writings*, 213–65, 这在 260 页。这句话来自荷尔德林一首后期的诗歌《在可爱的蓝里》('In lovely blue' / 'In lieblicher Bläue'), 出自 *Hymns and Fragments*, R. Sieburth 译 (Princeton: Princeton University Press, 1984), 248–53。

185 "林中空地": Heidegger, *Introduction to Metaphysics*, 219。

185 "宇宙用来了解自身的一种方式": *Cosmos* (编剧为 C. Sagan、A. Druyan 和 S. Soter, 首播于 PBS, 1980), 第 1 集: 'The Shores of the Cosmic Ocean'。

185 "风景在我之内思考它自身": Merleau-Ponty, 'Cézanne's Doubt', 出自 *Sense and Non-Sense*, 9–25, 这在 17。

186 海德格尔的反人道主义及其后来的影响: 可以参见诸多作品, R. Wolin, 'National Socialism, World Jewry, and the History of Being: Heidegger's Black Notebooks', *Jewish Review of Books* (2014 年 1 月 6 日); Rockmore, *Heidegger and French Philosophy*; Karsten Harries, 'The Antinomy of Being: Heidegger's critique of humanism', 出自 Crowell 编辑的 *The Cambridge Companion to Existentialism*, 178–98; Mikel Dufrenne, *Pour l' homme* (Paris: Éditions du Seuil, 1968), 以及 L. Ferry 和 A. Renaut, *French Philosophy of the*

Sixties, M. H. S. Cartani 译 (Amherst, MA: University of Massachusetts Press, 1990)。

186 鞋子：Heidegger, 'The Origin of the Work of Art', 出自 *Poetry, Language, Thought*, 15–88, 这在 33–4 页。

187 那鞋子：Meyer Schapiro, 'The Still Life as a Personal Object: a note on Heidegger and Van Gogh' (1968), 和 'Further Notes on Heidegger and Van Gogh' (1994), 在他的 *Theory and Philosophy of Art* (New York: G. Braziller, 1994), 135–42, 143–51。尤其见 136–8, 关于鞋子是凡·高自己的, 以及 145, 引用同学弗朗索瓦·高齐关于凡·高在巴黎跳蚤市场购买旧鞋的说法——"是车夫的鞋子, 但很干净, 新近擦拭过。它们是漂亮的鞋子。他穿上鞋子, 在一个下雨的午后, 走出去沿着城堡散了一次步。因为沾上了泥, 鞋子变得有趣。"夏皮罗还引用了海德格尔自己在 1960 年再版的文章中"鞋子无法确定主人"的边注 (150)。关于更多, 参见 Lesley Chamberlain, *A Shoe Story: Van Gogh, the philosophers and the West* (Chelmsford: Harbour, 2014), 尤其是 102–28 页。

188 "这座建筑"：Heidegger, 'The Origin of the Work of Art', 出自 *Poetry, Language, Thought*, 15–88, 这在 42 页。关于更多论建筑的说法, 参见 Heidegger, 'Building, Dwelling, Thinking', 出自 ibid., 145–61; 和 Adam Sharr, *Heidegger for Architects* (New York: Routledge, 2007)。

188 "一种不同的思考方式"：Jaspers, *Philosophy of Existence*, 12。

188 "存在的居所"：Heidegger, 'Letter on Humanism', 出自 *Basic Writings*, 213–65, 这在 259、262 页。

189 "采用他准备好的那种思考方式"：Gadamer, *Philosophical Apprenticeships*, 156。

189 "胡说八道"和"没有人会"：Arendt 和 Jaspers, *Hannah Arendt/ Karl Jaspers Correspondence*, 142 (阿伦特写给雅斯贝尔斯, 1949 年 9 月 29 日)。

189 "你真的想要以这种方式被载入史册吗"：Herbert Marcuse and Martin Heidegger, 'An Exchange of Letters', 出自 Wolin 编辑的 *The Heidegger Controversy*, 152–64, 这在 161 页 (马尔库塞写给海德格尔, 1947 年 8 月 28 日, Wolin 译)。亦参见 Wolin, *Heidegger's Children*, 134–72。

189 "昔日的学生""你的信", 以及"最令人厌恶的方式"：ibid., 163 (海德格尔写给马尔库塞的信, 1948 年 1 月 20 日, Wolin 译)。

190 "摆脱了责任"和"命令"：Jacques Derrida, 'Heidegger's Silence: excerpts from a talk given on 5 February 1988', 出自 Neske 和 Kettering 编辑的 *Martin Heidegger and National Socialism*, 145–8, 这在 147–8 页。

190 把犹太大屠杀和德国人被驱逐相比较：Herbert Marcuse 和 Martin Heidegger, 'An Exchange of Letters', 出自 Wolin 编辑的 *The Heidegger Controversy*, 152–64, 这

190 在163页（海德格尔写给马尔库塞，1948年1月20日，Wolin译）。

190 "那个维度之外"：ibid.,164（马尔库塞写给海德格尔，1948年5月12日，Wolin译）。

191 雅斯贝尔斯夫妇的名字在名单上：Mark W. Clark, *Beyond Catastrophe: German intellectuals and cultural renewal after World War II, 1945–1955* (Lanham, MD & Oxford: Lexington, 2006), 52。

191 雅斯贝尔斯去瑞士：ibid., 72。

191 海德格尔的思考模式：Ott, *Heidegger*, 32, 引用自Jaspers有关Heidegger的报告, 22 Dec. 1945。

191 "我有罪吗？"：Jaspers, *The Question of German Guilt*, 63。

191 "如果事情发生了"：ibid., 71。

192 重新学习沟通：ibid., 19。

192 语言是一座桥梁：Heidegger和Jaspers, *The Heidegger–Jaspers Correspondence*, 169（雅斯贝尔斯写给海德格尔，1949年8月6日）。这篇文本寄出时可能包括海德格尔的《论人道主义的信》，里面包含了"存在的居所"这个短语。

192 "来临"或"占据"（Ereignis）：Heidegger和Jaspers, *The Heidegger–Jaspers Correspondence*, 190（海德格尔写给雅斯贝尔斯，1959年4月8日）。Ereignis是海德格尔这一时期惯用的概念。例如参见, Heidegger, *Introduction to Metaphysics*, 5–6; Heidegger, *Contributions to Philosophy (From Enowning)* (Bloomington: Indiana University Press, 1999)。

192 "纯粹的做梦"：Heidegger和Jaspers, *The Heidegger–Jaspers Correspondence*, 197（雅斯贝尔斯写给海德格尔，1952年7月24日）。

192 "做梦的男孩"：ibid., 186（雅斯贝尔斯写给海德格尔，1950年3月19日）。

193 "讨论开始时"：Petzet, *Encounters and Dialogues*, 65–6, 援引了Stroomann的 *Aus meinem roten Notizbuch*。Stroomann一直是海德格尔的朋友，后来专长于"管理疾病"（manager sickness）。参见Josef Müller-Marein, 'Der Arzt von Bühlerhöhe', *Die Zeit*（1945年4月18日）。

193 "一千个不想停止喊叫"：Petzet, *Encounters and Dialogues*, 75。

194 "我很快明白了"：Calvin O. Schrag, 'Karl Jaspers on His Own Philosophy', 见他的 *Doing Philosophy with Others* (West Lafayette: Purdue University Press, 2010), 13–16, 这在14页。

194 事情就这么发生了：参见Arendt和Jaspers, *Hannah Arendt/Karl Jaspers Correspondence*, 630（雅斯贝尔斯写给阿伦特，1966年3月9日）。

194 火车时刻：Ott, *Heidegger*, 26–7。

194 雅斯贝尔斯的七十岁生日:Heidegger 和 Jaspers,*The Heidegger–Jaspers Correspondence*,199(海德格尔写给雅斯贝尔斯,1953 年 2 月 19 日)。

194 "我本该抓着你不放":ibid.,200(雅斯贝尔斯写给海德格尔,1953 年 4 月 3 日)。

194 "夕阳下的暴风雪中":ibid.,202(雅斯贝尔斯写给海德格尔,1959 年 9 月 22 日)。

195 列维纳斯在战俘营:Lescourret,*Emmanuel Levinas*,120;Malka,*Emmanuel Levinas*,67,和 262 页关于嘲弄(引用与列维纳斯的儿子 Michael 的对话)。

195 战俘营与躲藏:Malka,*Emmanuel Levinas*,238–9。

195 列维纳斯在考纳斯的家人:Lescourret,*Emmanuel Levinas*,126–7;Malka,*Emmanuel Levinas*,80。

195 列维纳斯的阅读:Malka,*Emmanuel Levinas*,70–71;Lescourret,*Emmanuel Levinas*,120–23。

195 笔记本:Levinas,'Preface',在他的 *Existence and Existents*,xxvii;Lescourret,*Emmanuel Levinas*,127;Colin Davis,*Levinas, an Introduction* (Cambridge:Polity,1996),17。

195 对本体论差异的恐惧:Levinas,*Existence and Existents*,1。

196 "却被……左右":ibid.,4。

196 狗:Levinas,'The Name of a Dog, or Natural Rights',在他的 *Difficult Freedom: essays in Judaism*,S. Hand 译(London:Athlone Press,1990),152–3。

196 布伯:Martin Buber,*I and Thou*,R. G. Smith 译,2nd edn(London & NY:Continuum,2004),15。

196 面部表情:Levinas,*Existence and Existents*,97–9。亦参见他首次对面部表情的主要讨论,在 1946–1947 年的演讲 'Time and the Other',出自 Levinas,*Time and the Other, and Additional Essays*,Richard A. Cohen 译(Pittsburgh:Duquesne University Press,1987),39–94。尽管有狗的故事,但从来不清楚列维纳斯是否认为面部表情必须是人类的。当采访者向他询问这件事时,他说:"我不知道蛇是否有脸。我不能回答这个问题。"Peter Atterton 和 Matthew Calarco 编辑的 *Animal Philosophy*(London & New York:Continuum,2004),49,引用了 'The Paradox of Morality: an interview with Emmanuel Levinas'(T. Wright、P. Hughes、A. Ainley),出自 Robert Bernasconi 和 David Wood 编辑的 *The Provocation of Levinas*(London:Routledge,1988),168–80,这在 171 页。

198 "他竟然不践行爷爷的哲学!":Malka,*Emmanuel Levinas*,240。

198 发火:ibid.,238,引自与列维纳斯女儿的对话。对列维纳斯的采访记录印证了这一点。

198 薇依在工厂：她1934年在一家工厂为电车和地铁制造电气部件。参见Weil, 'Factory Journal', 出自 *Formative Writings*, 149–226, 和 Gray, *Simone Weil*, 83。

198 叶绿素：ibid. 166。

198 我们没人有权利：Simone Weil, *The Need for Roots* (London: Routledge & Kegan Paul, 1952), 1–5。

199 马塞尔论伦理学和神秘：Marcel, 'On the Ontological Mystery', 在他的 *The Philosophy of Existence*, 8–9。

199 红十字会：Marcel, 'An Essay in Autobiography', ibid., 90–91。

199 马塞尔论神秘：Marcel, 'On the Ontological Mystery,' ibid., 8–9。

200 "从不允许自己"：Sartre, *Nausea*, 173。另见 Sartre 的一篇早期作品, 'Visages' (1939), 出自 Contat 和 Rybalka 编辑的 *Writings of Jean-Paul Sartre*, II, 67–71。

200 不够容忍：BN, 431。相似观点见 Sartre, *Anti-Semite and Jew*, G. J. Becker 译 (New York: Schocken, 1948), 55。

200 海德格尔对萨特感到惊奇：Towarnicki, 'Le Chemin de Zähringen', 30。Beaufret 的文章出版于 *Con uences* (1945)。关于他的拜访，亦参见 Towarnicki, 'Visite à Martin Heidegger', 出自 *Les Temps modernes* (1946年1月1日), 717–24。关于波弗埃和这一时期法国对海德格尔的接受，参见 Kleinberg, *Generation Existential*, 157–206, 和 Rockmore, *Heidegger and French Philosophy*。

200 没时间阅读：Towarnicki, 'Le Chemin de Zähringen', 37。尼采照片：47–8。

200 托瓦尼基的打算：ibid., 30 (萨特) 和 37 (加缪)。约写稿件：56–8。

201 "对具体事物的感觉"：ibid., 61–3。

201 "你的著作充斥着"：Wolin, *Heidegger's Children*, 88, 翻译自托瓦尼基的信, 'Le Chemin de Zähringen', 83–5 (海德格尔写给萨特, 1945年10月28日)。

201 Dreck (垃圾)：德雷福斯在1987年BBC电视台的采访 *The Great Philosophers* 中向 Bryan Magee 讲述了这个故事；参见 'Husserl, Heidegger and Modern Existentialism', 出自 Bryan Magee, *The Great Philosophers* (Oxford: OUP, 1987), 253–77, 这在275页。

201 海德格尔，《论人道主义的信》，这将对后存在主义法国哲学产生巨大影响。关于法国对海德格尔这方面和其他方面的接受，参见 Janicaud, *Heidegger en France*。

201 "在我们的小木屋里"：Wolin, *Heidegger's Children*, 88, 译自托瓦尼基的信, 'Le Chemin de Zähringen', 83–5 (海德格尔写给萨特, 1945年10月28日)。

201 滑雪：托瓦尼基, 'Le Chemin de Zähringen', 63; 对比 BN, 602–5。

202 "我们滑雪时"：Max Müller, 'Martin Heidegger: a philosopher and politics: a conversation'，出自 Neske 和 Kettering 编辑的 *Martin Heidegger and National Socialism*，175–95，这在 192 页。

202 柏林的演出：FOC, 153–4；另见 Beauvoir, *Beloved Chicago Man*, 155–63（波伏娃写给阿尔格伦，1948 年 1 月 31 日到 2 月 1 日）。萨特也可能在 1947 年不公开地去过柏林；历史学家约阿希姆·费斯特报告称，那时在夏洛滕堡的一间私人公寓里和他会面。(Fest, *Not I*, 265)。1947 年，《苍蝇》在德国的法占区上演：参见 Lusset, 'Un episode de l'histoire …', 94。

202 "对于德国人"：Sartre 的文章在 *Verger*, 2（1947 年 6 月），引自 Lusset, 'Un episode de l'histoire …', 95。

203 大衣、推车：Beauvoir, *Beloved Chicago Man*, 158（波伏娃写给阿尔格伦，1948 年 1 月 31 日–2 月 1 日）。关于可怕的冬天，这就是人们渴望去剧院取暖的原因之一，即使他们不得不穿着不合适的鞋走去那儿：Lusset, 'Un episode de l'histoire …', 93–4。

203 萨特之前的住所：萨特 1979 年与 Rupert Neudeck 的采访，'Man muss für sich selbst und für die anderen leben', *Merkur*（1979 年 12 月）。

204 "大声赞同"：这场辩论报道于 *Der Spiegel*（1948 年 2 月 7 日）。参见 Lusset, 'Un episode de l'histoire …', 91–103，和 'Jean-Paul Sartre à Berlin: discussion autour des Mouches', *Verger*, I (5) (1948) 109–23。一些文件被收集在这里：http://www.sartre.ch/Verger.pdf。

204 《苍蝇》：W. G. Sebald, *On the Natural History of Destruction*, A. Bell 译 (London: Hamish Hamilton, 2003), 35，描述了汉堡并引用了 Hans Erich Nossack, *Interview mit dem Tode*, 238。

205 萨特的演讲：FOC, 300。

205 关于萨特和海德格尔之间会面的两份二手报告：FOC, 301；Petzet, *Encounters and Dialogues*, 81–2。佩采特说他们用德语交谈。

206 萨特的道歉：FOC, 301。马塞尔的 *La dimension Florestan* 在 1953 年 10 月 17 日对外广播，并被翻译成德语，题目是 *Die Wacht am Sein* ('The Watch Over Being')，影射了一首民族主义歌曲 'Die Wacht am Rhein'。参见 Marcel, 'Postface', *La dimension Florestan* (Paris: Plon, 1958), 159–62，他说他敬仰海德格尔，但不喜欢他用语言所获得的自由。亦见于 Marcel, 'Conversations'，出自 *Tragic Wisdom and Beyond*, 243，德语版。

206 马塞尔对萨特的攻击：Marcel, 'Being and Nothingness,' 出自 *Homo Viator*, 166–84；Marcel, 'Existence and Human Freedom'，在他的 *The Philosophy of Existence*, 32–66，尤其是（论恩典）62–6 页。

206 "无限遗憾": Cau, *Croquis de mémoire*, 253–4。

207 "玫瑰花束！": ibid., 254。这个故事由托瓦尼基讲述, 'Le Chemin de Zähringen', 86。

207 "四千名": FOC, 301。山中老汉: Cau, *Croquis de mémoire*, 253。

* * * * * * * * * *

第九章 生平考述

208 《第二性》的缘起: FOC, 103。

208 关于搜集来的故事: Beauvoir, *Beloved Chicago Man*, 208（波伏娃写给阿尔格伦, 1948年7月26日）。

209 关于反响的震惊: FOC, 197–201, 特别是 Camus, FOC, 200。

210 投票和其他权利: Moi, *Simone de Beauvoir*, 187; Moi 指出, 波伏娃没有去使用她的投票权, 甚至在1949年说她从来没有投票; 这可能是出于政治原因, 当时极左翼建议人们不要通过国家投票而使其合法化。

210 "一个人并非生来": Beauvoir, *The Second Sex*, 293。

210 "要勇敢": ibid., 296。童话故事: 313, 316。不同的角色: 320。

211 衣服和指甲: ibid., 182。

211 "被放置在空间里": Iris Marion Young, 'Throwing Like a Girl: a phenomenology of feminine body comportment, motility and spatiality', 在她的 *On Female Body Experience: 'Throwing Like a Girl' and other essays* (Oxford: OUP, 2005), 41（初版于 *Human Studies*, 3 [1980], 137–56）。

211 自我意识: Beauvoir, *The Second Sex*, 354–6。自我伤害: 377。

211 生殖器: ibid., 296–7。

211 性: ibid., 406。怀孕: 409–10。快感: 416。

211 家务活和"被命运主宰": ibid., 655, 654。

211 女性作家: ibid., 760–66。

212 "我独自承载着世界的重量": BN, 576。

212 主–奴: 关于波伏娃和黑格尔, 参见 Bauer, *Simone de Beauvoir, Philosophy, and Feminism*。萨特与许多其他人一样, 受到了 Alexandre Kojève 在20世纪30年代在巴黎举办的黑格尔系列讲座的影响, 讲座强调主-奴分析。

212 在公园相遇: BN, 277–9。

213 钥匙孔: BN, 384–5。

213 被视为战败民族：Sartre, 'Paris Under the Occupation', 出自 *The Aftermath of War (Situations III)*, 8–40, 这在 23 页。

213 "他人即地狱"：Sartre, *No Exit*, 出自 *No Exit and Three Other Plays*, S. Gilbert 译，1–46, 这在 45。关于"他人即地狱"的解释：Contat 和 Rybalka 编辑的 *The Writings of Jean-Paul Sartre*, I, 99: 一篇为德意志唱片公司（Deutsche Grammophon）录制的这部戏剧写的前言。关于不同的解释：在这种解释中，如果友谊和信任缺失，人类就会为彼此造地狱，参见 Beauvoir, 'Existentialist Theater', 出自 *'The Useless Mouths' and Other Literary Writings*, 137–50, 这在 142 页。

214 爱：BN, 388–93。

214 两个催眠师……的战斗：Conradi, *Iris Murdoch*, 271（引用了默多克 1947 年的日记）。

214 自我意识与镜子：Beauvoir, *The Second Sex*, 6–7。

215 吸引对象：ibid., 166。

215 如何成为一个女人的问题：ibid., 17。关于《第二性》在哲学上的重要地位，参见 Bauer, *Simone de Beauvoir, Philosophy, and Feminism*。

215 受到《存在与虚无》的影响：Simons, *Beauvoir and The Second Sex*, x。

215 "是我想出来的"：Margaret A. Simons 和 Jessica Benjamin, 'Beauvoir Interview (1979)', 出自 Simons, *Beauvoir and The Second Sex*, 1–21, 这在 10 页（回答一个由 Benjamin 提出的问题）。

215 "基本筹划"：BN, 501–2。多亏了 Jay Bernstein 提醒我这一联系。关于波伏娃这方面研究的细致分析，参见 Jonathan Webber, *Rethinking Existentialism*（即将出版）。

216 "她的本性自在"：见 Moi, *Simone de Beauvoir*, xxiii。关于帕什利译本的背景及其争议，参见 Richard Gillman, 'The Man Behind the Feminist Bible', *New York Times*（1988 年 5 月 2 日）。

217 黑兹尔·巴恩斯没有简化术语：Barnes, *The Story I Tell Myself*, 156。

218 热内对弱者的同情：热内，1975 年与 Hubert Fichte 的访谈，出自 Jean Genet, *The Declared Enemy*, 118–151, 这在 125–6 页。

218 热内支持局外人：White, *Genet*, 408。亦见于 Genet, 'Introduction to Soledad Brother', 出自 *The Declared Enemy*, 49–55。他关于 Baader-Meinhof 一文的摘录，发表于 *Le Monde*, 题为 'Violence and Brutality'（1977 年 9 月 2 日），并导致了一场丑闻：White, *Genet*, 683。

218 "如果他们赢了"：White, *Genet*, 592。

218 委托写前言：Andrew N. Leak, *Jean-Paul Sartre*（London: Reaktion Books,

218 "只用自由": Sartre, *Saint Genet*, 584。

219 "你这个贼!": ibid., 17。

219 接受了标签: ibid., 23。

219 和波伏娃比较: 萨特承认这一联系: ibid., 37。

219 崇高的元素: ibid., 558。圣人: 205。

220 拉罗谢尔的糕点: *Sartre By Himself*, 10。"不再是某个": Beauvoir, *Adieux*, 355。

220 波德莱尔: Sartre, *Baudelaire*, Martin Turnell 译 (London: Horizon, 1949), 21–3, 87, 91–3。

220 写作《文字生涯》: 他动笔于 1953 年, 在 1963 年发表于《摩登时代》和 1964 年以单行本出版前, 放了很长一阵子。参见 *Sartre By Himself*, 87, 和 M. Contat 等编辑 *Pourquoi et comment Sartre a écrit 'Les mots'* (Paris: PUF, 1996), 25。

220 "一个人为什么会": Sartre, 'The Itinerary of a Thought' (采访, 1969), 出自 *Between Existentialism and Marxism*, 33–64, 这在 63 页。

220 "文学神经官能症"和"对文学的告别": *Sartre By Himself*, 88–9。

221 贴上白痴的标签: Sartre, *The Family Idiot*, I,39。

221 家养动物: ibid., I, 140。

221 "刺鼻、植物性的丰盛": ibid., I, 143。

221 一种"不断地追问": ibid., I, 223。

222 "与他在一起时, 我站在了边界上": Sartre, 'The Itinerary of a Thought' (采访, 1969), 出自 *Between Existentialism and Marxism*, 33–64, 这在 44 页。

222 "意识通过……把戏": ibid., 39。

222 《家庭的白痴》的出版: Sartre, 'On The Idiot of the Family', 出自 *Sartre in the Seventies*, 110。

222 "我不知道……多少遍": ASAD, 55。

223 译者: 参见 Carol Cosman, 'Translating The Family Idiot', *Sartre Studies International*, 1 (1/2) (1995), 37–44。

223 "从它的角度": Sartre, *The Family Idiot*, I, 137–8。

224 存在主义精神分析: BN, 645–6。

224 弗洛伊德剧本: 参见 J.-B. Pontalis, preface to Sartre, *The Freud Scenario*, viii。关于这个故事, 亦参见 Élisabeth Roudinesco, 'Jean-Paul Sartre: psychoanalysis on the shadowy banks of the Danube', 在他的 *Philosophy in Turbulent Times* (New York: Columbia University Press, 2008), 33–63。

224 萨特和休斯顿的故事：Huston, *An Open Book*, 295–6; Pontalis, preface to Sartre, *The Freud Scenario*, viii。"正讨论着呢"：Pontalis, 引译自 Sartre, *Lettres au Castor*, II, 358。

225 扔进火里的书稿：*Adieux*, 273; Sartre, 'On The Idiot of the Family', 出自 *Sartre in the Seventies*, 122。

225 "雕像"：White, *Jean Genet*, 438, 引自 Jean Cocteau, *Le passé dé ni*, II, 391。

225 "恶心"和"是件很愉快的事"：热内与 Madeline Gobeil 的访谈（1964），出自 *The Declared Enemy*, 2–17, 这在 12 页。

225 萨特关于同性恋的说法：Sartre, *Saint Genet*, 79。更多萨特关于同性恋的说法，参见他在 1980 年 2 月的采访，出自 Jean Le Bitoux 和 Gilles Barbedette, 'Jean-Paul Sartre et les homosexuels', *Le gai pied*, 13（1980 年 4 月），1, 11–14, 由 G. Stambolian 译为 'Jean-Paul Sartre: the final interview', 出自 M.Denneny、C. Ortled 和 T. Steele 编辑的 *The View from Christopher Street*（London: Chatto & Windus, The Hogarth Press, 1984）, 238–44。

225 热内关于同性恋的说法：热内与 Hubert Fichte 的访谈（1975），出自 *The Declared Enemy*, 118–151, 这在 148 页。

225 "我们不能追随他"：Sartre, *Saint Genet*, 77。他们在争论：White, *Jean Genet*, 441–4。

226 模糊性：Beauvoir, *The Ethics of Ambiguity*, 9, 127。

227 "我错了"：FOC, 76。

*　　*　　*　　*　　*　　*　　*　　*　　*　　*

第十章　跳舞的哲学家

228 梅洛 - 庞蒂惹恼了波伏娃：MDD, 246。亦见于 Monika Langer, 'Beauvoir and Merleau-Ponty on Ambiguity', 出自 Claudia Card 编辑的 *The Cambridge Companion to Simone de Beauvoir*（Cambridge: CUP, 2003）, 87–106。

229 "我是一个心理的和历史的结构"：PP, 482/520。

231 感性的隐喻：关于更多，参见 George Lakoff 和 Mark Johnson 的 *Metaphors We Live By*（Chicago: University of Chicago Press, 1980）和 *Philosophy in the Flesh: the embodied mind and its challenge to Western thought*（New York: Basic Books, 1999），这些著作受到梅洛 - 庞蒂的很大影响。

231 "我们所有人，都在不停谈"：Sartre, *The Family Idiot*, I, 18。

232 玻璃、毛毯、鸟：PP，238/275–6。

232 看着一个物体和立体视觉：PP，241–2/279。

232 本体感受：PP，93/119。

232 正在织的东西：PP，108/136。

232 "我永远不会想到"：PP，100/127。

233 "如果我站在"：PP，102/129–30。

233 "不用任何精确的计算"：PP，143–4/177–8。

233 施奈德：PP，105/132–3。他的经历被格式塔心理学家 Adhémar Gelb 和 Kurt Goldstein 研究过。最近一个通过纯粹意志力量来战胜失去的本体感受的非凡案例是伊恩·沃特曼。他颈部以下没有本体感受，但他用视觉和从容的肌肉来单独控制他的移动。参见 Jonathan Cole, *Pride and a Daily Marathon* (London：Duckworth, 1991)。

233 幻肢：PP，83/110。

234 第三条胳膊：Oliver Sacks, *Hallucinations* (London：Picador, 2012), 270–71。

234 腿部受伤：Sacks, *A Leg to Stand On*, 112。萨克斯的经验证明了我们可以如何适应。在以下这本书中，甚至描述了更极端的适应：Jean-Dominique Bauby 的 *The Diving Bell and the Butterfly*, Jeremy Leggatt 译 (London：Fourth Estate, 1997), 一个在严重中风后几乎完全失去行动能力的故事。Bauby 只能通过眨眼来沟通，但即使是这样，他也没有脱离身体：他仍然遭受了令人沮丧的幻觉。他的记述确实让我们认识到，一个有意识的人可以如此接近脱离身体，并提醒我们，整个身体感觉、思想和行动网络的重要性。

234 咬婴儿的手指：PP，368/409–10。早期关于模仿行为的工作由格式塔心理学家和其他人完成，后来由 Jacques Lacan 跟进。关于社会发展的现象学，亦参见 Max Scheler, *The Nature of Sympathy*, Peter Heath 译 (London：Routledge & Kegan Paul, 1954)（原名为 *Zur Phänomenologie der Sympathiegefühl und von Liebe und Hass*, 1913）。

234 放弃通常的方法：Merleau-Ponty, 'The Child's Relations with Others', W. Cobb 译, 出自 J. M. Edie 编辑的 *The Primacy of Perception* (Evanston, IL：Northwestern University Press, 1964), 96–155, 这在 115–16 页。

235 "折叠"：PP，223/260。另见 Merleau-Ponty, *The Visible and the Invisible*, 196（工作笔记），他在此用了同一意象。

235 "从那儿开始"：Merleau-Ponty, *The Visible and the Invisible*, 266。

235 "握持之物被握持着"：ibid., 266。

236 "就仿佛我们的视野"：ibid., 130–31。

236 "肉身"：ibid., 139。

236 "用我的眼睛跟随"：ibid., 146。亦参见 Taylor Carman, 'Merleau-Ponty on Body, Flesh, and Visibility', 出自 Crowell 编辑的 *The Cambridge Companion to Existentialism*, 274–88, 尤其是 278–9。

236 "精确地去描述": Emmanuelle Garcia, 'Maurice Merleau-Ponty: vie et œuvre', 出自 Merleau-Ponty, *Œuvres*, 27–99, 这在 33 页, 引用与 Georges Charbonnier 的广播访谈 (1959 年 5 月 22 日)。

237 "情绪只可能有一种": Merleau-Ponty, 'Cézanne's Doubt', 出自 *Sense and Non-Sense*, 9–25, 这在 18 页。

237 "自我满足的理解": Merleau-Ponty, 'Reading Montaigne', 出自 *Signs*, 198–210, 这在 203 页。

237 "只是一种大脑……的方式": Stephen Priest, *Merleau-Ponty* (London: Routledge, 2003), 8。

237 跳舞: Vian, *Manual of Saint-Germain-des-Prés*, 141; Gréco, *Je suis faite comme ça*, 98–9。

237 英国西装、早咖啡、在一本书里题词、哲学与生活: 所有都是来自与玛丽安·梅洛-庞蒂的私人交流。

238 "倒不是她们不喜欢他": Sartre, *Quiet Moments in a War*, 284 (萨特写给波伏娃的信, 1948 年 5 月 18 日)。萨特说曾听到这条八卦。

238 与索尼娅·布朗奈尔偷情: 梅洛-庞蒂给索尼娅·布朗奈尔的信, 出自 *Orwell Papers*, University College London (S.109); 亦参见 Spurling, *The Girl from the Fiction Department*。

238 搬去伦敦的打算: 参见梅洛-庞蒂写给索尼娅·布朗奈尔的信 (15 Nov. [1947]), 出自 *Orwell Papers*, University College London (S.109)。

239 《遇见你自己》: 参见 ibid., 和 Spurling, *The Girl from the Fiction Department*, 84。这本书的完整名称是 *Meet Yourself as you really are, different from others because you combine uniquely features present in everyone: about three million detailed character studies through self-analysis* (London: Penguin, reissued in 1942)。关于这本书, 参见 Dido Davies, *William Gerhardie: a biography* (Oxford & New York: OUP, 1990), 290。

239 "米老鼠……?"和"你有没有曾经感觉?": Prince Leopold Loewenstein 和 William Gerhardi, *Meet Yourself as you really are*, 16, 15。

239 "不知疲倦地塑形着……": Merleau-Ponty, *The Visible and the Invisible*, 144。萨特当然考虑了身体经验的重要性, 但他以不同方式来处理。关于这一点, 尤其参见 Katherine J. Morris 编辑的 *Sartre on the Body* (Basingstoke: Palgrave Macmillan, 2010) 和她自己的 *Sartre* (Oxford & Malden: Blackwell, 2008)。

239 "惊讶的是, 我们发现……": Sartre, 'Merleau-Ponty', *出自 Situations [IV]*,

225–326，这在 298 页。

240 "对感觉的表达风格"：Merleau-Ponty, 与 Georges Charbonnier 的采访（May 1959），出自 *Parcours deux*, 235–40，这在 237 页。

240 动物：Heidegger, *The Fundamental Concepts of Metaphyics: world'finitude, solitude*, W. McNeill 和 N.Walker 译（Bloomington: Indiana University Press, 1995), 177。关于海德格尔论身体，参见 Kevin A. Aho, *Heidegger's Neglect of the Body*（Albany: SUNY Press, 2009)。

240 "此在是如何演变的？"：Polt, *Heidegger*, 43。

240 "形而下"的问题：BT, 71/45ff。

241 边缘主题：在 1948 年一系列广播讲话中，梅洛 - 庞蒂也描述了通常被排除在哲学之外的四个主题：儿童、动物、精神病患者和当时所谓的"原始"人（Merleau-Ponty, *The World of Perception*)。

241 "哲学家有一个独一无二的特点"和持续运动：Merleau-Ponty, *In Praise of Philosophy*, 4–5。

* * * * * * * * * *

第十一章　像这样交叉

242 生活"偶然性"：Merleau-Ponty, 'Man and Adversity', 出自 *Signs*, 224–43，这在 239 页（1951 年 9 月 10 日在日内瓦做的一次演讲）。

242 萨特论广岛：'The End of the War', 出自 *The Aftermath of War (Situations III)*, 65–75，这在 71–2 页。

242 加缪论广岛：Camus, '[On the bombing of Hiroshima]', 出自 *Between Hell and Reason*, 110–11；这篇没有标题的文章最初刊于 *Combat*（1945 年 8 月 8 日）。

243 连锁反应：FOC, 103–4。

243 放射性手提箱：FOC, 119；Sartre, *Nekrassov*, 出自 *Three Plays: Kean, Nekrassov, The Trojan Women*, Sylvia 和 Georgè Leeson 译（London: Penguin, [n.d.]), 131–282，这在 211–12。

243 "一个真正的国际社会"：Camus, '[On the bombing of Hiroshima]', 出自 *Between Hell and Reason*, 110–11，这在 111 页。

245 克拉夫琴科的案子：Gary Kern, *The Kravchenko Case*（New York: Enigma, 2007), 452；FOC, 183；Beevor 和 Cooper, *Paris After the Liberation*, 338。

245 鲁塞的案子：Tony Judt, *Postwar: a history of Europe since 1945*（London:

Vintage, 2010), 214–15。

245 萨特论罗森堡夫妇：Sartre, 'Les animaux malades de la rage' ('Mad Beasts'), 最初刊于 *Libération* (1953 年 6 月 22 日)，重印见于 Catherine Varlin 和 René Guyonnet 编辑的 *Le chant inter-rompu: histoire des Rosenberg* (Paris: Gallimard, 1955), 224–8。参见 Contat 和 Rybalka 编辑的 *The Writings of Jean-Paul Sartre*, I, 285 – 编者评论，"他的怒火引出了他写过的最有力量的东西。" 亦见于 Hayman, *Writing Against*, 285。

245 "一种无法想象的愚蠢"：Arendt 和 Jaspers, *Hannah Arendt/Karl Jaspers Correspondence*, 220 （雅斯贝尔斯写给阿伦特，1953 年 5 月 22 日）。

246 婴儿与人性：Fyodor Dostoevsky, *The Brothers Karamazov*, C. Garnett 译 (London: Dent; New York: Dutton, 1927), II, 251。

246 "我永远不会"：Camus, 'Neither Victims nor Executioners', 41。

246 《正义者》：Camus, *The Just*, Henry Jones 译，出自 Camus, *Caligula*, 163–227。

246 "现在人们正在……放炸弹"：Camus, 'The Nobel Prize Press Conference Incident, December 14–17, 1957', 出自 *Algerian Chronicles*, 213–16, 这在 216 页脚注。关于此事另见 Zaretsky, *A Life Worth Living*, 84–5。

247 "政府首脑的视角"：Merleau-Ponty, 'The Philosophy of Existence', 出自 *Texts and Dialogues*, 129–39, 1959 年 11 月 17 日的电视谈话中，Allen S. Weiss 译。

247 "可在我看来"和"针对个人的不公正"：Spender, *New Selected Journals*, 220 （1956 年 3 月 30 日）。

248 瑜伽信徒和人民委员：Koestler, 'The Yogi and the Commissar', 出自 *The Yogi and the Commissar, and Other Essays* (London: Hutchinson, 1965), 15–25, 这在 15–16 页。亦参见关于他的一章 'Arthur Koestler', 出自 Richard Crossman 编辑的 *The God that Failed: six studies in communism* (London: Hamish Hamilton, 1950), 25–82。

248 瑜伽信徒和无产阶级：Merleau-Ponty, 'The Yogi and the Proletarian', 出自 *Humanism and Terror*, 149–77, 这在 176 页。梅洛-庞蒂的动机也是因为个人不喜欢库斯勒，部分原因是他觉得库斯勒对索尼娅·布朗奈尔不好。参见梅洛-庞蒂写给索尼娅·布朗奈尔的信 (1947 年 10 月 14 日)，出自 *Orwell Papers*, University College London (S.109)。

248 在维昂家聚会上的争吵：FOC, 120; Sartre, 'Merleau-Ponty', 出自 *Situations [IV]*, 225–326, 这在 253 页; 亦参见 Beauvoir, *Adieux*, 267。

249 "不可能"和"他是有可能的"等：FOC, 118–19。

249 "他是我的朋友啊！"，以及争吵的记述：FOC, 149–50。

249 "如果人们的观点……"：FOC, 151。

249 "库斯勒，你知道"：Spender, *New Selected Journals*, 79–80 （1950 年 4 月

14日）。

251 在伦敦的法国作家：索尼娅·布朗奈尔写给梅洛-庞蒂的信（"星期天"，未标明日期，但可能在1948年初，在他们一起度过的圣诞节之后），出自 *Orwell Papers*, University College London（S.109）。

251 在广播辩论中的阿隆和萨特：Aron, *Memoirs*, 218–19；Hayman, *Writing Against*, 244–5。关于他们的友谊，参见 Jean-François Sirinelli, *Deux intellectuels dans le siècle：Sartre et Aron*（Paris：Fayard, 1995）。

251 恐吓信和军官：Beauvoir, *Beloved Chicago Man*, 97（波伏娃写给阿尔格伦，1947年11月5日），和90–91（波伏娃写给阿尔格伦，1947年10月25日，紧随10月23号那封之后）。

252 "一种沉闷、无力的混合物"，和"一个……的人"：Henri Lefebvre, 选取自他的 *L'existentialisme*（1946），译自他的 *Key Writings*、S. Elden、E. Lebas 和 E. Kofman 编（New York & London：Continuum, 2003），9–11。Lefebvre 后来调低了自己的观点，变得更加同情存在主义。

252 《脏手》：Sartre, *Dirty Hands*, Lionel Abel 译, 出自 *No Exit and Three Other Plays*, 125–241。当反苏人士把这部戏剧当作宣传工具在美国上演时，萨特感到沮丧，并在1952年宣布，他只会在接受它的国家支持其演出。Thompson, *Sartre*, 78。

252 "一手握着钢笔的鬣狗"：Cohen-Solal, *Sartre*, 337。这条评论在1948年的一次和平会议上做出。

252 "腐朽不堪、道德堕落"：Klíma, *My Crazy Century*, 69。

253 阿尔格伦和波伏娃的困难：FOC, 137。

253 幻觉和"矮树森林"：FOC, 143。

253 对战争的担忧：FOC, 242；Sartre, 'Merleau-Ponty', 出自 *Situations [IV]*, 225–326, 这在285页。

254 "那你必须离开"：FOC, 243。

254 "怎么离开"：Beauvoir, *Beloved Chicago Man*, 406（波伏娃写给阿尔格伦，1950年12月31日）。

254 去美国：ibid., 410（波伏娃写给阿尔格伦，1951年1月14日）。

254 他们没有人想要逃：FOC, 244。

254 "那种小男孩般的神气"：Sartre, 'Merleau-Ponty', 出自 *Situations [IV]*, 225–326, 这在279页。

255 "既然野蛮的力量"：ibid., 274。

255 梅洛-庞蒂被朝鲜半岛事件震惊了：ibid., 275。

255 杜克洛和鸽子阴谋：Jacques Duclos, *Mémoires IV：1945–1952：des débuts* de *la IVe République au 'complot' des pigeons* (Paris：Fayard，1971)，339–492，尤其是尸体解剖：404。专家们：400–401。阿拉贡的诗对此事的再现：435–6。亦见于 Jacques Duclos, *Écrits de la prison*（Paris：Éditions sociales，1952）。

256 "经过十年"和"用教会的语言"：Sartre, 'Merleau-Ponty', 出自 *Situations [IV]*，225–326，这在 287 页，另见 *Sartre By Himself*，72，和 FOC，245（关于波伏娃论这如何改变了他）。

256 "要么写作，要么憋死"：Sartre, 'Merleau-Ponty', 出自 *Situations [IV]*，225–326，这在 287–8 页。Sartre, *The Communists and Peace*。最初分成几部分发表于 *Les Temps modernes*，81（1952 年 7 月）；84–5（1952 年 10—11 月）；101（1954 年 4 月）。

257 反抗：Camus, *The Rebel*，178，253。

257 "到此为止，但不会再进一步"：ibid., 19。

257 琼松的评论：Francis Jeanson, 'Albert Camus, or The Soul in Revolt', 出自 Sprintzen 和 Van den Hoven 编辑的 *Sartre and Camus: a historic confrontation*，79–105，这在 101 页。最初刊于 *Les Temps modernes*，79（1952 年 5 月）。

257 "我都开始……"：Camus, 'A Letter to the Editor of Les Temps modernes', 出自 Sprintzen 和 Van den Hoven 编辑的 *Sartre and Camus*，107–29，这在 126 页。最初刊于 *Les Temps modernes*，82（1952 年 8 月）。

257 萨特的回复：Sartre, 'Reply to Albert Camus', 出自 Sprintzen 和 Van den Hoven 编辑的 *Sartre and Camus*，131–61，这在 131–2 页。最初刊于 *Les Temps modernes*，82（1952 年 8 月），紧随加缪的信。也重印在 Sartre, *Situations [IV]*，69–105。

258 加缪起草了回复：Camus, 'In Defence of The Rebel', 出自 Sprintzen 和 Van den Hoven 编辑的 *Sartre and Camus*，205–21。写于 1952 年 11 月，但在去世后才以"Défense de L'homme révolté"为题出版，出自 Camus, *Essais*，1,702–15。

258 波伏娃：*The Rebel* 是背叛：FOC，272。

259 "我越是指责自己"：Camus, *The Fall*，103。有关小说，另见 FOC，362。

259 "我们觉得自己会被"：Sartre, *Saint Genet*，598。

259 波伏娃论被评判：ASAD，49。

259 "巨大优越感"：E. P. Thompson, *The Making of the English Working Class*（London：Gollancz，1980），14。这句话经常被引用，但很少在其适当的语境中，这似乎是相关的："我正从后代的巨大优越性中去寻求拯救可怜的储存者，卢德派庄稼人，'过时的'手工织布者，'乌托邦'工匠，甚至 Joanna Southcott 的被骗的追随者。他们的工艺和传统可能已经死了。他们对新的工业主义的敌视可能是后知后觉的。他们的理想可能是愚蠢的。但他们生活在那些有着严重社会纷扰的时代，而我们不是。"

259 "这完全正确"：Kierkegaard, Notebook IV A 164；1843（D），出自 *A Kierkegaard*

Reader，编者为 Roger Poole 和 Henrik Stangerup (London：Fourth Estate, 1989)，18；Sartre, *Saint Genet*, 599。

260 没有给梅洛-庞蒂看那篇文章：Sartre, 'Merleau-Ponty'，出自 *Situations [IV]*，225-326，这在 289 页。

260 梅洛-庞蒂的演讲：Merleau-Ponty, *In Praise of Philosophy*，4-5，63。

260 "口气冷淡"和"我希望"：Stewart 编辑的 *The Debate Between Sartre and Merleau-Ponty*，343（梅洛-庞蒂写给萨特，7月8日 [1953]）。Stewart 的收集包括了 (327-54) 全部回应的译文，一开始发表于 *Le magazine littéraire*（1994年4月2日），并包含于 'Sartre and MP：les lettres d'une rupture'，出自 *Parcours deux, 1951–1961*，129-69，和 Merleau-Ponty, *Œuvres*，627-51。

260 热浪：Sartre, 'Merleau-Ponty'，出自 *Situations [IV]*，225-326，这在 197 页。

260 不再"参与"：Stewart 编辑的 *The Debate Between Sartre and Merleau-Ponty*，327-54，这在 334 页（萨特写给梅洛-庞蒂，未标明日期，但在梅洛-庞蒂 1953 年 7 月 8 日的回复之前）。

261 "事事都要参与"：ibid., 338-9（萨特写给梅洛-庞蒂，7月8日 [1953]）。

261 "看在上帝的分上"和"如果我看起来"：ibid., 351（萨特写给梅洛-庞蒂，1953年7月29日）。

261 梅洛-庞蒂的笑：FOC, 332。

261 "找到他的安全感"：Sartre, 'Merleau-Ponty'，出自 *Situations [IV]*，225-326，这在 232 页。

261 花几个小时来讨论萨特：玛丽安·梅洛-庞蒂，私人交流。

261 编辑会议和交头接耳：Sartre, 'Merleau-Ponty'，出自 *Situations [IV]*，225-326，这在 292 页。

262 "Alors, c'est ni"：玛丽安·梅洛-庞蒂，私人交流；亦参见 Sartre, 'Merleau-Ponty'，出自 *Situations [IV]*，225-326，这在 298 页。

262 从来没有打电话：Sartre, 'Merleau-Ponty'，出自 *Situations [IV]*，225-326，这在 301 页。

262 "强颜欢笑"：ibid., 301-302。他的女儿也记得一段黑暗的时期。

262 "跟空气一样"和"见风使舵"：Sartre, 'Merleau-Ponty'，出自 *Situations [IV]*，225-326，这在 300 页。

263 "萨特与极端布尔什维克主义"：Merleau-Ponty, 'Sartre and Ultrabolshevism'，出自 *Adventures of the Dialectic*，95-201，尤其是 95-6 页。

263 波伏娃的攻击：Beauvoir, 'Merleau-Ponty and Pseudo-Sartreanism'，出自 *Political Writings*，195-258。（最初刊于 *Les Temps modernes*，1955。）

263 反梅洛-庞蒂的会议：Roger Garaudy et al., *Mésaventures de l'anti-marxisme: les malheurs de M.Merleau-Ponty. Avec une lettre de G. Lukács* (Paris：Éditions sociales, 1956)。这次会议于 1955 年 11 月 29 日举行。参见 Emmanuelle Garcia, 'Maurice Merleau-Ponty：vie et œuvre', 出自 Merleau-Ponty, *Œuvres*, 27–99, 这在 81 页。

263 "有人正在讲话"：Sartre, 'Merleau-Ponty', 出自 *Situations [IV]*, 225–326, 这在 318–19 页。玛丽安·梅洛-庞蒂也记得他们的问候很冷淡。

263 逗趣地看了看：ibid., 318。关于斯彭德的视角，参见 Spender, *New Selected Journals*, 215（1956 年 3 月 26 日）。关于梅洛-庞蒂对这次会议的贡献，参见 Merleau-Ponty, 'East–West Encounter (1956)', Jeffrey Gaines 译, 出自 Merleau-Ponty, *Texts and Dialogues*, 26–58。

264 "一个人抛弃了幻想"：引用自 Paul Ricœur, 'Homage to Merleau-Ponty', 出自 Bernard Flynn, Wayne J. Froman 和 Robert Vallier 编辑的 *Merleau-Ponty and the Possibilities of Philosophy：transforming the tradition*（New York：SUNY Press, 2009）, 17–24, 这在 21 页。

264 哲学家是醒着的：Merleau-Ponty, *In Praise of Philosophy*, 63。

264 "我认为，我在忠于……"：Sartre, 'Merleau-Ponty', 出自 *Situations [IV]*, 225–326, 这在 293 页。

264 《名士风流》：见 FOC, 311；Lanzmann, *The Patagonian Hare*, 235。两人都认同是朗兹曼建议取这个标题。

265 "他说，首先"和"我想杀人"等：FOC, 294–6。

265 关于争吵的列表和图表：Sartre, 'Relecture du Carnet I', （笔记本，约 1954 年），出自 *Les Mots*, 937–53, 这在 950–51 页。

265 "一个东西死了"：Beauvoir, *Adieux*, 275。

265 "他有一点"和"他可能是"：Sartre, 'Self-Portrait at Seventy', 出自 *Sartre in the Seventies (Situations X)*, 3–92, 这在 64 页。

266 "对民主政体的缺陷毫不留情"：Aron, *The Opium of the Intellectuals*, ix。

266 不适合教书：Aron, *Memoirs*, 329。

266 "你好"：Todd, *Un ls rebelle*, 267–8；亦见于 Aron, *Memoirs*, 447–9, 和 Hayman, *Writing Against*, 435。

266 "你是怎么想的？"：Aron, *Memoirs*, 457。这次与贝尔纳-亨利·莱维的访谈发表于 *Le nouvel observateur*（1976 年 3 月 15 日）。

266 苏联之行和文章：Cohen-Solal, *Sartre*, 348–9, 引用了发表于《解放报》（1954 年 7 月 15—20 日）的文章。亦见于 FOC, 316–23。

266 写作委派给考：Beauvoir, *Adieux*, 366。

267 "没有时间了！"和放弃乐趣：Cau, *Croquis de mémoire*, 236, 248。

267 资产阶级的自我放纵：见 Sartre, 'On The Idiot of the Family', 109–32, 出自 *Sartre in the Seventies* (*Situations X*), 这在 111 页。

267 波伏娃紧张地看着：Beauvoir, *Adieux*, 174。

267 每天二十页：Hayman, *Writing Against*, 1, 引自 Contat 和 Rybalka 的 *Le Monde*（1980 年 4 月 17 日）。

267 早餐：Huston, *An Open Book*, 295。

267 涡轮：Cohen-Solal, *Sartre*, 281。加油站：Olivier Wickers, *Trois aventures extraordinaires de Jean-Paul Sartre*（Paris：Gallimard, 2000）, 23。

267 科利德蓝：FOC, 397；另见 Cohen-Solal, *Sartre*, 373–4。

267 "我很喜欢脑子里"：Beauvoir, *Adieux*, 318。

267 "才能"和"吓死人了"：ibid., 174。

267 "关于水花声"：ibid., 181。他在谈论他以"La Reine Albemarle"为题的笔记本，写于 1951—1952 年，基于 1951 年的意大利之行：Sartre, *La Reine Albemarle*, Arlette Elkaïm-Sartre 编（Paris：Gallimard, 1991）。参见 Sartre, *Les Mots*, 1,491。

268 "Il est bon"：梅洛 - 庞蒂与 Georges Charbonnier 的访谈（1959 年 5 月），出自 *Parcours deux*, 235–40, 这在 236 页。

268 "某个坏蛋"和"我会说，一个不坏的人"：Sartre 和 Lévy, *Hope Now*, 63。

269 "我们现在马上要停止广播"：Janet Flanner, *Paris Journal*, W. Shawn 编, 2 卷（New York：Atheneum, 1965–71）, I, 329（1956 年 11 月 4 日）。关于匈牙利事件，参见 Victor Sebestyén, *Twelve Days: Revolution 1956*（London：Weidenfeld & Nicolson, 2006）。

269 《摩登时代》特刊：*Les Temps modernes*, 12e année, 131（1957 年 1 月）, 'La révolte de la Hongrie'。有关混乱，FOC, 373。

269 "批判"作为萨特的回应：FOC, 397。

269 "批判"是一本马克思主义著作：Sartre, 'Self-Portrait at Seventy', 出自 *Sartre in the Seventies* (*Situations X*), 3–92, 这在 18 页。

270 第二卷：Sartre, *Critique of Dialectical Reason II*；参见 Ronald Aronson, *Sartre's Second Critique*（Chicago：University of Chicago Press, 1987）。

* * * * * * * * * *

第十二章 在处境最困难的人眼中

271 "人与社会的真实面目"：Sartre, *The Communists and Peace*, 180, 第三部分。

最初刊于 *Les Temps modernes*，101（1954 年 4 月）。关于这一点，参见 Bernasconi，*How to Read Sartre*，79，用了 "gaze of the least favored"（在处境最困难的人眼中）这个译法。

272 萨特忽略了苏联监狱：Merleau-Ponty, 'Sartre and Ultrabolshevism'，出自 *Adventures of the Dialectic*，95–201，这在 154 页。

272 萨特作为异见分子：见 Bernasconi，*How to Read Sartre*，79。

273 "这些黑人"：Sartre, 'Black Orpheus', J. Mac Combie 译（修订版），出自 Bernasconi 编辑的 *Race*，115–42，这在 115 页。最初是为 Léopold Senghor 编辑的 *Anthologie de la nouvelle poésie nègre et malgache*（Paris：PUF，1948）写的序言，ix–xliv。

273 梅米：Albert Memmi，*The Colonizer and the Colonized*，Howard Greenfeld 译，序言由 Sartre 所作，由 Lawrence Hoey 译（New York：Orion Press，1965）。译自 *Portrait du colonisé précédé du portrait du colonisateur*（1957）。

273 法农和梅洛-庞蒂：FOC，607。

273 《黑皮肤，白面具》：Fanon，*Black Skin, White Masks*，尤其是 'The Lived Experience of the Black Man'，89–119。关于萨特和法农，参见 Robert Bernasconi, 'Racism Is a System: how existentialism became dialectical in Fanon and Sartre'，出自 Crowell 编辑的 *The Cambridge Companion to Existentialism*，342–60。

274 "我不喜欢……之人"和这次会面的记述：FOC，605–11；亦参见 Lanzmann，*The Patagonian Hare*，347–8。

274 奥利·伊瑟林：Macey，*Frantz Fanon*，485。

274 "我们对你们有要求权"：FOC，610。

274 被压迫者反对他们的目光：Sartre, preface to Fanon，*The Wretched of the Earth*，7–26，这在 18–21 页。关于萨特和暴力，参见 Ronald E. Santoni，*Sartre on Violence: curiously ambivalent*（University Park, PA：Pennsylvania State University Press，2003）。

275 萨特的信念变了，但他的极端主义从来没变：Todd，*Un Is rebelle*，17。

275 "在我的人生进程中"：Sartre, 'Self-Portrait at Seventy'，出自 *Sartre in the Seventies*（*Situations X*），3–92，这在 65 页。

275 约茜·法农：Macey，*Frantz Fanon*，462–3，引用了 Josie Fanon, 'À propos de Frantz Fanon, Sartre, le racism et les Arabes'，*El Moudjahid*（1967 年 6 月 10 日），6。

275 "我就再没有和朋友有过温和的关系"：Beauvoir，*Adieux*，148。

276 波伏娃也庆祝了：FOC，315。

276 "我是法国人"：FOC，397。另见 381–2。

276 "任何人，任何时候"：Sartre 为 Henri Alleg 写的序言，*La question*（1958），John Calder 译为 *The Question*（London：Calder，1958），11–28，这在 12 页。波伏

娃写了酷刑的受害者 Djamila Boupacha, 最初刊于 *Le Monde*（1960 年 6 月 3 日），之后刊于与 Boupacha 的律师 Gisèle Halimi 合写的书上：*Djamila Boupacha* (1962), Peter Green 译 为 *Djamila Boupacha: the story of a torture of a young Algerian girl* (London: André Deutsch & Weidenfeld & Nicolson, 1962)。

276 死亡威胁：FOC, 381; 626–8; David Detmer, *Sartre Explained: from bad faith to authenticity* (Chicago: Open Court, 2008), 5（枪杀萨特），11（戴高乐）。

277 爆炸：Cohen-Solal, *Sartre*, 451。

277 打电话：Lanzmann, *The Patagonian Hare*, 4。

277 拒绝诺贝尔奖：ASAD, 52–4, Cohen-Solal, *Sartre*, 447–8。

277 "双重意识"：W. E. B. Du Bois, *The Souls of Black Folk* (New York: Penguin, 1996), 5。参见 Ernest Allen Jr., 'On the Reading of Riddles: rethinking Du Boisian "Double Consciousness"', 出自 Gordon 编辑的 *Existence in Black*, 49–68, 这在 51 页。

278 鲍德温在瑞士村庄：Baldwin, 'Stranger in the Village', 出自 *The Price of the Ticket*, 79–90, 这在 81–3 页。最初刊于 1953 年的 *Harper's Magazine*。

278 责任，和 "我们不同于……"：Wright, *The Outsider*, 114–15, 585。

279 他修改了书：修订版，附有编辑历史的注释：ibid., 尤其是 588–92 页。注释由 Arnold Rampersad 所做。

279 "我已经受够了"：Rowley, *Richard Wright*, 407（引自埃里森给赖特的信，1953 年 1 月 21 日）；关于埃里森认为赖特如何损害他自己，亦见于 409（引用埃里森在 1963 年与 A. Geller 的访谈，出自 Graham 和 Singh 编辑的 *Conversations with Ralph Ellison*, 84）。关于赖特、埃里森和存在主义，参见 Cotkin, *Existential America*, 161–83。

280 阿斯韦尔：Rowley, *Richard Wright*, 472（引自阿斯韦尔写给赖特的信，1956 年 1 月 24 日）。

280 "终于，理查德"：James Baldwin, 'Alas, Poor Richard', 出自 *Nobody Knows My Name: more notes of a native son* (London: Penguin, 1991), 149–76, 这在 174 页。这篇文章最初发表于 1961 年。

280 "我必须自由地生活"：Rowley, *Richard Wright*, 352, 引自 Wright 的一句话，出自 Anaïs Nin 的 *The Diary of Anaïs Nin*, IV, 212–14。

280 "孤独的局外人"：Richard Wright, *White Man, Listen!* (New York: Doubleday, 1957), 献辞页。关于这些著作，参见 Rowley, *Richard Wright*, 440–91。

280 第一届国际大会：Rowley, *Richard Wright*, 477–80, 尤其是 479 页。关于赖特对《第二性》的兴趣：Cotkin, *Existential America*, 169; M. Fabre, *The Unfinished Quest of Richard Wright*, 2nd edn (Urbana: University of Illinois Press, 1993),

320–21。关于波伏娃如何受到赖特影响，亦见于 Margaret A. Simons, 'Richard Wright, Simone de Beauvoir, and The Second Sex'，出自 *Beauvoir and The Second Sex*, 167–84。

281 安吉·佩格：Forster 和 Sutton 编辑的 *Daughters of de Beauvoir*, 54–9。

281 玛格丽特·沃尔特斯：ibid., 45；亦参见与 Jenny Turner 的访谈，她也受到自传的影响，33-4。

281 凯特·米利特：ibid., 28–9。

281 乔伊丝·古德费洛：ibid., 103。

282 弗兰克尔：关于更多他的生平和思想，参见 Viktor Frankl, *Man's Search for Meaning* (London：Rider, 2004；初版于 1946)，和其他著作。

283 斯隆·威尔逊，*The Man in the Grey Flannel Suit* 的后记 (London：Penguin, 2005)，278。

284 鱿鱼、水蛭等等：参见 Spencer R. Weart, *The Rise of Nuclear Fear* (Cambridge, MA & London：Harvard University Press, 2012)，106。

285 艾希曼：Arendt, *Eichmann in Jerusalem* (最初连载于 1963 年 2—3 月的《纽约客》，之后以书的形式出版于 1963 年)。关于围绕这本书的争议，亦参见 Bettina Stangneth, *Eichmann Before Jerusalem: the unexamined life of a mass murderer*, R. Martin 译 (London：Bodley Head, 2014)；Richard Wolin, 'The Banality of Evil: the demise of a legend', *Jewish Review of Books* (2014 年秋)，和 Seyla Benhabib, 'Who's on Trial: Eichmann or Arendt?', *New York Times: the Stone Blog* (2014 年 9 月 21 日)。关于实验，参见 Stanley Milgram, 'Behavioral Study of Obedience', *Journal of Abnormal and Social Psychology*, 67 (4) (1963 年 12 月)，371–8，和 *Obedience to Authority: an experimental view* (New York：Harper, 1974)；C. Haney, W. C. Banks 和 P. G. Zimbardo, 'Study of Prisoners and Guards in a Simulated Prison', *Naval Research Reviews*, 9 (1973)，1–17；Phillip Zimbardo, *The Lucifer Effect* (New York：Random House, 1971)。

285 "美国存在主义者"：Norman Mailer, 'The White Negro'，出自 *Advertisements for Myself*, 337–58。初版于 *Dissent* (1957)。关于梅勒和存在主义的更多内容，参见 Cotkin, *Existential America*, 184–209。

286 "哦，某种即兴发挥的东西"：Wilson, *Dreaming to Some Purpose*, 244。

286 梅勒的思想来源：Mary Dearborn, *Mailer* (Boston：Houghton Mifflin, 1999)，58–9。参考了 Barrett, *Irrational Man*。参见 Cotkin, *Existential America*, 185–6。

286 几次反抗，和"强烈个人主义倾向"：都来自 Kaufmann, *Existentialism*, 11。

286 黑兹尔·巴恩斯：Sartre, *Being and Nothingness*, Hazel Barnes 译，初版于 1956 年。在写作的时候，另一本书的翻译由 Sarah Richmond 来准备。禅：参见 Barnes, *An Existentialist Ethics*, 211–77。

286 《遇见自我》：Barnes, *The Story I Tell Myself*, 166–8。这场戏剧改编自 M. Unamuno 的故事 *The Madness of Doctor Montarco*。电视节目 *Self-Encounter: a study in existentialism*（1961）曾一度遗失了，但是 Jeffrey Ward Larsen 和 Erik Sween 在国会图书馆找到一份拷贝；另一份拷贝现在在科罗拉多大学档案馆。参见 http://geopolicraticus.wordpress.com/2010/11/03/documentaries-worth-watching/。

287 卡尔纳普：Rudolf Carnap, 'The Overcoming of Metaphysics Through Logical Analysis of Language'（初版于 1932 年），出自 Murray 编辑的 *Heidegger and Modern Philosophy*，23–34。卡尔纳普特别挑选了海德格尔的《形而上学是什么？》中的短语"无无着"(the nothing nothings)。

287 "人们玩板球"：Murdoch, *Sartre*, 78–9。关于存在主义在英国，参见 Martin Woessner, 'Angst Across the Channel: existentialism in Britain', 出自 Judaken 和 Bernasconi 编辑的 *Situating Existentialism*，145–79。

287 "这种兴奋"：Conradi, *Iris Murdoch*，216（默多克写给哈尔·利特戴尔，1945 年 11 月 6 日）。她的相遇：她的笔记 'Notes on a lecture by Jean-Paul Sartre'（布鲁塞尔，1945 年 10 月）在金斯顿大学（University of Kingston）的默多克档案中，IML 682。她的演讲：参见 Conradi, *Iris Murdoch*，270。她原本打算 1947 年在剑桥大学攻读研究胡塞尔的博士学位，但后来转而研究维特根斯坦：参见她的海德格尔文稿，在金斯顿大学的默多克档案中（KUAS/6/5/1/4），83，和 Conradi, *Iris Murdoch*，254（引用自默多克与 Richard Wollheim 的访谈，1991 年）。

289 "吸烟、做爱"：Wilson, *Dreaming to Some Purpose*，113。

289 《局外人》的出版：Carpenter, *The Angry Young Men*，107。

289 "我认为你可能……"和"这是……的结论"：Wilson, *Dreaming to Some Purpose*，129。

289 不纠正他们：Spurgeon, *Colin Wilson*，66–7。

289 印刷量：Carpenter, *The Angry Young Men*，112。

289 艾丽丝：Geoffrey Gorer, 'The Insider, by C*l*n W*ls*n', *Punch*（1956 年 7 月 11 日），33–4。参见 Carpenter, *The Angry Young Men*，168。

289 《泰晤士文学增刊》的信：Carpenter, *The Angry Young Men*，109，引自《泰晤士文学增刊》（1956 年 12 月 14 日）。

289 "我是……最重要的文学天才"：ibid., 169–70。

290 "我瞥见了"：Wilson, *Dreaming to Some Purpose*，3–4。

290 "我用不着"：Colin Wilson, *Adrift in Soho*（London: Pan, 1964），114。

291 睡着了：Spurgeon, *Colin Wilson*，36，更多用书评或简介激怒了他的其他作家：37–8，47。Lynn Barber 为《观察家报》（*Observer*，2004 年 5 月 30 日）写

的简介读来很有趣。

291 "鲁莽": Iris Murdoch 在 *Manchester Guardian* 的评论（1957年10月25日）。她在1962年写给 Brigid Brophy 的一封信里称他为蠢驴；见 Murdoch、A. Horner 和 A. Rowe 编辑的 *Living on Paper: Letters from Iris Murdoch 1934–1995* (London: Chatto & Windus, 2015), 222。

291 "小迷思、玩意"：Murdoch, 'Against Dryness,' 出自 *Existentialists and Mystics: writings on philosophy and literature*, P. Conradi 编 (London: Penguin, 1999), 287–95，这在292-3页。

291 《校园里的救赎》：J. Glenn Gray, 'Salvation on the Campus: why existentialism is capturing the students', *Harper's Magazine*（1965年5月），53–60。关于 Gray，参见 Woessner, *Heidegger in America*, 132–59。

292 罗伯-格里耶：Alain Robbe-Grillet, *For a New Novel*, Richard Howard 译 (NY: Grove, 1965), 64。

293 "抹去": Michel Foucault, *The Order of Things* (London: Tavistock, 1970), 387。"消解人"：Claude Levi-Strauss, *The Savage Mind* (London: Weidenfeld & Nicolson, 1966), 247。

293 "表达"和"还有谁在乎自由？"：Jean Baudrillard, *Impossible Exchange*, C. Turner 译 (London: Verso, 2001), 73。参见 Jack Reynolds 和 Ashley Woodward, 'Existentialism and Poststructuralism: some unfashionable observations', 出自 Felicity Joseph、Jack Reynolds 和 Ashley Woodward 编辑的 *The Continuum Companion to Existentialism* (London: Continuum, 2011), 260–81。

293 布拉格的戏剧：ASAD, 358。《脏手》在1968年9月上演，《苍蝇》在同年12月上演。参见 Contat 和 Rybalka 编辑的 *The Writings of Jean-Paul Sartre*, I, 89。

293 "他过时了吗？"：Antonin Liehm, *The Politics of Culture* (New York: Grove Press, 1973), 146（与 Milan Kundera 的采访，P. Kussi 译，初版于1968年）。

294 言辞有分量：Havel, *Letters to Olga*, 306（1982年4月10日）。

294 "一切都可以"：Philip Roth，出自 George Plimpton 编辑 *Writers at Work: the Paris Review interviews*, 7th series (New York: Penguin, 1988), 267–98，这在296页。Hermione Lee 采访，初版于 *Paris Review*（1983年夏—1984年冬）。

294 变成继承人：Kohák, *Jan Patocka*, xi，译自 Patocka, 'Erinnerungen an Husserl'，出自 Walter Biemel 编辑的 *Die Welt des Menschen – die Welt der Philosophie* (The Hague: Martinus Nijhoff, 1976), vii–xix，这在 xv 页；帕托什卡也形容胡塞尔不愿意与海德格共享他：x。

294 花一整晚研读几句：Shore, 'Out of the Desert', 14–15。

294 帕托什卡的讨论会：Paul Wilson, introduction to Havel, *Letters to Olga*,

18，引自 Václav Havel, 'The Last Conversation' (1977), 出自 *Václav Havel o lidskou identitu* (*Václav Havel on Human Identity*), Vilém Priccem 和 Alexander Tomský 编 (London: Rozmluvy, 1984), 198–9。

295 "被震动者的团结": Patocka, *Heretical Essays in the Philosophy of History*, 134–5。

296 七七宪章: 'Charter 77 Manifesto', *Telos*, 31 (1977), 148–50。亦参见 Jan Patocka, 'Political Testament', *Telos*, 31 (1977), 151–2。关于此，另见 Kohák, *Jan Patocka*, 340–47。

296 哲学家: Aviezer Tucker, *The Philosophy and Politics of Czech Dissidence from Patocka to Havel* (Pittsburgh: University of Pittsburgh Press, 2000), 2–3。

296 例行审讯: Michael Zantovsky, *Havel* (London: Atlantic Books, 2014), 182。

296 哈维尔最后一次与帕托什卡见面: Paul Wilson, introduction to Havel, *Letters to Olga*, 18, 引自 Václav Havel, 'The Last Conversation' (1977), 出自 *Václav Havel o lidskou identitu* (*Václav Havel on Human Identity*), Vilém Precan 和 Alexander Tomský 编 (London: Rozmluvy, 1984), 198–9。

296 "需要的是……": Patocka, 'Political Testament', *Telos*, 31 (1977), 151–2, 这在 151。

296 帕托什卡之死: Kohák, *Jan Patocka*, 3; Zantovsky, *Havel*, 183–4。

296 帕托什卡的葬礼: Klíma, *My Crazy Century*, 350–51。

297 帕托什卡的文件: Shore, 'Out of the Desert', 14–15; Chvatík, 'Geschichte und Vorgeschichte'。

297 "无情迫害": Paul Ricœur, 'Patocka, Philosopher and Resister', David J. Parent 译, *Telos*, 31 (1977), 152–5, 这在 155 页。初版于 *Le Monde* (1977 年 3 月 19 日)。

297 蔬果零售商: Havel, 'The Power of the Powerless', 41–55。

297 "此时此地": ibid., 99。

298 "存在主义革命": ibid., 117–18。

*　　*　　*　　*　　*　　*　　*　　*　　*　　*

第十三章 一旦品尝了现象学

299 "可能性": BN, 568。

299 "从别处": Beauvoir, *A Very Easy Death*, 91–2。

299 人不能与死亡发生关系, *Old Age*, 492。

300 "它把现象学从我们身上夺走了": Richard Wollheim, *The Thread of Life* (Cambridge,

MA：Yale University Press，1999），269。

300 加缪的车祸和手稿：Lottman，*Albert Camus*，5。

301 波伏娃和加缪之死：FOC，496-7。

301 萨特和加缪之死：Sartre，'Albert Camus'，出自 *Situations [IV]*，107-12。最初刊于 *France-Observateur*（1960 年 1 月 7 日）。

301 加缪是一个伦理思想家：'Simone de Beauvoir tells Studs Terkel How She Became an Intellectual and Feminist'（1960），音频采访，在线：http://www.openculture.com/2014/11/simone-de-beauvoir-talks-with-studs-terkel-1960.html。

301 赖特的死和怀疑：Rowley，*Richard Wright*，524-5。铋盐：504。

301 赖特的俳句：有一部分包括在 Ellen Wright 和 Michel Fabre 编辑的 *Richard Wright Reader*（New York：Harper & Row，1978），251-4。其他的在线：http://terebess.hu/english/haiku/wright.html。

301 梅洛 - 庞蒂之死：Ronald Bonan，*Apprendre à philosopher avec Merleau-Ponty*（Paris：Ellipses，2010），12；Gandillac，*Le siècle traversé*，372；Emmanuelle Garcia，'Maurice Merleau-Ponty：vie et œuvre'，出自 Merleau-Ponty，*Œuvres*，27-99，这在 93 页。

302 萨特关于梅洛 - 庞蒂之死的说法：Sartre，'Merleau-Ponty'，出自 *Situations [IV]*，225-326，这在 320 页。最初以"Merleau-Ponty vivant"为题发表，出自 *Les Temps modernes*，17e année，184-5（1961 年 10 月），304-76。

302 雅斯贝尔斯和英年早逝的警告：Gens，*Karl Jaspers*，50（格特鲁德写给阿伦特，1966 年 1 月 10 日）。

302 海德格尔和格特鲁德·雅斯贝尔斯的电报：ibid.，206（海德格尔写给格特鲁德，1969 年 3 月 2 日；格特鲁德写给海德格尔，1969 年 3 月 2 日）。

303 雅斯贝尔斯论诺德奈岛：Jaspers，'Self-Portrait'，3。

303 阿伦特帮助海德格尔夫妇：Woessner，*Heidegger in America*，109-11。

304 阿伦特论海德格尔：Arendt，'Martin Heidegger at Eighty'，出自 Murray 编辑的 *Heidegger and Modern Philosophy*，293-303，这在 301 页。最初刊于 *New York Review of Books*（1971 年 10 月）。

304 海德格尔明白大家在期待什么：Petzet，*Encounters and Dialogues*，91。

304 书店的橱窗：Gerhart Baumann，*Erinnerungen an Paul Celan*（Frankfurt am Main：Suhrkamp，1992），58-82，这在 66 页；James K. Lyon，*Paul Celan and Martin Heidegger：an unresolved conversation*，1951-1970（Baltimore：Johns Hopkins University Press，2006），168。

305 诗：Paul Celan，'Todtnauberg'，出自 *Poems of Paul Celan*，Michael Hamburger 译（London：Anvil Press，1988），292-5（德文、英文版）。

305 "沙漠般"：Heidegger, *Sojourns*, 37。

305 "不看到希腊"：Safranski, *Martin Heidegger*, 401（海德格尔写给凯斯特纳，1960 年 2 月 21 日）。

305 "酒店"和"释放"：Heidegger, *Sojourns*, 12, 19。

305 雅典：ibid., 36, 39–42。

306 "单一姿态"和"知道如何在这个世界"：ibid., 43–4。

306 相机：ibid., 54。

306 埃克塞基亚斯的杯子：ibid., 57, 和 70 n20。它在慕尼黑文物博物馆。

307 "哪里写着？"和"根据"：Heidegger, '"Only a God can Save Us": Der Spiegel's Interview with Martin Heidegger', 出自 Wolin, *The Heidegger Controversy*, 91–116, 这在 106 页。这次采访在他去世后刊于 *Der Spiegel*（19976 年 5 月 31 日）。由 Maria P. Alter 和 John D. Caputo 翻译的文本，最初刊于 *Philosophy Today XX*（4/4）(1976), 267–85。

307 与魏尔特的对话：Safranski, *Martin Heidegger*, 432, 引自 Welte, 'Erinnerung an ein spätes Gespräch', 251。关于海德格尔和返回家园这个主题，亦参见 Robert Mugerauer, *Heidegger and Homecoming: the leitmotif in the later writings*（Toronto: University of Toronto Press, 2008），和 Brendan O'Donoghue, *A Poetics of Homecoming: Heidegger, homelessness and the homecoming venture*（Newcastle upon Tyne: Cambridge Scholars, 2011）。

307 弗里茨·海德格尔和"愚人周"的演说：Raymond Geuss, 'Heidegger and His Brother', 出自 *Politics and Imagination*（Princeton & Oxford: Princeton University Press, 2010），142–50, 这在 142–3 页。笼统地关于弗里茨·海德格尔，参见 Zimmermann, *Martin und Fritz Heidegger*；Safranski, *Martin Heidegger*, 8–9, 引自 Andreas Müller, *Der Scheinwerfer: Anekdoten und Geschichten um Fritz Heidegger*（Messkirch: Armin Gmeiner, 1989），9–11, 和（尤其是'此 - 此 - 此在'和'月亮上的超市'）Luzia Braun, 'Da-da-dasein. Fritz Heidegger: Holzwege zur Sprache', 出自 *Die Zeit*（1989 年 9 月 22 日）。

308 "它从人身上收回了"：Heidegger, *Parmenides*, 85, 引自 Polt, *Heidegger*, 174。

308 提出修正建议：Safranski, *Martin Heidegger*, 8；Raymond Geuss, 'Heidegger and His Brother', 出自 *Politics and Imagination*（Princeton & Oxford: Princeton University Press, 2010），142–50, 这在 149 页。

308 "好些年以来"：Sartre, 'J'écris pour dire que je n'écris pas'（未注明日期的笔记），出自 *Les Mots*, 1,266–7。

309 《萨特自述》，拍摄于 1972 年 2—3 月，1976 年 5 月 27 日在戛纳首映。关于在一起看：Beauvoir 'A Farewell to Sartre', *Adieux*, 85。关于看电视（尽管几乎

失明)：Todd, *Un ls rebelle*, 20。

309 拒绝伤心：Sartre, 'Self-Portrait at Seventy', 出自 *Sartre in the Seventies (Situations X)*, 3–92, 这在 4 页。

309 中风、记忆障碍、牙齿问题：Hayman, *Writing Against*, 416–17。

309 "虚无"：Beauvoir, 'A Farewell to Sartre', *Adieux*, 65。

309 "萨特，小伙伴"：Todd, *Un ls rebelle*, 30。

309 反犹主义著作，暴力：Sartre 和 Lévy, *Hope Now*, 63–4, 92, 100–103。这些访谈最初刊于 *Le nouvel observateur* (1980 年 3 月 10 日、17 日、24 日)。

310 更不坏些，"思想被创造"：ibid., 73。

310 波伏娃的看法：Ronald Aronson, 'Introduction', ibid., 3–40, 这在 7 页。

310 阿隆的看法：ibid., 8, 引自 Aron, 'Sartre à "Apostrophes"', *Liberation/Sartre* (1980), 49。其他人都表达了关切：Edward Said 写下了 1979 年和萨特、波伏娃在巴黎的会面，令人震惊的是，莱维在午餐时代表萨特发言。当 Said 要求听萨特自己的发言之时，莱维犹豫了一下，说他会在第二天这么做。他这么做了，但依据一份准备好的文本，而 Said 怀疑是由莱维所写。Edward Said, 'Diary: an encounter with Sartre', *London Review of Books* (2000 年 6 月 1 日)。关于这次采访和萨特与莱维的合作的更广阔背景，参见 J.-P. Boulé, *Sartre médiatique* (Paris: Minard, 1992), 205–15。

311 摄影师：Hayman, *Writing Against*, 437, 尤其指的是在《比赛》中用长焦镜头拍摄的一张清晰照片。

311 "他的死亡确实把我们分开了"：Beauvoir, 'A Farewell to Sartre', 出自 *Adieux*, 127。

311 阿隆和萨特的约定：Aron, *Memoirs*, 450。

311 "感人的文章"：Aron, *The Committed Observer*, 146。

312 阿隆之死：Stanley Hoffman 的文章 "Raymond Aron (1905–1983)", 引自 *New York Review of Books* (1983 年 12 月 8 日)。

312 波伏娃最后几年的工作：Bair, *Simone de Beauvoir*, 611–12; ASAD, 69。

312 "一些模样可笑……" 和 "令人难以想象的特质"：Forster 和 Sutton 编辑的 *Daughters of de Beauvoir*, 19, 17 (Kate Millett 采访)。

312 肝硬化：Bair, *Simone de Beauvoir*, 612–13。

312 死亡、葬礼和阅读：ibid., 615–16。

313 "我悲伤地想到……"：FOC, 674。

313 "戴着钟形帽"：Beauvoir, *Old Age*, 406。

313 "孩童般的惊讶"：ASAD, 9。

314 "我出生在巴黎"：ASAD, 10。

315 《海德格尔：对存在的追求》：默多克的海德格尔手稿（打印版，手写订正）在金斯顿大学的默多克档案中，KUAS6/5/1/4；一个文稿版本在艾奥瓦大学（University of Iowa）。部分已经基于 Justin Broackes 编辑的两个文本出版：Murdoch, 'Sein und Zeit: pursuit of Being', 出自 Broackes 编辑的 *Iris Murdoch, Philosopher*, 93–114。

315 林中空地：Murdoch, 'Sein und Zeit: pursuit of Being', 出自 Broackes 编辑的 *Iris Murdoch, Philosopher*, 97。

315 贝内特的困惑：Murdoch, *Jackson's Dilemma*, 13–14。

315 "我很渺小"：ibid., 47。

316 杰克逊最后的想法：ibid., 248–9。

* * * * * * * * * *

第十四章 无法估量的繁盛

317 关于电影中的存在主义，参见 Jean-Pierre Boulé 和 Enda McCaffrey 编辑的 *Existentialism and Contemporary Cinema* (New York & Oxford: Berghahn, 2011), William C. Pamerleau, *Existentialist Cinema* (Basingstoke & New York: Palgrave Macmillan, 2009) 及其他。

318 马利克：参见 Thomas Deane Tucker 和 Stuart Kendall 编辑的 *Terrence Malick: film and philosophy* (London: Continuum, 2011), Martin Woessner, 'What Is Heideggerian Cinema?', *New German Critique*, 38 (2) (2011), 129–57, 和 Simon Critchley, 'Calm: on Terrence Malick's The Thin Red Line', *Film-Philosophy*, 6 (38) (2002年12月), 可在线获取 http://www.film-philosophy.com/ vol6-2002/n48critchley。马利克翻译了海德格尔的 *The Essence of Reasons* (Evanston, IL: Northwestern University Press, 1969)。

318 无法掌控：关于这一流派的一个引人入胜的例子，参见 Daniel Kahnemann, *Thinking Fast and Slow* (New York: Farrar, Straus & Giroux, 2011)。

318 关于对自由的信念之研究：J. Baggini, *Freedom Regained* (London: Granta, 2015), 35, 引自 K. D. Vohs 和 J. W. Schooler, 'The Value of Believing in Free Will: encouraging a belief in determinism increases cheating', *Psychological Science*, 19 (1) (2008), 49–54。一个人如果读了一段暗示"行为是确定的"的文字，相比于那些没有读的人，更倾向于在任务上作弊。

320 "思考就是把自己局限于单一的思想中"：Heidegger, *The Thinker as Poet*, 引自 *Poetry'Language'Thought*, 1–14, 这在 4 页。

320 海德格尔缺少心脏:默多克的海德格尔手稿(她校正过的录入版),在金斯顿大学的默多克档案,KUAS6/5/1/4,53。

320 "他出生在":Kisiel, *Genesis*, 287,引自关于亚里士多德的第一篇讲稿(1924年5月1日),1。海德格尔了无生趣的人生:Petzet, *Encounters and Dialogues*, 1。必须说,胡塞尔对传记细节也没有兴趣;在这方面,他们对现象学事业共享了类似的看法。

322 "他说的一切":Fest, *Not I*, 265。

322 "与自己针锋相对":FOC, 273。关于萨特动态性的有鉴赏力的评估,参见 Barnes, *An Existentialist Ethics*, 448。

323 "如果有人重新读一遍":这句话在米歇尔·龚达的一次采访中被引述给他;萨特表示同意。Sartre 的 *Self-Portrait at Seventy*,引自 *Sartre in the Seventies (Situations X)*,3–92,这篇文章在 20 页。

323 "在我看来"和"简单来说":Beauvoir, *Adieux*, 436。

323 "但我们还是活过":ibid., 445。

324 "没有什么是技术的":Heidegger, 'The Question Concerning Technology',出自 *The Question Concerning Technology and Other Essays*, 3–35,这在 4 页。

324 "超级快速计算机":Heinemann, *Existentialism and the Modern Predicament*, 26, 28。

324 网络:Dreyfus, *On the Internet*, 1–2。另一方面,Don Ihde 认为海德格尔的哲学与现代技术无关,海德格尔主要思考的是工业时代:Don Ihde, *Heidegger's Technologies: postphenomenological perspectives* (New York: Fordham University Press, 2010), 117–20。

325 "看到了某个类似于你的东西"和"无法估量的繁盛":E. M. Forster 的文章 "The Machine Stops",出自 *Collected Short Stories* (London: Penguin, 1954), 109–46,这在 110–11 页。初版于 *The Oxford and Cambridge Review*(1909 年 11 月)。

325 "具身认知":参见,例如,George Lakoff 和 Mark Johnson, *Philosophy in the Flesh: the embodied mind and its challenge to Western thought* (New York: Basic Books, 1999), Mark Rowlands, *The New Science of the Mind* (Cambridge, MA & London: Bradford/MIT Press, 2010),和 Shaun Gallagher, *How the Body Shapes the Mind* (Oxford: Clarendon Press, 2005)。

参考书目

其他参考作品的具体细节可以在"注释"部分查看

档案资料

Sonia Brownell & Maurice Merleau-Ponty: Correspondence (S.109) in George Orwell Archive, University College London.

Iris Murdoch, 'Heidegger: the pursuit of Being' (KUAS6/5/1/4) and 'Notes on a lecture by Jean-Paul Sartre' (Brussels, Oct. 1945) (IML 682) in Murdoch Archive, University of Kingston.

出版作品

Aho, Kevin, *Existentialism: an introduction* (Malden, MA & Cambridge: Polity, 2014).

Arendt, Hannah, *Eichmann in Jerusalem: a report on the banality of evil*, rev. and enl. edn (Harmondsworth: Penguin, 1977).

—*Essays in Understanding*, 1930–1954, ed. J. Kohn (New York: Harcourt, Brace & Co., 1994).

—*The Life of the Mind*, ed. M. McCarthy (New York: Harcourt Brace Jovanovich, 1977–8).

—*The Origins of Totalitarianism* (London: André Deutsch, 1986) (*Elemente und Ursprünge totaler Herrschaft*, 1951).

Arendt, Hannah & Heidegger, Martin, *Letters, 1925–1975*, ed. U. Ludz, tr. A. Shields (Orlando: Harcourt, 2004) (*Briefe*, 1998).

Arendt, Hannah & Jaspers, Karl, *Hannah Arendt/Karl Jaspers Correspondence* 1926–1969, eds L. Kohler & H. Saner, tr. R. & R. Kimber (New York: Harcourt Brace Jovanovich, 1992) (Hannah Arendt/Karl Jaspers Briefwechsel, 1985).

Aron, Raymond, *The Committed Observer: interviews with Jean-Louis Missika and Dominique Wolton*, tr. J. & M. McIntosh (Chicago: Regnery Gateway, 1983) (*Le spectateur engagé*, 1981).

—*Memoirs*, tr. G. Holoch (New York & London: Holmes & Meier, 1990) (*Mémoires*, 1983).

—*The Opium of the Intellectuals*, tr. T. Kilmartin (London: Secker & Warburg, 1957) (*L'opium des intellectuels*, 1955).

Bair, Deirdre, *Simone de Beauvoir* (London: Vintage, 1991).

Baldwin, James, *The Price of the Ticket: collected non-fiction 1948–1985* (London: Michael Joseph, 1985).

Barnes, Hazel, *An Existentialist Ethics*, new edn (Chicago & London: Chicago University Press, 1978).

—*The Story I Tell Myself: a venture in existentialist autobiography* (Chicago & London: Chicago University Press, 1997).

Barrett, William, *Irrational Man: a study in existential philosophy* (Garden City: Doubleday, 1962) (originally 1958).

Bauer, Nancy, *Simone de Beauvoir, Philosophy, and Feminism* (New York: Columbia University Press, 2001).

Beauvoir, Simone de, *Adieux: a farewell to Sartre*, tr. P. O'Brian (London: Penguin, 1985) (*La cérémonie des adieux . . .* , 1981).

—*All Said and Done*, tr. P. O'Brian (Harmondsworth: Penguin, 1977) (*Tout compte fait*, 1972).

—*America Day By Day*, tr. C. Cosman (London: Phoenix, 1999) (*L'Amérique au jour le jour*, 1948).

—*Beloved Chicago Man: letters to Nelson Algren 1947–64*, ed. S. Le Bon de Beauvoir (London: Phoenix, 1999). US edn entitled *A Transatlantic Love Affair* (New York: New Press, 1998). Originally published in French edn (*Lettres à Nelson Algren*, tr. S. Le Bon de Beauvoir, 1997); letters then restored to English originals in re-translation.

—*The Blood of Others*, tr. Y. Moyse & R. Senhouse (Harmondsworth: Penguin, 1964) (*Le sang des autres*, 1945).

—*Cahiers de jeunesse 1926–1930*, ed. S. Le Bon de Beauvoir (Paris: Gallimard, 2008).

—*The Ethics of Ambiguity*, tr. B. Frechtman (New York: Citadel, 1968) (*Pour une morale de l'ambiguité*, 1947).

—*Force of Circumstance*, tr. R. Howard (Harmondsworth: Penguin, 1968) (*La force des*

choses, 1963).
—*The Mandarins*, tr. L. M. Friedman (London: Harper, 2005) (*Les Mandarins*, 1954).
—*Memoirs of a Dutiful Daughter*, tr. J. Kirkup (Harmondsworth: Penguin, 1963) (*Mémoires d'une jeune fille rangée*, 1958).
—*Old Age*, tr. P. O'Brian (Harmondsworth: Penguin, 1977) (*La vieillesse*, 1970).
—*Philosophical Writings*, eds M. A. Simons, M. Timmermann & M. B. Mader (Urbana & Chicago: University of Illinois Press, 2004).
—*Political Writings*, eds M. A. Simons & M. Timmermann (Urbana, Chicago & Springfield: University of Illinois Press, 2012).
—*The Prime of Life*, tr. P. Green (Harmondsworth: Penguin, 1965) (*La force de l'âge, 1960*).
—*The Second Sex*, tr. C. Borde & S. Malovany-Chevallier (London: Cape, 2009) (*Le deuxième sexe*, 1949).
—*She Came to Stay*, tr. Y. Moyse & R. Senhouse (London: Harper, 2006) (*L'invitée, 1943*).
— '*The Useless Mouths' and Other Literary Writings*, eds M. A. Simons & M. Timmermann (Urbana, Chicago & Springfield: University of Illinois Press, 2011).
—*A Very Easy Death*, tr. P. O' Brian (Harmondsworth: Penguin, 1969) (*Une mort très douce, 1964*).
—*Wartime Diary*, tr. A. Deing Cordero, eds M. A. Simons & S. Le Bon de Beauvoir (Urbana & Chicago: University of Illinois Press, 2009) (*Journal de guerre*, 1990).
Beevor, Antony & Cooper, Artemis, *Paris After the Liberation: 1944–1949*, rev. edn (London: Penguin, 2004).
Bernasconi, Robert, *How to Read Sartre* (London: Granta, 2006).
—(ed.), *Race* (Malden, MA & Oxford: Blackwell, 2001).
Biemel, Walter, *Martin Heidegger: an illustrated study*, tr. J. L. Mehta(New York: Harcourt Brace Jovanovich, 1976) (*Martin Heidegger*, 1973).
Borden, Sarah, *Edith Stein* (London & New York: Continuum, 2003).
Brentano, Franz, *Psychology from an Empirical Standpoint*, ed. O. Kraus, tr. A. C. Rancurello, D. B. Terrell & L. McAlister (London & New York: Routledge, 1995) (*Psychologie vom empirischen Standpunkte*, 1874, 2nd edn 1924).
Broackes, Justin (ed.), *Iris Murdoch, Philosopher: a collection of essays* (Oxford & New York: OUP, 2012).
Camus, Albert, *Algerian Chronicles*, tr. A. Goldhammer (Cambridge, MA & London: Belknap/Harvard University Press, 2013) (*Chroniques algériennes*, 1958).
—*American Journals*, ed. R. Quilliot, tr. Hugh Levick (London: Abacus, 1990) (*Journal de*

voyage, 1978).

—*Between Hell and Reason*, tr. A. de Gramont (Lebanon, NH: University Press of New England, 1991) (translation of essays originally published in *Combat*).

—*Caligula, Cross Purpose, The Just, The Possessed*, tr. S. Gilbert & H. Jones (London: Penguin, 1984).

—*Essais* (Paris: Gallimard, 1965).

—*The Fall*, tr. J. O' Brien (Harmondsworth: Penguin, 1963) (*La chute*, 1956).

—*The First Man*, tr. D. Hapgood (London: Penguin, 1996) (*Le premier homme*, 1994).

—*Lyrical and Critical Essays*, tr. E. Conroy Kennedy, ed. P. Thody (New York: Knopf, 1969) (translations from *L'envers et l'endroit, Noces, L'été* and other sources).

—*The Myth of Sisyphus*, tr. J. O' Brien (Harmondsworth: Penguin, 1975) (*Le mythe de Sisyphe*, 1942).

— 'Neither Victims nor Executioners' (tr. D. Macdonald), in Paul Goodman (ed.), *Seeds of Liberation* (New York: G. Braziller, 1964), 24–43 ('Ni victimes, ni bourreaux' , published in *Combat*, 1946).

—*Notebooks 1935–1942*, tr. P. Thody (New York: Modern Library, 1965) (*Carnets 1935–1942*, 1962).

The Outsider, tr. S. Smith (Harmondsworth: Penguin, 2013) (*L'etranger*, 1942).

—*The Plague*, tr. R. Buss (London: Allen Lane, 2001) (*La peste*, 1947).

—*The Rebel*, tr. A. Bower (London: Penguin, 2000) (*L'homme revolté*, 1951).

Carman, Taylor, *Merleau-Ponty* (London & New York: Routledge, 2008).

Carpenter, Humphrey, *The Angry Young Men: a literary comedy of the 1950s* (London: Allen Lane, 2002).

Cassirer, Ernst & Heidegger, Martin, *Débat sur le Kantisme et la philosophie*, ed. P. Aubenque (Paris: Éditions Beauchesne, 1972).

Cau, Jean, *Croquis de mémoire* (Paris: Julliard, 1985).

Cazalis, Anne-Marie, *Les mémoires d'une Anne* (Paris: Stock, 1976).

Chvatík, Ivan, 'Geschichte und Vorgeschite des Prager Jan Patoc̆ka- Archivs' , *Studia phaenomenologica* vii (2007), 163–89.

Cohen-Solal, Annie, *Album Jean-Paul Sartre: iconographie* (Paris: Gallimard, 1991).

—*Sartre*: a life, tr. A. Cancogni (London: Heinemann, 1987) (*Sartre*, 1985).

—*Une renaissance Sartrienne* (Paris: Gallimard, 2013).

Conradi, Peter J., *Iris Murdoch: a life* (London: HarperCollins, 2001).

Contat, Michel & Rybalka, Michel (eds), *The Writings of Jean-Paul Sartre*, tr. R. McCleary

(Evanston, IL: Northwestern University Press, 1974) vol. 1: *A Bibliographical Life*, vol. 2: *Selected Prose*.

Cooper, David E., *Existentialism: a reconstruction*, 2nd edn (Oxford: Blackwell, 1999).

Corpet, O. & Paulhan, Claire, *Collaboration and Resistance: French literary life under the Nazi Occupation*, tr. J. Mehlman et al. (New York: Five Ties, 2009) (*Archives de la vie littéraire sous l'Occupation*, 2009).

Cotkin, George, *Existential America* (Baltimore, MD: Johns Hopkins University Press, 2005).

Cox, Gary, *The Sartre Dictionary* (London: Continuum, 2008).

Crowell, Steven (ed.), *The Cambridge Companion to Existentialism* (New York & Cambridge: CUP, 2012).

Dodd, James, *Crisis and Reflection: an introduction to Husserl's Crisis of the European Sciences* (Dordrecht, Boston & London: Kluwer, 2004).

Dorléac, Bertrand, *Art of the Defeat: France 1940–44* (Los Angeles: Getty Research Institute, 2008).

Dreyfus, Hubert L., *Being-in-the-world: a commentary on Heidegger's Being and Time, Divison I* (Cambridge, MA & London: MIT Press, 1991).

—*On the Internet* (London & New York: Routledge, 2001).

—*What Computers Still Can't Do* (Cambridge, MA & London: MIT Press, 1992).

Dreyfus, Hubert L. and Wrathall, Mark A. (eds), *A Companion to Phenomenology and Existentialism* (Oxford: Blackwell, 2006).

Ettinger, Elzbieta, *Hannah Arendt, Martin Heidegger* (New Haven & London: Yale University Press, 1995).

Fanon, Frantz, *Black Skin, White Masks*, tr. R. Philcox (New York: Grove, 2008) (*Peau noir, masques blancs*, 1952).

—*The Wretched of the Earth*, foreword by J.-P. Sartre, tr. C. Farrington (Harmondsworth: Penguin, 1967) (*Les damnés de la terre*, 1961).

Farías, Victor, *Heidegger and Nazism*, tr. P. Burrell & G. R. Ricci, eds J. Margolis & T. Rockmore (Philadelphia: Temple University Press, 1989) (*Heidegger y el Nazismo*, 1987, originally published in French as *Heidegger et le nazisme*, 1987).

Faye, Emmanuel, *Heidegger: the introduction of Nazism into philosophy*, tr. M. B. Smith (New Haven & London: Yale University Press, 2009) (*Heidegger: l'introduction du nazisme dans la philosophie*, 2005).

Fest, Joachim, *Not I: a German childhood*, tr. M. Chalmers (London: Atlantic Books, 2013)

(*Ich nicht*, 2006).

Flynn, Thomas R., *Sartre: a philosophical biography* (Cambridge: CUP, 2014).

Forster, Penny & Sutton, Imogen (eds), *Daughters of de Beauvoir* (London: The Women's Press, 1989).

Fullbrook, Edward & Fullbrook, Kate, *Sex and Philosophy: rethinking de Beauvoir and Sartre* (London: Continuum, 2008).

Fulton, Ann, *Apostles of Sartre: existentialism in America* (Evanston, IL: Northwestern University Press, 1999).

Gadamer, Hans-Georg, *Philosophical Apprenticeships*, tr. R. R. Sullivan (Cambridge, MA: MIT Press, 1985) (*Philosophische Lehrjahre*, 1977).

Gallagher, Shaun & Zahavi, Dan, *The Phenomenological Mind*, 2nd edn (London & New York: Routledge, 2012).

Gandillac, Maurice de, *Le siècle traversé* (Paris: Albin Michel, 1998).

Garff, Joakim, *Søren Kierkegaard: a biography*, new edn, tr. B. H. Kirmmse (Princeton: Princeton University Press, 2007).

Genet, Jean, *The Declared Enemy: texts and interviews*, ed. A. Dichy, tr. Jeff Fort (Stanford: Stanford University Press, 2004) (*L'ennemi déclaré*, 1991).

Gens, Jean-Claude, *Karl Jaspers: biographie* (Paris: Bayard, 2003).

Gerassi, John, *Sartre: hated conscience of his century* (Chicago: Chicago University Press, 1989).

—*Talking with Sartre: conversations and debates* (New Haven & London: Yale University Press, 2009).

Gille, Vincent, *Saint-Germain-des-Prés*, 1945–1950 (Paris: Pavillon des Arts, 1989).

Gordon, L. (ed.), *Existence in Black: An Anthology of Black Existential Philosophy* (New York & London: Routledge, 1997).

Gordon, Peter Eli, *Continental Divide: Heidegger, Cassirer, Davos* (Cambridge, MA & London: Harvard University Press, 2010).

Gray, Francine du Plessix, *Simone Weil* (London: Weidenfeld & Nicolson, 2001).

Gréco, Juliette, *Je suis faite comme ça* (Paris: Flammarion, 2012).

—*Jujube* (Paris: Stock, 1982).

Guéhenno, Jean, *Diary of the Dark Years*, 1940–1944, tr. D. Ball (Oxford & New York: OUP, 2014) (*Journal des années noires*, 1947).

Haffner, Sebastian, *Defying Hitler: a memoir*, tr. O. Pretzel (London: Weidenfeld & Nicolson, 2002) (*Geschichte eines Deutschen*, 2000).

Havel, Václav, *Letters to Olga*, tr. with introduction by P. Wilson (London & Boston: Faber, 1990) (*Dopisy Olze*, 1990).

— 'The Power of the Powerless' (Moc bezmocných, 1978), tr. P. Wilson, in his *Living in Truth: twenty-two essays published on the occasion of the award of the Erasmus Prize to Václav Havel*, ed. Jan Vladislav (London: Faber, 1987), 36–122.

Hayman, Ronald, *Writing Against: a biography of Sartre* (London: Weidenfeld & Nicolson, 1986).

Heidegger, Martin, *Basic Writings*, ed. D. F. Krell, rev. and expanded edn (London: Routledge, 1993).

—*Being and Time*, tr. J. Macquarrie & E. Robinson (Oxford: Blackwell, 1962) (*Sein und Zeit*, 1927).

—*Being and Time*, tr. J. Stambaugh, rev. D. J. Schmidt (Albany: SUNY Press, 2010) (*Sein und Zeit*, 1927).

—*Country Path Conversations*, tr. B. W. Davis (Bloomington & Indianapolis: Indiana University Press, 2010) (*Feldweg-Gespräche*, 2nd edn (GA 77), 2005).

—*Elucidations of Hölderlin's Poetry*, tr. K. Hoeller (New York: Humanity Books, 2000) (*Erläuterungen zu Hölderlins Dichtung*, (GA 4), 1981).

—*Gesamtausgabe* (GA) (Frankfurt am Main: V. Klostermann, 1976–) (the collected edn of Heidegger's works).

—*Introduction to Metaphysics*, tr. G. Fried & R. Polt (New Haven & London: Yale University Press, 2000) (*Einführung in die Metaphysik*, 1953).

—*Letters to his Wife 1915–1970*, ed. G. Heidegger, tr. R. D. V. Glasgow (Cambridge & Malden, MA: Polity, 2008) (*Mein liebes Seelchen!*, 2005).

—*Off the Beaten Track*, eds & tr. J. Young & K. Haynes (Cambridge: CUP, 2002) (*Holzwege*, 1950).

—*On Time and Being*, tr. J. Stambaugh (New York: Harper & Row, 1972) (translation from various sources).

—*Pathmarks*, ed. W. McNeill (Cambridge: CUP, 1998) (*Wegmarken*, 1967, rev. edn 1976).

—*Poetry, Language, Thought*, tr. A. Hofstadter (New York: Harper, 1975) (translation from various sources).

—*The Question Concerning Technology and Other Essays*, tr. W. Lovitt (New York: Harper, 1977) (*Die Frage nach der Technik*, 1953).

—*Sein und Zeit*, 14th edn (Tübingen: Max Niemeyer, 1977).

—*Sojourns: the journey to Greece*, tr. J. P. Manoussakis (Albany: SUNY Press, 2005)

(*Aufenthalte*, 1989).

—*What Is Called Thinking?*, tr. J. G. Gray (New York: Harper, 1968) (*Was heisst denken?*, 1954).

—Heidegger, Martin & Jaspers, Karl, *The Heidegger–Jaspers Correspondence* (1920–1963), eds W. Biemel & H. Saner, tr. G. E. Aylesworth (Amherst, NY: Humanity Books, 2003) (*Briefwechsel*, 1990).

Heinemann, Friedrich, *Existentialism and the Modern Predicament*, 2nd edn (London: Adam & Charles Black, 1954).

Howells, Christina (ed.), *The Cambridge Companion to Sartre* (Cambridge: CUP, 1992).

Husserl, Edmund, *Cartesian Meditations: an introduction to phenomenology*, tr. D. Cairns (The Hague: Martinus Nijhoff, 1977) ('Cartesianische Meditationen', *Husserliana* I, 1950).

—*The Crisis of the European Sciences and Transcendental Phenomenology*, ed. W. Biemel, tr. D. Carr (Evanston, IL: Northwestern University Press, 1970) (*Die Krisis der europäischen Wissenschaften und die transzendentale Phänomenologie*, 1954).

—*Husserliana* (The Hague: Martinus Nijhoff; Dordrecht: Springer, 1950–). Collected edition of his works, with supplementary volumes.

—*Ideas: general introduction to pure phenomenology*, tr. W. R. Boyce Gibson (London & New York: Routledge, 2012) (*Ideen*, 1913, 1952).

—*Logical Investigations*, tr. J. N. Findlay (London: Routledge & Kegan Paul; New York: Humanities Press, 1970) (*Logische Untersuchungen*, 2nd edn, 1913–21).

—*Psychological and Transcendental Phenomenology and the Confrontation with Heidegger* (1927–1931), eds & tr. T. Sheehan & R. E. Palmer (Dordrecht, Boston, London: Kluwer, 1997) (*Husserliana: Collected Works* VI).

Husserl-Archiv Leuven, *Geschichte des Husserl-Archivs = History of the Husserl Archives* (Dordrecht: Springer, 2007).

Huston, John, *An Open Book* (New York: Knopf, 1980; London: Macmillan, 1981).

Inwood, Michael, *A Heidegger Dictionary* (Oxford: Blackwell, 1999).

Jackson, Julian, *France: The Dark Years 1940–1944* (Oxford & New York: OUP, 2001).

Janicaud, Dominique, *Heidegger en France* (Paris: Albin Michel, 2001).

Jaspers, Karl, *The Atom Bomb and the Future of Mankind*, tr. E. B. Ashton (Chicago: University of Chicago Press, 1961) (*Die Atombombe und die Zukunft des Menschen*, 1958).

—*Basic Philosophical Writings*, eds E. Ehrlich, L. H. Ehrlich & G. B. Pepper (Amherst, NY:

Humanity Books (Humanities Press), 1994).
— 'On Heidegger', tr. Dale L. Ponikvar, *Graduate Faculty Philosophy Journal* 7 (1) (1978), 107–28. Translation of the added chapter *Notizen zu Martin Heidegger*, ed. Hans Saner, in revised edn of Jaspers, *Philosophische Autobiographie* (Munich: Piper, 1989). Also included as an insert in 'Philosophical Autobiography' (see below), 75/1–16.
—*Philosophy*, tr. E. B. Ashton (Chicago & London: University of Chicago Press, 1969–70) (*Philosophie*, 1932).
—*Philosophy of Existence*, tr. R. F. Grabau (Oxford: Blackwell, 1971) (*Existenzphilosophie*, 1938).
—*The Question of German Guilt*, tr. E. B. Ashton (Westport, CT: Greenwood Press, 1978) (*Die Schuldfrage*, 1946).
— 'Philosophical Autobiography', tr. P. A. Schilpp & L. B. Lefebre, in P. A. Schilpp (ed.) *The Philosophy of Karl Jaspers*. 2nd edn (La Salle, IL: Open Court, 1981), 5–94.
— 'Self-Portrait', tr. E. Ehrlich, in L. H. Ehrlich & R. Wisser (eds), *Karl Jaspers Today: philosophy at the threshold of the future* (Washington DC: Center for Advanced Research in Phenomenology, 1988), 1–25 (an interview broadcast and recorded 1966/7 by Norddeutscher Rundfunk).
Judaken, Jonathan & Bernasconi, Robert (eds), *Situating Existentialism* (New York & Chichester: Columbia University Press, 2012).
Judt, Tony, *Past Imperfect: French Intellectuals 1944–1956* (Berkeley: University of California Press, 1992).
Kaufmann, Walter, *Existentialism from Dostoevsky to Sartre* (London: Thames & Hudson, 1957).
Kierkegaard, Søren, *The Concept of Anxiety*, tr. E. and H. Hong (Princeton: Princeton University Press, 1981) (*Begrebet Angest*, 1844).
—*Concluding Unscientific Postscript to the Philosophical Crumbs*, ed. & tr. A. Hannay (Cambridge: CUP, 2009) (*Afsluttende uvidenskabelig Efterskrift til de philosophiske Smuler*, 1846).
—*Fear and Trembling*, tr. A. Hannay (London: Penguin, 2005) (*Frygt og Baeven*, 1843).
King, Magda, *A Guide to Heidegger's Being and Time*, ed. J. Llewellyn (Albany: SUNY Press, 2001).
Kirkbright, Suzanne, *Karl Jaspers: a biography – navigations in truth* (New Haven & London: Yale University Press, 2004).
Kisiel, Theodore & Sheehan, Thomas (eds), *Becoming Heidegger: on the trail of his early*

occasional writings, 1910–1927 (Evanston, IL: Northwestern University Press, 2007).

Kleinberg, Ethan, *Generation Existential: Heidegger's philosophy in France, 1927–1961* (Ithaca: Cornell University Press, 2005).

Klíma, Ivan, *My Crazy Century*, tr. Craig Cravens (London: Grove, 2014) (US edn by Grove/Atlantic, 2013).

Koestler, Arthur, *Darkness at Noon* (London: Macmillan, 1941).

—*Scum of the Earth* (New York: Macmillan, 1941).

Kohák, Erazim, *Jan Patocka: philosophy and selected writings* (Chicago & London: Chicago University Press, 1989).

Lacoin, Elisabeth, *Zaza: correspondance et carnets d'Elisabeth Lacoin (1914–1929)* (Paris: Éditions du Seuil, 1991).

Landes, Donald A., *The Merleau-Ponty Dictionary* (London: Bloomsbury, 2013).

Lanzmann, Claude, *The Patagonian Hare*, tr. F. Wynne (London: Atlantic, 2012). (*Le lièvre de Patagonie*, 2009).

Lescourret, Marie-Anne, *Emmanuel Levinas*, 2nd edn (Paris: Flammarion, 2006).

Levinas, *Discovering Existence with Husserl*, tr. & eds R. A. Cohen & M. B. Smith (Evanston, IL: Northwestern University Press, 1998) (*En découvrant l'existence avec Husserl et Heidegger*, 1949).

—*Existence and Existents*, tr. A. Lingis, introduction by R. Bernasconi (Pittsburgh: Duquesne University Press, 2001) (*De l'existence à l'existent*, 1947).

—*On Escape – De l'évasion*, tr. B. Bergo, with introductory essay, 'Getting Out of Being by a New Path' , by J. Rolland (Stanford: Stanford University Press, 2003) (translation of essay published in *Recherches Philosophiques*, 1935).

—*Totality and Infinity*, tr. A. Lingis (Pittsburgh: Duquesne University Press, 1969) (*Totalité et l'infini*, 1961).

Lévy, Bernard-Henri, *Sartre: the philosopher of the twentieth century*, tr. A. Brown (Cambridge: Polity, 2003) (*Le siècle de Sartre*, 2000).

Lewis, Michael & Staehler, Tanya, *Phenomenology: an introduction* (London & New York: Continuum, 2010).

Lottman, Herbert, *Albert Camus* (New York: Doubleday, 1979).

Löwith, Karl, *My Life in Germany Before and After 1933*, tr. E. King (London: Athlone Press, 1994) (*Mein Leben in Deutschland vor und nach 1939*, 1986).

Lusset, Félix, 'Un episode de l' histoire de la Mission Culturelle Française à Berlin (1946–1948): Sartre et Simone de Beauvoir à Berlin à l' occasion des representations des

Mouches au theatre Hebbel (janvier 1948)', in Jérôme Vaillant (ed.), *La dénazification par les vainqueurs: la politique culturelle des occupants en Allemagne 1945–1949* (Lille: Presses universitaires de Lille, 1981), 91–103.

MacDonald, Paul S. (ed.), *The Existentialist Reader: an anthology of key texts* (Edinburgh: Edinburgh University Press, 2000).

Macey, David, *Frantz Fanon: a biography*, 2nd edn (London & New York: Verso, 2012) (first published in US by Picador, 2000).

Mailer, Norman, *Advertisements for Myself* (Cambridge, MA & London: Harvard University Press, 1992).

Malka, Solomon, *Emmanuel Levinas: his life and legacy*, tr. M. Kigel & S. M. Embree (Pittsburgh: Duquesne University Press, 2006) (*Emmanuel Lévinas: la vie et la trace*, 2002).

Marcel, Gabriel, 'An Autobiographical Essay', tr. Forrest Williams, in P. A. Schilpp & L. Hahn (eds), *The Philosophy of Gabriel Marcel* (La Salle, IL: Open Court, 1991), 3–68.

—*Homo Viator: introduction to a metaphysic of hope*, tr. E. Craufurd (London: Gollancz, 1951) (*Homo Viator*, 1944).

—*The Philosophy of Existence*, tr. M. Harari (London: Harvill, 1948) (translation of various works).

—*Tragic Wisdom and Beyond: including conversations between Paul Ricœur and Gabriel Marcel*, tr. S. Jolin & P. McCormick (Evanston, IL: Northwestern University Press, 1973) (*Pour une sagesse tragique et son au-delà*, 1968).

Merleau-Ponty, Maurice, *Adventures of the Dialectic*, tr. J. Bien (Evanston, IL: Northwestern University Press, 1973) (*Les aventures de la dialectique*, 1955).

—*Humanism and Terror: the Communist problem*, tr. J. O'Neill (New Brunswick & London: Transaction, 2000) (*Humanisme et terreur*, 1947).

—*In Praise of Philosophy*, tr. J. Wild & J. M. Edie (Evanston, IL: Northwestern University Press, 1963) (*Éloge de la philosophie*, 1953).

—*La phénoménologie de la perception* (Paris: Gallimard, 2005).

—*Œuvres*, ed. C. Lefort (Paris: Gallimard, 2010).

—*Parcours deux*, 1951–1961 (Paris: Verdier, 2000).

—*Phenomenology of Perception*, tr. D. Landes (London & New York: Routledge, 2012) (*La phénoménologie de la perception*, 1945).

—*Sense and Non-Sense*, tr. H. L. Dreyfus & P. A. Dreyfus (Evanston, IL: Northwestern University Press, 1964) (*Sens et non-sens*, 1948).

—*Signs*, tr. & ed. R. C. McCleary (Evanston, IL: Northwestern University Press, 1964) (*Signes*, 1960).

—*Texts and Dialogues*, eds H. J. Silverman & J. Barry Jr, tr. M. Smith et al. (New Jersey & London: Humanities Press, 1992).

—*The Visible and the Invisible*: followed by working notes, ed. C. Lefort, tr. A. Lingis (Evanston, IL: Northwestern University Press, 1968) (*Le visible et l'invisible*, 1964).

—*The World of Perception*, tr. O. Davis (London & New York: Routledge, 2008) (Causeries 1948, 2002).

Moi, Toril, *Simone de Beauvoir: the making of an intellectual woman* (Oxford & Cambridge, MA: Blackwell, 1994).

Moran, Dermot, *Edmund Husserl: founder of phenomenology* (Cambridge: Polity, 2005).

—*Introduction to Phenomenology* (London & New York: Routledge, 2000).

Murdoch, Iris, *Jackson's Dilemma* (London: Chatto & Windus, 1995).

—*Metaphysics as a Guide to Morals* (London: Chatto & Windus, 1992).

—*Sartre: romantic rationalist* (Harmondsworth: Penguin, 1989).

— 'Sein und Zeit: pursuit of Being' (ed. Broackes), in J. Broackes (ed.), *Iris Murdoch, Philosopher: a collection of essays* (Oxford & New York: OUP, 2012), 93–114.

Murray, Michael (ed.), *Heidegger and Modern Philosophy* (New Haven: Yale University Press, 1978).

Neske, Günther & Kettering, Emil (eds), *Martin Heidegger and National Socialism: questions and answers*, tr. Lisa Harries (New York: Paragon, 1990).

Ott, Hugo, *Heidegger: a political life*, tr. Allan Blunden (London: Fontana, 1994) (*Martin Heidegger: unterwegs zu seiner Biographie*, 1988).

Patoc̆ka, Jan, *Heretical Essays in the Philosophy of History*, tr. E. Kohák, ed. J. Dodd, foreword by P. Ricoeur (Chicago: Open Court, 1996) (*Kacírské eseje o filosofii dejin*, 1975).

Petzet, H. W., *Encounters and Dialogues with Martin Heidegger 1929–1976*, tr. P. Emade & K. Maly (Chicago & London: University of Chicago Press, 1993) (*Auf einen Stern zugehen: Begegnungen und Gespräche mit Martin Heidegger*, 1983).

Polt, Richard, *Heidegger: an introduction* (London: UCL Press, 1999).

Rée, Jonathan, *Heidegger* (London: Routledge, 1999).

Richardson, William J., *Heidegger: through phenomenology to thought*, foreword by M. Heidegger, 3rd edn (The Hague: Martinus Nijhoff, 1973).

Rockmore, Tom, *Heidegger and French Philosophy: humanism, antihumanism, and Being*

(London: Routledge, 1995).

Rowley, Hazel, *Richard Wright: the life and times* (Chicago: University of Chicago Press, 2008).

Sacks, Oliver, *A Leg to Stand On* (London: Picador, 1986).

Safranski, R., *Martin Heidegger: between good and evil* (Cambridge, MA: Harvard University Press, 1998) (*Ein Meister aus Deutschland: Heidegger und seine Zeit*, 1994).

Sartre, Jean-Paul, *The Aftermath of War (Situations III)*, tr. C. Turner (London, New York & Calcutta: Seagull, 2008) (*Situations III*, 1949).

—*The Age of Reason*, tr. E. Sutton (Harmondsworth: Penguin, 1961) (*Roads of Freedom I*) (*L'âge de raison*, 1945).

—*Being and Nothingness*, tr. H. Barnes (London: Routledge, 2003) (*L'être et le néant*, 1943).

—*Between Existentialism and Marxism*, tr. J. Matthews, new edn (London: Verso, 2008) (a selection of essays from *Situations VIII* and *IX*, and an interview, 'Itinerary of a Thought').

—*The Communists and Peace*. With an answer to Claude Lefort, tr. I. Cléphane (London: Hamish Hamilton, 1969) (*Les communistes et la paix*, published in *Les Temps modernes* in three parts: 81 (July 1952), 84–5 (Oct.–Nov. 1952), 101 (April 1954), and reprinted in *Situations VI: problemes du Marxisme*, 1964).

—*Critical Essays (Situations I)*, tr. C. Turner (London, New York & Calcutta: Seagull, 2010) (*Situations I*, 1947).

—*Critique of Dialectical Reason. Volume I: Theory of Practical Ensembles*, tr. A. Sheridan-Smith, ed. J. Rée, introduction by F. Jameson (London: Verso, 2004) (*Critique de la raison dialectique. I. Théorie des ensembles pratiques*, 1960).

—*Critique of Dialectical Reason. Volume II* (Unfinished), ed. A. Elkaïm- Sartre, tr. Q. Hoare (London & New York: Verso, 2006) (*Critique de la raison dialectique. II*, 1985).

—*L'être et le néant* (Paris: Gallimard, 1943).

—*Existentialism and Humanism*, tr. P. Mairet (London: Methuen, 2007) (*L'existentialisme est un humanisme*, 1946).

—*The Family Idiot*, tr. C. Cosman (Chicago: University of Chicago Press, 1981–93) (*L'idiot de la famille*, 1971–2).

—*The Freud Scenario*, ed. J.-B. Pontalis, tr. Q. Hoare (London: Verso, 1985) (*Le scenario Freud*, 1984).

—*Imagination: a psychological critique*, tr. F. Williams (London: Cressett; Ann Arbor:

University of Michigan Press, 1962) (*L'imagination*, 1936).

—*The Imaginary*, rev. A. Elkaïm-Sartre, tr. J. Webber (London & New York: Routledge, 2004) (*L'imaginaire*, 2nd edn, 1986, 1st edn 1940).

—*Intimacy*, tr. L. Alexander (London: Panther, 1960) (*Le mur*, 1948).

—*Iron in the Soul*, tr. Eric Sutton (Harmondsworth: Penguin, 1963) (*Roads of Freedom III*) (*La mort dans l'âme*, 1949).

—*The Last Chance: Roads of Freedom IV*, tr. C. Vasey (London & New York: Continuum, 2009) (*La dernière chance*, 1981).

—*Sartre, Les mots et autres écrits autobiographiques*, eds J.-F. Louette, G. Philippe & J. Simont (Paris: Gallimard, 2010).

—*Nausea*, tr. R. Baldick (Harmondsworth: Penguin, 1965) (*La nausée*, 1938).

—*No Exit and Three Other Plays*, tr. S. Gilbert & L. Abel (New York: Vintage, 1989) (translation of *Huis clos*, 1944, and other works).

—*Quiet Moments in a War: the letters of Jean-Paul Sartre to Simone de Beauvoir 1940–1963*, ed. S. de Beauvoir, tr. L. Fahnestock & N. MacAfee (New York: Scribner's, 1993) (*Lettres au Castor II*, 1983).

—*The Reprieve*, tr. E. Sutton (Harmondsworth: Penguin, 1963) (Roads of Freedom II) (*Le sursis*, 1945).

—*Saint Genet: actor and martyr*, tr. B. Frechtman (New York: Pantheon, 1963) (*Saint Genet, comédien et martyr*, 1952).

—*Sartre By Himself: a film directed by Alexandre Astruc and Michel Contat*, tr. R. Seaver (New York: Urizen, 1978) (*Sartre par lui-même*, 1977).

—*Sartre in the Seventies: interviews and essays*, tr. P. Auster and L. Davis (London: André Deutsch, 1978) (Situations X, 1976). Published in the US as *Life/Situations* (New York: Pantheon, 1977).

—*Situations [IV]*, tr. B. Eisler (London: Hamish Hamilton, 1965) (*Situations IV*, 1964). Also translated as *Portraits (Situations IV)*, tr. C. Turner (London, New York & Calcutta: Seagull, 2009).

—*War Diaries*, tr. Q. Hoare (London: Verso, 1984) (*Les carnets de la drôle de guerre*, 1983).

—*Witness to My Life: the letters of Jean-Paul Sartre to Simone de Beauvoir, 1926–1939*, ed. S. de Beauvoir, tr. L. Fahnestock & N. MacAfee (Harmondsworth: Penguin, 1994) (*Lettres au Castor I*, 1983).

—*Words*, tr. I. Clephane (Harmondsworth: Penguin, 1967) (*Les mots*, 1963).

Sartre, J.-P. and Lévy, Benny, *Hope Now: the 1980 interviews*, tr. A. Van den Hoven;

introduction by R. Aronson (Chicago: University of Chicago Press, 1996) (*L'espoir maintenant*, 1991).

Sepp, Hans Rainer (ed.), *Edmund Husserl und die phänomenologische Bewegung. Zeugnisse in Text und Bild* (Freiburg: Karl Alber, 1988).

Sharr, Adam, *Heidegger's Hut* (Cambridge, MA & London: MIT Press, 2006).

Sheehan, Thomas (ed.), *Heidegger: the man and the thinker* (New Brunswick & London: Transaction, 2010).

—*Making Sense of Heidegger: a paradigm shift* (London & New York: Rowman & Littlefield, 2015).

Shore, Marci, 'Out of the Desert,' *Times Literary Supplement* (2 Aug. 2013), 14–15.

Simons, Margaret A., *Beauvoir and The Second Sex: feminism, race, and the origins of existentialism* (Lanham, MD: Rowman & Littlefield, 1999).

Spender, Stephen, *New Selected Journals 1939–1995*, eds L. Feigel & J. Sutherland, with N. Spender (London: Faber, 2012).

Spiegelberg, Herbert, 'The Lost Portrait of Edmund Husserl by Franz and Ida Brentano', in Robert B. Palmer & Robert Hamerton-Kelly (eds), *Philomathes: studies and essays in the humanities in memory of Philip Merlan* (The Hague: Martinus Nijhoff, 1971), 341–5.

—*The Phenomenological Movement: a historical introduction*, 3rd edn, with the collaboration of Karl Schuhmann (The Hague: Martinus Nijhoff, 1982).

Sprintzen, David A. & Van den Hoven, Adrian (eds), *Sartre and Camus: a historic confrontation* (Amherst, NY: Humanity Books, 2004).

Spurgeon, Brad, *Colin Wilson: philosopher of optimism* (Manchester: Michael Butterworth, 2006).

Spurling, Hilary, *The Girl from the Fiction Department: a portrait of Sonia Orwell* (London: Hamish Hamilton, 2002).

Stein, Edith, *On the Problem of Empathy*, 3rd edn, tr. W. Stein (Washington DC: Institute of Carmelite Studies Publications, 1989) (Collected Works, III) (*Zum Problem der Einfühlung*, 1917).

—*Self-Portrait in Letters, 1916–1942*, tr. J. Koeppel (Washington DC: Institute of Carmelite Studies Publications, 1993) (*Collected Works V*) (*Selbstbildnis in Briefen*, 1976–7).

Steiner, George, *Martin Heidegger* (Harmondsworth: Penguin, 1978).

Stewart, Jon (ed.), *The Debate Between Sartre and Merleau-Ponty* (Evanston, IL: Northwestern University Press, 1998).

Les Temps modernes (Paris, 1 Oct. 1945–).

Thompson, Kenneth A., *Sartre: his life and works*. (New York & Bicester: Facts on File, 1984).

Toadvine, Ted & Embree, Lester (eds), *Merleau-Ponty's Reading of Husserl* (Dordrecht, Boston & London: Kluwer, 2002).

Todd, Olivier, *Albert Camus: une vie* (Paris: Gallimard, 1995).

—*Albert Camus: a life*, tr. B. Ivry (London: Chatto & Windus, 1997) (an abridged and edited version of Albert Camus, 1995).

—*Un fils rebelle* (Paris: B. Grasset, 1981).

Towarnicki, Frédéric de, 'Le Chemin de Zähringen', in his *À la rencontre de Heidegger: souvenirs d'un messager de le Forêt-noire* (Paris: Gallimard, 1993), 13–128.

Van Breda, Herman Leo, 'Die Rettung von Husserls Nachlass und die Gründung des Husserl-Archivs – The Rescue of Husserl's Nachlass and the Founding of the Husserl-Archives', tr. D. Ulrichs & B. Vassillicos, in *Geschichte des Husserl-Archivs = History of the Husserl Archives* (Dordrecht: Springer, 2007), 39–69 (Van Breda's account first published in 1959).

Vian, Boris, *I Spit on Your Graves*, tr. B. Vian & M. Rosenthal, introduction by J. Sallis (Edinburgh: Canongate, 2001) (*J'irais cracher sur vos tombes*, 1948).

—*Manual of Saint-Germain-des-Prés* (New York: Rizzoli, 2005).

—*Mood Indigo*, tr. J. Sturrock (New York: Grove Press, 1968) (*L'écume des jours*, 1947).

Webber, Jonathan, *The Existentialism of Jean-Paul Sartre* (New York & London: Routledge, 2009).

Weber, Eugen, *The Hollow Years: France in the 1930s* (New York & London: W. W. Norton, 1994).

Weil, Simone, *Formative Writings 1929–41*, eds & tr. D. Tuck McFarland & W. Van Ness (Abingdon & New York: Routledge, 1987).

White, Edmund, *Genet*, corrected edn (London: Picador, 1994).

Wilson, Colin, *Dreaming to Some Purpose* (London: Century, 2004).

—*The Outsider* (London: Gollancz, 1956).

Woessner, Martin, *Heidegger in America* (Cambridge: CUP, 2011).

Wolin, Richard, *Heidegger's Children: Hannah Arendt, Karl Löwith, Hans Jonas, and Herbert Marcuse* (Princeton & Oxford: Princeton University Press, 2001).

—(ed.), *The Heidegger Controversy* (Cambridge, MA: MIT Press, 1993).

Wright, Richard, *The Outsider: the restored text established by the Library of America*, with notes by A. Rampersad (New York & London: Harper, 2008).

Young-Bruehl, Elisabeth, *Hannah Arendt: for love of the world*, 2nd edn (New Haven & London: Yale University Press, 2004).

Zaretsky, Robert, *A Life Worth Living: Albert Camus and the quest for meaning* (Cambridge, MA & London: Belknap/Harvard University Press, 2013).

Zimmermann, Hans Dieter, *Martin und Fritz Heidegger: Philosophie und Fastnacht*, 2nd edn (Munich: C. H. Beck, 2005).

索引

索引中的页码为原书页码，可在正文旁边的空白中找到。

阿黛尔·梅勒，286

阿道夫·艾希曼，77，284-5

阿道夫·希特勒，75，85，122，123，128

阿道司·赫胥黎，99

阿尔贝·加缪，148；背景，147；性格，259；去世，300-1；与解放，161，162-3；与核武器，242；哲学，138，148-51；政治活动，242，243，246，248-9，254，256-9，276；与其他思想家的关系，30，31；罗伯-格里耶论加缪，292-3；与萨特/波伏娃，108，146-7，248-9，256-9，265，300-1，365；萨特为他写的讣告，301；论《第二性》，209；与第二次世界大战，138；与美国，169-70，171，172；与威尔逊，288，289；与赖特，171，172

著作：《卡利古拉》，138，147，151，英译本，286；《局外人》，138，147，148-9，151-2，168，366；《堕落》，258-9；《第一个人》，300；《公义者》，246；《西西弗神话》，138，147，149-51，286；《既非受害者，亦非刽子手》，246；《瘟疫》，160；《反抗者》，256-7

阿尔贝托·贾科梅蒂，15，146，208

阿尔伯特·梅米，273

阿尔及利亚，246，276-7，391

阿莱特·埃凯姆-萨特，309

阿兰·罗伯-格里耶，292-3，293-4

阿那克西曼德，131

阿瑟·柯斯勒，30，134，138，248-50，385

阿斯比约恩·施特格利希-佩特森，57

埃德加·爱伦·坡，138-9

埃德加·莱兹，176

埃德蒙德·胡塞尔，37，67；外表，36-7；骨灰与坟墓，135，136；对传记的态度，401；背景，35-9；关于他的书，4；与捷克斯洛伐克，294-8，395；与海德格尔，30，49，50-1，54，55，65，66-8，72，73，79，81，92，96，97，130-1； 与雅斯贝尔斯，44；弥留之际与去世，96-7；丢失的画像，129，135，

549

362；手稿，39；与默多克，394；抢救遗稿，124-33，134-5；与纳粹，81；哲学，2，39-48，66-8，130-3；与宗教，54；与萨特，106

著作：《欧洲科学的危机与超越论的现象学》，97，130；《纯粹现象学和现象学哲学的观念》，130；《逻辑研究》，54

埃尔芙丽德·海德格尔（娘家姓氏 Petri）：爱琴海环游，305；坟墓，307；与胡塞尔，81；婚姻与家庭，54，83，92；战后生活，178，181；买下托特瑙山的地皮，55-6

埃尔芙丽德·佩特里，参见埃尔芙丽德·海德格尔

埃塞尔和朱利厄斯·罗森堡夫妇，245

埃斯库罗斯，158

埃托雷·科尔尼里昂，134

艾达·冯·李本，129

艾哈德·凯斯特纳，305

艾克哈特大师，184

艾耶尔，238

爱德华·阿斯韦尔，280

爱德华·达拉第，123，128

爱莉·胡塞尔，38，96

艾丽丝·马里昂·杨，211

艾丽丝·默多克，287；去世，315；与存在主义，31，214，287；与海德格尔，315，320，394，400；对作者的影响，32；哲学，199，315，320，394，400；对大众的吸引力，288；与薇依，199；论威尔逊，291，395

著作：《反对枯燥》，291；《海德格尔：对存在的追求》，315，400；《杰克逊的困境》，315-16；《网之下》，287

安德烈·纪德，86，145

安德烈·马尔罗，145

安吉·佩格，281

安妮·科恩-苏莱，267

安妮-玛丽·卡扎斯基，12-13，167

安妮-玛丽·萨特，114，121，264，276-7

奥黛丽·赫本，283

奥尔加·科萨凯维奇，108，137，152，254

奥利·伊瑟林，274

奥利弗·萨克斯，42-3，234

奥利维尔·威克斯，267

奥利维尔·陶德，275，309

巴勃罗·毕加索，146

巴黎：拿破仑酒吧，12；煤气灯酒吧，1；双偶咖啡馆，12；花神咖啡馆，12，13，146；咖啡馆，146；巴黎高等师范学校，109-10，112-13，115-16；巴黎的存在主义亚文化，12-13，165-9；丹麦酒店，137；解放，160-2；罗里昂黛爵士俱乐部，12-13，168，341；卡尔诺高中，144；蒙帕纳斯公墓，24；拉雪兹神父公墓，302；圣日耳曼德佩地区，12，166-7；中央大厅，7；萨特书中的巴黎，152，153；二战中的巴黎，137-8，140，143-4，145-6；塔布俱乐部，12-13

巴门尼德，131

巴斯特·基顿，104

巴西，254

柏拉图, 50, 131, 345

柏林, 5, 36, 202–5

柏林空投, 204–5

班尼·莱维, 268, 309, 314, 399

保尔·尼赞, 115, 123, 133, 139

保罗·策兰, 304–5

保罗·蒂利希, 21

保罗·冯·兴登堡, 75

保罗·古德曼, 284

保罗·利科, 297

保罗·詹宁斯, 172

鲍里斯·维昂, 166; 去世, 300;《泡沫白日梦》或《靛蓝情绪》, 165–6;《我唾弃你的坟墓》, 168; 与巴黎夜生活, 12, 166–7, 237, 248

贝尔纳-亨利·莱维, 266

贝尔托·布莱希特, 61

贝尼托·墨索里尼, 128

本体感受, 130, 231–4, 381–2

本体论, 参见存在 (Being)

比安卡·比嫩费尔德, 137–8, 139–40

彼得·威尔, 317

彼特拉克, 119

必然性, 100–4, 156

《波伏娃的女儿们》（电视节目）, 281–2

伯恩哈德·魏尔特, 307

伯特兰·德·茹弗内尔, 311–12

不来梅俱乐部, 193

《不可思议的收缩人》（电影）, 78, 284

布拉德·司布真, 291

布拉格, 97, 125, 293, 294, 297

布莱斯·帕斯卡, 1

布勒尔霍赫疗养院, 192–3

布鲁诺·贝特尔海姆, 76–7, 86

操劳 (concern), 63, 350

操心 (care), 63

查尔斯·达尔文, 216

查尔斯·桑德斯·皮尔士, 65

查理·卓别林, 104, 164

朝鲜战争 (1950–53), 253–5

长崎, 242

《楚门的世界》（电影）, 317

此在 (Dasein), 60, 63–6, 68–71, 73, 78, 87–9, 240, 299

存在 (Being)：海德格尔论~, 50–1, 58–66, 68–71, 73, 78, 87–9, 181–9, 240, 299; 列维纳斯论~, 195–6; 梅洛-庞蒂论~, 228–37, 239–41

存在主义：作者的评价, 319–20; 诞生, 1–5; 天主教会的态度, 11; 名声, 165; 批评, 26–7, 292–3, 定义与关键原则, 33–4, 参与真实世界, 28–9; 存在主义服装, 13, 167–8; 存在主义生活方式, 14–16; 存在主义亚文化, 12–14, 165–9; 历史语境, 10, 31; 影响, 21–3, 298; 与马克思主义/共产主义, 11, 252; 存在主义者的通俗形象, 173; 先驱及其对此的影响, 3–5, 16–20, 46–7; 存在主义者之间的关系, 30–1; 与现代世界的关联, 28–30, 317–19; 亦参见各存在主义者

达沃斯, 71–2

达希尔·哈梅特, 168

大卫·盖斯科因, 123

大卫·拉塞尔, 318

大卫·里斯曼，284

大卫·鲁塞，245

大卫·休谟，152

戴维·卡普，284

丹尼尔·丹尼特，57

丹尼尔·笛福，138–9

丹尼尔·拉加希，99

《道岔》（期刊），3

德国：去纳粹化，181，191；海德格尔与纳粹，77–81，84–6，87–94，178，181，189–90，191，355；希特勒的侵略扩张，122，123；慕尼黑危机，123，128；纳粹上台，74–7；纳粹-苏联的协议，133；纽伦堡法案，94；大众及哲学家对纳粹的反应，76–97；战后，175–81，191，204–5；萨特论德国富有潜力的未来，202–4；与第二次世界大战，139

迪尔德丽·贝尔，120

第二次世界大战（1939–45）：酝酿，122–4，128，129，133–4；战时生活，134–60，176，195–6；爆发，134

《地平线》（评论），238

电车难题，8，246

电脑，324–5

电影，78，168，283–4，317–18

杜布罗夫尼克，306

杜布瓦，277

杜拨，173

对此在的分析，282

多萝丽丝·费奈蒂，169

多瑞恩·卡尔恩斯，39

E. P. 汤普森，259，387

俄罗斯，参见苏联

恩斯特·卡西尔，71–2，94

恩斯特·刘别谦，154

儿童与童年：波伏娃论~，116，210–11，231；梅洛-庞蒂论~，231–2，234；萨特论~，156，217–18，221

法国：20世纪30年代的绥靖主义，122–4；与阿尔及利亚，276–7，391；殖民主义，275–7，391；陷落（1940），139；解放，160–3；被占领，140–1，143–6，158–60；战后政治运动，250–1

《法兰西文学》（期刊），244–5

法兰西行动战线，122

法兰西学院，237，241，260，264

《反马克思主义的不幸历险：梅洛庞帝的不幸》，263

放开（letting-be），参见 Gelassenheit

菲利普·津巴多，285

菲利普·拉金，70

菲利普·罗斯，294

费奥多尔·陀思妥耶夫斯基，199，245–6

费尔德贝格，194

弗吉尼亚·伍尔夫，124，211

弗莱堡大学：策兰在~做朗读会，304–5；去纳粹化，181，191；海德格尔在~，54–5，66，72–3，79–80，89；胡塞尔在~，35–6，38–9，48–9；在纳粹治下，79–80；萨特在~发表演讲，205，206–7

弗兰兹·卡夫卡，138–9，149

弗朗茨·法农，273–5，391

弗朗索瓦·莫里亚克，16
弗朗索瓦丝·德·波伏娃，110，111
弗朗西斯·琼松，257
弗朗辛·加缪，147
弗朗兹·克莱门斯·布伦塔诺：档案，125，129；背景，38；与海德格尔，51；与胡塞尔，37-8，44；影响，298；丢失的胡塞尔画像，129，135，362；哲学，44-5，51；与满怀疑虑地拒绝，295
弗里茨·海德格尔，51-2，176，179-80，181，307-8，346
弗里德里克·德·托瓦尼基，89，180-1，200-1，371
弗里德里希·海德格尔，51，52
弗里德里希·海涅曼，324，349
弗里德里希·荷尔德林，90，176-7，178，183，184，372
福楼拜，16，103，112，138-9，217，221-3
福斯特，325

伽里玛（出版社），107-8，218
盖尔哈德·斯特普曼，192-3，374
《哥斯拉》（电影），284
戈特弗里德·冯·莱布尼茨，50
格奥尔格·特拉克尔，177
格利高里·派克，283
格式塔理论，230
格特·托伊尼森，204
格特鲁德·斯坦，61-2，173
格特鲁德·雅斯贝尔斯，82-3，84，85，94-5，190-1，302
公民权利运动，21

共在（Mitsein/ being-with），91-2
《故乡》（系列电影），176
关系破裂，67-71
广岛，242

哈佛大学，霍顿图书馆，129
海德堡，83
海德堡大学，193-4
海因里希·韦根·佩采特，73，193，205，304
汉弗莱·卡彭特，291
汉娜·阿伦特，95；去世，303-4；与海德格尔，55，56，57，58，79，92，303-4，345；论海德格尔的后期哲学，189；与雅斯贝尔斯，83，85，92，189，245；离开纳粹德国前往美国，95；在美国的生活，174；论罗森堡夫妇，245；论极权主义，77
著作：《艾希曼在耶路撒冷》，284-5；《法国存在主义》，174；《精神生活》，303；《八十岁的马丁·海德格尔》，303-4；《存在主义哲学是什么？》，174
汉斯·布勒克纳，18
汉斯·约纳斯，57，88-9，179
汉斯-格奥尔格·伽达默尔，36-7，53-4，57，189，347
《浩劫》（纪录片），14
核武器，242，253
赫伯特·马尔库塞，189-90
赫尔曼·海德格尔，54，176，179-80，181
赫尔曼·李奥·范·布雷达，125-8，126，129，130，135，136

553

赫尔曼·穆尔琛，58
赫拉克利特，131
赫鲁晓夫，263
黑格尔，18–19，141，212，214，378
黑兹尔·巴恩斯，173，217，286，314–15
《黑客帝国》（电影），317
亨利·阿莱格，276
亨利·科宾，60
亨利·列斐伏尔，252，263，385
后结构主义，26–7，193
后现代主义，26–7
后殖民主义，参见殖民主义与后殖民主义
胡安莱潘，133
互联网，324–5
怀疑主义，41
荒诞，138，148–52
毁坏，179
火十字团运动，122
霍夫曼斯塔尔，70
霍华德·帕什利，216
霍勒斯·麦考伊，168

J. 格伦·格雷，165，291–2
《机械姬》（电影），317–18
吉尔哈特·胡塞尔，38，81，96，136
极限境遇（limit situations），参见界线境遇（border situations）
技术，182–4，283–4，323–5，401
加布里埃尔·马塞尔：背景，86；去世，303；论存在主义的名声，12，165；与萨特，30，105，153，206；哲学，86–7；著作：《弗洛雷斯坦的维度》，205–6，377；《存在和人类自由》，206；《论本体论之谜》'，86–7，132
加斯东·伽里玛，107–8
交叉，235–6，241
结构主义，26–7
捷克斯洛伐克，123，128，129，293–8
《解放报》（报纸），15
解构主义，26–7，193
介入文学，163–4，263
界线（极限）境遇，82
《筋疲力尽》（电影），283
爵士俱乐部，12–13，167–8
君特·格拉斯，60–1

咖啡，与现象学，41–2，344
卡尔·洛维特，56–7，90
卡尔·马克思，216
卡尔·萨根，185
卡尔·雅斯贝尔斯，82；与阿伦特，83，85，92，189，245；背景，43–4；去世，302–3；关于他的文章，174；健康状况，82；与海德格尔，66，81，83–6，89，92，190–5，302；与胡塞尔，44；影响，342；与纳粹，76，94–5；哲学，81–2；《罪责问题》，191；与第二次世界大战，190–1；有关历史的理论，83
卡尔文·施拉格，193
卡罗尔·考斯曼，223
凯特·米利特，281，312
考纳斯，195
科恩兄弟，318
科林·威尔逊，99，286，288–91，

288，314
可用性，86–7
克劳德·朗兹曼：背景，14；与波伏娃，265，297，300，312，389；性格，265；与法农，273–4；论萨特的葬礼，24
克劳德·李维-史陀，27，210，293
克劳德·卢特，12，168
克劳斯·内伦，297
克列特·奥德里，120
克日什托夫·米哈尔斯基，297
"垮掉的一代"作家，283

拉尔夫·艾里森，279–80
莱昂内尔·阿贝尔，169
莱因，282
劳埃德·亚历山大，173
勒内·笛卡儿，18，48，63
勒内·席克勒，79
雷德克利芙·霍尔，139
雷德利·斯科特，317
雷蒙·阿隆：背景，2；和存在主义的诞生，2–5；死亡，311–12；论两次世界大战之间的德国，74；《知识分子的鸦片》，266；政治，251；与萨特，14，250，251，265–6，310，311；与第二次世界大战，134，139
雷蒙·格诺，13，146
离世，299–300
理查德·波特，240
理查德·赖特，171–2，173，254，278–80，279，301
理查德·瓦格纳，188
理查德·沃尔海姆，299–300

利奥波德·桑戈尔，273
鲁道夫·卡尔纳普，287
鲁迪格·萨弗朗斯基，66，133
鲁汶大学，125–30，134–5
路德维希·宾斯万格，282
路德维希·赫尔姆肯，305
路德维希·朗德格雷伯，25，127，129
路德维希·维特根斯坦，394
路易·阿拉贡，256
露西·盖尔伯，136
李缩，86–7
罗伯特·布拉西拉赫，162
罗杰·马丁·杜·加尔，122
罗洛·梅，282
罗马，76，90
罗莎·施坦因，135
洛克（电影），318
吕西安·加缪，147
LGBT问题，21，225–6，278

马堡，55
马丁·布伯，196
马丁·海德格尔，54，67，321；与模糊性，91–2；外表和性格，53–4，56–8，71，304–5，320–1，350；与阿伦特，55，56，57，58，79，92，303–4，345；对传记的态度，320–1；作者的评价，320–1；背景，51–8；弟弟的帮助，307，308；卡尔纳普论-，287，394；童年的家，52；在达沃斯与卡西尔争论，71–2；去世，304；最喜欢的诗人，177；坟墓，307；与胡塞尔，30，49，50–1，54，55，65，66–8，72，

555

73，79，81，92，96，97，130-1；影响，192-4；与雅斯贝尔斯，66，81，83-6，89，92，190-5，302；与马丁·路德·金，21；语言，60-3，188；文字表达，205-6；与马利克，318，400，与默多克，315，320，394，400；与纳粹，77-81，84-6，87-94，178，181，189-90，191，355；精神崩溃，181；哲学，2-3，50-1，58-73，77-9，87-9，91-4，130-2，299，320-1，323-4，401；转向之后的哲学，93，178-80，181-9，356；战后生活，176-81，189-95，304-7；与其他哲学家的关系，30；与宗教，54；与萨特，92，105，106，109，124，141，152，200-2，205-7，355，359；与茶，344；教学风格，56-8；美国学界对其忽视，174

著作：《黑色笔记本》，80，352；《夜间对话》，178-80；《林中路》，184；《康德与形而上学问题》，71；《论人道主义的信》，201；《艺术作品的起源》，184，186-8；《关于技术的问题》，182-4，284，323-4；《1933/34年任职校长：事实与思考》，89；《存在与时间》，50，58-66，68-71，78，87-8，105，106，124，141，152，303，359；《形而上学是什么？》，3，72-3，105，394

马丁·路德·金，21，342

马尔文娜·胡塞尔，126；与海德格尔，55，81；与丈夫的去世，97；与丈夫的文稿，124-6，129；弥留之际与去世，136；婚姻与家庭，38，96；与第二次世界大战，134-5

马尔文娜·施坦因因施耐德，参见马尔文娜·胡塞尔

马克斯·范·德尔·斯图尔，296

马克斯·科默莱尔，176

马克斯·韦伯，83，362

马迈内·柯斯勒，249

马塞尔·卡奈，283

马塞尔·普鲁斯特，173，188

玛格丽特·杜拉斯，23，342

玛格丽特·沃尔特斯，281

玛丽·达尔伯恩．，286

玛丽·海德格尔，51，346

玛丽·麦卡锡，303

玛丽安·梅洛-庞蒂，144，237-8，261，262

迈尔斯·戴维斯，171

麦克斯·缪勒，90-1，96，201-2，357

毛泽东，253

梅达特·鲍斯，282

梅斯基尔希，51-3，52，307-8

梅耶·夏皮罗，187

美国，243

美国：与冷战，253；与存在主义者，169-74，179，282-6；核武器，242-3；战后欧洲对美国的态度，243，245；年轻人的反抗，282-3

《美国丽人》（电影），318

《美丽心灵的永恒阳光》（电影），317-18

蒙哥马利·克里夫特，224

蒙田，237

迷思（myth），210

米兰·昆德拉，293-4

米歇尔·福柯，293

米歇尔·伽里玛，300

米歇尔·龚达，29，267，309

米歇尔·贡德里，317-18

米歇尔·莱里斯，146，208

米歇尔·雷巴卡，267

米雪儿·维昂，12-13，309

民主革命党，252

冥想，45

模糊性，34，91-2，226-7，228，240-1

《摩登时代》（电影），164

《摩登时代》（杂志）：与波伏娃，163-4，312；《共产主义者与和平》文章，259-60；创立，15，163-4；匈牙利特刊，269；与梅洛 - 庞蒂，164，259-60，261-2；概况，164；评论《反抗者》，257；与托瓦尼基，201

莫泊桑，103

莫里斯·梅洛 - 庞蒂，230；外表与性格，111-12，237-9；作者的评价，325-6；背景，109-10；与波伏娃，108-10，111-14，262，263；去世，301-2；与法衣，273；坟墓，302；婚姻与家庭生活，237-8；母亲的离世，262；与慕尼黑危机，128；与巴黎夜生活，13，167；与现象学，98，129-30；哲学与心理学研究 s，30，108-9，185，228-37，239-41，325-6；政治活动，163，246-7，248，254-5，260-4；与其他思想家的关系，30，31；与萨特，238，239-40，259-64，268，302；萨特为他写的讣告，302；与第二次世界大战，139，144，145；与《摩登时代》杂志，164，259-60，261-2；论二十世纪的历史，242；与女性，238

著作：《辩证法的历险》，262-3；《赞美哲学》，241；《形而上学与小说》，108-9；《知觉现象学》，27，228-9，230-5，325-6；"萨特与极端布尔什维克主义"，272；《可见的与不可见的》，235-6，239；《战争已经发生》，163；《瑜伽信徒和无产阶级》，248

谋制，182-4

慕尼黑危机（1938），123-4，128

纳粹党，参见德国

纳尔逊·阿尔格伦，14，117，170，253，254

娜塔莉·索罗肯，138

尼采，17，19-20，210

尼古拉·布哈林，248

尼科尔森·贝克，69

黏滞性，104-5

《弄虚作假的人》（电影），283

诺曼·梅勒，285-6，393

女性（women），参见女性主义（feminism）

女性主义：波伏娃的影响，281-2；天主教会的态度，11；《第二性》，11，21，27，110，208-17，226，280-1，286，326

欧根·芬克，125，126，129

欧内斯特·海明威，168

欧文·戈夫曼，284

欧文·亚隆，282
偶然性，100–5，156

胖子难题，8

《七月的约会》（电影），168，341
七七宪章，296
前苏格拉底哲学家，131
乔伊丝·古德费洛，281–2
乔治·奥威尔，123，238，283–4
乔治·卢卡斯，262–3
乔治·皮西特，57–8
乔治·斯坦纳，50，61
切斯特顿，156
青年爵士音乐迷（zazous），166，167
情绪，73

让·鲍德里亚，293
让·波弗埃，201
让·波朗，144
让·布翁，144
让·盖埃诺，140，145
让·考，206，207，266–7
让·考克多，225
让·热内，16，146，217–20，219，225
让·瓦尔，172
让·巴蒂斯特·萨特，114
让-保罗·萨特，3，115，327；外表，1，7，14–15，114；作者的评价，321–3；拒绝领奖，15–16，260，277；背景，2，114–16，219–20；柏林之行，5，36，76，202–4；与存在主义的诞生，1–5；遭到炸弹袭击，276–7；与加缪，108，146–7，248–9，256–9，265，301，365；天主教会对他的态度，11；名声，6–7；性格与品位，104，119–21，167，220，239，268，321–3；与捷克斯洛伐克，293–4；论死亡，299；与毒品，99，253，267，308；视力，1–2，114，142，308；与法西斯主义，75–6，123；小说写作的能力，107，108；葬礼与坟墓，23–5；与海德格尔，92，105，106，109，124，141，152，200–2，205–7，355，359；论同性恋，225–6，380；与胡塞尔，106；受到的影响，105–6；与克尔凯郭尔，5，19，138–9；弥留之际与去世，308–11；与解放，161–3；生活方式，12，14–16；文字表达方式，165–6，172；论爱，112；爱情生活与性，14–15，108，117–18，169，213–14；与马塞尔，30，105，153，206；与1968年5月，22–3，292；与梅洛-庞蒂，238，239–40，259–64，268，302；与慕尼黑危机，123–4，128，361–2；与默多克，31，214，287；与核武器，242，243；与现象学，3–5，46–7，98–108，345；哲学，5–11，33，46，98–108，109，151–9，164，202–4，212–14，217–26，239–40，322，383；政治活动，11，163–4，245，246–64，266，269–77，293，309–10，322–3；战后生活，246–77；与波伏娃的关系，14–15，30–1，108，116–21，264–5；与其他存在主义者的关系，

30-1；与宗教，19，309，323；罗伯 - 格里耶论萨特，292-3；与第二次世界大战，133-4，138-9，141-6；论性，19，苏联之行，266；学生对他的爱，292；与美国，168，169，171，172，368；与暴力，274-7，309；与赖特，171，172；写作产量数据，267；写作风格与方式，6，106-7，108，267
著作：《存在与虚无》，104，119，138，152-8，163，173，200，201，212-14，223-4，286，299；传记，16，217-25；《黑色俄耳甫斯》，272-3；《领袖的童年》，103，156；《共产主义者与和平》，256，259-60，271；《阿多拿之谪民》，99；《辩证理性批判》，269-70，308；《脏手》，252，293，385，395；《战争的终结》，11；英译本，173，209-10，286；《现在的希望》，309-10，314；《存在主义是一种人道主义》，7，201；《苍蝇》，146，152，158-9，202-4，293，395；《食物》，99-100；弗洛伊德电影剧本，224-5，267，268；《胡塞尔现象学的一个根本观念：意向性》，46-7，98，《禁闭》，213，378；《想象之物》，98-9；《想象》，98-9；《恶心》，25-6，100-8，147，152，173，200，217；《涅可拉索夫》，243；《伦理学笔记》，163；《犹太问题的反思》，156；《延缓》，123-4，340，361-2；《恭顺的妓女》，171；《自由之路》，108，123-4，138，152，164，267，340，361-2，367-8；《房间》，99；歌词，167；《关于实践的集合体的理论》，269；《词语》，16，114，217，220-1，379-80；"作家的责任"，249《萨特自述》，308-9，398-9

让 - 吕克·戈达尔，283

肉身（flesh），236

萨德侯爵，138-9

萨克森 - 迈宁根的亲王与王妃，178

萨拉·贝克韦尔，25；对哲学感兴趣，25-30

萨姆·门德斯，318

塞巴斯蒂安·哈夫纳，77

塞林格，282-3

塞尚，185，236-7

塞万提斯，138

社会关系与发展，234，382

社会与政治激进主义，163-4

社会主义与自由小组，143-4

身体经验，239-41，325-6；亦参见"本体感受"

神秘主义，199-200

生活的（le vécu），222

生活世界（Lebenswelt/ life-world），130，362

圣奥古斯丁，1，48

圣拉斐尔，254

史蒂芬·西曼斯基，181

史蒂文·奈特，318

事实性（facticity），105，157

树，101-2，101，103

斯达兹·特克，301

斯蒂芬·茨威格，254

斯蒂芬·斯彭德，175，247，249，

559

263，388

斯多葛主义，16，124，157

斯隆·威尔逊，283

斯坦利·米尔格伦，285

斯坦尼斯拉夫·莱姆，133

斯特凡·马拉美，16，217

苏格拉底，131，292

苏联：对波伏娃的吸引，171；与柏林空投，204-5；与捷克斯洛伐克，293；海德格尔论 -，179；与匈牙利，268-9；梅洛-庞蒂的态度，228；纳粹-苏联秘密协约，133；核武器，242，243，253；战后西方对苏联的态度，243，244-8，251，252，255，261，269-70；萨特访问 -，266；

苏尼翁，187，305-6

苏珊·柏特·梅洛-庞蒂，144，238，302

苏珊·柏特·约利博斯，参见苏珊·柏特·梅洛-庞蒂

索菲·斯库勒，136

索菲·塔克，唱片，102，102

索福克勒斯，92，181，183，356

索伦·克尔凯郭尔，17；与波伏娃，19，141；与加缪，150-1；《畏惧与颤栗》，150-1；影响，20；论人生的意义，259；概述，17-19；哲学，17，18-19，141，150-1；与萨特，5，19，138-9

索尼娅·布朗奈尔，238，385

泰伦斯·马利克，318，400

泰然任之（Gelassenheit / letting-be），184-9

《天外魔花》（电影），284

天主教会，11

《甜姐儿》（电影），283

托马斯·马萨里克，37，125，294

托马斯·曼，71，72

托妮·卡西尔，72

托瑞尔·莫伊，216，378

托特瑙山，55-6，56，94，181，304，356

瓦茨拉夫·哈维尔，294，295，296，297-8

旺妲·科萨凯维奇，108

威尔顿斯坦，177-8，177

威廉·巴勒斯，218

威廉·巴雷特，152，173，286，318

威廉·福克纳，168，173

威廉·怀特，284

威廉·吉哈德，238-9

威廉·詹姆斯，65

威尼斯，263

威特海姆-弗罗伊登伯格王子，238-9

唯心主义，47-8

维奥莱特·勒迪克，14-15

维尔纳·海森堡，184

维克多·弗兰克尔，282，393

维克多·格兰兹，289

维克多·克拉夫琴科，244-5

维也纳，96-7，297

文森特·凡·高，186-7，372

《我爱哈克比》（电影），318

《无理之人》（电影），318

《无因的反叛》（电影），283

沃尔斯，14

沃尔特·考夫曼，286，339

沃夫冈·胡塞尔，38，136

沃卓斯基姐妹，317

"无蔽"状态（Unverborgenheit），184-5

无意识，221-4

伍迪·艾伦，318

《X放射线》（电影），284

西奥多·毛恩茨，90

西班牙内战（1936-39），122

西尔葳·波伏娃，312

西格蒙德·弗洛伊德，216，217，224-5，267，268

西蒙娜·德·波伏娃，3，111，209，327；外表，13；作者的评价，326-7；拒绝领奖，16；背景，2，109-14；柏林之行，202-3；与存在主义的诞生，1-4；与加缪，146-7，258，300-1；天主教会的态度，11；性格与品位，104，117-19，120，167；去世，312；论死亡，299；与法农，273-4；与法西斯主义，75-6，122-3；写小说的能力，107，108；葬礼与坟墓，24，312-13；论《家庭的白痴》，222-3；与解放，161-3；生活方式，12，14-16；爱情生活和性，14-15，21，108，117-18，137-8，170，214-15，253，254，265；与1968年5月（五月风暴），22-3；与梅洛-庞蒂，108-10，111-14，262，263；与慕尼黑危机，128；与核武器，242-3；与现象学，98；哲学，7，33，108-9，159-60，208-17，226-7，326-7；政治活动，163，227，247，248-50，269，275-6，277，293，391；战后生活，252-3，254，264-5，275-6，277；与萨特的关系，14-15，30-1，108，116-21，264-5；与宗教，19，323；在萨特的葬礼上，23-4；与萨特的弥留之际及去世，309，310，311；与萨特跟海德格尔的会面，205-6；在萨特的著作中，152；与第二次世界大战，133-4，137-41，143-6；与美国，168，169，170-1，172；与沃尔斯，14；与赖特，171，280，392；写作风格与方式，267

著作：《人都是要死的》，299；自传，16，110-11，259，281-2，312-14，326-7；《他人之血》，159，164；英译本，173，209-10，216，286，393；《模糊的伦理学》，226-7；《女宾》，108-9，137，141；《名士风流》，264，368；《小说与形而上学》，107；概述，7；《皮洛士与齐纳斯》，159-60；《第二性》，11，21，27，110，208-17，226，280-1，286，326；《白吃饭的嘴巴》，159；《一场毫不费力的死亡》，111，299

西蒙娜·薇依，74-5，109-10，198-9，198

西蒙娜·约利维，106-7

希腊和古希腊文化：与波伏娃，159；与加缪，149；与海德格尔，92，131，177，181，182，183，187-8，305-6，356；与胡塞尔，131-2；与萨特，158

锡格马林根城堡，177-8

夏尔·波德莱尔, 16, 217, 220
夏尔·戴高乐, 162, 251, 276
仙人球毒碱, 99
现象学: 捷克的爱好者, 294-8; 定义与关键原则, 40-8; 历史, 35-40; 对存在主义者的影响, 3-5, 46-7; 概述, 2-3; 萨特论~, 98-108; 亦参见马丁·海德格尔, 埃德蒙德·胡塞尔, 莫里斯·梅洛-庞蒂
现在俱乐部, 7
相遇, 异乡人, 131-3
想象力, 98-9
心理治疗, 282
心灵与意识: 与存在主义, 46-7, 154-8; 梅洛-庞蒂论~, 235; 与现象学, 44-6, 47-8, 185; 无意识, 221-4
杏子鸡尾酒, 1, 3, 5
性别问题参见女性主义
匈牙利之春 (1956), 268-9
休伯特·德雷福斯, 201, 324-5
修女安黛儿根迪丝·耶格施米特, 127
虚无, 153-8
悬搁判断, 41, 43, 298
学生, 与存在主义, 291-2

雅各布·冯·于克斯屈尔, 130, 362
雅克·贝克, 168, 341
雅克·伯兰, 158
雅克·德里达, 190
雅克·杜克洛, 255-6
雅克-洛朗·博斯特, 108, 124, 133, 139, 254, 340
亚方斯·施泰宁格, 204
亚里士多德, 51, 54, 320

亚历山大·杜布切克, 293
亚历山大·法达耶夫, 252
《严肃的男人》(电影), 318
扬·帕托什卡, 32, 125, 294-5, 295
1968年5月学生暴动, 22, 268, 292
伊壁鸠鲁主义, 16, 124
伊迪丝·施坦因, 39, 48-9, 135-6
伊凡·赫瓦季克, 297
伊丽莎白·布洛赫曼, 79
伊丽莎白·勒·可因 (Zaza), 113-14
伊曼努尔·康德, 71
伊曼努尔·列维纳斯, 197; 性格, 198; 去世, 314; 发现"存在"的故事, 343; 与弗莱堡, 36; 与海德格尔, 71-2; 对萨特的影响, 4, 105-6, 314; 离开纳粹德国前往法国, 96; 哲学, 105-6, 195-8, 236; 与第二次世界大战, 195-6
著作:《论逃避》, 105-6;《从存在到存在者》, 106, 195;《胡塞尔现象学中的直觉理论》, 4;《整体与无限》, 196
伊凡·克里玛, 252, 296-7
医疗, 与现象学, 42-3, 344
艺术: 和自由, 102-4, 220-1; 海德格尔论~, 184-9
异化, 212-16, 284
意大利, 76, 122, 165
意识, 参见心灵与意识
意向性, 44-8, 98, 151-2, 183
《异国鸳鸯》(电影), 154
《银翼杀手》(电影), 317
音乐, 与现象学, 42, 43
印度支那, 276

英国，与存在主义者，287–91，394
忧惧：存在主义者论~，34，154–5；作为电影主题，317–18；海德格尔论~，73；克尔凯郭尔论~，19
犹太复国主义，275
《宇宙》（电视节目），185
《遇见你自己》，238–9
《遇见自我》（电视节目），286
与他者共在的自我，196–8
约阿希姆·费斯特，322，376
约伯，1
约尔克·海德格尔，54，176
约翰·布兰德，93
约翰·杜威，65
约翰·多斯·帕索斯，124，168，173
约翰·济慈，4
约翰·杰拉西，103
约翰·施奈德，233，381
约翰·斯坦贝克，168，173
约翰·休斯顿，224，267
约茜·法衣，275

"在压迫之下"小组，144
詹姆士·青恩，168
詹姆斯·鲍德温，146，277–8，280
《战斗》（期刊），161，161，169
张伯伦，123，128
珍尼特·马尔科姆，61
真实性，34，78–9，88，317–18；真实性戏剧，283–4
殖民主义与后殖民主义，272–7
中产阶级：存在主义者对生活方式的态度，14，15，110，112，114，140–1，200，221；掌控文字质量作为资产阶级的自我放纵，267
种族问题，21，171，272–7
朱丽叶·葛瑞科，12–13，167，171，237
主-奴辩证法，212–14
自欺，156–8，215，265，292
自为（pour-soi）领域，153–8
自我质疑，80
自由：波伏娃论~，210–16，226；共产主义的态度，252；概念的当代意义，29，318–19；存在主义者论~，34；海德格尔论~，80；克尔凯郭尔论~，19；梅洛-庞蒂论~，229；流行观念的看法，12；萨特论~，6–11，46，104，152–9，164，202–4，217–21，225–6；与性关系，14–15
自在（en-soi）的领域，153
宗教：与存在主义者，19，309，323；与海德格尔，54，与胡塞尔，54；与克尔凯郭尔，18–19；与尼采，19–20

Zaza，参见伊丽莎白·勒·可因

存在主义咖啡馆：
自由、存在和杏子鸡尾酒

[英]莎拉·贝克韦尔 著
沈敏一 译

At the Existentialist Cafe: Freedom, Being, and Apricot Cocktails

By Sarah Bakewell

图书在版编目（CIP）数据

存在主义咖啡馆：自由、存在和杏子鸡尾酒 /（英）莎拉·贝克韦尔著；沈敏一译. —北京：北京联合出版公司，2017.11（2025.1 重印）
ISBN 978-7-5596-1078-2

Ⅰ. ①存… Ⅱ. ①莎… ②沈… Ⅲ. ①存在主义—研究 Ⅳ. ① B086

中国版本图书馆 CIP 数据核字（2017）第 250053 号

Copyright © SARAH BAKEWELL 2016
This edition arranged with ROGERS, COLERIDGE & WHITE LTD(RCW) through Big Apple Agency, Inc., Labuan, Malaysia.
Simplified Chinese edition © 2017 by United Sky (Beijing) New Media Co., Ltd.
All rights reserved.

北京市版权局著作权合同登记号 图字：01-2017-6991 号

选题策划	联合天际
责任编辑	刘　恒　徐秀琴
特约编辑	李鹏程
美术编辑	冉　冉
封面设计	@broussaille 私制

出　版	北京联合出版公司
	北京市西城区德外大街 83 号楼 9 层　100088
发　行	北京联合天畅文化传播有限公司
印　刷	北京联兴盛业印刷股份有限公司
经　销	新华书店
字　数	320 千字
开　本	787 毫米 × 1092 毫米　1/32　17.75 印张
版　次	2017 年 12 月第 1 版　2025 年 1 月第 32 次印刷
ISBN	978-7-5596-1078-2
定　价	88.00 元

本书若有质量问题，请与本公司图书销售中心联系调换
电话：(010) 52435752

未经书面许可，不得以任何方式
转载、复制、翻印本书部分或全部内容
版权所有，侵权必究